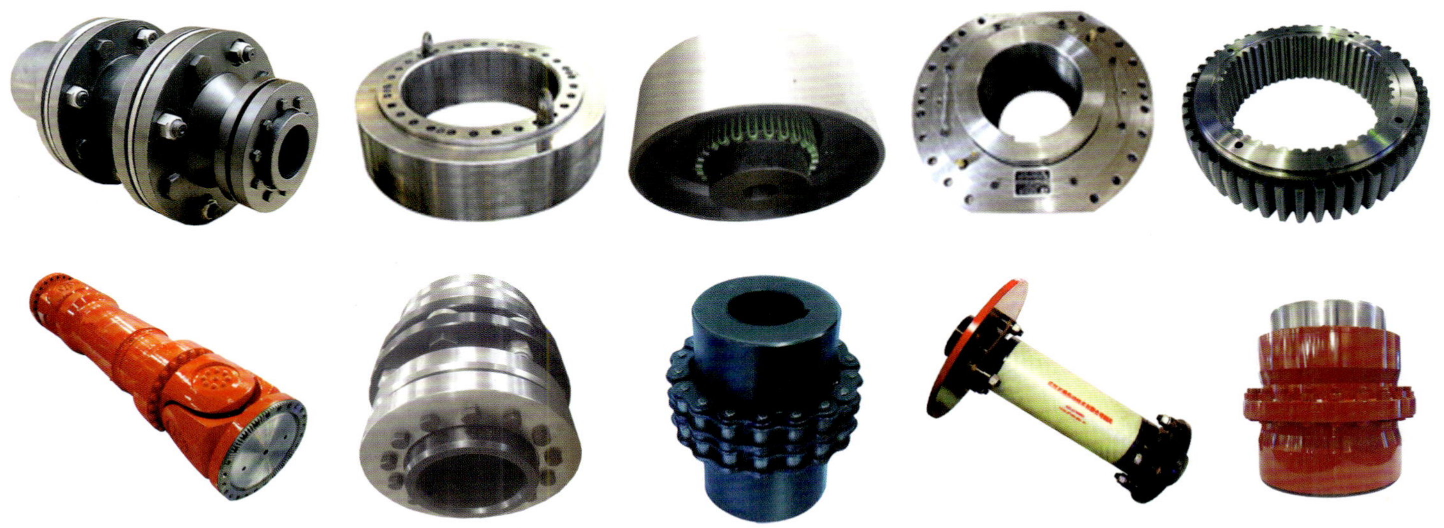

中国机械工业年鉴系列

中国机械通用零部件工业年鉴

2016

中国机械工业年鉴编辑委员会
中国机械通用零部件工业协会　编

机械工业出版社
China Machine Press

《中国机械通用零部件工业年鉴》2016年刊设置综述、行业概况、企业概况、统计资料、大事记和附录等栏目，系统介绍了我国机械通用零部件行业的发展情况、产品技术与市场概况、行业与企业发展的轨迹和各项成就，全面系统地记载了我国机械通用零部件行业的总体运行情况与发展趋势。该书采用分卷的形式，包括中国机械通用零部件工业总览、链传动行业卷、齿轮行业卷、弹簧行业卷、紧固件行业卷、粉末冶金行业卷和传动联结件行业卷。

《中国机械通用零部件工业年鉴》的主要发行对象为政府决策机构，机械通用零部件行业相关企业决策者，从事市场分析、企业规划的中高层管理人员。

图书在版编目（CIP）数据

中国机械通用零部件工业年鉴．2016 / 中国机械工业年鉴编辑委员会，中国机械通用零部件工业协会编．—北京：机械工业出版社，2017.2

（中国机械工业年鉴系列）

ISBN 978-7-111-55991-7

Ⅰ．①中… Ⅱ．①中… ②中… Ⅲ．①机械元件—机械工业—中国—2016—年鉴 Ⅳ．①F426.4-54

中国版本图书馆CIP数据核字（2017）第023840号

机械工业出版社（北京市西城区百万庄大街22号　邮政编码 100037）
责任编辑：任智惠　朱彩绵
北京宝昌彩色印刷有限公司印制
2017年3月第1版第1次印刷
210mm×285mm · 13.5印张 · 18插页 · 500千字
定价：320.00元

凡购买此书，如有缺页、倒页、脱页，由本社发行部调换
购书热线电话（010）68326643、88379536、88379825、88379824
http://www.cmpbook.com　http://weibo.com/cmp1952
封面无机械工业出版社专用防伪标均为盗版

中国机械工业年鉴系列

作为『工业发展报告』

记录企业成长的每一阶段

中国机械工业年鉴

编辑委员会

中国机械通用零部件工业年鉴

化『零』为『整』
『鉴』证历史

中国机械通用零部件工业年鉴
执行编辑委员会

中国机械通用零部件工业年鉴
编辑出版工作人员

总 编 辑　石　勇

主　　编　李卫玲

副 主 编　刘世博　曹　军

执行主编　任智惠

责任编辑　任智惠　朱彩绵

编　　辑　董智利　江道芝　韩　硕

地　　址　北京市西城区百万庄大街22号（邮编100037）

编 辑 部　电话（010）68997962　传真（010）68997966

发 行 部　电话（010）68326643　传真（010）88379825

E-mail:cmiy@vip.163.com

http://www.cmiy.com

中国机械通用零部件工业年鉴

展示行业精品
提升品牌形象

中国机械通用零部件工业年鉴
特约顾问单位特约顾问

(排名不分先后)

特约顾问单位	特约顾问
杭州杰牌传动科技有限公司	陈德木
武汉正通传动技术有限公司	余晓锁
春雨（东莞）五金制品有限公司	吴孟宗
苏州环球集团科技股份有限公司	黄伟达
浙江友信机械工业有限公司	朱启礼
宁波海星机械制造有限公司	陈兴良
宁波思进机械股份有限公司	李忠明
浙江省嵊州市金狮弹簧机械有限公司	李宏良
扬州核威碟形弹簧制造有限公司	俞明华
嘉善三永电炉工业有限公司	杨永吉
东莞永腾自动化设备有限公司	叶健辉

中国机械通用零部件工业年鉴
特约顾问单位特约编辑

(排名不分先后)

特约顾问单位	特约编辑
杭州杰牌传动科技有限公司	童卓燕
武汉正通传动技术有限公司	陈红梅
春雨（东莞）五金制品有限公司	李群新
苏州环球集团科技股份有限公司	倪红燕
浙江友信机械工业有限公司	丘博义
宁波海星机械制造有限公司	陈凯定
宁波思进机械股份有限公司	谢五一
浙江省嵊州市金狮弹簧机械有限公司	郑晓春
扬州核威碟形弹簧制造有限公司	徐一鸣
嘉善三永电炉工业有限公司	严玉玲
东莞永腾自动化设备有限公司	叶育菱

名优企业logo集锦

（LOGO排名不分先后）

DONGHUA

中流砥柱 SZS 益无止境
中益机械
CENFIT MACHINERY

安徽 黄山

环球
UNIVERSAL CHAIN

TAIER泰尔

永美

DLS DL

EG

WHZT 正通

固 G 盾
GU DUN

兰菱

LINHAI LH
林 海 牌

AVIC

中国 恒久

双 菱
SHUANG LING

铭锦
MINGJIN

大新传动

SIMCO

三A·M·双金
SANAI·SHUANGJIN

名奥弹簧
M SPRING

TIXING GUOLIAN MACHINERY

M SPRING

WN
浙江万能
ZHEJIANG OMNIPOTENT

瘦西湖
SHOU XI HU

金狮
GOLDLION

前　　言

《中国机械通用零部件工业年鉴》2016 年刊正式出版了！这本年鉴集中反映了我国机械通用零部件行业 2013—2015 年的经济运行情况、新产品研发的成果、产品状况、技术水平、创新项目、进出口业绩及总体发展趋势，全面系统地提供了行业的统计数据及分析文献。从一个方面反映了“十二五”行业发展的总体情况。

2015 年是我国“十二五”的收官之年，我国机械通用零部件行业在多年高速发展之后出现了下滑和逆转，下行压力巨大，结构调整的紧迫性不断显现，在人工成本上升、环保要求提升的情况下，行业企业经过探索开拓、艰苦努力，保持了总体平稳的态势，成效来之不易。

2016 年是“十三五”开局之年，“中国制造 2025”为今后的发展制定了规划蓝图。五大工程之一的“工业强基”工程对我们行业有如量身定制，对行业发展将起到强大的推动作用。我们要把绿色制造、创新中心工程作为基本切入点和相应目标，为行业提高科技水平、质量水平、国际标准化水平做出更大努力。

我们对机械通用零部件工业取得的不凡业绩感到鼓舞，对全行业企业员工客服重重困难的奋斗精神充满敬意，对年鉴编辑部和全体工作人员表示赞赏和感谢！

中国机械通用零部件工业协会理事长：杨学桐

2016 年 11 月

广告索引

展示行业精品

提升品牌形象

中国工业年鉴出版基地

广告
超越 创新
高效 求精

目　　录

Ⅰ 中国机械通用零部件工业总览

综　述

统计资料

大事记

附　录

Ⅱ 链传动行业卷

综　述

行业概况

统计资料

企业概况

大事记

Ⅲ 齿轮行业卷

综　述

行业概况

大事记

Ⅳ 弹簧行业卷

综　述

行业概况

企业概况

大事记

Ⅴ 紧固件行业卷

综　述

大事记

Ⅵ 粉末冶金行业卷

综　述

大事记

Ⅶ 传动联结件行业卷

综 述

行业概况

企业概况

大事记

Contents

Ⅰ A Guide to China General Machine Components Industry

Overview

Statistical data

Chronicle of events

Appendices

Ⅱ Chain Transmission Industry

Overview

Overview of the industry

Statistical data

A survey of enterprises

Chronicle of events

Ⅲ Gear Industry

Overview

Overview of the industry

Chronicle of events

Ⅳ Spring Industry

Overview

Overview of the industry

A survey of enterprises

Chronicle of events

Ⅴ Fastener industry

Overview

chronicle of events

Ⅵ Powder Metallurgy Industry

Overview

Chronicle of events

Ⅶ Transmission coupling Industry

Overview

Overview of the industry

A survey of enterprises

Chronicle of events

树立机械工业之品牌
展示优秀企业之风采

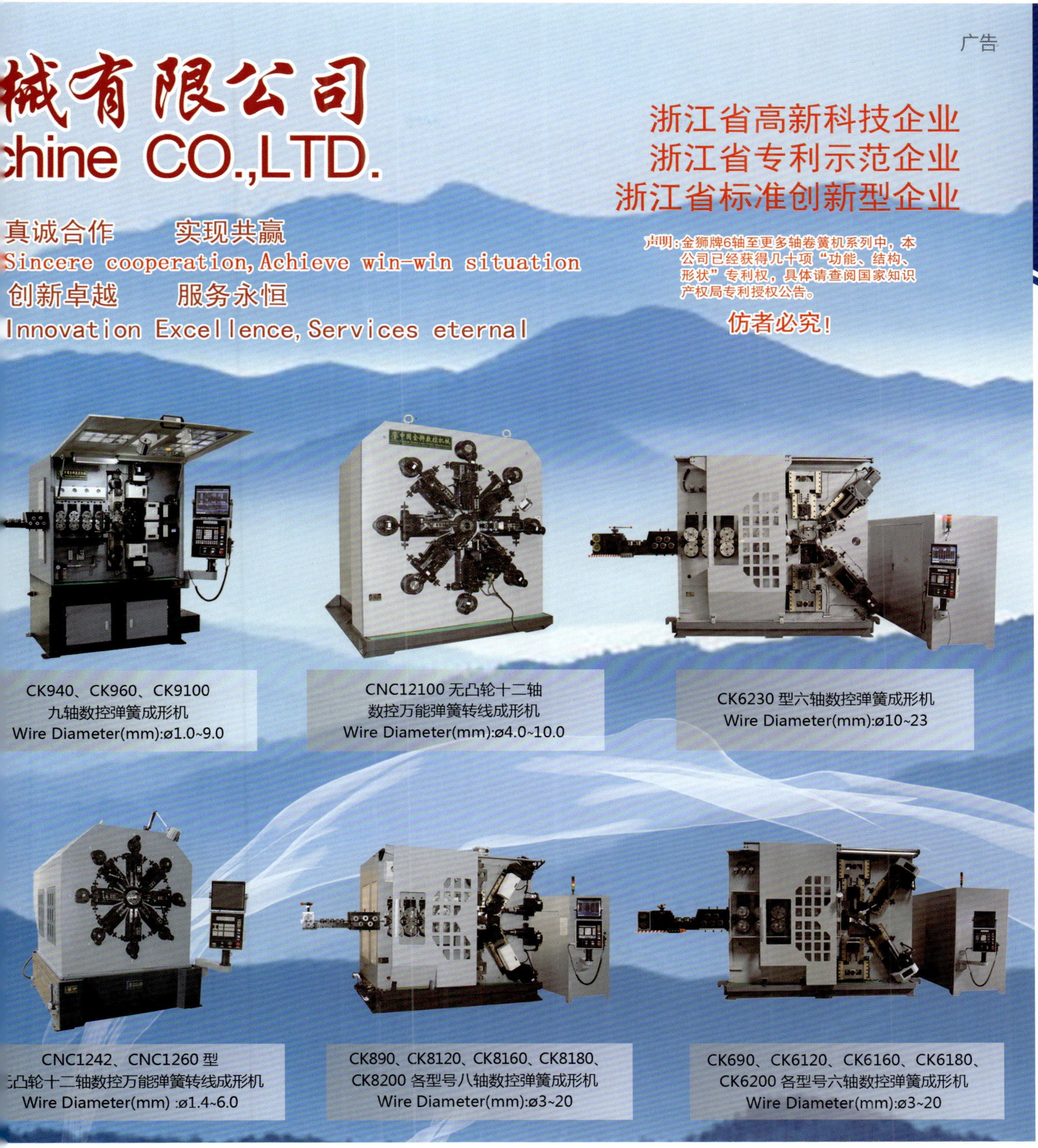
广告
械有限公司
chine CO.,LTD.
浙江省高新科技企业
浙江省专利示范企业
浙江省标准创新型企业
真诚合作 实现共赢
Sincere cooperation, Achieve win-win situation
创新卓越 服务永恒
Innovation Excellence, Services eternal
声明：金狮牌6轴至更多轴卷簧机系列中，本公司已经获得几十项"功能、结构、形状"专利权，具体请查阅国家知识产权局专利授权公告。
仿者必究！
CK940、CK960、CK9100
九轴数控弹簧成形机
Wire Diameter(mm):ø1.0~9.0
CNC12100 无凸轮十二轴
数控万能弹簧转线成形机
Wire Diameter(mm):ø4.0~10.0
CK6230 型六轴数控弹簧成形机
Wire Diameter(mm):ø10~23
CNC1242、CNC1260 型
凸轮十二轴数控万能弹簧转线成形机
Wire Diameter(mm) :ø1.4~6.0
CK890、CK8120、CK8160、CK8180、
CK8200 各型号八轴数控弹簧成形机
Wire Diameter(mm):ø3~20
CK690、CK6120、CK6160、CK6180、
CK6200 各型号六轴数控弹簧成形机
Wire Diameter(mm):ø3~20

扬州核威碟形弹簧制造有限公司
Yangzhou Hewei DiscSping Manufacturing Co., Ltd.

Company Profile 公司简介

扬州核威碟形弹簧制造有限公司创建于 1984 年，是国内专业制造碟簧的厂家，2009 年被认定为国家高新技术企业并在 2012 年通过复评。也是中国机械通用零部件工业协会早期评选出的“自主创新先进企业”“专精特示范企业”，中国机械通用零部件工业协会理事单位和中国弹簧专业协会理事单位。30 年来，为大亚湾核电站、三峡工程水下发电机组、载人宇宙飞船、壳牌大型煤气化装置等重大工程配套服务。公司产品在鞍钢、一拖、徐工集团、上海电气、东方电气、哈尔滨电气、二重以及其他国防工程中都得到了良好的应用。

公司拥有自动精冲生产线、数控机床、连续热处理生产线、磷化自动生产线，已通过 ISO 9001 质量管理体系认证，市属碟形弹簧隔震装置工程技术研究中心、碟形弹簧检测中心和碟形弹簧研究所拥有的精良检测手段和优化设计软件都使产品质量得到可靠的保证。

公司连续被评为“重合同、守信用”企业、“产品质量信得过企业”，产品获“中国机械工业优质品牌”“扬州市品牌产品”，“瘦西湖”商标早在 2008 年起被认定为江苏省著名商标，并为军工产品注册了“核威”商标。公司的多个产品被认定为国家重点新产品和江苏省高新技术产品，并获国家多项奖励，拥有十多项专利。公司将继续坚持“精心制造、创一流品牌，持续改进、让客户满意”的质量方针，竭诚为国内外用户服务。

地址：江苏省扬州市维扬经济开发区双塘西路 9 号　　邮编：225008

电话：0514-87631188、87301143、82122529、87300916、87631752、87631887、82122560

传真：0514-87631485　　　　　　http: //www.yzhw.com

广告

晋旺精密工业炉

荣获ISO9001:2008国际品保认证

Has Won ISO9001:2008 International Quality Certification

本公司隶属于成立于1970年的台湾三永集团，集团于1997年在浙江嘉善成立嘉善三永电炉工业有限公司，于2009年在浙江嘉善成立浙江晋旺精密汽配有限公司，晋旺主要经营范围为铝钎焊炉、真空炉、工业炉、紧固件、汽车配件等，是集生产、销售、产品设计开发为一体的现代化企业。

G-Wang is belongs to San Yung group (the san-yung group which is established in 1970); Jiashan San Yung was established In 2009;The G-Wang is maining focusing and specialising in aluminum brazing equipment、vacuum furnace、industrial furnace、auto parts and fastener etc. G-Wang is focus on producing, selling, marketing researching and product R&D.

连续式光辉渗碳(调质)淬火炉

CONTINUOUS BRIGHT CARBURIZING (TEMPERING) QUENCHING FURNACE

连续式铝钎焊炉

CONTINUOUS ALUMINUM BRAZING FURNACE

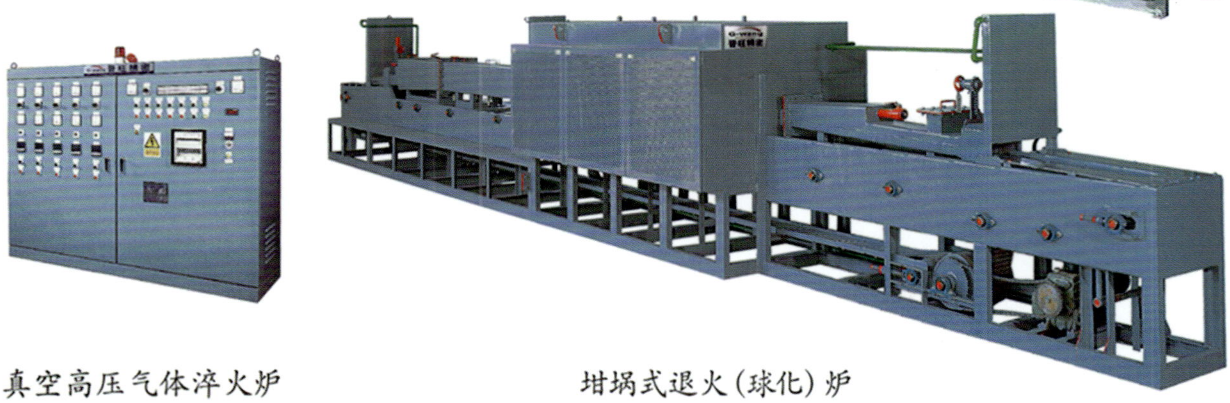

真空高压气体淬火炉

VACUUM HIGH PRESSURE GAS QUENCHING FURNACE

坩埚式退火(球化)炉

CRUCIBLE TYPE ANNEALING (SPHEROIDIZING) FURNACE

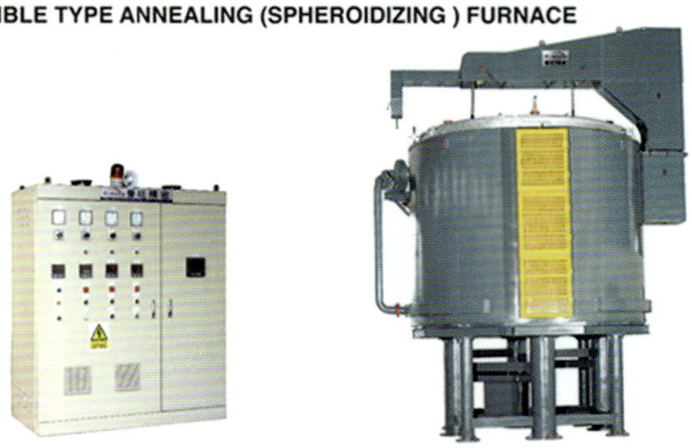

浙江晋旺精密汽配有限公司　ZHEJIANG GEM-WANG PRECISION AUTO-PARTS CO., LTD.

总公司/工厂：浙江省嘉善县惠民街道晋吉路18号　TEL: (0573) 84803999　FAX: (0573) 84801199
Http://www.G-wanggroup.com E-mail:zgw@G-wanggroup.com

HEAD OFFICE/FACTORY: NO. 18 Jin Ji Road, Hui Min Street, Jiashan, Zhejiang, China
TEL: (0573) 84803999 FAX: (0573) 84801199
Http://www.G-wanggroup.com E-mail:zgw@G-wanggroup.com

广告

无凸轮电脑多轴多功能弹簧机创始者

Camless CNC Multi-Axes Spring Machine

国内领先 专利技术

专业制造、销售CNC电脑弹簧机

www.vinstoncnc.com

- 是率先专业制造CNC电脑多轴多功能弹簧机的美资企业
- 国内领先、无凸轮设计、兼备1组自由手。
- 调机、生产速度比传统图轮机快达50%以上，精度准确、新能稳定。
- 各种各样传统和非传统的高难度弹簧。

- **非带传动，纯日本齿轮传动**
- **工位电动机后置**
- **机械手可以上下左右移动和任意手臂组合**
- **速度比之前机型快达50%以上**
- **精密度更高，更稳定**
- **伺服电动机力度更大，更坚固**
- **外形更简洁，更实用**

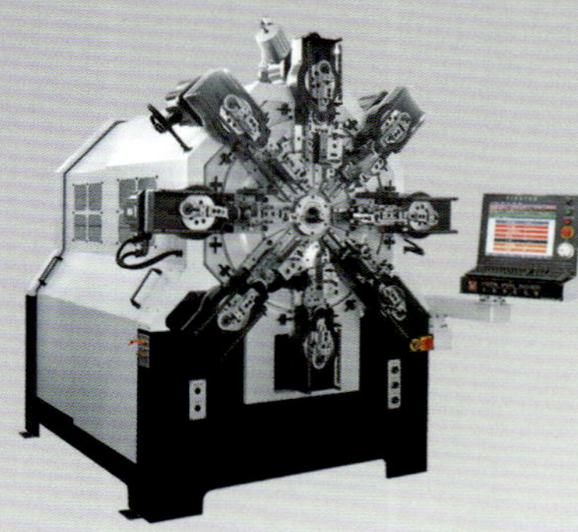

CMM-8-600WB线成形机
线径：ϕ1.8~4.0mm（硬料）/ϕ2.5~6.0mm(软料)，
八轴电脑多功能线成形制造机

CMM-12-450R
线径：ϕ1.2~4.5mm
十二轴电脑多功能弹簧制造机

总是被模仿 从未被超越

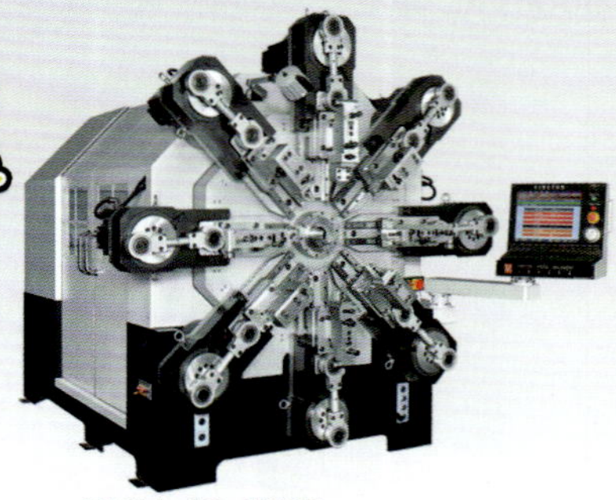

CMM-7-1200RB线成形机
线径：ϕ3.0~9.0mm(硬料)/ϕ4.5~12.0mm(软料)
七轴电脑多功能线成形制造机

CMM-12-680R
线径：ϕ2.5~8.0mm
十二轴电脑多功能弹簧制造机

美国销售部：VINSTON US CORP.
Address: 5659 W. Howard St. Niles, IL 60714 USA
Office/Fax:1-847-972-1098
Email:info@vinstonus.com / Billy.lin@vinstonus.com
http://www.vinstonus.com

南美销售部：SPRING TEC（Brazil）
Address:Rua Amazonas,161 Sao Paulo SP 01123030
Tel:11 3326 6173
Email:spring@springtec.com.br
http://www.springtec.com.br

中国制造基地：广东省东莞市寮步镇下岭贝工业园（523411）
电话：769-83260992 83260982 手机：13802386228
传真：769-83261992 http://www.vinstoncnc.com
E-mail:jian_hui_ye@163.com / yulingye@vinstoncnc.com

无锡办事处：江苏省无锡市广晟苑小区7号1204
手机：18002886322 联系人：葛先生

河南办事处：河南省新乡市辉县城北中学向东200米永腾弹簧机销售处
手机：15090053517 联系人：马先生

上海办事处：上海市徐汇区罗香路长桥三村49号403室
手机：13761077973 联系人：杨先生

宁波办事处：浙江省宁波余姚市低塘街道郑巷南路45号
手机：18665179695 联系人：黄先生

重庆办事处：重庆市沙坪坝区青木关镇管家桥村北碚路口
手机：13648441993 联系人：严先生

天津办事处：手机：13802381128 联系人：叶小姐

网站二维码　微信二维码

东莞永腾自动化设备有限公司
Vinston Machinery LTD.

宁波思进机械股份有限公司位于宁波国家高新区，是国家高新技术企业，科技、工信部门重点支持企业。

公司建有省级工程技术研发中心，与中国机械科学研究总院、浙江大学、上海交通大学等院校开展“产学研”合作，为高端冷镦机的研发提供强大的理论技术支持。公司先后承担了国家重大（冷镦机）科技项目（04专项）、国家火炬计划等项目；并参与起草机械类国家技术标准3项，生产的冷镦机产品被认定为“浙江省名牌产品”。

目前，公司主要研制的产品有M4~M40多工位螺栓、螺帽冷镦成形机等，已广泛应用于标准件、异形件的生产制造中。公司成功研发的纵向90° 翻转后压造零件冷镦机，改变了活节螺栓的生产工艺并申请了国家发明专利。同时，公司研制的零间隙多工位零件冷镦成形机，制造出了长径比超过11倍的穿孔零件，标志着思进制造的冷镦机技术水平已达到或接近世界先进水平，成为中国冷镦装备行业的领跑者。

宁波思进机械股份有限公司
Ningbo Sijin Machinery Co., Ltd.
地址：浙江省宁波市高新区江南路1832号
电话：0574-88352799　传真：0574-88352516
E-mail：sijin@sijin.cc　http://www.sijin.cc

广告
国家高新技术企业
HX
海星
HAIXING
省级企业研发中心
我们追求 钻石品质
HAIXING
HXBJM-43S
M2-M30三/四/五/六工位
多工位螺丝、杆类冷镦成型机
海星机械
HAIXING

广告
PTC
MDA
ASIA
2017第22届亚洲国际动力传动与控制技术展览会
机械和电气传动、流体传动与控制、机械零部件、紧固件、弹簧、轴承、内燃机和燃气轮机的国际盛会
2017年10月31日～11月3日　上海新国际博览中心
www.ptc-asia.com
更多信息请咨询主办单位：
HPSA 中国液压气动密封件工业协会
中国液压气动密封件工业协会
联系人：王征 先生
祁金一 女士
电话：010-6859 5199
传真：010-6859 5197
邮箱：chpsa-ptc@mei.net.cn
网址：www.chpsa.org.cn
CMCA 中国机械通用零部件工业协会
中国机械通用零部件工业协会
联系人：姚海光 先生
杜国森 先生
电话：010-6859 4863 / 6859 4837
传真：010-6857 2092
邮箱：china-parts@vip.163.com
网址：www.cmca-view.com
Deutsche Messe
FIERA MILANO
汉诺威米兰展览(上海)有限公司
联系人：黄荔 女士 / 水俊婧 女士 / 徐艳丽 女士 / 赵珺旎 女士 / 薄依斐 女士 / 孙颖斐 女士
电话：021-5045 6700转252/225/264/215/322/251
传真：021-6886 2355 / 5045 9355
邮箱：ptc-asia@hmf-china.com
网址：www.ptc-asia.com

广告
机械工业出版社
China Machine Press
中国战略性新兴产业研究与发展
R&D of China's Strategic New Industries
功能材料
Functional Materials
中国战略性新兴产业研究与发展系列图书
功能材料
非常规油气
智能制造装备
制冷空调
物流仓储设备
物联网
塑木复合材料
塑料机械
内燃机
模具
紧固件
工业网络信息安全
中压开关
机械工业出版社重点图书
扫描关注微信了解详情

综合索引

化『零』为『整』

『鉴』证历史

中国工业年鉴出版基地

中国机械通用零部件工业总览

全面系统地记载我国机械通用零部件行业近年的行业发展历程、整体运行状况；分析国内外经济形势，提出行业“十三五”期间实现转型升级、创新发展的战略思考；机械通用零部件行业大事记

P3～66

链传动行业卷

回顾总结我国链传动行业近年的发展情况 ，记录行业生产、技术和新产品发展情况；公布行业各项经济技术指标；分析国内外市场动向 ，提出行业“ 十三五 ”期间发展的总体思路、发展目标及政策建议；链传动行业重点企业介绍；链传动行业大事记

P69～104

齿轮行业卷

回顾总结我国齿轮行业近年发展情况， 记录行业生产、技术和新产品发展情况；分析国内外市场动向， 提出行业“十三五”期间发展的总体思路、发展目标及政策建议；齿轮行业大事记

P107～132

弹簧行业卷

回顾总结我国弹簧行业近年发展情况，记录行业生产、技术和新产品发展情况；分析国内外市场动向， 提出行业“十三五”期间发展的总体思路、发展目标及政策建议；弹簧行业重点企业介绍；弹簧行业大事记

P135～160

紧固件行业卷

回顾总结我国紧固件行业近年发展情况，记录行业生产、技术和新产品发展情况；分析国内外市场动向 ，提出行业发展的总体思路、发展目标及政策建议；紧固件行业大事记

P163～174

粉末冶金行业卷

回顾总结我国粉末冶金行业近年的经济运行状况 记录行业生产、技术和新产品发展情况；分析国内外市场动向 ，提出行业“ 十三五 ”期间发展的总体思路、发展目标及政策建议；粉末冶金行业大事记

P177～190

传动联结件行业卷

回顾总结我国传动联结件行业近年发展情况 ，记录行业生产、技术和新产品发展情况；分析国内外市场动向 ，提出行业发展的总体思路、发展目标及政策建议；传动联结件行业重点企业介绍；传动联结件行业大事记

P193～216

中国机械工业年鉴系列

《中国机械工业年鉴》
《中国电器工业年鉴》
《中国工程机械工业年鉴》
《中国机床工具工业年鉴》
《中国通用机械工业年鉴》
《中国机械通用零部件工业年鉴》
《中国模具工业年鉴》
《中国液压气动密封工业年鉴》
《中国重型机械工业年鉴》
《中国农业机械工业年鉴》
《中国石油石化设备工业年鉴》
《中国塑料机械工业年鉴》
《中国齿轮工业年鉴》
《中国磨料磨具工业年鉴》
《中国热处理行业年鉴》
《中国机电产品市场年鉴》
《中国机械工业集团年鉴》

中国工业年鉴出版基地

编辑说明

一、《中国机械工业年鉴》是由中国机械工业联合会主管、机械工业信息研究院主办、机械工业出版社出版的大型资料性、工具性年刊，创刊于1984年。

二、根据行业需要，1998年中国机械工业年鉴编辑委员会开始出版分行业年鉴，逐步形成了中国机械工业年鉴系列。该系列现已出版了《中国电器工业年鉴》《中国工程机械工业年鉴》《中国机床工具工业年鉴》《中国通用机械工业年鉴》《中国机械通用零部件工业年鉴》《中国模具工业年鉴》《中国液压气动密封工业年鉴》《中国重型机械工业年鉴》《中国农业机械工业年鉴》《中国石油石化设备工业年鉴》《中国塑料机械工业年鉴》《中国齿轮工业年鉴》《中国磨料磨具工业年鉴》《中国热处理行业年鉴》《中国机电产品市场年鉴》和《中国机械工业集团年鉴》。

三、《中国机械通用零部件工业年鉴》由中国机械工业年鉴编辑委员会和中国机械通用零部件工业协会共同编撰，2003年创刊。2016年刊设置综述、行业概况、企业概况、统计资料、大事记和附录等栏目，采用分卷的形式，分为：中国机械通用零部件工业总览、链传动行业卷、齿轮行业卷、弹簧行业卷、紧固件行业卷、粉末冶金行业卷、传动联结件行业卷。集中反映了我国机械通用零部件行业的发展情况、产品技术与市场概况、行业与企业发展的轨迹和各项成就，全面系统地记载了我国机械通用零部件行业的总体运行情况与发展趋势。

四、统计资料中的数据由中国机械通用零部件工业协会及其6个分会提供，数据截至2015年12月31日。

五、《中国机械通用零部件工业年鉴》的主要发行对象为政府决策机构、机械工业相关企业决策者和从事市场分析、企业规划的中高层管理人员以及国内外投资机构、贸易公司、银行、证券、咨询服务部门和科研单位的机电项目管理人员等。

六、在年鉴编撰过程中得到了中国机械通用零部件工业协会及其6个分会和机械通用零部件行业内众多专家、学者、工程技术人员和企业的大力支持和帮助，在此表示衷心感谢。

八、由于水平有限，难免出现错误和疏漏，敬请批评指正。

中国机械工业年鉴编辑部

2016年12月

中国机械通用零部件工业年鉴 2016

I 中国机械通用零部件工业总览

全面系统地记载我国机械通用零部件行业近年的行业发展历程、整体运行状况；分析国内外经济形势，提出行业“十三五”期间实现转型升级、创新发展的战略思考；机械通用零部件行业大事记

中国机械通用零部件工业总览

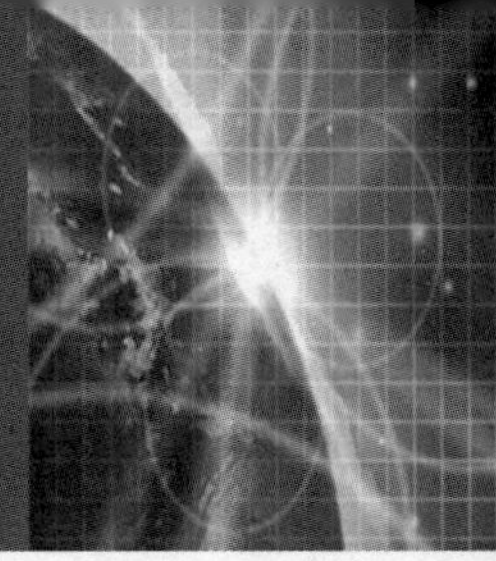

链传动行业卷

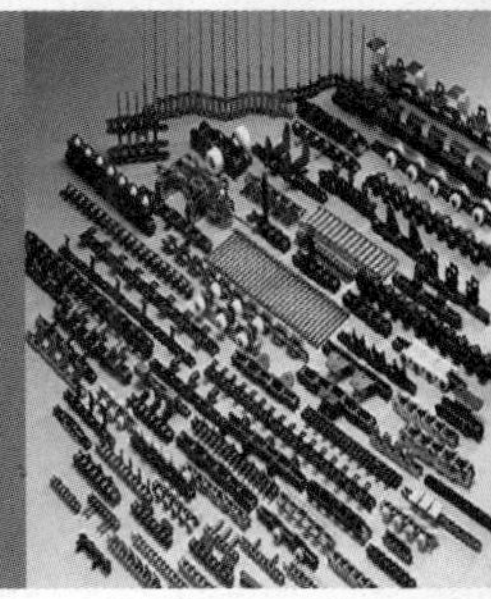

齿轮行业卷

弹簧行业卷

紧固件行业卷

粉末冶金行业卷

传动联结件行业卷

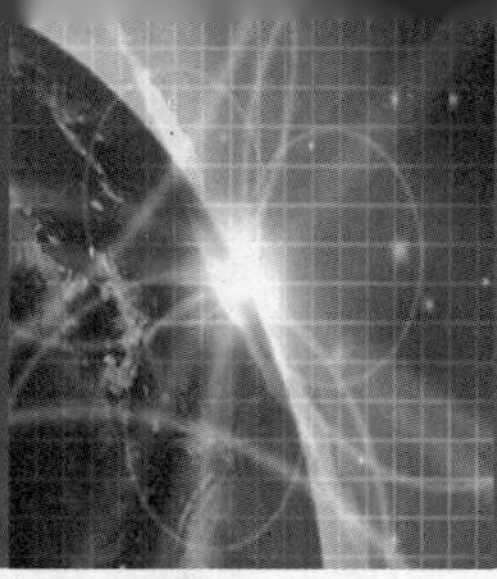

中国机械通用零部件工业总览

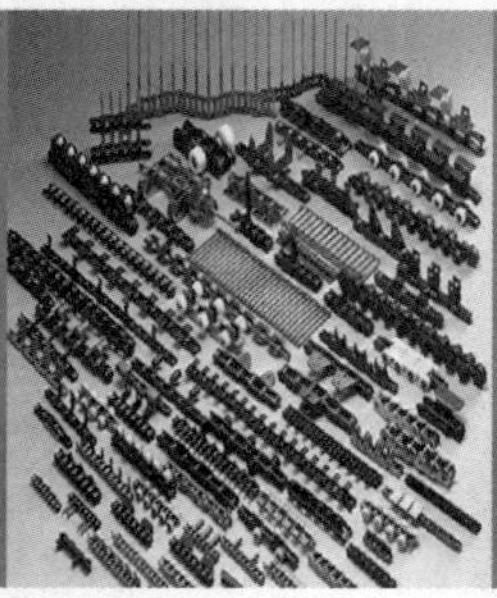

链传动行业卷

齿轮行业卷

弹簧行业卷

紧固件行业卷

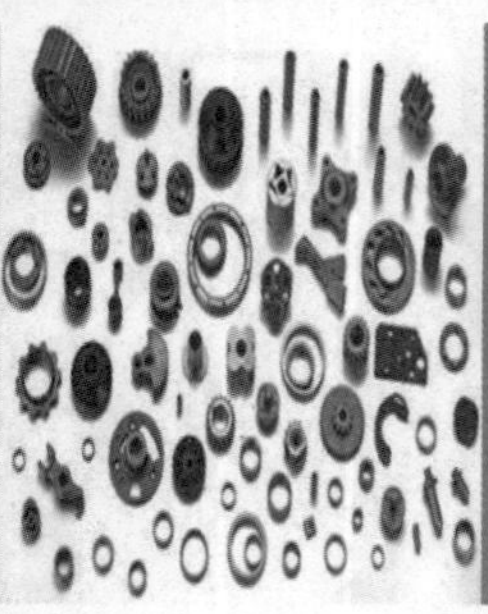

粉末冶金行业卷

传动联结件行业卷

I 中国机械通用零部件工业总览

综述

统计资料

大事记

附录

综　述

机械通用零部件行业“十三五”发展规划

前言

“十三五”是机械工业调结构、转方式、产业升级的重要时期，是机械工业实施制造业“强国战略”的重要阶段。基础零部件核心技术的突破是确保制造业“强国战略”目标实现的关键。

“十三五”规划是行业发展的纲领性文件，是支持政府决策的重要参考依据。规划编制的过程是凝聚行业智慧、展现行业意志、反映行业诉求、业界形成发展共识的过程，是协会引领行业、服务行业发展的一项重要工作。

编制规划的原则：

贯彻落实《中国制造 2025》目标任务，零部件产业由大变强；既要为企业战略发展提供导向性意见，又要为政府部门建言献策；坚持问题导向，突出重点问题，聚焦短板，集中发力，务求突破。

本行业发展规划受工信部装备司委托编制，规划期为2016—2020/2025 年。

一、发展现状与面临形势

（一）发展现状

经过多年的努力，我国已成为门类齐全、规模庞大、基础坚实、竞争力强的机械通用零部件制造大国，全行业规模以上生产企业有 3 000 多家，其中主要骨干企业 500 余家。在全球经济发展疲软的形势下，仍保持平稳发展，整体实力明显增强。2015 年销售额超过 3 500 亿元，出口约 130 亿美元，“十二五”销售额年平均增长率为 6%，出口增长约 10%。

1. 为重大装备配套能力明显提高

近年来，通过创新发展、转型升级、提质增效实现了产品技术和质量的大幅提升，为汽车制造、轨道交通、航空航天、海工船舶、工程机械、电子信息以及风电和核电等主机装备提供优良配套产品，国内市场占有率已达 80% 左右，并大量出口国外市场。行业经济运行质量和效益明显提高。

高性能齿轮箱制造取得了重要进展。为风力发电配套的风电增速器国内市场已达 80% 左右，并大量出口，为核电配套的 6 500kW 蜗壳循环泵齿轮箱 30% 已实现国产化；研发的 380km/h 高寒高速列车用齿轮箱已用于哈大高速动车组试运行；自主研发的“2GWH5410E”三用工作船大功率齿轮箱已替代进口；研制出 12 万 r/min 以上的超高转速的专用齿轮装置已交付用户；自主研发的重型载货汽车变速器产品已达到国际先进水平，连续 9 年产销位于世界第一。

在链传动方面，高速高精汽车发动机正时链传动系统、汽车自动变速器的高速齿形链、为国产大飞机配套的航空链、飞机空中加油的链条输送系统、抗疲劳耐腐蚀耐磨损的特种链条等已为汽车、飞机、工程机械、舰船海洋工程等配套。链传动产品从过去边缘市场进入了国际主流市场，部分企业的产品被世界一流的 OEM 认可，并为其主机配套。

在传动联结件方面，为轧钢机、大型汽轮机、船舶、核电站、风力发电机、矿冶机械等提供部分配套联轴器。

在紧固件方面，高强度紧固件已经为汽车、高速铁路、重大工程配套，开发成功应用于 C919、ARJ21-700 等飞机上使用的铝合金铆钉、钛合金紧固件、钛合金高锁螺栓等产品，取得供应商许可证，开始替代进口。

在弹簧方面，已为国产汽车和合资汽车配套悬架弹簧、稳定杆，为各类发动机配套气门弹簧，为火电厂提供亚临界、超临界、超超临界压力的安全阀弹簧，为 200km/h 以下动车组配套转向架弹簧等。

粉末冶金零件已大量用于汽车、家电、摩托车等领域，在重大装备方面，包括商业飞机、高速火车等的制动盘，风力发电制动系统、船舶制动系统用的摩擦材料（片）等也得到应用。

2. 自主创新能力有所增强，技术基础有所提高

（1）技术基础建设方面取得进展。到 2015 年底，全行业建成国家级企业技术中心 14 个，省级、行业级技术中心 24 个，一批企业实验室通过 CNAS 认可。企业通过建立的国家级或省市级技术中心、研发中心、博士工作站、与高等院校合作等多种方式推动企业的产品设计能力提升、制造工艺改善，并实现产品的优化升级。

（2）取得一批重大科技成果。由南京高速齿轮制造有限公司、重庆大学、郑州机械研究所、杭州前进齿轮箱集团股份有限公司共同开发的“高端重载齿轮箱传动装置关键技术及产业化”项目历经 8 年攻关，荣获 2014 年度国家科技进步二等奖，打破了 20 年来没有齿轮国家级奖项的局面。一批成果获得了省部级科技进步奖一等奖和二等奖，一批为重大装备配套的强基工程项目正在紧锣密鼓进行中。企业专利技术的数量和质量有新的提高，专利技术数量呈明显的上升趋势。

（3）标准制修订取得新的进展。完成了一批国家标准和行业标准的制修订，及时将最新的研究成果及技术进步体现在标准中；为引领技术进步和规范市场起到了积极的作用；积极参加国际标准制修订，承担制定了一批国际标准。

3. 企业创新的理念、管理水平显著提高

广大企业坚持调整转型优结构、创新驱动促发展，主动适应新常态，积极应对新挑战。坚持“专、精、特”发展，重视提质增效。企业进行高水平的技术改造，采用新技术、新装备，建设自动检测生产线，显著提高生产效率和产品质量。企业依法经营和承担社会责任的意识、环保和安全生产意识明显加强，努力建设资源节约型、环境友好型制造企业。通过在技术创新、管理创新、营销创新等方面不同程度的实践，推动企业的升级发展。

4. 企业走向世界发展势头良好

有不少企业走出国门，在国外投资办厂，创办各种模式的经营公司，为客户提供面对面的服务。其中东华链条收购德国KOBO公司，控股日本EK公司，在6个国家设立制造销售公司，布局欧亚美，运营状态良好；上海集优机械股份有限公司收购全球最大的荷兰紧固件销售公司，强化了全球紧固件销售公司的强势地位。从上可以看出，企业家们全球发展布局的战略眼光，从产品出口转向多方位进入，并取得良好的发展态势。

（二）存在差距

现阶段行业发展的主要问题是产业大而不强，自主创新能力不强，产品质量和综合效益不高，结构性矛盾突出，主要表现在以下方面：

1. 核心技术薄弱

我国机械通用零部件核心技术薄弱，核心技术创新能力不足，原创性技术产品少，创新体系缺失，基础理论和支撑数据缺乏，研发周期长、效率低，同质化和低端重复严重。如齿轮研发周期是国外同类产品的2～3倍，新产品贡献率是国外的1/10。汽车自动变速器、高速列车齿轮箱、大型火电齿轮调速装置、机器人精密减速器、高档汽车发动机时规链传动系统、汽车变速器高速齿形链、CVT无级变速链、汽车发动机紧固件、高应力气门弹簧、离合器及变速箱弹簧及超纯净高强度线材目前仍依赖进口。

2015年，齿轮进出口逆差70亿美元。我国是紧固件出口大国，但进出口价差高达6～8倍之多。高端核心基础件对外依存度高达80%左右，严重影响国家经济和国防安全。

2. 产品质量仍有差距

产品结构性矛盾突出，中低档产品产能过剩，高档产品能力不足，形成低层次重复建设，同质化现象普遍。

产品性能质量一致性差、服役寿命较短、可靠性较差，在主机产品的故障和召回中，由基础零部件失效引发的案例占比很高，同国外先进水平有明显差距。如国外汽车齿轮的普遍寿命为100万～130万km，我国汽车齿轮普遍寿命20万～30万km；国外飞机齿轮寿命为30 000h，我国飞机齿轮寿命为1 000h左右；发达国家的汽车行驶30万km链条磨损率小于0.8%，而我国汽车行驶20万km链条磨损率约1.0%。

3. 综合效益较低

生产效率、材料利用率、产品一次合格率以及单位产品综合能耗和污染物排放水平与国际先进水平差距显著。目前，我国能源利用效率约为30%，比发达国家低近10个百分点，工业废物密度大约是德国的20倍。

4. 支撑服务体系薄弱

我国产业核心技术创新能力不足、创新效率不高的重要原因之一是缺少共性技术支撑体系和“专、精、特”产业技术支撑体系。

（三）面临形势

1. 产业发展新常态

经济增长、产业升级将更多依靠人力资源质量提升和技术进步，创新成为驱动发展的新动力；高质高效集约化发展成为业界发展的主流宗旨；绿色制造是企业发展的新业态；服务型制造业将是产业发展的新延伸、新拓展；网络化、智能化制造是制造业发展的新趋势，它为产业融合、分工深化提供了强大的技术工具和集成平台，零部件产业趋向纵向智能化发展或横向跨界整合的网络化发展。

要全面分析认识产业发展的新常态、新要求，遵循产业发展规律，抓住新机遇，迎接新挑战。

2. 企业的转型形势

多数企业仍处于机械化和自动化阶段，信息化程度较低，与发达国家差距明显，距工业4.0更遥远；行业存在结构性产能过剩，产业高端技术缺失和低成本优势丧失，又面临国际经济格局的双向挤压，供给侧结构改革任务艰巨；人口红利逐渐消失，未来将面临人力断层的严峻局面；当前企业面临国内外市场需求趋缓、全球技术竞争加剧、环境保护压力加大、制造成本上升、下行压力大、去库存、降成本和淘汰落后产能的复杂的形势。

转型是方向之变、结构之变，改变当今，开启未来。站在十字路口，我们制造业没有退路，只有步伐坚定、高水平如期完成转型升级，才能实现中高速发展目标，确保中速发展的底线，避免低速迟滞发展的困境。制造业能否成功转型将直接关系国家经济转型的步伐，我们要有积极参与、争夺主动优势的危机意识，分析机遇与挑战，找准零部件产业的新定位，选择我们的发展方向途径。

3. 市场新形势、新特点

党的十八大以来，面对国际经济持续疲软的新形势，党中央、国务院加大了深化改革力度，明确了强国目标，做出了《中国制造2025》、强基工程、“一带一路”、长江经济带和京津冀一体化等战略部署，蕴藏着巨大的市场商机。

新一代信息技术、高档数控机床和机器人、航空航天装备、海洋工程装备及高技术船舶、先进轨道交通装备、节能与新能源汽车、电力装备、新材料、生物医药及高性能医疗器械、农业机械装备等重大装备自主发展，以及其优惠政策，为核心零部件进入高端市场开启新的前景。

投资类需求比重下降，民生消费类需求比重上升；新建工程带来的增量需求下降，在役设备维修保养的存量需求上升；技术和服务对增长的贡献度明显上升，再制造、生产性的服务业等发展较快，所占比重不断上升，市场需求结构出现新的变化。

国际化经营渐成大趋势。面向两个市场，用好两种资源，发展外向型经济、实现国际化经营成为行业新一轮发展的大趋势。

4. 市场需求预测

市场是动态的、变化的，要善于抓住不平衡市场出现的新机会。推进供给侧改革，优化产业结构，提高质量，扩大内需，替代进口，稳定出口，是零部件行业未来五年市场主攻方向。分行业市场预测如下：

（1）齿轮市场。

国际市场：尽管世界经济复苏乏力，但齿轮市场比较稳定，2013 年全球齿轮市场规模达 1 696 亿美元，预计 2020 年将达到 2 000 亿美元。

国内市场：车辆齿轮市场占比约 60%，该领域需求占比有望进一步提升。汽车自动变速器 2014 年市场需求 893.6 万台，国产 399.5 万台；预计 2020 年市场需求 1 270 万台，国产 580 万台。

轨道交通及高铁齿轮箱：预计 2020 年包括客运专线、城际铁路及客货混行的时速 200km/h 以上铁路里程将达到 5 万 km，年投产里程达 8 000km 以上，年需高铁齿轮箱 30 亿元以上。

机器人精密减速器：2020 年我国工业机器人市场规模将达千亿元，机器人减速器产值约 300 亿元。

工程机械齿轮：2014 年市场需求 112.41 亿元，预计 2020 年市场需求 150 亿元。

风电齿轮箱：2014 年上半年我国风电累计并网 8 277MW，以年 20% 的速率增长，预计 2020 年风电齿轮箱市场约 240 亿元。海上风电国产化机组将占 80% 左右，2020 年预计 5MW 风电齿轮箱安装 6 000 台。

农机齿轮：2015 年市场需求 34 万 t，产量 31 万 t；到 2020 年需求量达 50 万 t，产量将达 50 万 t。

（2）紧固件市场。紧固件是工业产品中的基础件，市场需求基本稳定，占比如下：工业机械（汽车、发电、环保等）占 25% ～ 28%，建筑工程（铁路、桥梁、公路、钢结构、维修）占 20% ～ 25%，电子电器占 10% ～ 12%，其他占 5%。另有约占 30% ～ 40% 的出口。紧固件出口份额较大，国际贸易摩擦也呈多发态势，紧固件行业应加强国际市场的研究，促进沟通了解，调整外销策略和方向，调整出口产品结构布局及出口产品的增长方式。

（3）链条市场。链传动包括汽车、摩托车链和工业链条链轮，其中，汽车、摩托车链市场约占 40%，农机链约占 12%，工程机械链约占 15%，输送链、扶梯链等约占 13%，其他约占 20%。

汽车、摩托车发动机的关键零部件正时链系统，中高档汽车的自动变速器、四驱分动箱系统均采用高速齿形链，仍主要依赖进口，这个巨大的市场空间有待于进一步开拓。目前大量依赖进口的精密、抗疲劳、耐磨损、耐腐蚀等耐复杂环境的高端特殊链条，也是今后市场开拓的重点、热点。随着我国“一带一路”战略的实施及国家重大工程项目的推进，与此相关的工程机械链、港机链、叉车链、农机链等产品的需求量将会明显增长。

链传动产品约 40% 出口海外市场，主要有美国、欧盟、日本、金砖四国等，预计“十三五”期间，我国链条产品每年出口量仍将保持在 50 万～ 65 万 t。

（4）弹簧市场。汽车和内燃机、摩托车制造业是弹簧最大的用户，除了新车制造配套以外，维修件的市场也相当巨大，其销售量约占弹簧销售总额一半。今后的汽车市场井喷不再，但仍然会维持一定的增长幅度。弹簧跨国公司已进入中国市场，市场竞争将进一步加剧，他们依靠着成熟的技术和原配套供货商等优势，纷纷在整车厂周边安营扎寨，争夺市场份额。

轨道交通、工程机械也是弹簧产品重要用户。核电、风电、航天、大飞机、支线飞机、舰船、军工等所需的配套弹簧急待研究制造。

医疗器具、仪表仪器、电子类制品（如：集成电路、计算机、手机、电脑、玩具、医疗器械等的芯片）所需要的大量的精密弹簧和片弹簧也有着巨大的潜在市场，现在所需弹簧大部分为国外企业或其在国内的独资企业所垄断，亟待加快这方面的开发和研制，逐步取代进口，扩大市场份额。

（5）粉末冶金市场。粉末冶金市场中，汽车配件占 50%，家电配件占 22%，摩托车配件占 10%，电动工具占 9%，工程机械占 4%，农机占 2%，其他占 3%。汽车零件市场需求将持续增长，家电零件的市场需求逐渐趋稳，占比略有降低，摩托车零件市场在“十一五”后大幅下降。高端粉末冶金汽车零件的国产化进度在逐渐加快，以及为手机振动马达配套零件，为重大装备应用包括商业飞机、高速火车等的制动盘，风力发电制动系统、船舶制动系统用的摩擦材料（制动片）等制品，预计在未来 5 年重大装备配套的年市场需求量约为 25 亿元，年新增粉末冶金产量约 4 万 t。

（6）传动联结件市场。传动联结件是原动机与工作机之间传递动力的关键部件，广泛用于纺织、印刷、航空、航天、汽车、机床、船舶、冶金、矿山、包装、风力发电、汽轮机、轨道交通等行业。在 20 世纪 80 年代前，我国传动联结件主要是由主机厂自行生产配套，没有专业生产传动联结件的厂家。80 年代后期，传动联结件的生产逐步走向专业化、市场化，并且以较高速度增长。

二、指导思想与发展目标

（一）指导思想

着眼制造强国目标，主动适应经济发展新常态，以市场需求为导向，以两化融合、绿色制造为发展主线，以提高核心创新能力和提质增效为中心，推进五大工程，推进四项行动计划，突破一批核心技术，提升产品质量、可靠性和服役寿命，破解重大装备“空壳化”问题，推动零部件产业向创造型、质量型、品牌型的转变。

（二）发展目标

“十三五”期末，由目前中档水平发展到中高档水平，至 2025 年，一批核心技术进入国际前列，拥有一批核心零部件产品，产品整体质量提升到中高档水平，涌现出一批具有可持续创新能力的“专、精、特”企业，产业进入世界强国之列。为此提出如下发展目标：

（1）技术突破目标。至2025年，突破30项核心零部件产品技术瓶颈，达到国际先进水平，实现批量生产（2020年完成10项）；产品标准和认证体系基本实现与国际接轨。

（2）提质增效目标。至2025年，产品质量达到世界中高档标准水平，监督抽查合格率明显提高；企业综合效益显著提高，能耗降低30%，生产效率提高30%。

（3）产业升级目标。至2025年，培育30家高级零部件制造企业，具有专项产品的自主技术优势，达到国际同类企业先进水平；涌现2～3家国际知名的大型企业。

（4）市场发展目标。至2025年，中高档产品销售额和世界市场占有率位于世界前列。

三、产业发展重点

本着重大装备配套急需、技术先进、产业带动性强的项目优先原则确定"十三五"重点发展项目。

产业技术发展方向：

设计技术：可靠性设计、耐疲劳设计、轻量化设计、动态模拟仿真、优化设计、系统集成设计。

工艺技术：高速高精度加工技术、高效率智能加工技术、表层强化工艺技术、绿色制造技术。

材料技术：高强度专用钢铁材料、非金属增强复合材料、碳纤维、轻量化材料、环境友好工艺辅助材料。

产品发展方向：中高档、标准化、模块化、绿色化、轻量化、个性化、功能部件。

现阶段，提升产品质量性能的关键技术是抗疲劳制造技术，它涉及抗疲劳设计技术、零件热处理及表层强化技术、高品质高强度钢铁材料等，必须集中力量攻关突破。

（一）高速度、高精度齿轮及传动装置

发展方向：

世界齿轮及传动装置朝着高速度、高精度、高功率密度、抗疲劳、高可靠性、低噪声、轻量化方向发展。随着重大装备对齿轮部件性能、可靠性和寿命要求的不断提高，国外加大对新型齿轮传动技术研究，采用全生命周期设计方法，集成传感器与总线技术、远程故障诊断技术等，以大幅提高齿轮部件的性能参数、寿命及可靠性。德国、奥地利开发的高速动车齿轮箱运行速度在300～450km/h；德国Repower公司研制的5MW双馈式异步风电机组已应用于海上风场；国外机器人精密减速器的传动精度已达到60角秒以内，寿命达到数万小时，并且已在研制精度20角秒和10万h无故障运行的精密减速器。

重点开发：

工业机器人精密减速器、轨道交通齿轮传动装置、高功率密度的盾构及硬岩掘进机配套减速机、工程机械自动变速器、汽车CVT无级变速器、汽车驱动桥长寿命低噪声螺旋锥齿轮、电动汽车无级变速器、飞机高可靠性齿轮传动装置、大型核电和超（超）临界火电齿轮调速装置、5MW级风电齿轮箱、重型燃机负荷齿轮箱和大型船舶发电机组恒转速输出无级变速传动系统。

重点攻克：

（1）设计技术：基于载荷谱的动态仿真产品设计和开发技术；齿轮抗疲劳设计制造技术。

（2）高品质材料技术：与钢厂合作解决钢材纯净度低、均匀性差、含氧量和非金属夹杂物等较高，钢材淬透性波动大，高温高性能钢、低温抗冲击钢、快速渗氮钢、经济性大中模数钢以及高性能工程塑料等问题。加强零件铸锻件质量控制技术研究，提高锻件的性能质量。

（3）热处理技术：解决渗碳淬火变形大，感应淬火易出现齿根开裂，改善渗碳效率低、渗层浅的问题；进一步改进稀土催渗技术；研究有效的热处理工艺过程控制方法。

（4）加工检测技术：节能环保干切技术和装备，高速、高精滚齿、剃齿和强力珩齿技术及装备，轮齿表层改性技术，自动化、智能化齿轮生产线和齿轮传动装置装配线，在线检测和无损检测技术及装备，全新产品开发试验技术及装备，动态工序监控智能化热处理技术和真空洁净热处理技术，产品轻量化工艺与装备成套技术，少无切削精成形加工技术，汽车驱动桥螺旋锥齿轮数字化闭环制造技术。齿轮、轴齿类零件冷镦和挤压成形技术和装备。

（5）加强实验检测和评价服务能力。

（二）高强度、高可靠性紧固件

发展方向：

紧固件向高精度、高强度、高可靠性、高锁紧、耐腐蚀性、耐高低温、轻量化、长寿命等方向发展。产品成形向高速度、高精度、多工位冷镦成形方向发展；大件产品由热成形向低温镦锻成形发展；成形基础技术研究向高速冲击载荷下冷温镦锻成形机理、流动应力模型、CAE数值仿真模拟发展。

"零缺陷"理念已是高质量的必备条件，国外知名紧固件企业在紧固件结构设计、新材料、润滑、热处理、表面处理等方面进行技术改进，不断提高了紧固件的质量保证能力。

发展高品质钢材、耐热钢、耐腐蚀、高韧性抗疲劳及钛合金、铝合金等高强度紧固件产品，为汽车发动机、核电、风电、高铁及大飞机等重大工程配套服务。比利时耐德斯洛夫公司（NEDSCHROEF）技术中心已开发成功铝合金新型紧固件替代钢制紧固件，德国毅结特集团公司（EJOT Group）开发成功碳纤维自攻螺钉，并在德国汽车工业中使用。

重点开发：

航空航天紧固件、轿车高性能紧固件、汽车发动机紧固件（连杆螺栓、缸盖螺栓、飞轮螺栓）、高速铁路配套扣件系统、风力发电配套螺栓、特殊异形紧固件、组合螺钉及组合紧固件、不锈钢紧固件、铝钛合金紧固件、碳纤维紧固件、IT产业微型螺钉、自锁类紧固件和化学涂覆类紧固件等。

重点攻克：

大规格紧固件的冷镦机技术和装备、复杂形状紧固件精密成形技术、自动化智能化冷镦精密成形机、突破高品质材料技术、精密热处理技术、表面改性技术等关键技术。

1. 精密成形工程基础研究

精密镦锻成形过程机理研究，包括原材料改制工艺及改制后材料的变形行为研究，研究高强度金属线材在高速冲击载荷下的变形机理、流动应力模型、温度效应、动态破坏现象；多工位连续镦锻成形过程数值模拟仿真软件编制，优化镦锻工艺过程。研究高镍耐热钢、高温耐腐蚀钢、钛合金钢等新材料紧固件的生产工艺。

2. 高精度复杂成形工艺及装备开发

汽车用异形紧固件的形状复杂、精度要求高，冷成形机的成形工位数多到五工位、六工位甚至七工位，并且对运动定位精度和切断精度要求高。对产品批量少而种类多的生产，为了提高生产效率，对冷成形机的自动控制、自动监测和快速换模调整功能提出更高要求，需研制一批人机对话、自动控制、自动监测和离线换模功能的新型冷成形机和自动在线检测设备。

3. 大规格和微小规格的紧固件成形工艺及装备开发

为了提高大型规格紧固件产品质量和劳动生产率、降低生产成本和节能减排，要求以冷镦替代热冲成形，需要解决大规格紧固件成形工艺及装备。

为拓展紧固件企业的市场领域，向小型零件的冷成形加工扩展，研发生产轴类，小模数齿轮等产品工艺。

4. 大飞机紧固件制造技术开发

国家大飞机、支线客机和军用飞机的制造需要批量供应航空紧固件，其结构、性能要求和材料与其他领域应用的紧固件差别很大，而我们对航空零件材料及工艺的可靠性、安全性研发十分欠缺，应尽快加强航空紧固件的研究开发。

5. 提高钢材品质、增加新钢品种

开发和使用节能型非调质钢和免退火或简化退火的线材、延迟抗断裂用钢，开发以适应高压力、耐高温、耐腐蚀的合金、低合金钢种，以及满足各种生产工艺需求的不锈钢材料。汽车用高强度紧固件需求也不断增长，同钢企合作开发研制达到国外同类 10B18M、SAE1021-25、MnB123H 等水平的一批新钢种，促进汽车专用紧固件的发展。

（三）高速度、高精度抗疲劳耐磨损链传动系统

发展方向：

高端链传动产品主要朝着两大方向发展。

（1）高精度、高速度、低噪声、低振动、长寿命、高可靠性精密链传动件。其主要应用于汽车发动机、变速器、飞机的操纵系统以及精密机床与仪器仪表。代表当前国际先进水平的企业有美国 Morse 公司、Diamond 公司，德国 Iwis 公司和日本椿本公司等，其生产的汽车链使用寿命与发动机等寿命，链长许用公差为 ISO ：606 精密滚子链标准的 1/5，运转速度可达 10 000r/min，线速度大于 30m/s。

（2）高强度、抗疲劳、抗冲击、耐腐蚀、耐磨损高端链条。代表当前国际链传动业先进水平的有英国的 Renold，美国 Rexnord，德国的 Wulf 和日本的椿本等公司。为大型船舰动力传动、重载港机、重载工程车辆、石油深海钻探等领域，提供重大装备关键的链传动部件。Rexnord、Regina 已研制开发出适于线速度为 100m/min 以上的高速平顶链。市场服务由单一链条产品向智能化链传动输送系统扩展。

设计技术向齿形链、链轮、刀具啮合设计体系发展；制造工艺上，采用少无切削工艺，高速全光带冲裁技术，多工位级进高速冲压、切断、成形技术，大大提高了人均劳动生产率和材料使用率。热处理广泛推广光亮淬火，渗碳计算机控制数显技术，销轴表面硬化技术等。

广泛采用了先进的可靠性设计原理，对复杂工况的模拟疲劳试验、超高强度链条的强化疲劳台架试验、抗冲击试验、磨损试验、超高低温强度试验及抗腐蚀试验，产品的可靠性试验已广泛采用数理统计技术，产品的安全可靠性概率达到 99.865%。美国钻石、日本椿本链条强化循环试验平均值已超过 50 000 次。

重点开发：

高速、重载、强腐蚀、复杂多轴链传动系统，海工装备、石油钻采抗疲劳耐磨损耐腐蚀链，电动汽车 CVT 无级变速器，链式智能化电石输送线，大排量汽车发动机齿形链传动正时系统，变异精密齿形链系统，双相链传动系统，大功率舰船发动机传动链，斗式提升机不锈钢输送链项目，高性能农用收割机链条，新型刀式矿土复合型挖沟链条。

重点攻克：

1. 新技术研究

（1）研究链轮链板新齿形，重点研究多粉尘、剧烈冲击、重载工况下的套筒滚子链的链轮新齿形、精密齿形链链轮新齿形，粉末冶金链轮新齿形，多相传动用交错齿链轮新齿形。

（2）研制链条销轴的金属复合渗设备与技术。

（3）研究在冲击、重载工况下回转疲劳的试验方法与设备。

（4）研究在线强化、预拉与链长自动测量的新装备。

（5）研究智能化、多工位、具有在线测量的新型链式输送机。

（6）研究发动机正时系统用新型张紧器与试验技术。

2. 专用装备开发

（1）带有智能功能的链条装配、检测、预拉、包装专用生产线。

（2）带有预弯功能的新型套筒、滚子卷管机。

（3）新型腰鼓形滚子多工位、高精度冷挤机。

（4）研发异形销轴、异形套筒的加工设备与技术。

（四）高应力、抗疲劳、轻量化弹簧

发展方向：

弹簧向高应力、抗疲劳、轻量化方向发展。

产品设计向高应力、轻量化、更高功能的弹簧，非线性特征的各类弹簧和材料组合弹簧等方向发展；弹簧设计工艺过程向 CAE 仿真方向发展，弹簧材料向超纯净高强度弹簧线材、低温氮化钢材发展，弹簧制造向智能化精密化发展，检测设备向影像检测、自动化检测、仿真检测、智能化检测方向发展，检测设备成套化、组合化，实现在线检测。

重点开发：

汽车高应力、高可靠性悬架弹簧，汽车高应力、高可靠性气门弹簧，医用血管支架精密弹簧，核电 1 级稳压器 CAP1400 安全阀弹簧，高铁动车组转向架轴箱弹簧，大型、超大型挖掘机涨紧机构总成中高应力弹簧，高性能液压泵阀配套的精密弹簧，耐低温（-20 ～ -40℃）弹簧，耐高温大截面特殊弹簧（如要求耐 560℃，设计选用

lnconelX-750，ϕ50～70mm 的材料）。

重点攻克：

1. 设计技术

（1）新型弹簧结构及弹簧轻量化设计研究。包括：更高功能的弹簧、非线性特征的各类弹簧、不同材料组合弹簧、半主动式悬架弹簧、主动式变扭矩稳定杆、S 形偏心力弹簧、高压气动模具弹簧等，弹簧设计工艺过程计算机仿真技术研究。

（2）弹簧疲劳和松弛寿命的研究、疲劳可靠性研究，高端动力总成台架模拟疲劳试验技术设备研究。

2. 材料技术

高纯净度、高强度（Rm2 000～2 500MPa 等级）弹簧材料的开发和批量应用。

3. 工艺技术

形变热处理、化学热处理（低温氮化、纳米技术）、表面保护（复合涂层、无铬涂层）等的研发和应用。

4. 碟簧

厚度 t > 100mm 碟形弹簧材料的淬透性研究、强韧化陶瓷碟形弹簧的研究，碟形弹簧疲劳试验数学模型的研究。

5. 检测技术

高精度卷簧设备及影像反馈设备研发、自动化检测、智能检测技术研究，精密弹簧尺寸在线分选设备研发，高效环保磨簧机开发与示范应用，稳定杆等特殊弹簧试验方法与设备研发。

（五）高性能、高可靠性传动联结件

发展方向：

高精度、高速度、大转矩体积比、低噪声、高可靠性、长寿命的产品发展。

重点开发：

轨道交通用高性能制动器、联轴器，高承载精密鼓形齿式联轴器，新能源汽车制动防抱死 EABS 系统，X 形行星齿轮减速器，永磁涡流柔性传动装置，高端重型载货汽车传动轴智能制造关键技术研究。

重点攻克：

（1）风电联轴器与制动盘、限矩器一体化设计制造技术。

（2）汽车湿式离合器动态接合特性技术。

（3）电液智能制动器可靠性分析技术。

（4）研究制动盘的碳纤维涂层、智能制动控制系统的技术。

（5）研制先进的传动参数在线测量系统。

（6）高品质材料技术。与钢厂合作解决钢材的纯净度和均匀性低、含氧量非金属夹杂物等较高及钢材淬透性波动大、淬透性带较宽问题。

（7）热处理技术。渗碳淬火变形大，感应淬火易出现齿根开裂，渗碳存在效率低、渗层浅的问题。

（六）高密度、高精度粉末冶金零件

发展方向：

全球粉末冶金行业朝着高密度、高精度、高性能、轻量化方向发展。此外，应用领域从结构零件逐渐拓展到功能零件。随着汽车等行业的发展，要求提升零件的强度、密度和精度，降低零件制造成本，以及轻量化以满足对环保和低成本高可靠性制造的要求。目前，国际最先进技术的粉末冶金零件通过一次压制烧结及精整，密度大于 7.3g/cm^3，精度在 IT6 级。国际先进企业目前在烧结齿轮等方面进行了大量的研究，以期在变速器等产品上扩大应用；从原材料、模具方面等加强控制，做到少或无切削加工，缩短制造流程。此外，将增材制造技术应用到粉末冶金领域增强行业竞争力。

国内主要发展方向：开发新的材料替代铸锻件，改善粉末的压缩性，开发新型润滑剂，开发低成本高密度工艺，开发轻金属烧结零件，新型功能材料，高复杂形状零件等，开发粉末冶金零件成形与烧结工艺过程仿真软件。

重点开发：

高精度高强度汽车粉末冶金齿（链）轮，高性能粉末冶金摩擦材料及刹车片，高精度、高性能粉末冶金含油轴承。

重点攻克：

1. 材料工艺技术

主要包括：

（1）原材料。解决原材料的质量稳定性（满足质量要求和自动化工艺需求）、材料的系列化（针对解决不同产品的特定需求）、新材料（解决新的市场需求），以及润滑剂等添加辅料（解决成形的工艺需求）等。

（2）工艺技术。

1）在线检测技术。针对不同工序的在线无损检测。

2）低成本致密化技术。与原材料、成形和烧结等工序相关。

3）生坯加工技术。与原材料及加工工艺相关，降低加工成本和刀具损耗。

4）机加工和热处理技术。后加工所包含的各种工艺技术，保证粉末冶金零件的精度和性能。

5）节能技术。贯穿于整个核心技术工艺的节能。

6）专业设备的性能提升。以获得更高精度、更好性能的硬件保证。

7）专业设备的节能技术。减少对资源的消耗的重要环节之一。

8）铁基三维成形技术。“量大面广”的铁基零件的“3D”成形技术。

2. 工艺过程自动化发展

实现从配料、混合、成形、烧结、后加工等工序的自动化，以及各工序之间串联的自动化。

四、主要任务

规划的有力实施是实现发展目标的关键。突出牵动全局的战略重点，推进五项重点工程，开展四项行动计划。

五项重点工程：

（一）推进自主创新工程，突破技术发展瓶颈

（二）推进提质增效工程，实现产品质量升级

（三）推进结构调整工程，加快产业转型升级

（四）推进软实力培育工程，增强企业持续发展力

（五）推进体系建设工程，夯实技术创新基础

四项行动计划：

1. 核心产品专项计划

2. “一厂一品一创新”行动计划

3. 钢材提质行动计划

4. 职业技能培训计划

（一）推进自主创新工程，突破技术发展瓶颈

聚焦短板，精准攻关。

本着有限目标、有所作为的原则，围绕重大装备急需，确定一批关键零部件及重要专用装备作为攻关重点，纳入工信部强基工程的选题篮子里。结合强基工程择优支持、滚动支持一批骨干企业，选择国际先进的对标企业、对标产品，制定创新赶超的发展计划。创新工程的主要目标是重点突破核心技术壁垒，以点带面提高核心零部件的自主创新能力。

1. 核心产品专项计划

筛选项目如下（详见附件一：机械通用零部件行业规划项目表）：

工业机器人精密减速器

轨道交通齿轮传动装置

高功率密度的盾构及硬岩掘进机配套减速机

工程机械自动变速器

汽车驱动桥长寿命低噪声螺旋锥齿轮

高精度、长寿命齿轮成套制造技术

电动汽车无级变速器

飞机高可靠性齿轮传动装置

大型核电和超超临界火电齿轮调速装置

多兆瓦风电齿轮箱

大型船舶发电机组恒转速输出无级变速传动系统

重型燃机负荷齿轮箱

汽车活齿 CVT 无级变速器

汽车发动机用高强度、高精度紧固件（连杆螺栓、缸盖螺栓、飞轮螺栓）

航空航天专用高强度、高精度紧固件

300km/h 以上高速铁路配套扣件系统

高速轨道车辆用高强度紧固件

大功率舰船用发动机传动链

乘用车发动机正时用高精度齿形链传动系统

高端农机耐磨损、抗疲劳传动链条

页岩油气钻采机用高强度、抗疲劳、耐腐蚀链条

链式智能化环保电石输送线

电动汽车 CVT 链式无级变速器

高精度低噪声双相链传动系统

高速铁路车辆抗疲劳转向架弹簧

新能源汽车低噪声高性能稳定杆

新能源汽车用纤维复合增强型悬架弹簧

CA/CAP 核电稳压器、主蒸汽安全阀弹簧

高端液压泵阀用精密弹簧

海洋工程平台碟形弹簧缓冲器

高密度、高强度、高精度汽车用粉末冶金零件

重型载重汽车离合器用铜基摩擦材料

汽车发动机可变阀门正时（VVT）粉末冶金零部件

9F 自动变速器支架及离合器粉末冶金组件

高强度、高精度汽车真空泵粉末冶金零件

高强度高精度含油轴承

轨道交通用鼓形齿联轴器、制动器

新能源汽车能量回馈式制动防抱死系统

X 形行星齿轮减速器

高端重型载货汽车传动轴智能制造

永磁涡流柔性传动装置

2. 短板装备专项攻关

国家将集中支持《中国制造 2025》十大重点领域所急需的短板设备，以及长期依赖进口的专用生产装备攻关，重点解决机械基础件、基础工艺和关键配套所需的专用生产设备。要抓住机遇，积极争取实施“短板设备攻关专项计划”项目，以系统解决方案供应商、装备制造商与用户联合的模式，研制出行业急需的专用设备。如：机器人 RV 减速器摆线齿轮精密制造生产线、长寿命低噪声汽车驱动桥锥齿轮绿色高效成套制造装备、六模六冲智能冷镦成形机、全自动链条装配检测包装生产线、多工位高精度腰鼓型滚子冷挤机等。

（二）推进提质增效工程，实现产品质量升级

聚焦薄弱，精准加强。推进质量品牌战略，切实加强质量控制薄弱环节，解决拥有世界一流的装备却只能造出二流三流产品的问题，提高全行业产品整体质量水平。

强化质量品牌的理念，树立细节决定质量的意识，提倡精益求精、精雕细刻的敬业精神， 开展质量品牌示范活动。通过市场的公平竞争，发挥市场在配置资源中的决定性作用，坚持以质量取胜，创造出知名品牌。

1. 制造过程质量控制

推广先进质量管理技术和方法。开展质量标杆和领先企业示范活动，普及先进生产管理模式和方法。树立细节决定质量的意识，通过对设计与工艺全过程的精细严格的控制管理，不疏漏任何一个细节，形成独家特色技术，按照严格的工艺管理程序，保证产品的安全性、可靠性、一致性和耐久性。特别是要满足汽车和重大装备等对零部件“零缺陷”的质量要求，加强产品进入市场前的试验考核，提高产品可靠性。

采用先进的专用设备，加快机器换人进程。零部件加工专用装备的质量水平远远不能满足生产需要，是制约提高生产效率、稳定产品质量的重要环节。采用高质量、高稳定性、高效率专用装备，提升关键工艺过程控制水平，提高生产效率和保证产品质量。

要重视建设新产品中间试验能力，支持建立行业产品试验基地。以资产为纽带，发挥企业和各级检测机构的积极性，建立联合检测机构或分支机构，满足企业与顾客的需求。

2. 职业技能培训计划

拥有高素质的管理、技术、技能人才是提质增效的基础。重点培养和塑造一支懂技术、肯钻研、技能型的企业操作人才队伍。积极推进职业技能培训工作，在广泛进行行业初、中级培训鉴定的基础上，加强行业高技能人才的培养，要开展多种形式的职业技能技术竞赛，培养选拔高素质优秀人才。

3. 钢材提质行动计划

钢材立足国内，质量必须提升。零件质量水平提升与

专用材料技术水平密切相关，材料的基本特性及其稳定性对中高端零部件的制造影响很大。目前，国产钢材已经不能满足高端零部件产品的质量要求。要把提高钢材质量列为重点攻关行动，同钢厂联合解决我国专用钢材批量小、批次多、质量不稳、成本高的问题。加强零部件铸锻件的质量提高和控制技术研究，提高铸锻件的性能质量；结合我国实际情况，制定先进的钢材和锻件的质量标准。

4. 标准制修订和宣贯

标准化是质量的基础工作，为产品质量升级提供支撑。

加强行业标准化工作，协同国家有关部门，联合相关标准化技术组织，抓紧标准的立项、制修订、更新，发布、废止；制定产品市场准入标准，规范市场秩序，引导企业差异化定位，优化产业结构，疏解过剩产能，淘汰落后产能；加强行业自律，避免恶性竞争。

加强产业之间的沟通交流，实现上下游产品标准对接；参与原材料和铸锻件质量标准的制定，促进新材料、新工艺的推广应用。

随着经济全球化，跟踪国际先进技术发展趋势，注重推进行业标准与国际"接轨"，要把加强标准的制订贯彻作为提高产品质量效益的重要基础。

标准化工作要突出重点。对于重大装备、重点工程要加大产品标准化力度，提高标准化水平。

5. 提高综合效益

高效率低成本是企业的生存根基和竞争优势。目前产业处于高消耗、高排放、低效率的复杂局面，与世界先进水平差距显著。

（1）调整产业结构，淘汰落后产能产品。

按照结构优化、布局合理、资源优化、形成合力的要求，鼓励企业以多种形式的合作、重组以及兼并，引导企业差异化定位，推进结构调整，创新经营模式。要大力进行产品的升级换代，逐步淘汰投入多、消耗大、成本高、劳动密集、效益低下甚至亏本的产品和产能。

（2）坚持技术进步，实施精细化管理。

采用新技术新装备，提高生产效率。如在齿轮行业推广近净成形、干式切削、微润滑切削、超硬加工、超精加工、中频感应淬火热处理等技术，预计可提高材料利用率30%，生产效率提高50%，能耗大幅度降低；在粉末冶金行业推广近净成形技术，提高材料利用率，降低制造过程的材料损耗和能耗水平。

提升行业总体管理水平，作好资源的合理配置，改善企业的现场管理、劳动管理、成本管理，提高劳动生产率。鼓励企业节能节材降耗技术改造，降低制造成本，发展循环经济。加强行业自律，避免恶性竞争。

（3）开拓"互联网＋"的模式，催生新的高效率运营方式。

互联网与大数据都在改变着生产方式和经营方式。在转型过程中要善于运用互联网思维，积极顺应互联网经济发展的形势，开拓"互联网＋"的模式，同技术创新、经营模式创新、资源整合创新相结合，加强制造服务业与网络化的融合，催生新的高效率互联网运营模式。

（三）推进结构调整工程，加快产业转型升级

1. 专精特发展，服务型制造延伸

（1）开展"一厂一品一创新" 行动计划。

聚焦细分，做精做强。

专业化、精品化、特色化是零部件产业新的特征。产业结构调整的关键在于产品结构调整，在于提升企业的专业化、精品化、特色化水平。企业应在细分市场上下狠功夫，选择世界对标企业和对标产品，制定赶超技术路线图和行动计划，提升企业和行业的综合竞争力。以开展"一厂一品一创新"行动计划为抓手，推进"专精特"产业结构向更高层次发展。

构建合作共赢的结构关系：

争取政府强基工程支持。利用政府引导资金的示范和杠杆效应，对在"一厂一品一创新"行动计划中涌现出来的优秀"专精特"企业，争取给予多方面政策与服务的滚动支持。

零部件企业主动参与整机的总体设计。协同整机，无缝对接，充分发挥整机的牵引作用，减少首台套产品进入市场的阻力；要把企业的产能同其产业链产能有机整合，形成同心协力、创新共赢的利益机制；要把企业利益同客户利益融合一体，有利于稳定用户市场和开拓新的用户市场。

（2）支持大型企业集团，发展以互联网、产业链为纽带的企业集群。

国际级大型企业集团是国家竞争力的脊梁，是制造强国的主力军。大型企业集团可以集聚技术研发、人才资源、创新投入等优势力量，实现重大突破与国际同行同台竞争，是引领行业技术进步的"火车头"，积极支持大型企业集团的成长，对标世界强企，争创全球最强。

鼓励兼并重组盘活存量资源，特别鼓励强强联合兼并的集团化发展，整合优势优质资源；支持企业走出去，实现资源配置国际化，建立贴近用户的市场国际化。

建立以大企业为中心、以产业链为纽带、技术市场一体化的零部件企业同盟，形成结构优化利益共享的产业链企业集群；并且实施横向跨界整合的互联网络化发展，形成结构优化的大企业集团。

（3）推动服务型制造业发展，提供整体解决方案。

通用零部件行业的服务型制造业发展空间很大，推进"互联网＋"制造业经营服务模式创新，作好主机配套和维修保养两个市场的"互联网＋"的服务。企业要以全球客户需求为中心开展全程服务，从提供传统产品向提供产品与服务整体解决方案转变。在增量市场趋缓的背景下，在售后服务市场上发掘更大的生长空间。善于发现需求，满足需求，创造需求。

2. 智能化转型发展

智能制造是中国制造未来的发展方向，是企业成长的关键要素和支撑平台，两化融合上升为企业发展的核心战略。根据本行业的现实情况，"十三五"期间重点是加速推进自动化和信息化升级，主要工艺智能化改造获得实质性突破，推进实施智能制造示范项目。

零部件企业应结合本企业特点，立足在融合与创新上

下功夫，以企业创新的特色产品技术成为互联网上闪亮的明珠。用“互联网+”推动制造系统集成创新，促进企业向高端发展；加强制造服务业与网络化的融合促进制造服务业的发展。

（1）智能化工艺、智能产品。

智能化的基础是工艺技术，零部件的核心技术必须依靠本专业自主研发攻关，而信息智能技术是创新的助力加速手段，能使一些难以实现的工艺技术得以生产实施。研发设计技术的数字化、智能化，会缩短设计制造时间，降低新产品进入市场的时间成本，提高效率。

设计制造智能化产品或为智能产品配套的零部件，将是一个新的市场领域。

（2）智能化生产线。

从实际出发加快“工业 3.0”步伐，由低级到高级、由简单到复杂逐步升级发展。用机械手或自动化的工序设备代替人完成一道或几道工序，如搬运、焊接工序及产品的装配检验包装等，实现高效稳定的制造。随着机器人的发展，一些复杂装配工序将由智能机器人完成，实现高效稳定的智能化制造。

重点发展信息化智能化加工检测的生产线。要逐步推进生产工艺过程的自动化、在线检测智能化及生产过程在线信息采集。零部件制造是一个离散复杂制造过程，通过示范企业总结经验，提出零部件产业两化深度融合的技术改造指导性意见。

（3）网络化智能制造企业。

发展个性化定制、网络协同开发、电子商务一体的智能制造示范企业。

（4）电子商务平台。

推进“互联网+零部件”，打造若干个电子商务平台，培育一批成熟的电商企业和电商服务企业，促进零部件销售和物流方式的转变。通过推进“互联网+中小企业”，给中小微企业提供咨询、培训、信息化的服务和商务。

3. 坚持绿色发展

保护环境是国家的基本国策。国家《环保法》是企业自律的准则，也是企业生存的底线和红线。

（1）绿色制造企业。

强化企业绿色环保的社会责任意识，顺应时代要求，提高环保意识，坚持资源节约型、环境友好型发展方向。坚持“绿色供应链”“低碳制造”“零排放”等新产品设计要求，鼓励企业主动作好环保技术改造。

参照国际先进的标准，制定节能节材降耗、降低成本的规划目标和行动计划，走出一条低消耗、低排放和高质量、高效率的绿色制造发展道路。

（2）制造绿色产品。

产品绿色化日渐成为制造业转型发展新趋势。轻量化、低能耗、低污染指标将是零部件产品重要的竞争力指标。随着主机节能减排技术标准的提高，轻量化和高效节能的零部件是产业发展方向。

（四）推进软实力培育工程，增强企业持续发展力

可持续发展是企业永恒的主题。在现今调整转型谋发展的关键时期，企业家最为关注的问题莫过于企业的可持续发展。

企业软实力是一种无形的力量，是企业核心竞争力的重要组成部分，是影响企业发展的长期性、基础性和战略性要素，是实现可持续发展、事业常青的灵魂和关键。

1. 培育正能量的企业文化

培育营造善于学习、勇于创新、精益求精、质量至上、诚信敬业的正能量企业文化。要形成尊重知识、尊重人才的良好氛围，营造公平竞争择优发展的制度环境，容忍失败的工作环境，待遇适当无后顾之忧的生活环境。鼓励创新，权益奖励，使人才队伍充分发挥积极性、创造性。加强在市场上展览会上媒体上宣传企业、展示企业，提高企业的知名度。要重视企业文化的无形而巨大的作用。

2. 坚持品牌建设

品牌是企业软实力的集中体现，以诚信为基础，以产品质量和优质特色服务为核心，提升产品的美誉度和认知度。市场是培育评价企业软实力的良师益友和试金石，坚持市场标准，向市场学习。

3. 坚持以人为本

充分调动员工的积极性、创造性，培养一批素质优良、敬业爱企的职工队伍，是企业软实力的基础。为此，重点培养和塑造一支懂管理、会经营、开拓型的企业经营管理人才队伍；重点培养和塑造一支善开发、肯学习、创新型的企业技术人才队伍；重点培养和塑造一支懂技术、肯钻研、技能型的企业操作人才队伍。

4. 提高战略决策力、执行力

伴随着企业发展过程，特别在当前调结构转方式及“工业 4.0”变革的重要时期，企业面临着一系列重大的方向性战略性的决策，关乎企业的兴衰发展。企业决策者要不断提高企业领导层的战略性思维、前瞻性眼光、战略性决策能力、执行能力，不断增强防范市场风险意识，引领企业持续健康发展。企业未来发展的关键主要是企业领导战略性决策。

（五）推进技术支撑工程，夯实技术创新基础

要提高企业的技术创新能力，缩短创新周期，提高创新效率，需建立强有力的共性技术支撑体系和“专精特”产业技术支撑体系。

着眼于中长期发展，由政府主导，以企业、大学、科研院所为主体组建网络化研究中心。通过“互联网+科研”的模式，实现高效管理运营。

加强行业高新技术和共性技术研究已经成为提升基础零部件产业必不可或缺的重要举措。机械动力传动和制动系统是我国装备制造业高端发展的短板，亟待加强。建议组建国家动力传动与制动技术研究中心，请国家有关部门审议支持。

对于紧固件、弹簧、粉末冶金、齿轮、链条、传动联结件等各专业，进一步充实健全现有的行业技术服务平台能力，为行业提供更好的服务。

五、附件

附件一：机械通用零部件行业规划项目表

附件二：关于组建“国家动力传动与制动技术研究中心”的建议

附件一：机械通用零部件行业规划项目表

“十三五”齿轮行业

序号	专业	项目名称	提出的依据、必要性
1	齿轮与传动	工业机器人精密减速器	机器人产业是我国装备制造业升级的支撑产业，将迎来爆发式发展。作为机器人核心零部件的精密减速器要求高可靠性、高刚度、高回转精度，目前几乎完全依赖进口，严重制约着我国工业机器人产业的发展。通过本项目的实施，攻克机器人精密减速器成套设计、制造和试验检测技术，项目产品的产业化将打破国产机器人减速器长期依赖进口的局面，支撑我国机器人产业发展
2	齿轮与传动	轨道交通齿轮传动装置	铁路运输具有运能大、速度快、能耗小、效率高、安全性好等技术、经济优势，在国民经济发展中处于不可替代的地位。目前我国高速列车通车里程位居世界第一，但时速大于200km的高速列车和大部分轨道车辆的齿轮传动装置被国外公司控制。近年来，我国机车车辆制造集团通过与国际机车制造巨头合作，在较短时间内具备了大功率高速重载电力机车的制造能力，但机车牵引、驱动、制动、电气控制等核心技术仍然受制于人。每年需从国际市场采购90%以上的齿轮传动装置，不仅增加了机车车辆的成本，而且制约了我国轨道交通装备的发展
3	齿轮与传动	盾构及TBM强变载、高功率密度减速机	盾构及TBM是集机、电、液及信息化于一体的重大工程装备，需求量逐年增大。减速机作为盾构掘进机中驱动刀盘的核心部件，具有体积小、功率密度高、扭矩大、强变载、可靠性高等特点，长期依赖进口，制约我国盾构技术装备发展。本项目将攻克减速机成套设计、制造和试验技术，产品性能达到国际同类产品先进水平，满足盾构及TBM配套要求
4	齿轮与传动	汽车活齿CVT无级变速器	2014年我国汽车产销量双超2 300万辆，汽车保有量超过1.4亿辆。作为关键零部件的汽车自动变速器，95%以上依赖进口，年进口额高达460多亿元，已经成为制约我国汽车工业发展的瓶颈。与传统的摩擦传动相比，项目产品的活齿啮合传动，是传动技术的重大突破，可以显著提升传动效率和转矩，不仅技术性能水平达到国际先进水平，而且制造成本低，具有明显的竞争优势。通过项目实施，能够改变我国自动变速器依赖进口的局面，推动我国汽车零部件产业的技术进步
5	齿轮与传动	汽车驱动桥长寿命低噪声螺旋锥齿轮	我国汽车连续6年产销量蝉联全球第一。汽车驱动桥是汽车核心总成之一，在汽车行驶过程中，驱动桥承受着繁重而复杂的载荷，直接影响到汽车的整体质量。我国汽车驱动桥齿轮制造水平与国外先进技术相比差距很大，国外车桥齿轮寿命稳定达到100万km，而国内许多卡车车桥齿轮寿命不到20万km。本项目通过开发应用绿色、高效制造技术，解决载货汽车车桥齿轮的寿命问题和乘用车车桥齿轮的可靠性和噪声等问题
6	齿轮与传动	电动汽车无级变速器	在能源安全、环境问题和产业技术转型升级三重压力下，纯电动汽车成为我国汽车工业转型的主要战略方向。采用低成本、高效率、恒功率、宽调速区间的“纯电动汽车无级自动变速器”替代电动机调速，形成“电动机＋机械无级变速＋电池＋低压电控系统”的动力总成新模式。通过变高压控制为低压控制，让电动机始终工作在最高效工况，节能环保，恒功率特性，速度响应性好，动力学、经济性、安全性均得到改善；克服了电动机低速起步的高耗能低效率工况。电动汽车能耗降低，电动机及电池发热减小，安全性提高，电池无深度放电状态，提高电池能量的利用率，延长电池使用寿命；宽区间无级变速使电动机许用峰值扭矩显著降低，从而减小电动机及电池装机容量，使整车成本降低，体积及重量减小。这种动力总成的新模式将为电动车产业开辟一条新的发展道路

项目表

重点内容（带具体技术指标）	实施目标	项目提供单位	备注
研究攻克减速器轻量化和减振降噪设计技术、关键零件超精加工技术和热处理畸变控制技术等关键技术；研究解决传动系统高刚度与小回差并存的难题；开发专用加工装备及其配套加工工艺，解决摆线轮边界处的过切、干涉等问题；完成样机试制及其传动精度、刚度、可靠性、测试评价；突破批量加工、检测、装配过程中的技术和工艺难点，形成机器人减速器成套产业化工艺技术和标准规范 行星摆线减速器主要参数：功率范围为 0.07 ～ 13kW，传动比范围为 30 ～ 200，传动误差＜ 1'，回差＜ 1'，传动效率＞ 85% 谐波减速器主要参数：传动效率＞ 80%，回差＜ 1'，传动误差＜ 1'，最高输入转速 6 000r/min，平均寿命 >10 000h	通过项目实施，攻克减速器摆线轮、偏心轴及谐波减速器柔轮等核心零件的关键设计制造技术，形成成套技术和标准规范，整体技术达到国际先进水平；实现年 10 万台减速器产业化应用示范，全面提升我国机器人减速器制造水平，改变精密减速器长期依赖进口的局面，助推工业机器人产业的快速发展	浙江双环齿轮股份有限公司、郑州机械研究所、苏州绿地谐波传动科技有限公司、浙江中大电机、陕西秦川机械发展股份有限公司	
针对轨道交通和高速列车齿轮传动装置，主要完成下面技术开发：①高速重载齿轮高功率密度设计技术；②齿轮齿面强化技术；③高速齿轮传动温度场分析及热变形修形技术；④润滑与密封技术；⑤箱体轻量化技术等 主要技术参数：机车运营速度为 200 ～ 500 km/h；运行环境温度为 -45 ～ 55℃；驱动单元噪声＜ 92dB；效率≥ 98%；运行维护周期＞ 100 万 km，主动齿轮无故障运行 100 万 km，从动齿轮无故障运行 200 万 km	通过项目实施，掌握轨道交通齿轮传动装置的成套设计制造技术。攻克高功率密度设计技术、齿面强化技术、精密修形技术、润滑与密封技术、可靠性试验技术等。实现装车试运行，形成产业化能力，替代进口，满足国内高速机车配套需求	戚墅堰机车工艺研究所、重庆凯瑞车辆传动制造有限公司、郑州机械研究所	
项目针对我国依赖进口的盾构及 TBM 强变载、高功率密度减速机，开展高可靠抗疲劳设计制造技术研究开发，完成系列产品开发，实现产业化生产 主要研究内容：①减速器与掘进机最佳功耗比匹配技术开发；②强变载、高功率密度减速机设计优化；③减速机减震降噪技术开发；④散热及润滑密封技术研究；⑤关键零件质量稳定制造工艺技术开发；⑥静强度、可靠性疲劳寿命及变负荷试验研究等 减速器的主要技术参数：①输出转矩为 60 ～ 280kN・m；②传动比为 50 ～ 120；③输入转速为 100 ～ 2 000r/min；④寿命≥ 10 000h	通过项目实施，攻克功耗比匹配技术、减振降噪技术、散热及润滑密封等技术，形成盾构及 TBM 强变载、高功率密度减速机成套设计制造技术，实现产业化批量生产，达到年产 500 台产业化应用示范，满足国内盾构机配套需求。项目产品的产业化将打破盾构减速机长期依赖进口的局面，支撑我国盾构装备发展	郑州高端装备与信息产业技术研究院有限公司、蚌埠行星工程机械有限公司	
针对新型节能活齿自动变速器，开展传动系统匹配、金属链啮合理论、传动系统动力学及可靠性分析技术研究。进行高精度活齿锥盘、齿形链等核心零件加工和热处理技术研究，高性能高可靠性控制系统开发，综合试验检测与路况仿真技术研究以及批量化生产技术与装备研究开发。使新型节能活齿自动变速器的性能达到国际先进水平，开发出系列产品，可用于轿车、客车及载货汽车等多种车辆。实现产业化生产，形成年产 10 万台产业化能力，改变我国汽车自动变速器长期依赖进口的局面 具体指标：传动效率≥ 94%，传动转矩范围 150~1 500N・m，寿命超过 30 万 km，成本降低 30%	通过项目实施，形成无级变速器成套设计、制造及试验检测技术和标准规范，整套技术达到国际先进水平，实现 10 万台产业化批量生产及应用示范，全面提升我国汽车无级变速器制造水平，不但改变长期依赖进口的局面，而且出口占领国际市场	北京维艾迪汽车科技有限公司	
针对汽车车桥螺旋锥齿轮目前存在的渗碳淬火变形大、寿命低、噪声大等问题，开展如下研究工作：超声速气（雾）脉冲扫描感应加热淬火低变形调质工艺技术开发；卧式无马弗罐加压气体渗氮技术与装备开发；水溶法氨含量自动测试技术与仪器开发；中硬度奥制锥齿轮精铣齿技术与刀具开发；渗氮齿轮强度试验研究等 主要技术指标：齿轮铣齿精度 5 级，热处理后精度 6 级以上；传动噪声降低 3 ～ 5dB；生产成本降低 30%；实现无污染连续生产线生产。载货汽车齿轮寿命 100 万 km	本项目在齿轮加工工艺、热处理方法和工艺、制造装备等方面有重大创新。研发汽车后桥螺旋锥齿轮节能环保成套制造技术，使车桥锥齿轮寿命和噪声等指标达到国际先进水平，支撑我国汽车提高性能与品质，促进汽车产业发展	天津天瑞汽车零部件有限公司、上海奥凯汽车零部件有限公司、株洲齿轮有限责任公司	
开展产品关键零部件结构及齿形优化研究，基于动力学的调速过程快捷性安全性分析，张紧机构稳定性研究，活齿啮合过程冲击噪声及其对寿命影响研究。进行无级变速器零部件高品质批量制造技术攻关，开发智能化装配生产线，实现无级变速器高质量、高效装配。完善自动变速器控制系统，通过中试及路试，研究控制策略，进一步提高产品性能，改善汽车驾驶性能。提高电动汽车的效率、功率、电动机与电池寿命，装载新型无级变速器的电动汽车，其效率提高 20%，乘用车最高车速达到 120km/h，电动机使用寿命提高 50%，电池寿命提高 30%，纯电动车的综合成本降低 40%。使电动汽车无级自动变速器的性能达到国际先进水平，开发出系列产品，产业化生产，形成年产 3 万台大型电动客车自动变速器产业化配套能力，推动我国电动汽车技术的发展	掌握“电动汽车无级变速器”关键零部件设计、制造技术，攻克活齿冲击及噪声问题，攻克控制系统控制策略优化技术、试验检测技术及产业化技术，实现产业化生产，推动我国纯电动汽车技术的发展，形成年产大型电动汽车无级变速器 3 万台能力	泰州海博传动机械有限公司、南京越博汽车电子有限公司、杭州东华链条集团公司	

序号	专业	项目名称	提出的依据、必要性
7	齿轮与传动	飞机高可靠性齿轮传动装置	传动装置是飞机三大关键动力部件之一，要求寿命期内不能疲劳破坏。传动装置具有单机种配套、结构复杂、功重比高、高生存力、高效率、高可靠性等特点。其性能的优劣将直接影响飞机的性能及可靠性。我国飞机传动装置与国外先进水平差距很大，特别是随着直升机对传动系统的重量、寿命和可靠性的要求越来越高，在减轻重量的同时保证寿命和可靠性就成了设计和制造的难题。飞机高可靠性齿轮传动装置必须立足国内研发生产，不能依靠国外
8	齿轮与传动	大型核电和超超临界火电齿轮调速装置	目前国内超超临界火电机组、百万千瓦核电站使用的功率大于 5 000kW，有效圆直径 500mm 以上的大型液力偶合器传动装置基本依赖进口。以超临界、超超临界火电机组为例，900MW 以上火电机组配套的大功率、高转速齿轮调速装置全部进口，仅从 VOITH 公司进口的耦合器就已超过 1 000 台。核电、超超临界火电齿轮调速装置应该立足国内制造。另外，项目成果可以推广应用于冶金、石化、煤炭等行业，经济和社会效益显著
9	齿轮与传动	多兆瓦风电齿轮箱	2014 年，中国大陆风电机组新增装机容量 23 350MW，同比增长 45.14%；累计装机容量 114 673MW，同比增长 25.4%。新增装机和累计装机两项指标均居世界第一。我国风电产业将持续发展，而且海上风电是未来发展方向，要求机组功率越来越大，单机功率将超过 5MW
10	齿轮与传动	工程机械自动变速器	我国工程机械自动变速器同先进国家差距很大，亟待加强。研制工作分两步走： 第一步，研制采用新型自动变速技术的变速器，用于装载机、平地机、16 ～ 40t 大吨位叉车、飞机牵引车辆、农用拖拉机、大功率军用越野车辆及部分轨道车辆等领域 第二步，研制大功率自动变速器及研制适应特殊工况车辆需求的变速器，以适应陡坡、重载和艰苦工况的矿用车辆、需求量较大的装载机和工况复杂的大功率农业机械车辆方面的需要
11	齿轮与传动	大型船舶发电机组恒转速输出无级变速传动系统	①大型船舶主机自由端带发电机为船舶动力系统的典型配置；②工况：主机转速为适应船舶行驶工况而变化，而发电机需恒定转速；③产品技术：目前采用多档位传动齿轮箱，使输出转速控制在范围内，无无级调速的产品，目前国外有相关功能产品；④关键技术：无级调速控制技术研发，开发较低成本的产品；⑤提高船舶发电质量，输出电压稳定；具有节能减排作用。产业化前景很好
12	齿轮与传动	高精度长寿命齿轮成套制造技术	提高齿面硬度是延长齿轮寿命的关键因素，先进国家制造的齿轮齿面硬度高达 70HRC 左右，而我国齿轮齿面硬度约 60HRC，差距显著

（续）

重点内容（带具体技术指标）	实施目标	项目提供单位	备注
飞机发动机传动系统动力学分析及整体结构优化设计；开发耐热350℃以上的高强度、耐热沉淀硬化渗氮钢和多元合金二次硬化钢；润滑技术及润滑系统研发；双螺旋齿轮修形和精度控制技术、沉淀钢离子氮化技术等关键制造技术研究；高可靠性发动机齿轮传动装置研制；试验方法研究，传动装置台架试验、评价等 主要技术指标：①直升机齿轮传动装置：功率2 000～2 500kW，转速20 000～30 000r/min，寿命4 000h，无油润滑时间60 min，入口温度800℃以下，环温170℃以下；②大飞机齿轮传动装置：功率24 000 kW，输入转速12 000r/min，寿命30 000h，整体温度环升高27℃	通过项目实施，掌握传动装置成套设计制造技术，形成制造工艺规范、试验方法和规范，支撑产品试制和产业化。直升机在传动装置体积重量不变的情况下增大起飞重量，提高传动功率，延长服役寿命；大飞机与航空发动机同步实现国产化	郑州机械研究所	
完成高功率密度、高可靠性设计技术研究，完成调速装置结构与参数优化、型腔设计、调速控制系统优化，完成调速装置动特性分析，完成泵轮、涡轮型腔高精高效加工，完成传动装置温度、转速、压力控制及监测系统设计，完成样机试制及试验测试评价等 主要技术参数：传递功率为6 000～12 000 kW，输出转速为3 000～6 600 r/min，额定滑差＜3%，设计寿命20年，噪声＜90dB	通过对调速装置的关键设计制造技术进行深入系统的研究，开发出超临界和超超临界机组高可靠性齿轮调速装置，并完成样机研制及中试试验工作，使全套设计制造技术达到产业化要求，实现我国大型机电液调速传动装置立足国内制造、不再依赖进口的目的	中国机械通用零部件工业协会	
针对5WM及以上风电增速齿轮箱，完成基于载荷谱的动态优化设计技术、行星齿轮箱功率分流技术、高功率密度高可靠性设计技术、高可靠性强化试验技术、高速多级传动润滑技术等关键技术开发，完成关键零件制造技术和工艺开发，最终实现产业化 主要技术指标：功率≥5MW；噪声≤100dB；机械效率≥97%；寿命≥20年	通过项目实施，掌握多兆瓦风电增速箱成套设计制造技术。攻克功率分流和高功率密度设计技术、精密修形技术、关键零件制造技术、润滑与密封技术、可靠性试验技术等。产业化后，既满足国内需求，又出口占领国际市场	南京高精传动设备制造集团有限公司、重庆齿轮箱厂有限责任公司、杭州前进齿轮箱集团股份有限公司、华建天恒传动有限责任公司	
技术性能与技术指标：①高效集成的电液耦合液压阀块技术改善换档冲击与换档时间，与原电控变速器相比换档冲击度减小20%，换档时间由现在的600～900ms缩短到平均400～700ms，使用该技术的装载机节油超过15%；②高性能液力变矩器技术、变速器模块化技术，实现产品的平台化，覆盖功率范围为130～410kW，总成噪声≤92dB，总成效率达到80%左右，整机的寿命在10 000h以上，并高于国内先进水平；③齿轮箱采用轻量化和低噪声设计技术（包括有限元分析、系统动力学分析、计算机模拟仿真等技术）和现代先进的制造技术，采用新型变速器壳体材料、电控线束实现轻量化技术，使产品的主要技术性能和指标接近国际先进同类产品水平；④自动变速器电控系统具有自动换挡功能、安全功能和预诊断功能，使整车具有卓越的车辆性能，满足不同工况的需求	替代进口产品的比例超过30%	杭州前进齿轮箱集团股份有限公司、陕西法士特汽车传动集团有限责任公司、山东蒙沃变速器有限公司	
①速比0.5∶1～2∶1（增速2∶1到减速1∶2）范围内实现无级调速；②智能化控制，控制策略：采集齿轮箱输入转速，自动无级调速保证输出转速恒定；③配套船舶功率范围2 000～20 000kW；发电机功率范围200～2 500kW	2020年达到年产2 000台无级调速齿轮箱的能力，完全替代进口	杭州前进齿轮箱集团股份有限公司	美国twindisc 德国ZF
①高硬度、高纯度齿轮材料：VIM+VAR高纯真空熔炼技术；②精密冷塑性成形工艺；③真空渗碳＋高碳势渗碳＋超高压气淬，保证理想的硬度梯度；④齿面表层真空脉冲渗碳、激光冲击等保证齿面高硬度70HRC，心部硬度50 HRC以上；⑤齿轮强度、疲劳评价和综合测量技术，实现极高的抗磨损和疲劳性能。冷塑性成形齿轮精度指标达到国际先进水平的：7级ISO 1328和8级DIN 3965	汽车自动变速器、工程机械行星减速器配套	郑州机械研究所	

“十三五”紧固件

序号	专业	重点工程	重点技术方向	项目名称	提出的依据、必要性	关键技术指标	设计工艺技术难点
1	紧固件	汽车	高强度、高精度	汽车发动机用高强度紧固件（连杆缸盖飞轮用紧固件）	为汽车配套/替代进口	强度>10.9级，疲劳寿命>500万次，PPM为0	冷挤压工艺，热处理及表面处理工艺，检测工艺等
2	紧固件	航空	高强度、高精度	航空航天专用紧固件	为飞机及航天器配套/替代进口	疲劳寿命>500万次，产品稳定性高	钛铝镁合金材料的成型工艺，精密温镦技术、热处理工艺、钛合金成形表面润滑技术及检测工艺等
	紧固件	高铁	高强度、高精度	高速机车动力（牵引、传动等）系统高性能级紧固件	为高铁配套/替代进口	①10.9级（12.9级）高性能紧固件、冷镦（挤压）；②采用10级（>10级）30°楔形防松螺纹（螺母）镦压工艺；③疲劳寿命≥450万次（加载60）；④摩擦系数0.13±0.03；⑤螺纹精度≤5g（淬后搓、滚丝）；⑥表面电镀锌层盐雾试验≥500h；⑦PPM<60	①合金钢球化退火处理技术装备（提高质量稳定性）；②热处理后螺纹搓（滚）丝工具加工寿命
3	紧固件	高铁	高强度、高精度	300km/h高速铁路配套扣件系统	为高铁配套/替代进口	防腐蚀性能>700h，适应50℃高低温环境，PPM<60	合金钢球化退火处理技术装备（提高质量稳定性）
4	紧固件	专机	高速、高精度	高速多工位冷镦机系列	替代进口	速度>200件/min，强度>10.9级，PPM<60	热处理后螺纹搓（滚）丝工具加工寿命
5	紧固件	工模具	高速、高精度	高性能高速工模具系列	替代进口	寿命5万件以上	冷镦（螺纹加工）工序机台在线计算机控制质量缺陷产品系统
6	紧固件	高强度紧固件	热处理	高强度紧固件热处理工艺及成套设备	替代进口	加热炉工作区炉温均匀性≤3℃，硬度误差≤1HRC	保护气氛控制，在线检测控制

“十三五”链传动

序号	专业	重点工程	重点技术方向	项目名称	提出的依据、必要性	关键技术指标
1	链传动	船舶海洋工程设备	高速、高精、抗疲劳、抗冲击链传动系统	大功率舰船发动机传动链	建立强大的海军和大力扩展海运能力是加强我国国防和实施“一带一路”战略目标所必需的，这势必要加快发展我国的造船工业。目前，我国仅能供中小规格的船用发动机链条。大规格的船用发动机链条还依靠日本、英国和韩国	（1）链条节距精度：每任意相邻2链节长度许用公差，相对于其名义长度：①配合链轮小于60齿时：≤1.5%；②配合链轮60~80齿时：≤1.2%；③配合链轮80~100齿时：≤1%；通常链传动常规使用公差为3%。（2）新链条初期跑合磨损量为名义链长0.02%～0.05%。（3）链条冲击强度：使用在船用大功率发动机强烈振动的条件下，链条的零件抗冲击10mm×10mm试样条件下，大于20J。（4）使用寿命至少10年（每运行3 000~5 000h，链条必须检验磨损伸长量，当超越许用公差，须替换链条。）

项目表

重要材料及热处理	实施目标（替代进口百分比）	市场需求（产值或台套数）	对标国际企业及产品指标	项目提供单位	备注
热处理及表面处理工艺等	50%	20亿元/a	美国汽车紧固件标准	上汽标汽车紧固件昆山有限公司、东风汽车公司、浙江明泰标准件有限公司	
钛铝镁合金材料热处理工艺、钛合金成形表面润滑技术工艺等	30%	5亿元/a	美国航空紧固件标准	中航工业贵航集团、深圳航空标准件有限公司、浙江乍浦实业股份有限公司、浙江西子航空紧固件有限公司	
球化退火技术	50%	10亿元/a	国家铁路紧固件标准	江苏省常熟市标准件厂	
合金钢球化退火处理技术	80%	5亿元/a	国家铁路紧固件标准	宁波金鼎紧固件有限公司、安徽泽润通金属制造公司、宁波九龙紧固件制造有限公司	
	50%	市场广阔（目前该机种以进口为多）	美国国民公司	宁波思进机械股份有限公司、深圳东瑞紧固件有限公司、海盐市盛瑞五金有限公司、海盐县海星标准件厂	
新材料热处理方法	30%	2亿元/a	日本OSG公司	河北任丘华超标准件模具厂、浙江永固标准件有限公司	
高强度合金钢热处理工艺	50%	2亿元/a	德国IPSEN公司、日本DOWA公司、英国BOC公司	一汽富奥紧固件分公司、上海金马高强度有限公司、上汽标紧固件有限公司	

项目表

设计工艺技术难点	重要材料及热处理	实施目标（替代进口百分比）	市场需求（产值或台套数）	对标国际企业及产品指标	项目提供单位	备注
①针对大功率发动机在海运时强烈振动，该链条需抗振抗疲劳优化设计；②保证零件高精度尺寸的制造工艺；③纳米技术、渗Cr-V技术在提高耐磨性的应用；④零件表面和心部缺陷100%无损检测技术的应用；⑤船用可靠性模拟试验装置和试验办法的制定	①需特钢企业研发优质钢材。②需与纳米技术研究所共同研发及在热处理工艺下提高链条耐磨性能的方法	实现船舶发动机链全系列国产化，2018年在228/64B、228/72B大规格船用链生产能力达到2 500条，2020年替代进口40%；2025年替代进口80%	国内外市场预测年销售额10亿元	日本椿本、英国RENORD、韩国东宝	苏州环球集团科技股份有限公司	

序号	专业	重点工程	重点技术方向	项目名称	提出的依据、必要性	关键技术指标
2	链传动	高端能源机械	高速、高强、抗疲劳、耐腐蚀链条	页岩油气钻采机用高强度抗疲劳耐腐蚀链条	页岩油气开采在美国取得巨大的成功，改变世界能源供需的格局。我国蕴藏着丰富的页岩油气矿藏。我国国民经济发展在能源供给方面很大程度上依赖进口，为改变这种格局，必须要增大能源自给能力，我国已经对页岩油气进行开发，但仅在初级阶段开发，研究系列页岩油气链条是十分必要的	①抗拉强度是API标准的1.15～1.25倍；②疲劳强度是SY/T标准的1.25倍；③抗冲击是API标准的1.25倍；④抗腐蚀性，参照GB/T10125—1997eqv，ISO 9227.1990人造气氛腐蚀试验、盐雾试验标准；盐水溶液浓度（5±0.1）%，PH6.5～7，喷雾空气压力（98±10）kPa，连续喷雾48h内，链条零件不应出现点蚀、裂纹、气泡等腐蚀缺陷；⑤耐磨性，以160规格油田链试验，转速600r/min，试验时间480h，链条磨损伸长率≤0.2%，耐磨性是GB标准的1.20倍
3	链传动	新能源汽车	无级变速器	电动汽车CVT无级变速器	①电动汽车，尤其是电动轻型及中型商用车和客车，以及插电式混动汽车的产业化普及需要高效、低成本、紧凑、低噪声，适于纯电驱动工况的无级自动变速器的支持，达到经济性和动力性的平衡和优化；②中国自动变速器的核心技术仍然受制于人	①传动比范围：电动汽车用CVT＞3.5倍速比，PHEV用CVT＞6倍速比；②输入转速：0～6 000r/min；③输入扭矩：60～350N·m（0～6 000r/min输入转速范围内都需保证传动能力）；④噪声：输入转速3 700r/min时，<68dB；⑤寿命＞5 000h；⑥传动效率：平均>92%；⑦系统满足ISO26262要求；⑧与整车其他总成采用CAN通信；⑨输入扭矩变化率<800（N·m）/s时，系统正常工作
4	链传动	智能化输送设备	全自动输送线	链式智能化电石输送系统技术	电石是涉及国民经济重要的基础化工原料，在今后国民经济发展中具有不可替代的重要作用。目前国内电石生产线在冷却、破碎以及包装过程中普遍采用的人工操作方式能耗过高，生产效率低下，产能落后，环境污染较为严重，而且存在安全隐患（属于20世纪60年代生产工艺）。目前，整个电石生产行业中出料系统及下一道输送工艺技术普遍落后，整个行业进行技术更新势在必行。采用该智能物流输送系统的产业规模达100亿元，直接产生的经济效益每年5亿元，同时改善环境指数不可估量。更为重要的是，在国内首次实现了电石生产行业的自动化生产方式，改进和创新了生产模式，大幅降低了能耗以及人力成本，电石的产能成倍提高，环境质量有很大改善，对整个电石行业具有深远的意义。本项目系国内电石行业空白，技术属国际先进水平，是一项高效、环保、安全生产技术	① 载货台车：载货台车在地面上行走，由链条牵引的车辆。台车4个行走轮为活络轮，车上有牵引销、导向销，车上设电石锅的定位块；车架由厚壁钢管焊接而成。②地面积放拖链输送机：由牵引链条、轨道、驱动、张紧装置等组成。 牵引链采用专用的模锻链，由内链环、外链环、销轴和长销轴及滑架小车和推头小车组成。推头小车由4个轮子支承，推头小车推动台车牵引销使台车运行；推头小车按一定间距布置。滑架小车布置在推头小车之间，承载着区间链条质量。 驱动装置采用角驱动方式。电动机和减速机一体的结构，结构紧凑，安装调试方便。减速机输出轴和传动链轮轴通过链式联轴器连接，将动力传递到链轮，链轮旋转带动牵引链运行。③卸料系统：将冷却后的电石从锅内倒出，空锅返回的系统。由上线移行机、辊床、通过式翻锅机、空锅输送辊床、移行机组成。通过式翻锅机采用液压马达驱动。④电气控制系统：采用PLC控制

（续）

设计工艺技术难点	重要材料及热处理	实施目标（替代进口百分比）	市场需求（产值或台套数）	对标国际企业及产品指标	项目提供单位	备注
①优选或研发高强度韧性合金结构钢；②优化热处理工艺；③链条零件表面强化特殊处理；④X射线无损探伤检测应用，优化链条组装工艺，实现在线无损检测；⑤大功率疲劳、耐磨台架试验法制定；⑥耐腐蚀模拟试验方法制定	①需与特钢企业合作研发优质钢材；②纳米技术、渗Cr-V技术在提高耐磨性的应用，提高链条耐磨性能	实现页岩油气油田链全系列国产化，2020年替代进口40%。2025年替代进口100%	国内外市场预测年销售额10亿元	美国REXNORD，日本椿本、英国RENORD	苏州环球集团科技股份有限公司	
①数字化样机仿真体系建立：多刚体及多柔体系统应力、应变、寿命、模态等仿真体系，多刚体多柔体系统与CFD、流体粒子法协同的润滑及温度场仿真体系，针对NVH的链条、齿轮及敲击的仿真优化方法体系；②柔性智能生产体系，针对小批量多品种的柔性生产管理系统，包括订单、物流、采购管理等子系统，包括智能生产数据采集及产品追溯系统的MES系统，包括柔性装配线；由AGV、机器人、机械臂、立体仓库等组成的柔性物流系统；综合了跑合、标定功能的智能下线检测台；TCU检测：HIL及故障注入系统，TCU全功能检测台；③变速器优化；无级变速链条的优化；系统寿命及NVH优化；TCU可靠性及功能安全性优化；润滑油及添加剂	优质齿轮钢材、耐磨合金钢	2017年实现批量生产，2018年达到产能10万台，2020年替代进口40%，2025年替代进口80%	250万台	日本加特可Jatco混合动力无级变速器；传动比范围6倍，速比最大输入转矩350N·m，传动效率平均＜88%，系统不满足ISO 26262标准	杭州东华链条集团有限公司	
①突破的关键技术。电石溶液接料锅，通过电子秤自动称量后离开接料口，再接下一锅，做到每锅定量；②离开出料口的锅与下一个到达出料口的锅，采用推车机做到无缝连接，避免电石液外流；③布置在圆形融化炉周边的三个出料口的接料，采用变频调速输送机与推车机结合方式，解决了任一出料口接料问题	需特钢企业研发生产优质钢	实现为国产智能化电石输送线替代进口，2020年替代进口80%	年销售额12亿元	加拿大赫氏公司	浙江金盾链条制造有限公司	技术难点及进一步创新点：①电石熔液装锅防飞溅技术；②无缝连续接料技术；③系统过程控制技术；④高温粉尘环境下抗疲劳耐磨损特种链条制造（链条的疲劳寿命）

序号	专业	重点工程	重点技术方向	项目名称	提出的依据、必要性	关键技术指标
5	链传动	链传动正时系统	新型齿形链研发	乘用车发动机链传动正时系统	①国际上60%以上的乘用车发动机宜采用链传动正时系统；②目前我国85%以上依赖发达国家进口；③为加快实现我国成为汽车制造强国目标	以上汽通用五菱BI2发动机链传动正时系统的主要技术参数为例：在工作油温120°、动力油压0.2MPa、功率5kW、主轴转速6 000r/min的工况下，运行600h达到以下标准：①正时链磨伸长≤0.3%，拉抗强度≥8.5kN；②链轮齿面磨损深度≤0.2mm；③进、排气侧导轨工作面磨损深度≤0.6mm；导轨与张紧器接触部位凹陷深度≤0.5mm；④张紧器柱塞灵活无卡阻，柱塞在位于0～20mm行程内时，推力为：58.5～（21.1±5）N
6	链传动	农机链	高耐磨、高精度抗疲劳传动链	高端农机链传动系统	①我国高端农机链传动系统长期受制于人的被动状态，依赖进口；②高端农机链传动系统市场需求猛增；③高端农机链系统在大冲击载荷下，变载变速传动的疲劳性能和耐磨寿命问题未解决，是我国高端农机链发展的瓶颈；④关键设计技术、制造技术、专用工艺装备等问题需要解决；⑤为能真正形成批量化、产业化生产	①抗拉强度≥40kN；②疲劳寿命≥1×10^7MPa；③耐磨性能：伸长率≤0.8%

"十三五"弹簧

序号	专业	重点工程	重点技术方向	项目名称	提出的依据、必要性	关键技术指标
1	弹簧	新能源汽车应用稳定杆	超低噪声，轻量化高应力，高可靠性，低能耗	新能源汽车低噪声高性能稳定杆	项目的开发属于全球同步开发，其特点有三方面：①在于绿色环保汽车采用轻量化高应力设计，杆件应力达1 000MPa以上，总成应力达850MPa以上。②实施新型硫化工艺技术，消除了稳定杆与安装橡胶衬套的轴向和径向滑移噪声。③实施高难度的端头二次涂层工艺技术保证了稳定杆总成连杆连接的高可靠性。在提高技术能力和提升竞争力的同时，也帮助国内主机厂能够与国际先进新车型在降低噪声和实现轻量化上进行竞争，这也是汽车行业绿色环保今后发展的趋势，本项目的研发和量产实现了先进的轻量化、无噪声、高可靠性连接性能的稳定杆零部件进入了中国智造，标准化量产。项目首次运用了后硫化工艺，突破了端头补粉的技术难关，使得各方面性能要求完全符合新能源汽车对于轻量化、无噪声、高可靠性的要求	①稳定杆杆径：ϕ21.7 mm，公差：±0.2mm；②材料长度：1 930mm，公差：±1mm；③回火温度：440～460℃ 时间：55～65min；④杆身涂层厚度：60～150μm；⑤端头涂层厚度：40～80μm；⑥杆身耐腐蚀要求：循环交变盐雾满足30个循环；⑦端头涂层性能要求：满足TL256标准要求中的循环交变盐雾15个循环；⑧光杆杆件设计最大应力1 000 MPa；总成杆件850 MPa；⑨光杆疲劳要求：±27°（摆动角度）≥44 000次 ±21°≥200 000次 Slog（标准方差）≤0.2；总成疲劳要求：±50mm（摆动幅度）≥55 000次 Slog≤0.2；⑩残余应力要求：在100～120μm的深度范围内，应力≤-600MPa；⑪衬套硫化性能要求：硫化后产品必须满足疲劳要求；破坏实验后，必须满足硫化黏结面积>80%的要求

（续）

设计工艺技术难点	重要材料及热处理	实施目标（替代进口百分比）	市场需求（产值或台套数）	对标国际企业及产品指标	项目提供单位	备注
①建立齿形链设计方法和齿形链、链轮、刀具啮合设计体系；②链板全光带高速多颗冲裁技术；③整个系统实验技术，建立具有我国特色的汽车发动机用链检验方法和规范以及性能评价体系	①销轴的金属复合渗技术；②链板等温淬火，获得下贝氏体，提高抗磨损、抗冲击、抗疲劳性能	替代进口	国内市场需求很大，暂时无法满足，前景可观	美国MORSE、德国IWIS、英国RENOLD、法国SACHS、日本TSIBAKI	湖州求精汽车传动有限公司、青岛征和工业股份有限公司	
①链板平面度；②链板节距散差小；③套筒椭圆度小；④链板热处理不变形；⑤提高套筒和销轴的表面的粗糙度；⑥农机链系统测试技术；⑦质量稳定工艺技术	零部件材质优选，高强度合金钢的应用，采用特殊表面热处理技术	农机链2016年达到年产50 000m，2020年替代进口40%，2025年替代进口90%	年销售1 000 000m	株式会社椿本链条 RS滚子链	青岛征和工业股份有限公司	寿命差距多少？头5项关键技术差距量化及攻关方向

项目表

设计工艺技术难点	重要材料及热处理	实施目标（替代进口百分比）	市场需求（产值或台套数）	对标国际企业及产品指标	项目提供单位	备注
高应力稳定杆强化工艺的研发和应用，包括快速通电加热热处理技术，组合强化喷丸技术。稳定杆衬套开发，衬套二段硫化工艺研发和量产应用。端头局部二次粉末涂装工艺技术的研发和量产应用	国产优质管材和棒料	替代进口101%	年销售3 000万元	德国MUBEA	上海中国弹簧制造有限公司	

序号	专业	重点工程	重点技术方向	项目名称	提出的依据、必要性	关键技术指标
2	弹簧	高铁及轨道交通车辆	车辆减震缓冲	高速动车组用抗疲劳、高稳定性轴箱弹簧	目前中国标准化动车组技术是我国动车组技术实现完全自主化，走出国门的基础，CRH380系列动车组轴箱弹簧实现国产化，打破国外技术垄断已成为实现自主化替代的必然途径，使中国标准化动车组技术实现完全自主化	①时速：380km/h；②相比进口弹簧，其原材料已经实现国内工业化生产，弹簧钢抗拉强度达1 650MPa，室温冲击性能K_U5=13J，强韧性指标较进口提高5%以上；③自主化替代轴箱弹簧在高动荷系数条件下疲劳寿命达50万次以上，较进口弹簧高10%以上；④弹簧在空车载荷下横向偏移量低于4.5mm；⑤在-40℃以下低温运用条件下，冲击韧性满足10J以上，适用环境更为广泛
3	弹簧	CA/CAP核电安全阀关键部件	确保阀门安全启跳	CA/CAP核电稳压器、主蒸汽安全阀弹簧	①目前国内的核电稳压器、主蒸汽安全阀及弹簧100%为国外进口；②国内核电项目发展迅速，安全高效发展核电成为必然的发展趋势；③核电安全阀弹簧材料和关键工艺技术有待研究解决	①垂直度：≤0.008 5L0；②端面平行度：≤0.004 25L0；③特性公差：±5%；④使用寿命：60年
4	弹簧	大型挖掘机用高端弹簧	高应力、高疲劳寿命	大型挖掘机涨紧机构高应力弹簧	①目前国内大型挖掘机使用的高应力、高疲劳寿命涨紧机构弹簧全部为国外进口；②大吨位工程机械的工作应力较大，高应力弹簧加工难度大，加工工艺有待提高；③国内高应力材料还不成熟，需要改进、提高应力和强度	①耐低温：-40℃冲击功≥20J/cm²；②高应力：最大工作应力1 512MPa；③高淬透性：在距末端20mm处洛氏硬度不小于52HRC；④高疲劳寿命：14万次以上；⑤强化喷丸：喷丸强度0.3±0.05 C2 ARC；⑥小旋绕比：弹簧旋绕比为3左右；⑦大高径比：弹簧高径比6～7
5	弹簧	高性能液压设备	液压传动	高性能液压泵阀用精密弹簧	①改变液压件长期受制于人的局面；②液压件技术是中国高端装备制造企业发展的最大瓶颈，目前国内挖掘机核心零部件大量依赖进口，又如中高端汽车及工程机械为节能减排，急需研发新型油泵和油路阀门等（其中弹簧均是核心零部件）	①工作应力820~980N/mm²；②极限应力1 000~1 300N/mm²；③可靠性要求≥1 000万次；④负荷损失率≤2.5%；⑤小旋绕比（c≤4）；⑥大高径比（b≥5）
6	弹簧	乘用汽车	轻量化	纤维增强型复合材料悬架弹簧研发	当前汽车零部件（悬架弹簧和稳定杆）节能减排，轻量化，无噪声，无腐蚀等技术要求，推动纤维增强型复合材料弹簧产品的开发，是新一代弹簧产品发展趋势，实现汽车悬架弹簧及稳定杆颠覆性的技术创新和产业化，是各国先进弹簧企业及整车厂创新发展的重要方向，是下一轮更新换代的弹簧新产品	①相比钢铁材料，同比产品重量减少45%；②表面无需要复杂表面保护，无腐蚀；③纤维增强型复合材料悬架弹簧无共振和接合噪声
7	弹簧	超标大型碟形弹簧	重载碟簧	海洋工程平台碟形弹簧缓冲器	①国内外均无标准，只有应力计算，没有寿命回归；②德国Damstadt大学机械研究所与Adolf公司联合设计，但不对外，只提供产品；③国内首家制造供应，但很保守，浪费资源，不敢降低安全系数；④日益扩大需求，亟需解决碟簧寿命的理论预设	①厚度＞14mm，已为最小，最大设计厚度为80mm；②组合使用，单件达500kg；③最大承载单片5 000kN以上；④有不同摩擦系数要求

（续）

设计工艺技术难点	重要材料及热处理	实施目标（替代进口百分比）	市场需求（产值或台套数）	对标国际企业及产品指标	项目提供单位	备注
横向性能、纵向性能及端圈形态	51CrV4，淬火回火	CRH380D 动车组弹簧实现批量装车。2017 年替代进口 100%	年销售额 2 000 万元	Federnwerke J.P. Grueber GmbH & Co. KG	天津机辆轨道交通装备有限责任公司、杭州弹簧有限公司	
①新型材料的研发；②弹簧启跳精度的控制；③弹簧刚度线性控制；④表面耐腐蚀性控制；⑤ CAE 仿真模型的建立	和钢厂共同研发新材料，实现原材料国产化	2018 年替代进口 30%；2025 年替代进口 85%，并实现产品出口	年需求量 1 000 只	英国汉森弹簧，日本东海弹簧	大连弹簧有限公司	
①弹簧卷制设备精度要求；②大截面弹簧热处理参数制定；③弹簧外形尺寸精度的控制；④大高径比弹簧强压工装的设计；⑤弹簧工作高度弯曲的控制	和钢厂共同开发新材料，开展弹簧热处理攻关，适当提高弹簧硬度，满足高应力的要求	2017 年替代进口 50%；2025 年替代进口 90%，并实现产品出口	年需求量 3 万只	日本三菱制钢	大连弹簧有限公司	
①解决小旋绕比、大高径比高难度、高精度弹簧的绕制成型工艺；②工装改进设计；③表面处理技术	采用国际先进的油淬火回火弹簧钢丝（如 55CrSi、60Si2CrVA 等）剥皮 + 探伤	高应力、高可靠性液压件弹簧的研发，为航空航天、新能源汽车、海洋工程高端装备制造业等产品配套的重要机械基础件。2018 年达到年产 60 万件，2020 年替代进口 80%	年销售额 12 亿元	德国博世（力士乐）、林德液压等	杭州弹簧有限公司	
①需要实现高强度的纤维增强型材料，主要是碳纤维复合材料合成达到 $Rm \geq 1\,300$MPa；②纤维复合材料悬架弹簧和稳定杆产品设计，材料结构特征与弹簧产品力学特性相符合；③纤维复合材料悬架弹簧和稳定杆制造工艺的设计和生产，主要是热塑或热固成形工艺技术；④满足悬架弹簧和稳定杆的产品特性参数以及可靠的使用寿命，制定产品科学的评价技术指标及测试方法标准。目前除奥迪汽车的整车及索格菲集团 ARA 弹簧公司外，还没有其他整车厂和弹簧公司批量性采用此类材料弹簧。新技术急待研究	采用碳纤维（第二步或玻璃纤维），高强度热塑材料或热固材料	纤维增强型复合材料悬架弹簧及稳定杆是新一代节能减排汽车所应用的产品，也是完全新一代的轻量化悬架弹簧和稳定杆。国际上仅是 2015 年才开始在汽车上应用，争取成为国际先进的供应商	年生产能力 80 万～100 万件能力，估计每年销售额 0.8 亿～1.0 亿元	意大利 Sogefi 集团 ARA 弹簧公司	上海中国弹簧制造有限公司	
①最大允许应力的确定；②应力幅 f_2-f_1 的确定；③回归寿命 1×10^4、5×10^5 及 2×10^6 的曲线或数学模型	需特钢企业研发高淬透性弹簧钢	可以完全替代进口并根据国家战略随钻井平台出口	年销售额 1.5 亿元	德国最大生产直径 1 000mm，厚度 100mm 以上	扬州核威碟形弹簧制造有限公司	

序号	专业	重点工程	重点技术方向	项目名称	提出的依据、必要性
1	粉末冶金	汽车发动机、变速器零部件	高密度、高强度、高精度粉末冶金零件制造技术，包含：①表面致密化技术；②粉末冶金零件的加工性；③高压缩性、尺寸稳定原材料的开发	高密度、高强度、高精度汽车粉末冶金零件（发动机、变速器齿轮链轮、凸轮）开发与研究	①粉末冶金零件制造工艺的整体能耗和原料消耗少，属于节能节材的绿色工艺，需进一步推广的先进技术；②汽车零部件轻量化发展的需要；③汽车高端粉末冶金零件尚有相当比例的未实现国产化依赖进口；④粉末冶金零件性能尚难以达到钢锻件水平，需要提升整个行业的技术水平和竞争优势；⑤国产原材料与国际先进水平相比存在较大的差距，需要进一步提升国产原料的技术水平和稳定性；⑥高精度零件难以实现大批量生产
2	粉末冶金	汽车自动变速器零件	烧结焊接	9F自动变速器支架及离合器粉末冶金组件	①国内目前自动变速器大部分在6AT水平；②随着主机厂对于汽车油耗及舒适性的要求提升，发展9AT成为趋势；③国内9AT关键零部件目前几乎全部依赖进口；④高密度成形、高强度烧结焊接、机械加工精密度问题未解决；⑤关键工艺技术和专有设备等问题需要解决；⑥未能真正形成批量化、产业化生产
3	粉末冶金	汽车发动机VVT零部件	高精度成形、整形、机械加工	可变气门正时（VVT）粉末冶金零件（链轮、定子、转子）	①随着主机厂对于汽车油耗及排放要求提升，生产配置VVT的发动机成为趋势；②国内VVT关键零部件目前几乎全部依赖进口；③高紧密度成形、整形、机械加工去毛刺问题未解决；④关键工艺技术和专有设备等问题需要解决
4	粉末冶金	汽车装备	粉末冶金铜基摩擦材料	重型载重汽车离合器用铜基摩擦材料	①国内重型载重汽车离合器铜基摩擦材料摩擦系数偏低，磨损率大，易伤对偶；②寿命较低；③关键材料配方及制造工艺需解决
5	汽车装备	汽车助力真空泵零件及不锈钢制品	高强度、高精度汽车粉末冶金制品	高强度、高精度汽车真空泵粉末冶金零件	①目前国内汽车助力真空泵，几乎全部依赖进口；②汽车市场需求猛增；③汽车助力真空泵体积小、重量轻、符合汽车轻量化的要求，采用粉末冶金不锈钢制品更能满足工作环境的特殊性；④关键工艺技术和专有设备等问题需要解决；⑤目前未能真正形成产业化生产
6	粉末冶金	冰箱压缩机粉末冶金件	连杆、阀板	冰箱压缩机免加工连杆、阀板	①现有冰箱压缩机连杆、阀板需机加工，费用高，一致性差；②无切削零件表面致密，耐磨性好；③国外无加工的粉末冶金件应用广，国内需求量逐年递增

项目表

关键技术指标	设计工艺技术难点	重要材料及热处理	实施目标（替代进口百分比）	市场需求（产值或台套数）	对标国际企业及产品指标	项目提供单位
①密度：大于7.25g/cm^3；②烧结态强度大于600MPa，热处理态强度大于1 000MPa；③经加工后产品的圆度小于0.05mm，高度公差小于0.02mm	①原材料的压缩性与批量稳定性；②高精度粉末冶金模具的设计与制造技术；③高密度零件成形技术；④高精度粉末冶金零件制造工艺；⑤零件在线检测和监控系统，包括尺寸、外观、硬度等；⑥低成本高强度材料的研究与开发	①高压缩性原材料的开发；②高稳定性混粉工艺的研发；③粉末冶金微孔的局部热处理；④粉末冶金零件产品批量稳定性热处理工艺开发	2020年，由目前5kg/辆的用量提高50%，到2025年，每辆车的用量提升100%	每年汽车高端齿轮链轮用量在5亿只以上，每辆车凸轮使用在10件以上，国内凸轮数亿个。市场需求超过30亿元	英国GKN公司、欧洲PMG公司、日本住友电工、日立粉末等。此项目系与国际同行同步开发	东睦新材料集团股份有限公司
①高密度7.0g/cm^{3}以上；②铜熔浸材料屈服强度500MPa以上；③烧结焊支架分离力10 000N以上；④烧结焊支架扭矩4 000N·m以上；⑤平均疲劳实验无故障寿命100万次以上	①1 000t大型成形机台模具及配件优化设计；②烧结焊接构造设计；③成形品裂纹检测技术；④机器人自动机械加工生产线技术；⑤质量稳定性工艺、在线检测技术	需制粉企业研发生产优质专用粉末冶金铁粉、铜熔浸材料、焊接粉末材料	实现为国产合资汽车主机厂配套高精度变速器支架及离合器组件。2018年达到年产1 000万台。2020年替代进口50%，2025年替代进口90%	年需求额30亿元	美国GKN、加拿大STACKPOLE	扬州保来得粉末冶金有限公司
①高密度7.0g/cm^{3}以上；②产品全长公差15μm以下；③产品工作面位置度0.05mm以下；④产品毛刺高度在0.10mm以内；⑤链轮高频处理齿部硬度65HRA以上	①500t大型成形机台模具及配件优化设计；②成形品裂纹检测技术；③350t大型整形机台模具及配件优化设计；④机器人自动机械加工生产线技术；⑤质量稳定性工艺、在线检测技术	需制粉企业研发生产优质专用粉末冶金低合金铁粉	实现为国产合资汽车主机厂配套高精度VVT零件。2018年达到年产1 000万台。2020年替代进口60%，2025年替代进口100%	年需求额30亿元	德国GKN、奥地利MIBA	扬州保来得粉末冶金有限公司
①主机功率：145～220kW；②转速：1 400～2 200r/min；③比压：0.66MPa；④摩擦系数：0.5～0.7；⑤磨损率：＜0.4×10^{-7}cm^3/（N·m）	①材料配方优化；②混合均匀技术；③非金属组元与基体结合牢固；④制造工艺参数；⑤芯板与材料结合技术	需研制高性能摩擦添加剂	实现重型载重汽车离合器铜基摩擦材料国产化，2018年实现年产50万片	年销售额1 000万元	达到美国DANA公司水平	杭州粉末冶金研究所
①不锈钢材料（相当SS 434L），硬度要求32～42HRC；②密度要求≥7.0g/cm^3；③表面粗糙度≤Ra0.2；④平面度≤0.005；⑤平行度≤0.005	①粉末冶金不锈钢零件的热处理工艺；②高精密粉末冶金不锈钢零件的精密加工技术；③质量稳定性检测技术工艺	需配套企业研发生产优质不锈钢粉	实现为汽车助力真空泵配套国产化，建成专业化粉末冶金不锈钢零件规模化生产线。2020年实现全部替代进口	年销售额1.5亿元	韩国／日本	海安县鹰球粉末冶金有限公司
①连杆内孔圆柱度：0.002 5；两孔平行度：0.08/127；内孔直径公差：±0.002；内孔粗糙度：0.4；②阀板厚度公差：±0.005；阀线高度差公差±0.005；阀板平行度：0.005；阀板平面度：0.005	①成形、整形模具设计优化；②烧结变形的控制；③过程和成品的检测技术；④质量稳定性工艺技术	铁粉生产企业生产稳定、变化轻微的优质铁粉	实现为国内压缩机公司配套的无切削连杆、阀板。2017年500万套，2019年1 500万套	年销售额6 000万元	日本住友电工	黄石东贝机械集团有限责任公司、安徽美芝制冷设备有限公司

序号	专业	重点工程	重点技术方向	项目名称	提出的依据、必要性
1	传动联结件	工程机械	行星传动	X形行星齿轮减速器	①国内行星减速器市场长期处于被国外垄断的状态，特别是工程机械行业几乎全部依赖进口；②行星减速器在中高端产品上的能力相当匮乏，低端产品产能过剩，同质化恶性竞争；③国内行星产品还处于仿制国外产品阶段，没有创新，没有一款完全可以真正替代国外的产品；④必须要提高我国装备制造业的配套能力且拥有完全自主知识产权的高性能的标准及专用行星减速器
2	传动联结件	永磁电机等	永磁涡流柔性传动	永磁涡流柔性传动装置	随着大型装备的不断发展，对动力装置、传动系统的隔振、降噪和抗冲击要求以及电动机适配功率要求越来越高，传统的膜片、卷簧弹性和圆柱弹簧联轴器等由于不能更好地隔离振动和补偿位移，特别是电机功率高于4kW以上的永磁传动装置，由于受关键技术限制，国内外缺少，难以满足要求。针对上述难题，迈格纳，研发面向大功率装备的“永磁涡流柔性传动装置”项目。目前，国内同类产品的功率只能做到4MW以下，难以满足工程要求。本项目的研发，可实现隔振、降噪、抗冲击和柔性传动，有明显的节能减排效果。处于国际领先水平，可以解决上述难题，替代进口。 该项目重点对大功率产品的散热、降噪等结构设计、材料与制造工艺等关键技术进行研发，解决高温场合下磁性消退技术难题，为大功率设备的广泛应用奠定技术基础；开发动态涡流优化与控制关键技术，实现能量与负荷的自适应匹配；研究大功率永磁涡流联轴器的磁场分布、永磁体与铜盘尺寸参数对永磁涡流联轴器特性的影响，突破材料结构、磁化方向、磁极分布的优化设计与制造等技术瓶颈难题。其创新点是开创气隙传递等关键技术，实现扭矩传递方式创新和调速方式创新
3	传动联结件	轨道交通	精密传动	轨道交通用鼓形齿联轴器	①轨道交通用鼓形齿联轴器要求具有制造精密、密封可靠、噪声低，使用寿命长、安全性高等特点，目前几乎全部依赖进口；②随着我国高铁、动车组和地铁的快速发展，轨道交通用联轴器的需求量日益增长；③国家大力鼓励轨道交通产品的国产化，轨道交通联轴器的国产化顺应了政策及市场的需求；④结构设计、制造工艺、装配控制、性能检测需要解决；⑥专业化批量生产设备、工装需配套
5	传动联结件	汽车工程	智能制造	高端重型载货汽车传动轴智能制造关键技术	①制造业信息化是当今世界制造业发展的大趋势，是“以信息化带动工业化”的突破口，国家科技部和省科技厅对制造业信息化工作极为重视，从2002年起开始组织实施制造业信息化关键技术研究及应用示范工程；②公司在产品开发、生产管理和加工制造等方面迈出坚实步伐，主导产品数字化设计达到100%，关键工序数（自）控化率超过80%
6	制动器	新能源汽车关键部件	能量回馈式制动防抱死装置（EABS）	新能源汽车能量回馈式制动防抱死系统	①应用于新能源汽车，实现制动能量的回收，提高整车能量利用率。与以往的机械刹车断电方式不同，EABS系统应用了全新的制动控制思想，当有刹车信号时，电动轮毂立即制动，并且速度越快制动效果越明显；②EABS电子刹车系统不会消耗蓄电池电能。相反，在制动瞬间和下坡制动时会对电池产生短时返充电，虽然作用时间短，但对于电池极板却可以起到一定的维护效果，有利于延长电池的使用寿命。汽车在坡路上行驶，能起到生能、储能的作用

项目表

关键技术指标	设计工艺技术难点	重要材料及热处理	实施目标（替代进口百分比）	市场需求（产值或台套数）	对标国际企业及产品指标	项目提供单位
①转矩系数≥526（kN·m）/mm^3（西门子FLENDER的P系列产品）；②传动比：16～71 000（西门子FLENDER同轴传动的传动比最大为900）；③行星轴承寿命≥10 000h（可根据工况设计更长寿命）；④噪声≤85dB（A），单向振幅≤0.02mm；⑤传动效率：单级≥98%、两级≥96%、三级≥94%、四级≥92%；⑥其他指标，如温升、齿面接触斑点、各密封处、结合处不得渗油等	①减速器的参数与结构的优化，提高承载能力，超过国外产品；②关键零部件—行星轴承的设计、加工及热处理技术；③行星轮系级间连接、中轴轮系的弹性定位、双联内齿圈结构设计等，确保整机系统具备最佳的均载状态，使其承载能力、运转平稳性得以提高	齿轮采用国内的低碳合金钢，在参数及结构设计来弥补国产材料及热处理的不足，从而使整机产品的性能达到甚至超过国外产品	实现为我国工程机械、建材行业、起重运输、港口船舶等行业配套核心传动基础件。至2018年达年产5 000台 在2020年左右替代进口产品25%	国内市场有400亿元左右，国际市场每年大约有160亿美元	德国西门子弗兰德P系列行星减速器，德国力士乐GFB、GFT系列回转和行走、轮边、卷扬减速器等	昆山荣星动力传动有限公司
永磁涡流柔性传动装置可应用于电力等行业的风机、水泵、传输带的电动机系统中，其参数远远高于国内外同类产品：①大功率：适配电动机功率4kW~4MW；是国外产品的10倍；②高转速：适用电动机的最高转速1 480r/min，高于国外产品149%；③高扭矩：最高传递扭矩35 000N·m：高于国外146%；④调速范围宽：调速范围30%～98%；⑤滑差率小：滑差率小于4%；⑥工作温度小于70℃；⑦振动位移小：振动位移值小于0.04mm；⑧使用寿命长：可达25年；⑨节能率高：达30%以上	①大功率永磁涡流柔性传动装置的散热技术；②风冷系统的散热③精密零部件检测技术；④质量稳定性工艺技术	优质散热片	4～10MW大功率永磁涡流柔性传动装置	完成后，将实现年产300台能力，累计实现产值9亿元。对我国磁力传动、节能等产业的发展起着重要作用	本项目的主要技术性能领先于国外产品：①散热、降噪等结构设计领先于国外；②电动机适配功率高于国外10倍；③适用电动机转速高于国外149%；④传递转矩高于国外产品146%。公司研制的永磁涡流柔性传动装置已达到国际先进、国内领先的水平	辽宁麦格钠科技有限公司
①额定转矩：1 560N·m；②额定转速：1 511 r/min；③最大设计转速：3 642 r/min；④最大径向位移：±14mm；⑤最大轴向位移：±9mm；⑥使用寿命：＞30年	①结构符合动力学，重量轻、体积小；②实现大扭矩传递、大角度补偿功能；③密封结构科学，可靠、环保；④质量稳定、安全性高	优质合金钢、合理的锻造工艺、多批次多形式热处理工艺过程	2017年实现轨道交通联轴器国产化。2018年达到年产3万套。2018年替代进口40%，2019年替代进口70%	年销售额2.1亿元	比利时ESCO联轴器、德国KWD联轴器	山东东益机械制造有限公司、河南承信齿轮传动有限公司
①加工精度：0.08mm；生产效率：提升20%；②产品合格率≥98%；生产成本降低35%；③传动轴的质保寿命由3万km提高到10万km	①关键零部件加工工艺创新；②加工信息数据流整理；③互联网+传动轴模式的创新		①技术指标：加工精度为0.08mm；生产效率提升20%；产品合格率≥98%；生产成本降低35%。②知识产品指标。专利3～5项；论文2～3篇；成果2～3项；软件制作权2项	年新增销售收入5亿元		许昌远东传动轴股份有限公司
①制动能量回收对整车能源利用经济性改善幅度在20%以上；②耐久性：20万km；③制动安全性：装车后制动性能满足GB 21670—2008和GB 13594—2003的要求	①面向产业化的能量回馈式制动防抱死系统产品的安全性、可靠性、舒适性、能量回收效率的综合优化方案；②EABS关键零部件性能的一次性保障与制造工艺；③EABS复杂多变路况的控制系数；④EABS专用台架试验技术有待开发	①电磁阀个体需控制精度；②电磁阀之间性能一致性保障；③传感器的采样精度须有较高要求；④传感器的可靠性与失效保护需进一步研究；⑤阀块的液压管路布置需小型化、轻量化	实现新能源电动汽车国产化配套2017年达到年产5万台。2018年达年产10万台，替代进口或合资品牌15%。到2020年达市场占有率40%以上	实现产值2亿元	欧洲ECE—R13标准	浙江亚太机电集团有限公司

附件二：关于组建“国家动力传动与制动技术研究中心”的建议

加强行业高新技术和共性技术研究已经成为提升基础零部件产业必不可或缺的重要举措。机械动力传动与制动系统是我国装备制造业高端发展的短板，亟待加强。建议组建“国家动力传动与制动技术研究中心”。

一、中心的组织结构

由一个中心平台和若干国内(外)专科研究室组成的网络化系统。

中心平台可以利用国家骨干研究所的力量、国家质量检测中心、工程技术中心、实验室等技术力量。各专科研究室可在国内外的厂校院所中优选布局专业最强的技术力量，机制灵活，充分调动技术人员积极性，开展基础技术研究、科技开发及技术服务。

政府以委托任务或技术改造的方式给予支持，企业以资金或委托项目支持，研究中心依靠政府企业支持、社会服务收入、技术入股等收入运行。

网络化研发中心的组织体制符合当前信息网络化的时代特点，也突破了原有行业研究所的旧体制，是一种集优创新体制，也是一种组建周期短、投入少、产出多的研发组织体制。

二、中心研究领域

研究领域包括动力传动与制动领域的关键零部件、关键材料、关键工艺、电子控制系统、服役环境和载荷谱采集处理、智能检测控制及故障诊断系统等理论和实验研究。产品包括齿轮、链条、链轮、传动带、联轴器、离合器、制动器等。

建立国家级网络化技术研发与服务中心，以服务重大装备产品的共性技术为主，将共性技术研究与重点产品相结合，抓好应用基础技术研究。

（1）建立基础材料的试验室，积累建成主要钢材数据库。

包括不同工艺条件、不同服务环境下材料和典型构件的疲劳性能、耐腐蚀、耐磨损试验数据及常规试验数据。

（2）建立第三方产品试验与评价平台。

依托现有检测试验资源，以公正开放、独立运作为保障，形成布局合理的第三方产品公共检测试验与评价平台，开展产品强化试验、可靠性和寿命测试试验、产品质量检测检验及评价、形成专业化的检测/试验和评价服务能力，包括典型产品综合性能试验台，重大产品试验台，现场试验等。

（3）进行共性设计工艺技术研究。

建立技术研发与技术服务相结合的混合体制，为共性技术同市场结合、尽快转化为生产力创造机会。建议依托行业研究所、企业技术中心、企业的国家级实验室等平台，做有偿公共服务。

（4）进行高端产品开发。

研究中心有多学科传动与制动技术交叉融合的优势，有利于渗透创新发展，有利于系统集成配套，更好地为用户提供整体技术解决方案。

关于组建“国家传动与制动技术研究中心”具体细化方案尚待组织专门班子进一步论证。

〔供稿人：中国机械通用零部件工业协会刘元杰〕

2012—2015 年中国机械通用零部件行业发展综述

中国机械通用零部件行业由齿轮、紧固件、链传动、弹簧、粉末冶金和传动联结件组成，是国家装备制造业应用极为广泛、重要的机械基础件产业。近几年是行业转型升级发展的关键阶段，也是企业克服重重困难，努力争取获得较为稳定发展的阶段，尽管发展的速度较慢，但是发展的方式正在转好，发展的质量趋于提高。行业企业通过结构调整、转型升级中的发展实践，已研发出一批具有国际技术水平、国内领先、可替代进口的新产品，并实现在国家重大装备中应用配套，全行业技术水平明显提高。可以说，机械通用零部件行业企业正在走上“由大到强”的发展之路。

近几年，国际经济一直延续复杂多变、复苏迟缓的态势，国内经济发展的制约因素也在增多，在经过速度、数量和规模化阶段的粗放式发展后，当前的经济客观环境已发生了很大的变化，市场倒逼机制迫使我国经济必然要从高速增长转向中高速增长，从结构不合理转向结构优化，从要素投入驱动转向创新驱动，从隐含风险转向面临多重挑战发展的局面。所以，我国经济以中高速、优结构、新动力、多挑战为主要特征的新常态正深刻影响着行业企业的经济发展。

2012—2015 年是行业执行“十二五”发展规划的 4 年，行业“十二五”规划提出，要深入贯彻落实科学发展观，以自主创新为驱动力，以转变发展方式为主线，以重大装备配套为依托，突破关键技术，提升高端制造能力，加快推进零部件制造业由大变强的进程。提出行业发展的关键在技术，基础在结构，根本在人才。要坚持“创新驱动，调整转型，提质增效”三项指导原则。因而，近几年行业企业的发展，一方面，经历着国内外复杂多变经济发展环境的考验，接受着市场的挑战。另一方面，面对行业企业转型升级发展的迫切需求，经受着转型的阵痛洗礼。可以说，行业企业正在进行“破蛹化蝶”式的新生蜕变发展阶段，正处于新的发展历史转折关节点。

一、行业发展经济运行态势

近几年，经济发展新常态已成为机械通用零部件行业的经济运行主要模式，在国内外市场“外需不足，内需不旺”的制约下，受装备制造业主机发展缓慢，出口受国际贸易保护的影响，行业的经济发展遇到了前所未有的困难。另一方面，行业企业在逐步认清市场发展形势下，坚持科学发展的主导思想，自主创新，调整产品结构，苦练内功、注重精细管理，沉着应对，不断为企业夯实再发展的基础，推动了行业企业低速发展，基本实现行业总产值逐年增长的态势，但行业经济运行的年度增长率从2012年以前的两位数增长变成了个位数。特别是2015年，行业企业遇到了订单不足、运行成本加大、市场竞争激烈、资金周转缺乏等多种困难，造成2015年的总产值同比增长率创出行业历史新低。2010—2015年行业总产值及同比增长率发展趋势见图1。

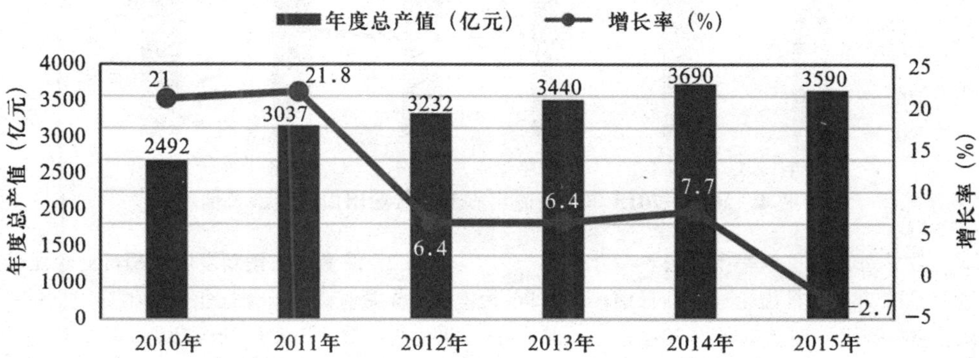

图1　2010—2015年行业总产值及同比增长率发展趋势

从行业6个专业发展对总产值的贡献率分析，齿轮专业一直保持最大的贡献，其次是紧固件专业，其余4个专业贡献率都保持在10%以内，2015年各专业的产值见图2。

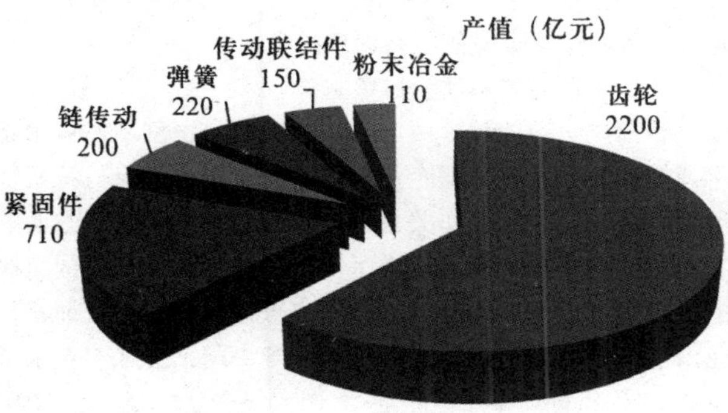

图2　2015年各专业产值

由于国际经济运行形势的低迷以及国际贸易保护主义的影响，近几年行业的进出口增长率总体上呈下行发展态势，特别是2015年，行业的进出口双双出现负增长，这还是行业发展史上第一次出现的颓势。其中进口增长率总体上呈现下行发展，并在2015年达到历史上负增长最低值。2013年和2014年进口增长率有所回升，这主要是由于这两年国内的汽车工业发展很快，年产量均突破2 000万辆，引发轿车自动变速器进口增速较大，从而助推行业进口总量提升。2010—2015年机械通用零部件行业进口额及增长情况见图3。

行业的出口总额尽管在逐年增长，但增长率与以前相比已变成个位数增长幅度，更何况在2015年出现行业第一次出口负增长，达到-4.48%。2010—2015年机械通用零部件行业出口额及增长情况见图4。

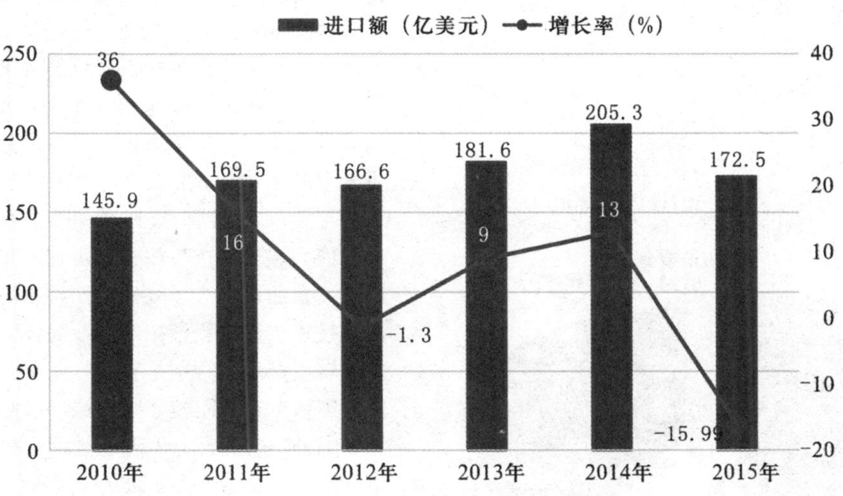

图3　2010—2015年机械通用零部件业进口额及增长情况

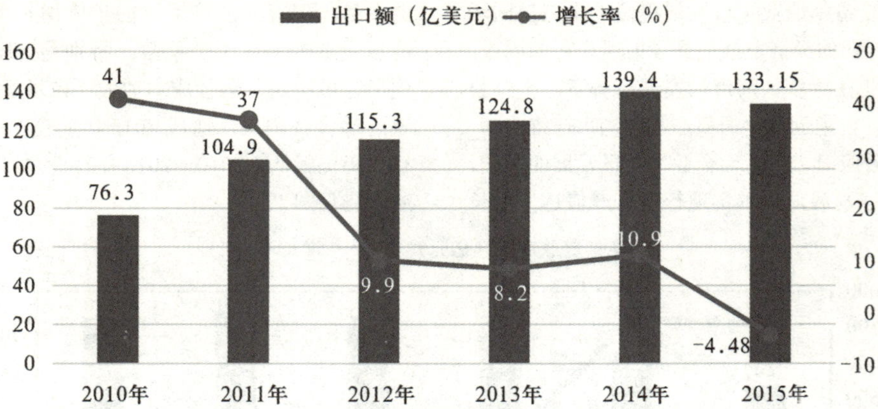

图4　2010—2015年机械通用零部件行业出口额及增长情况

在各专业对行业总进口的贡献率中，齿轮专业居第一位，占据行业进口额的75%，且齿轮进口项目中，轿车自动变速器的进口量占据齿轮专业进口量的70%以上；其次是紧固件，其占据行业总进口量的15%以上。这两个专业成为行业总进口的主导专业。2015年机械通用零部件行业各专业进口额见图5。

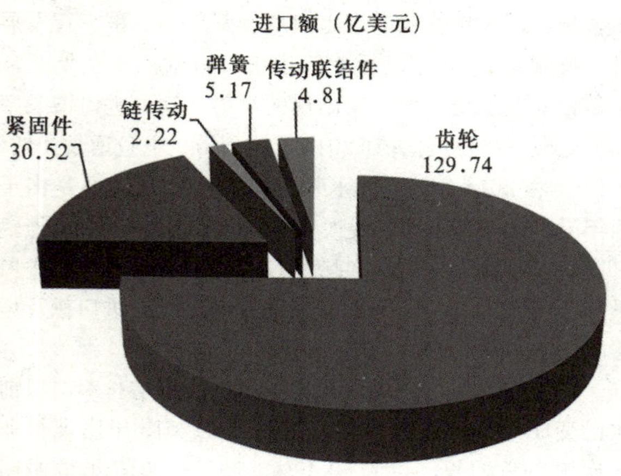

图5　2015年机械通用零部件行业各专业进口额

齿轮专业出口额居第一位，占行业总出口额的40%以上，在齿轮的出口项目中，工业齿轮出口额占齿轮出口额的60%以上；紧固件专业居第二位，占35%以上；链条专业10%以上。这3个专业是行业出口的主导专业。2015年机械通用零部件行业各专业出口额见图6。

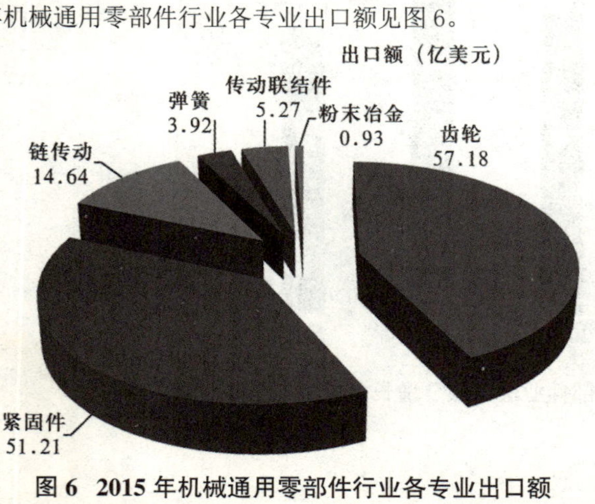

图6　2015年机械通用零部件行业各专业出口额

二、注重自主创新发展引领行业企业转型升级

自主创新是当今行业企业生存发展的关键环节，是行业企业转型升级发展的源动力。国家产业政策的实施和市场倒逼机制，使得行业企业必须创建企业的自主创新体系，并形成企业自身的核心技术优势，才能应对市场复杂环境的多重挑战，这已成为行业全体企业的发展共识。近年来，企业在自主创新引领行业企业转型升级的过程中，通过在技术创新、管理创新、营销创新等多方面的推动和实践，实现引领企业的升级发展，促进企业发展的内生动力不断增强，应对市场竞争的能力逐步提升。

1. 自主创新体系建设日臻完善

目前，企业的技术中心已成为企业自主创新发展中不可或缺的机构，并依据企业的产品发展技术特点与科研院所或院校建立长期合作关系。随着企业在自主创新方面的不断实践和发展，行业建成了一大批省、市级甚至国家级的科研技术中心、检测中心或国家重点实验室。目前，行业内已有几十家企业先后分别被授予“国家技术创新示范企业”“国家创新型试点企业”“国家级产品检测中心”“国家级技术中心”和“国家重点实验室”等称号。企业还制定了技术人员以及包括职工在内的技术改进和创新激励机制和奖励制度，从而推动了行业自主知识产权核心技术的发展，企业拥有自主知识产权的成果、产品和专利数量明显增多。再有，企业无一例外地加大了技术研发资金的投入，且投入资金逐年增长，目前，骨干企业的年平均科研投入已基本达到3%以上，重点骨干企业或龙头企业的投入甚至达到5%以上；许多骨干企业为了推动企业的自主创新能力建设，在与相关科研院所建立密切的合作关系基础上，企业还成立了院士工作站和博士后工作站，争取相关的技术支持，积极拓展企业的技术创新工作，推动企业产品转型升级；特别是有的行业企业还成立了企业培训学院，聘请专家和院校老师授课，以解决企业人才短缺的问题。另外，行业部分专业通过国家机械工业职业技能鉴定中心授权，建立了行业职业技能培训体系，形成包括教材、教学、考核等一整套的职业技能人才培育模式，为企业培育出一批职业技师和高级工，其中弹簧专业职业技能鉴定分中心取得的人才培训的业绩还受到国家技能鉴定中心的表彰。

行业企业依据自身情况创建的多种自主创新体系，丰富了企业人才培育和技术发展模式，为行业企业的转型升级发展奠定了有效的创新发展基础。

2. 行业企业创新驱动发展新动向

创新成果同企业提质增效对接、创新项目与提升企业市场竞争力对接，是企业自主创新工作的落脚点，并向适应新常态，融合新技术，创造新业态的方向发展，打造“做精品、出新品、创品牌、争一流”的企业，成为多数行业企业的努力方向。几年来，企业创新发展中涌现出的向服务制造型转化、两化融合、网络化、智能化、数据化、自动化、环保化、专业化发展的新动向，成为推动企业提质增效、转型升级的新亮点。

在技术创新方面，企业以多种方式加速推动企业的产品设计能力提升、制造工艺改善，并实现产品质量的优化升级。如南京高速齿轮箱有限公司在风电齿轮箱的研发方面独树一帜，从最初的750kW发展到目前的6MW，进行了大量的技术创新。他们根据风机的实际工况和载荷谱，对齿轮零件进行了精确的计算分析，有效地提高了承载能力、减轻了重量，具有良好的低温冲击韧性和高强度，达到国际先进水平。目前，南京高速齿轮箱有限公司风电装机总量在全国同行业稳居第一，占据全球近两成的市场份额，成为全球风能传动设备行业中增速最快、质量最稳定、服务最完善的供应商之一。中信重工机械股份有限公司作为国家级创新企业和高新技术企业，长期致力于为全球客户提供绿色、节能、高效、创新的成套产品和服务。在转型中始终坚持技术创新先导战略，注重提升工程技术研发、工艺技术研发、产品技术研发“三位一体”的技术研发体系。公司经过多年技术创新的积累，不仅成为国内大型重载齿轮研发生产基地，而且掌握了制造特大型铸件、锻件的核心技术，并具有成套完整的生产工艺，形成世界一流的特大型铸锻件研发制造能力。陕西法士特集团公司将企业创新融入到工艺改进、产品优化、质量提升的整个过程，科学调整产品结构，加快转型升级，为商用车升级换代推出了多种重载变速器、客车变速器、液力缓速器等一系列汽车传动新产品。东华链条集团以承担国家强基项目汽车自动变速器CVT链条为契机，延伸产业链，在集团内部成立了常州东风无级变速器有限公司，将研发成果应用到汽车、农机等大型行走机械用无级变速器。上海中国弹簧制造公司基于CAD相关技术，针对企业的产品设计特点，建成了企业独有的MINIBLOCK弹簧设计与制造技术，不但设计和制造出高精度的高端产品，而且实现了弹簧配套产品与主机需求同步设计，其产品设计制造水平已达到国内领先或国际先进。广州华德汽车弹簧公司应用二维、三维、有限元分析等CAE软件，自主研发了工艺设计和产品设计等PLM管理软件，可以快速完成稳定杆、气门弹簧、悬架弹簧、扭杆产品的应力分析等设计要求，有效提升了公司的产品技术水平，提高了设计质量，缩短了产品转型升级的研发周期，及时为主机厂提供优质弹簧配件。杭州前进齿轮箱集团、东华链条集团、南高齿集团、大连弹簧公司、浙江明泰标准件公司等在技术创新的基础上，积极研发新材料、新工艺，承担国家“强基工程”的新产品开发项目，为装备制造主机提供替代进口的配套件，实现企业产品的转型升级。上海上标紧固件公司应用先进的CAD产品设计开发和CAE计算机辅助设计技术，并结合拥有美国M-point公司授权专利和德国CPM公司有限元非金属线性变形分析系统等两项专用技术的应用，特别是应用德国CPM公司有限元非金属线性变形分析系统的辅助设计，对复杂产品的结构力学性能的分析，改变了原设计过程中要在加工设备上反复试验的方法，保证了冷成形对工艺设计过程中的金属线性变形的合理性分析，设计出冷成形工艺所需的最佳加工方式，以达到金属线性变形的最佳模式，节约了工艺设计成本，大大加快了产品开发速度，提高了研发能力，降低了加工成本，保证了乘用车专用紧固件产品质量。许昌远东传动轴公司远东传动公司非常重视制造业信息化科技工程数字化及信息化集成平台建设。一方面，以技术为主，把新技术应用于制造业产品的设计、建模、仿真、加工等，如二维、三维CAD/CAE/ CAM技术、数控技术等；另一方面，以信息管理为主，主要是实现内、外部信息在管理中的准确、快捷的流动，为决策提供依据，其关键就是实现设计信息、生产信息、财务信息、销售信息等管理信息的精确管理。从产品信息化、设计信息化、生产过程信息化、管理信息化及生产经营信息化五个方面完成企业的信息化建设。

在工艺创新方面，有的企业在引入数控加工装备的前提下，普遍实施了CAM/PLM产品制造和过程控制技术，提高了工艺制造水平。有的企业加速实施自动化制造技术，建成拥有在线检测功能的产品制造生产线，提升企业生产效率和产品质量的稳定性。如浙江双环传动机械股份公司为提升产品品质，以技术创新为驱动，通过投入技改项目，引进3条齿轮生产线新设备，致力于产品工艺技术的创新，使齿轮制造精度高于德国齿轮行业标准DIN8，达到DIN7.5量级。又如，东华链条集团在加强创新驱动发展的基础上，注重提升企业的智能化制造水平，通过实施适合各类产品制造的生产流水线的方案和计划，以流水线化的生产模式，达到“以机换人”的目的，大大地改善了生产作业环境与员工的行为习惯，有效地降低了员工的劳动强度，提高了生产效率和产品质量的稳定性，提升了生产的安全性。

3. 行业产业结构进一步优化

行业产业结构的调整，是市场的需求，是实现行业企业“由大向强”的发展过程，是改变低端产品过剩的必经之路。实践证明，通过多年产业结构调整的努力，企业的产品技术含量正在提升，高端产品的比例在增加。

紧固件专业企业深受低端产品价格竞争的苦恼，加之工信部发布了“高强度紧固件行业规范条件”，推动了紧固件专业的产品结构优化发展。以为国家重大装备配套的高端紧固件产品为目标，以采用新设备、新工艺为支撑的高端紧固件项目的推出正在改变着产业的结构布局。

中国航空工业标准件制造有限责任公司投资20亿元在株洲建立航空标准件生产基地，重点生产航空发动机标准件、钢制件，并将建成国内一流的航空零部件专业化生产基地。该项目建成后，将完善航空产业配套，吸引整机制造企业进驻，为航空产业配套领域提升高质量的紧固件产品。中国航空工业标准件制造有限责任公司启动国家级航空标准件集成供应基地第三方检测中心在珠海的建设，是公司在华南地区建设的首个检测技术中心，这标志着公司经过精心布局，在珠海已经形成了一个航空标准件完整的供应链服务体系。该检测中心拥有技术领先、集成供应的国际合作商业模式，可提供世界领先的航空技术和标准，将打造成国家级中心、世界领先、与国际接轨的第三方检测技术中心，推进中国航空标准件技术标准的国际化发展战略。

河北聚银企业管理服务有限公司以调整结构、定位高端，打造一流的紧固件产业基地为目标，斥资300亿元在河北省魏县省级工业园区内建设“高端精密紧固件及系列设备制造产业集群”。基地将配置紧固件研发检测、线材改制、高端制造、包装物流、生活服务等九大功能区，完善产业链配套，并采用国际上先进的工业废液处理技术，建成国内先进的紧固件产业园区，打造螺钉“产业航母”。东风紧固件有限公司为了使产品向高强度、高精度、异形化、组合化方向发展，在上海浦东地区投资2.8亿元建立了2个合资公司，从而拓宽了产品系列，提升了产品技术水平，更加满足了市场需求。永年紧固件得益于地方政府的引导和扶持，为解决本地区产品附加值低、竞争力弱等问题，通过招商引资或联合重组，纷纷更新设备，加大技术创新，推动集聚区向高端紧固件产品华丽转身。永年地区政府与中金国泰控股集团签署总投资50亿元的智能标准件产业园项目；联系中国航天科工集团，在永年设立具有国家级检测资质的航天精工（华北）标准件检验中心；与汉光集团合作，研发和制造汽车、高铁、航空使用的高精紧固件。该县已有90家企业通过了ISO 9001系列国际质量体系认证，培育了1家中国驰名商标、10家省级著名商标和1家河北省名牌产品，31家自营进出口权企业。目前，永年地区生产的高强度、高附加值标准件产品的产量和产值已占全县紧固件总量的20%和50%以上，产品结构明显提升。海盐紧固件厂通过加大研发投入拓展新空间，鼓励企业自主创新，开发具有自主知识产权的核心技术，提高产品技术含量和企业创新能力，加快紧固件行业转型升级；支持调整产品结构调整，引导企业重点发展钛合金标准件、汽车专用标准件及各种附加值高的产品，提高全行业技术水平，增强企业发展后劲。

航天精工股份有限公司通过自主创新、产学研合作和引进国外技术消化吸收再创新，在航空紧固件新材料、新工艺、新技术等方面不断取得航空紧固件专业化的关键性突破，增强了技术领先的竞争优势。其双线螺栓浮动螺母组件被列为国家战略新产品，钛合金抽芯铆钉、航空航天发动机紧固件和高锁类紧固件等被列为省部级名优产品，紧固件涂层检测技术填补国内空白。航天精工已经形成了高锁螺栓、钛铌铆钉、抗剪密封高自锁连接件等一系列自主产品品牌，核心产品大量用于我国航空航天重点型号。在航空航天标准紧固件领域，航天精工的经济规模居国内首位，研发能力和效益居同行业领先水平。目前，航天系统80%的标准紧固件产品，航空系统50%的标准紧固件产品均由航天精工提供。

齿轮专业产业结构调整也出现了新的发展。如江苏太平洋精锻公司始终把主攻高端、创新驱动、结构调整作为企业的核心理念，通过上市融资、大规模投入和研究开发，继美国、德国、日本之后，完全掌握了高精度精锻齿轮成套技术，成为国内同行业中唯一同时为大众、通用、福特和丰田等汽车公司众多车型配套的企业。山东荣成曙光齿轮有限责任公司不断加大技术创新力度，全面提升产品技术含量发展。公司投资1亿多元引进了世界顶级加工设备，聘请国内外螺旋锥齿轮专家和公司技术骨干组成专家团队，成功推出了干切削技术，实现加工1套齿轮由原来需要5台设备升级为只需2台设备即可快速完成，生产效率提高了3～5倍，产品精度也提高了3个等级。同时，企业还组织技术力量，成功攻克了德国KIMOS5齿轮设计软件，研发出30多个高技术含量的高端重型齿轮新产品，新研发的重型客车齿轮售价与过去主打产品齿轮相比提高了7倍。齿轮加工能力很强的浙江双环传动机械公司与全球智能装备顶尖的德国KAPP公司、我国齿轮机床行业排头兵重庆机床集团合资共同成立重庆中德智能制造有限公司，充分发挥各自的技术优势、市场优势和加工能力优势，实现强强联合，以齿轮加工机床为起点，向整个装备智能化方向延伸，实现全面整合技术、管理、制造资源，加快推动国内智能装备产业的建设. 开创了分属私营、外资、国资的3种资本形式的合作模式，从而推进三方的产业结构优化升级和市场共赢。

其他专业的产品结构优化发展也方兴未艾。钱江弹簧有限公司经过两年的建设，投资4.5亿元在北京顺义兴建的生产基地正式投入生产运营，北京基地立足于高性能设备、高技术研发、高水平制造和高起点竞争，不断创新产品技术和企业组织模式，实施差异化竞争，表现出了强劲的发展势头。广州华德汽车弹簧有限公司为加速产品转型升级，引进先进生产设备，提升装备水平，向自动化生产模式发展，进一步落实产品结构调整，实施了搬迁新制造区的建设。新区建成后，企业后技术研发能力和生产制造能力都将有显著的提升，为把广州华德公司建设成为国内最具竞争力的弹性部件研发型制造企业奠定了基础

黄山恒久链传动公司凭借“中国非标异形链研发生产基地”研发生产优势，实施“人无我有，人有我特，人特我新”的产品结构发展理念，坚持走“专、精、特”企业发展之路。通过科技创新，逐步提升非标异形链生产的自动化或半自动化水平生产，先后开发出应用于装备传动生产线上的一系列新产品，使企业非标异形链的产品品种和质量都处于行业前列水平。杭州顺峰链业公司在安徽歙县投资新建企

业，整个生产过程的机械化、自动化、智能化程度大大提高。

东睦新材料集团股份有限公司坚持把技术创新工作放在企业发展的重要战略位置，技术开发投入多年保持在5%以上的基础上，注重调整产业结构，积极发展高性能、高密度、高精度的粉末冶金零部件，并开展一系列针对汽车应用的粉末冶金产品研究开发，提升了产品的技术含量和附加值，使得企业行业的技术和经济效益在粉末冶金行业都独占鳌头。

另外，国内企业的并购重组或企业联姻也大大推进了产业的结构升级。如上海集优集团公司先后收购上海高强度螺栓公司、上海紧固件和焊接材料研究所和上海大隆机器厂，有力地提升了企业适应市场的能力，扩展了企业经营范围；深圳航空标准件公司收购上海卓越公司，有效地拓宽企业发展汽配产品的空间；瑞安标准件公司收购重庆2个厂，转型生产汽摩配件，也实现了企业资源的优化配置；海盐紧固件行业与航天精工有限公司联姻建立了“航天标准件产业化基地”，为海盐地区的航空航天标准件产业化升级发展打开了通道。

行业企业在开拓国际市场方面的发展，助力企业的产品质量、技术与国际市场同步发展。上海集优机械公司收购了世界最大的紧固件供应商之一——荷兰的内德史罗夫（Nedschroef）公司，巩固了上海集优机械公司在中国和全球高端紧固件市场中的强势地位。中国航空工业集团公司成功并购全球排名第四，客户包括波音、空客等飞机生产巨擘的美国航空标准件集成供应商——Align Aerospace，成为引进国际技术实现提升国内紧固件产业的范例，这一重大战略性收购，对中国民机制造升级，并实现与全球标准件供应链迅速对接，加速走向世界具有重要意义。常熟标准件厂在欧洲投资200多万美元，建立了奥根紧固件有限公司，在扩大企业生产规模的同时，还扩展了企业品牌在欧洲的影响。南京高精传动设备制造集团公司为创建以生产齿轮箱和传动设备为主的全球性制造企业，巩固欧洲市场的区位优势和物流竞争力，2015年在杜伊斯堡港设立欧洲总部，从而实现首家中国企业落户杜伊斯堡港。通过在杜伊斯堡设立欧洲总部，南京高精传动设备制造集团有限公司拥有了专业知识完善、备件储备丰富、服务反应快速的绝佳的服务平台，为其在欧洲的客户提供了一个直接享用其产品和服务的平台，推动了南高齿的全球化战略发展。法士特汽车传动集团在泰国建成了以汽车12档变速器为主导产品的法士特汽车传动(泰国)有限公司，并实现开工投产，为法士特集团的国际发展迈出了坚实的步伐。特别要提及的是，中航国际珠海公司航空标准件保税仓储基地的开建，将成为亚洲地区最大规模的航空标准件保税仓储集成供应基地，不但提升和整合了我国航空标准件优势资源，并且形成中国航空制造产业高质量标准件集成供应体系，是中国航空标准件产业链环节上的重要创新，对推动中国航空标准件走向世界具有重要意义。

4．企业精细管理水平逐步提升

在精细管理创新方面，很多企业在建立“以人为本”的核心价值观理念下，通过管理创新，扎实地推进了企业现代化管理，实现了团队业务和企业行为的优化管理，起到了提升企业凝聚力，优质降本增效的佳绩。

（1）企业通过实施诸如“TPS”系统、“6S”系统等落实企业的精益化管理，提高了企业资源的综合利用率，走上了建设高效节约型企业发展之路。杭州前进齿轮箱集团实施“精益制造引领企业多平台创新管理”，通过在变速箱总装生产线采用JIT准时化生产模式，在齿轮相关产品加工过程中开展多个精益生产项目、设备保养计划实施等支撑保证平台基础上，确保精益生产的全面推进和有效实施。该集团的“精益制造多平台的管理”被中国机械工业企业管理协会授予机械行业企业管理现代化创新成果奖。东华链条集团自2011年实施TPS项目以来，走过了由点到面、由战术到战略的推进历程，并通过在车间召开TPS项目多期推进成果现场会，协调各事业部的资源配置、产品结构、管理能力，推进TPS活动总体目标的实现，使东华链条集团2014年的现代化管理跨进新水平，并获得浙江省“企业管理现代化创新成果”奖、全国机械行业文明单位称号，再次荣登中国民营企业500强，位次跃升了33位。中国弹簧公司实施的“人人成为经营者”管理理念，将企业资源流动都量化到个人，不但加强了企业的凝聚力，还有效地降低了运行成本，提高了经济效益，2014年被中国机械工业企业管理协会授予“现代化管理示范单位”称号。

（2）企业通过实施ERP、PDM系统等结合企业发展的实践，提升企业的两化融合水平，从而实现了企业产品流动链的过程透视管理。重庆齿轮箱有限责任公司为破解转型升级难题，提升公司管理水平，促进企业持续健康发展，通过覆盖网络，逐步落实了ERP信息化系统，扩展应用了PDM、CRM、SCM、OA、DNC、MES等信息系统，并深入到企业产品、经营、财务、生产、制造、管理和服务等多个业务层面。通过管理诊断，引入“价值创造”新思维，优化企业流程，运用信息化技术，驱动企业商业模式的创新。完成了产品设计与制造集成、管理与控制集成、财务与业务集成、产供销集成、决策分析改进，进而推动产品协同创新和绿色发展、提高了产业链协同和集团管控能力，最终实现质量效率提升，财务优化，创新能力增强。2015年重庆齿轮箱有限责任公司被工信部授予“信息化和工业化融合管理体系贯标试点企业”，成为在行业企业“两化融合”发展的典范。中信重工机械股份有限公司推进生产流程自动化和管理流程互联网化，逐步建立起基于企业资源计划（ERP）与企业流程再造（BPR）相结合的、以精益生产（LP）为核心的敏捷制造（AM）生产体系，实现了工业化和信息化的深度融合，实现产品设计、生产制造和产品售后全过程服务，为公司做强核心制造发展与周到客户的服务发挥了重大作用。许昌远东传动轴股份公司在信息化集成应用方面，强化了ERP、PDM等技术的二次开发和应用，将产品研发、采购、生产、仓储、销售、财务和人力资源等所有环节全部纳入计算机网络化管理，大大提高了公司的管理水平和效率，有效地降低了生产成本，使企业信息化管理水平在行业中处于领先地位。钱江弹簧公司在生产车间运行“MIOT物联网”系统，把弹簧生产过程的实时信息向管理端反馈，可以使制造部、设备动力部、质管部和技术部及时了解和参与产品的生产过程管理，促进了部门运行更加协调统一，优化了系统流程，降低了过程成本。

5. 企业营销能力水平提高

行业企业在营销领域内的创新，推动企业在品牌建设、市场信息、客户维系、互联网电子商务、整体组合营销和商务集合平台等手段，加速企业与市场的信息交流沟通，提升对市场的适应能力，打通市场疲软情况下的营销之路。上海标五高强度紧固件公司经过多年的潜心研究，延伸企业服务产业链，由紧固件生产型制造向服务型制造转变，通过企业一系列的创新实践，建成了以贸易为龙头、以电子商务为抓手、以自动化物流为支撑、服务于全球的贸易发展平台，开创了国内紧固件专业最大、最先进的服务型制造企业先河。上海标五高强度紧固件公司集互联网商务以及自动化、数据化、高效化、环保化的物流系统特色，为客户提供了增值、高效和贴心的服务，获得了国内外用户的好评，并有效地提升了企业的市场地位。现在，有相当数量的中小型企业开始了互联网电子商务，通过自身网站，或加入专业产品信息交流互联网平台，采用了B2B、B2C等方式实现线上或线下的产品信息交流，有效地扩展了企业销售渠道。苏州法思特公司建成的“工品一号”网上紧固件销售商城，公司通过互联网手段整合供应商，吸引采购商，并应用网络信息技术打通包括紧固件的设计选型、订单管理、生产加工、仓储库存、质量检测和物流等多个环节的信息流，全面显示客户需求的产品信息，从而提升整个工业生态链的运转效率和客户体验度。目前“工品一号”网上商城已占据公司95%以上的营销额，并成为国内先进的工业品互联网服务提供商。上海有家标准件生产企业推出了APP客户端上线业务平台，这是引领标准件行业逐渐迈入移动电子商务市场的一个新的尝试，APP终端可利用移动互联网将产品供求信息精准发送给移动互联网领域的潜在客户，大大提高了信息传播效率，为客户提供了方便，提高了产品订单成功率，提升了企业的形象，也为企业创造更高的经济效益。永年紧固件集聚区推出编制永年标准件指数的创新工作，以便让标准件行业企业及时掌握产品价格及变化趋势信息，为生产商、经营者和消费者提供全面的具有权威性的价格咨询和调整经营范围的依据，促进行业更好更快发展；永年还在河北开播了紧固件行业全国首个专业电台，定期面向永年各紧固件市场和企业进行广播，传播紧固件行业最新动态资讯，为众多紧固件企业发展服务，成为紧固件行业发展中的新生事物。浙江省紧固件行业协会在推出“牙条产品价格行情”基础上，又推出了每月公布的“螺帽生产价格行情制度”，以防止产品低价竞销，维护紧固件行业营销秩序。

6. 加速生产方式转变，大力发展制造绿色制造技术

2014年国家颁布的“新环保法”，已成为国家保护环境的基本国策。坚持资源节约型、环境友好型发展方向，发展制造绿色制造技术，是落实行业企业长远发展战略布局必须遵循的原则，也是加速生产方式转变的重要内容。高能源消耗、高污染排放的粗放型生产方式不能继续生产了。正在发展中的企业在国家政策的引导下，在产业结构调整、产品转型升级过程中，认真改造企业旧设备，积极创建节能新设备，在大力发展绿色制造技术方面，走出了“节能降耗、控制排污、清洁生产”的发展之路，促进企业取得了可持续发展的新业绩。

（1）在绿色制造方面，很多行业企业完成认证和有效运行ISO 14000环境管理体系和GB/T 28000职业健康安全卫生管理体系，并从努力实现节能减排生产、推出绿色产品两个方面不断实践着绿色制造技术的理念，按照“低碳工业”和“节能减排”要求，在更新设备、制定产品制造工艺上下功夫，减少生产过程中的“三废”，或对“三废”进行合理处理排放。链传动分会为推动行业的节能减排工作，2012年要求企业在统计指标中增加了“能耗、材耗”两项数据，以督促企业提升节能减排的水平。弹簧分会举办了弹簧行业节能减排工作会议，在学习国家“装备制造业节能减排技术筛选与评估”的基础上，提倡弹簧行业节能减排。

东华链条集团作为中国链条行业的排头兵企业，坚持把保护环境和节约能源当成企业的社会责任，以追求“要绿色制造，做绿色链条”为目标，不断优化环境，改进生态建设，集团先后投入数千万元进行环保项目技术改造，企业实施废水处理、切削工作液净化、油污整治、热处理炉耗能改造等环境改善方案共25项。首家在厂房上安装了分布式光伏发电项目，节约了电能，推动企业走上资源节约型、清洁生产型、生态保护型、循环经济型的企业发展之路，并被授予“浙江省绿色企业”“浙江省绿色低碳经济标兵企业”等荣誉称号。钱江弹簧有限公司在北京顺义成立的钱江弹簧北京公司新址建设中，从建设计划开始就强调“绿色、低碳”建厂的要求，并通过引进德国先进热卷悬架弹簧设备，努力打造拥有现代制造技术、低碳生产的新区。苏州环球集团公司花了3年时间，淘汰了耗能高、污染重的设备，引进了新型环保型有关设备，有效提高了生产率，降低了能耗，每天节约电能12 000kW·h，受到苏州市政府的表彰。特别要指出的是，紧固件行业传统的酸洗和电镀工序的排污问题已成为对环境污染的大问题，部分企业因此受到地方政府环保部门的限制或处罚。近几年，污染问题已得到很大改善，尤其是在几个紧固件集聚区，在地方政府和地方协会的共同努力下，加强了监督、排查、治污的一体化管理。永年紧固件集聚区通过建立具有对污染处理能力的电镀工业园集中进行电镀的工艺处理，杜绝了分散的紧固件企业“小电镀”的排污问题；宁波九龙湖紧固件集聚区，以建立紧固件集中酸洗中心为引擎，驱动酸洗工序的改造，引进含有收集处理废气废水

功能的先进自动酸洗流水线，对该地区紧固件企业的酸洗工序进行集中处理，推进紧固件行业环保综合治理。令人振奋的是，越来越多的企业加入到从“被动环保”到“主动环保”的队伍中来，海盐县宇星螺帽公司为解决酸洗工艺的排污问题，通过两年多的国外考察，引进了“抛丸机打磨法”替代酸洗工艺的德国设备，以物理工艺取代化学工艺，从根本上废除了酸洗工序，清除了污染源，此法得到了紧固件同行的认可。

（2）行业企业本着履行社会责任的态度，将推出绿色产品列入企业产品转型升级的内容。宁波思进机械公司生产的环保型冷镦机，采用先进的微量冷却润滑方法，在源头上对机体进行主动降温从而减少油雾的产生；对机身机构进行优化，对油雾进行自动吸雾处理，明显减少了冷镦机生产中的油雾污染排放，并受到用户的好评，成为冷镦机市场上的绿色环保产品；该公司还研制出链条“销轴切断镦圆角一体机”，可直接冷镦成形出指定精度的毛坯件，相比传统工业链条的生产工序，这种机器跳过了“滚圆角”需要大量工业用水的加工工序，不但降低了加工成本和缩短了加工时间，更是有效地降低了废水的产生。

陕西法士特集团公司始终坚持绿色低碳发展，其自主研发的12档、16档等一系列全铝合金壳体变速器新产品，与传统铸铁壳体相比，减轻重量达100多kg，成为国内传动行业中唯一连续四届蝉联“节油成就奖”和“最节油变速器奖”的企业。

7. 人才培育体系逐步形成

人才是企业发展的第一资源，企业的人才培育和梯队建设已经成为行业企业发展第一要务。行业企业通过建立院士工作站、博士后科研工作站、与科研院所合作或建立定向委托培养、成立企业自己的培训院校及建立学习型的培训学堂等多种形式，培养或借用外部高科技人才的力量，逐步实现带动本企业的技术人才的梯队建设，并结合企业自身的高端攻关项目产品研制发展，推动企业占领了行业技术的前沿阵地和制高点，实现技术突破和高端人才培育的双赢效果。在行业企业职业技能培训方面，以弹簧专业为代表开展的职业技能鉴定分中心的培训模式，成效最大。弹簧分会近年来相继完成了弹簧企业中数百职工的初级工、高级工、技师的培训鉴定工作，有效地提高了企业职工的素质水平，为弹簧企业职业人才资源建设发挥了积极的作用。中国弹簧制造有限公司和杭州弹簧有限公司还被中国机械工业联合会授予“高技能人才培养基地”。目前，紧固件专业、链条专业也已经按照国家机械工业职业技能鉴定指导中心的要求，开始了本行业职业技能培训的各种筹备工作，进一步推进行业企业人才培育建设的发展。

此外，部分行业骨干企业还直接引进国外高科技人才和专家为企业的发展服务，这为企业产品与国际接轨提供了强力支持。

三、涌现一批高技术含量、高性能的配套新产品和新技术

行业企业发展的落脚点，就是要生产出为国家装备制造业配套的高性能、高质量、高可靠性的产品，提升国家装备制造业的技术水平。几年来，通过行业的企业的创新发展和配套实践，已经涌现出一批可替代进口的新产品，并应用于国家重点装备的配套中。

1. 零部件新产品

江苏泰隆集团与重庆大学机械传动国家重点实验室合作攻坚克难，博采国际先进制造技术之长，进行了多层面的理论研究和工艺、技术、材料以及加工、检测设备的开拓型思维和创新型实践，整体攻克了机器人减速器高精密成套加工设备与高性能检测设备应用难关，系统有效地提高了精密减速器的传动效率、传动精度、扭转刚度与回差精度的综合性能，突破了日本、捷克等国外技术垄断，攻克RV机器人用减速器国际技术壁垒，自主研发出摆线针轮减速器、谐波减速器、轮边马达减速器、摆线钢球减速器等四款高精密减速器，实现了国产机器人用精密减速机国产化的重大突破。

在核电齿轮箱发展方面，江苏泰隆减速机股份有限公司、郑州机械研究所、重庆齿轮箱有限责任公司等企业通过产学研结合，积极开展了核电设备用齿轮箱的国产化研制工作，并先后研发出拥有自主知识产权的百万千瓦级核电循环泵齿轮传动装置，打破了国外厂商的技术垄断，实现了国内制造核电齿轮箱的零突破，替代了产品进口，并应用在福建福清、辽宁红沿河、广东阳江等核电机组中。

徐工传动机械公司与徐工施维英公司联合研发出具有自主知识产权的新产品螺旋减速机HNR03S并成功实现小批试制。HNR03S螺旋减速机应用了有限元分析、优化设计等现代设计手段，采用斜齿轮和小间隙传动，减速机箱体及齿轮轴进行了强化设计，输出轴采用多重迷宫式密封盒密封，使承载能力得到明显提高，噪声大大降低，使用寿命进一步提升。技术水平和可靠性均达到国内领先水平，可替代进口。

在船舶齿轮方面，由杭齿生产的“倾角传动船用齿轮箱”填补了国内空白，相关技术参数达到了国际先进水平；南高齿齿轮集团研发的4项新产品新技术通过鉴定，其中亚洲最大功率的卸船机行星差动齿轮箱达国内领先、国际先进水平；国内首次自主研发的ZX320水泥磨中心传动行星齿轮箱达国际先进水平；输出扭矩国内最大、卷板厚度最厚的卷板机减速机和可应用于多种薄板生产线的ESP热轧板材高速剪床用主齿轮箱两项产品达国内领先水平。南高齿生产的“GWC70.85大功率船用齿轮箱”通过国际船级社认证，其主要性能指标接近或达到国际水平，完全可以替代进口。

法士特集团公司研发的12档AMT（12JZDD240A）自动变速器正式安装于中联重科180t全路面起重机，并交付香港用户，这标志着法士特AMT产品在继载货汽车、客车市场之后正式进入工程机械终端市场。值得一提的是，这是国产AMT自动变速器首次匹配大吨位汽车起重机，不仅填补了工程机械市场无国产AMT的空白，同时打破了跨国公司在这一市场的长期垄断。应用本自动变速器具

有安全、舒适、节能、易操控等明显优势，其高质量、高性能、高可靠性和低油耗、低排放、低成本的设计要求，进一步满足了行业发展和市场用户需求，成为引领行业未来发展的优选配置。

大齿公司与奥地利AVL公司合作开发的12档重型商用车AMT自动变速器正式通过验收，大量的台架和道路试验结果表明，该自动变速器的燃油经济性、驾驶舒适性及动力性方面均已达到了国际先进水平，打破了跨国零部件公司的技术垄断。

綦江齿轮传动有限公司在认真消化吸收国外引进的先进技术基础上，生产的手动变速器（MT），向大扭矩、多档位、环保节能化、操纵轻便化升级发展，并形成具有独立知识产权的公交客运手动变速器（MT）等专有技术，被中国道路运输协会城市客运分会授予“中国城市客运行业信用产品奖”。该公司“綦江”牌变速器在大型高档豪华客车市场占有率达到80%以上，并且产品随整车以及散件出口美国、加拿大、西班牙、东南亚等20余个国家和地区。

中国南车戚墅堰所研发的高寒高速列车用齿轮箱取得重大突破，已用于时速380km哈大高速动车组运行。该所研制的“CRH380A齿轮箱驱动装置”被科技部列入2014年国家重点新产品计划。

东华链条集团公司经过多年研发的SC1252分动箱链条具有高抗疲劳性能，已成功配套于东风猛士军用越野车和空警2000预警机，并亮相于2015年9月3日北京“抗日战争暨世界反法西斯战争胜利70周年”阅兵盛典。

青岛征和工业公司开发研制并成功应用于我国军事车辆6.0L的发动机正时链传动系统，实现了在技术和应用领域上的重大突破，并为产品的拓展应用奠定了良好的基础。

航天精工瞄准航空航天高端产业，加快科技研发制造，经过努力与实践，紧盯国际范围内标准紧固件技术和产业发展的前沿成果，为新一代运载火箭长征七号研制出高性能标准紧固件，为“嫦娥三号”研制的钛合金螺栓、螺钉、铆钉等高性能紧固件，为探月任务提供了可靠的质量保障。航天精工河南公司研制出航空飞机型号用1 300MPa级钛合金丝材紧固件，在先后经过3个轮次鉴定试验后，经检测，各项力学性能、冶金特性、氢含量、镀层厚度及结合力等指标符合标准要求，数据稳定，并通过了紧固件装机评审，该产品在国内一直属于空白，是我国未来紧固件的发展方向。另外，在经过专家严格评审合格的基础上，已有几家公司先后开发成功应用于C919、ARJ21-700等飞机上使用的铝合金铆钉、钛合金紧固件、钛合金高锁螺栓等产品，替代了进口，并取得供应商许可证。

航天精工河南公司通过自主创新和不断摸索，以多年航空、航天紧固件研发经验为依托，成功攻克了高温合金异型件镦制、SPL螺纹制造及其横向振动试验等先进技术，完成了时速350km及250km中国标准动车组制动系统关键紧固件的国产化研制任务，实现了供货。助力我国高速铁路快速发展，打破了国外关键技术封锁，助推我国整车技术的进一步国产化。

中船重工第七二五研究所洛阳双瑞特种装备公司受中国极地研究中心委托，通过对“雪龙”号调距桨原螺栓产品断裂问题进行材料体系失效分析，完成了大型破冰船用调距桨产品材料的设计，并借鉴多年来在特种钢船用螺栓紧固件领域的研究成果及制造经验，为“雪龙”号研制的首批调距桨用高强、抗腐蚀、耐低温的螺栓产品，正式交付中国极地研究中心投入使用，这标志着国产化高强、耐腐蚀螺栓正式研发成功，并将助力“雪龙”号在极地科考中“破冰斩浪”

在为汽车配套的高强度紧固件方面，目前已有多家国内企业可以为汽车主机厂提供底盘、轮毂、发动机等使用的8.8级、10.9级、12.9级的高性能高强度紧固件，并获得了汽车主机厂的认可，因而替代了高强度紧固件的进口。如东风紧固件公司生产的EW10和EW12轿车发动机缸盖螺栓和主轴承螺栓，上海上标公司生产的SGM轿车发动机悬挂螺栓，宁波东港公司生产的Q151B组合螺栓等都已为汽车主机厂提供了合格的高强度紧固件。

另外，舟山7412厂开发的M6~M12耐热不锈钢螺栓、宁波北仑特种紧固件厂生产的M20×90的钛钯合金螺栓等为高温环境工作条件下的装备提供了配套。宁波九龙紧固件公司为青岛机车车辆厂生产的高强度紧固件已应用于时速600km试验机车上，取得了极大的成功。

在弹簧专业领域，随着弹簧产品的转型升级，国内已有多家厂家生产汽车悬架弹簧、稳定杆、气门弹簧产品达到高应力的国际同类产品技术水平，汽车悬架弹簧的工作应力已达到≥1 200MPa，稳定杆工作应力已达到≥800MPa，气门弹簧的工作应力已达到≥900MPa。如上海中国弹簧制造有限公司的变径、变截面、变刚度螺旋弹簧，在提升产品工作应力、减轻产品重量等方面做出了卓有成效的成绩，替代了进口。大连弹簧公司研制出承载载荷、刚度、疲劳强度都具有国际水平的工程机械用耐低温、高应力弹簧，并获得国际工程机械巨头公司的认可和订货。扬州核威蝶形弹簧公司生产的高质量蝶形弹簧从“神六”到“神十”多次服务于国家航天器的应用，荣获了中国航天科技集团颁发的荣誉证书，公司开发的“核电用耐高温无磁蝶形弹簧”还被评为国家重点新产品。

浙江佳雪集团经过多年的锤炼与创新发展，生产出国内首创的全自动八轴数控卧式滚齿机，该产品拥有12项技术专利，已经在国内多家用户投入使用，并在出口方面实现了零的突破。这标志着我国的齿轮数控加工技术已经上升到新台阶。

在传动联结件专业领域，乐清联轴器厂“特大型万向联轴器”的成功制造，解决了我国风电领域内大规格万向联轴器的瓶颈；无锡创明传动工程公司生产的挠性联轴器在转矩、转速等技术参数方面达到了国际同类产品水平。

在粉末冶金专业领域，很多企业发挥粉末冶金专业的节材、节能，并可实现短流程或型复杂零件的绿色制造技术优势，大力发展为汽车、工程机械配套的高密度、高强度和高精度的零件，开发出一大批新产品。如东睦新材料集团生产的六速自动变速器油泵零件、真空泵转子，扬州保来得公司生产的汽车变速器轮毂、齿环、支架等都进一步拓展了粉末冶金零部件在汽车交通领域的应用。

2. 原材料新产品

随着对提升机械零部件性能水平及其稳定性要求的提高，零部件制造企业对增加原材料品种和提升其性能的呼声也越来越高。近年来，经过钢铁冶炼厂的积极努力和实践，研发出一批零部件企业产品用原材料的新产品，为机械通用零部件行业产品质量提供了上升的空间。

河北钢铁宣钢二钢轧厂成功轧制出35mm规格20CrMnTiH齿轮钢，在冶炼过程中降低钢中的有害元素、气体及夹杂物的含量，在浇注过程中采用低过热度、改进电磁搅拌技术和提高冷却速度等方法，使铸坯质量得到明显提升。产品销往重庆、福建等地，经客户反馈产品质量良好。太原钢铁集团有限公司生产的齿轮钢以其优质的性能和外观成功中标国内风电项目，该品种产品首次应用于风电项目核心部件，不但扩展了风电装备齿轮用钢的品种范围，还为提升齿轮产品的性能稳定性奠定了基础。

河北钢铁集团邯钢依据紧固件厂商要求，经过严格控制冶炼、采用无氧化保护浇铸、实施线材精轧等技术，成功开发生产出ϕ20mm、ϕ16mm规格SWRCH15A日标冷镦钢。产品用户反应盘条冷镦开裂率低，冷镦性能好，综合合格率达到97%，性能完全达到用户的使用要求。

济钢集团有限公司与浙江紧固件有限公司进行技术对标，经过科技研发处及相关单位的共同努力，通过对成分和炼钢精炼工艺的调整，成功解决了非金属夹杂物引起的伸长率问题，成功生产出汽车车毂螺栓紧固件用钢SCM435，直径24mm的大盘卷，满足了紧固件制造商对汽车车毂螺栓紧固件用钢的要求，受到了用户的一致好评。济源钢铁公司成功开发出了牌号为GTML26-M免退火冷镦钢，经过检验全部合格。经国内几家紧固件重点生产厂的试用，受到好评，达到国际先进水平；马钢研究开发成功的8.8～10.9级紧固件用冷作强化非调质钢，可省去冷镦前的退火工序，成形后的淬火、回火工序，实现节能环保，支撑了我国低碳经济的发展，有着明显的经济和社会效益。

鞍钢股份线材厂在已具备生产汽车普通紧固件冷镦钢的批量生产能力的基础上，又将目光放到研发、生产汽车安全紧固件冷镦钢上，经过生产工艺的不断优化，成功批量生产了Q40Cr、QSCM435两个牌号应用在刹车系统的安全紧固件冷镦钢产品。目前，我国汽车紧固件冷镦钢市场的过半份额被日本、韩国等国家和地区企业占领，鞍钢线材厂已成为国内屈指可数的汽车紧固件冷镦钢的全系列生产厂，公司新产品的研制成功为汽车紧固件用材的国产化迈出了一大步。鞍钢线材为满足风电紧固件产品对其延伸率、断面缩率、冲击韧性等质量指标的要求，经调整B7产品合金元素、优化炼钢工艺参数、进行缓冷对比试验、改进线材轧制一系列工艺措施，使产品在增加强度的同时提高冲击韧性和淬透性，使产品延伸率、断面缩率、冲击载荷、热处理后截面硬度均匀性等指标达到行业水平，满足了用户加工、实际应用的各项质量需求。

由鞍钢第一炼轧厂推出的铁路专用60Si2Mn弹簧钢，经检验其产品性能和表面质量良好，完全符合相关技术要求；唐山钢铁集团有限责任公司开发出27Si2Mn弹簧用钢，这是针对汽车弹簧产品需求而开发的新产品，其性能稳定，指标满足需求；武钢研究院研发的“乘用汽车悬架弹簧用热轧盘条W55SiCr研究与应用”通过了科技成果鉴定。合金弹簧钢W55SiCr盘条用于制造汽车悬架系统、传动系统中的弹性零部件，与车辆安全密切相关，属于核心部件，对材料的纯净度、微观组织、力学性能、表面质量等各项指标的要求十分严格，是线材系列中制造难度最大的产品之一。该项目形成一系列核心技术，提升了弹簧用材的技术水平，科技成果达到国际先进水平。

3. 行业发展取得重要技术成果

几年来，行业企业坚持自主创新、积极参与市场竞争，涌现出一批重要的科技成果，提升了行业企业的技术能力和水平，推动了企业的创新发展。2012年中国机械工业科学技术奖（机械通用零部件行业）见表1。2013年中国机械工业科学技术奖（机械通用零部件行业）见表2。2014年中国机械工业科学技术奖（机械通用零部件行业）见表3。2015年国家科学技术奖（机械通用零部件行业）见表4。2015年中国机械工业科学技术奖（机械通用零部件行业）见表5。

表1　2012年中国机械工业科学技术奖（机械通用零部件行业）

序号	获奖名称	获奖等级	完成企业
1	轿车齿轮净成形工艺与模具制造关键技术及应用	二等奖	南京高速齿轮制造有限公司、重庆大学、郑州机械研究所、杭州前进齿轮箱集团股份有限公司
2	倾角传动齿轮箱的理论研究和产业化攻关	三等奖	杭州前进齿轮箱集团股份有限公司
3	车辆用行星排生产线建设开发及应用	三等奖	天津天海同步科技股份有限公司
4	GB/T 24425.1～.6—2009《钢丝螺套》系列国家标准	三等奖	中机生产力促进中心、沈阳市黎明机械构件制造厂、上海球明标准件有限公司
5	GB/T 3098.22—2009《紧固件机械性能　细晶非调质钢螺栓、螺钉和螺柱》	三等奖	中机生产力促进中心、马鞍山钢铁股份有限公司、上海宝紧线材有限公司、上海市紧固件和焊接材料技术研究所、一汽集团技术中心

表2　2013年中国机械工业科学技术奖（机械通用零部件行业）

获奖名称	获奖等级	完成企业
风电、船用高端齿轮传动系统关键技术研究及产业化	一等奖	南京高速齿轮制造有限公司、重庆大学、郑州机械研究所、杭州前进齿轮箱集团股份有限公司

表3　2014年中国机械工业科学进步奖（机械通用零部件行业）

序号	获奖名称	获奖等级	完成企业
1	大功率风电机组研制与示范	特等奖	南京高精传动设备制造集团、重庆齿轮箱有限公司
2	多工位精锻技术及其装备的研发与应用	一等奖	江苏太平洋精锻科技股份有限公司、江苏太平洋齿轮传动股份有限公司
3	金刚石工具钎焊技术及其应用	一等奖	郑州机械研究所
4	《热卷螺旋压缩弹簧　技术要求》国际标准研究	一等奖	中机生产力促进中心、扬州弹簧有限公司、大连弹簧有限公司、浙江美力科技股份有限公司、无锡泽根弹簧有限公司、常州市铭锦弹簧有限公司、杭州弹簧有限公司、杭州兴发弹簧有限公司、杭州钱江弹簧有限公司
5	精密减速机	二等奖	山东华成中德传动设备有限公司
6	换热系统薄壁结构钎焊技术及钎料开发	二等奖	郑州机械研究所
7	面向RoHS指令的新型钎料	二等奖	郑州机械研究所
8	大功率海工可调桨推进系统	三等奖	南京高精船用设备有限公司
9	重型装备用关键部件基础共性技术研究	三等奖	机械科学研究总院先进制造技术研究中心

表4　2015年国家科学技术奖（机械通用零部件行业）

序号	获奖名称	获奖等级	完成企业
1	高端重载齿轮箱传动装置关键技术及产业化	二等奖	南京高速齿轮制造公司、重庆大学、郑州机械研究所、杭州前进齿轮箱集团股份有限公司

表5　2015年中国机械工业科学技术奖（机械通用零部件行业）

获奖名称	获奖等级	完成企业
双离合器变速器齿轮冷温精密近净成形制造技术开发与应用	一等奖	江苏太平洋精锻科技股份有限公司、江苏太平洋齿轮传动股份有限公司

四、行业企业的品牌建设

行业企业的品牌建设是企业硬、软实力的综合体现，是企业生存和发展的灵魂，是企业价值的核心资产。几年来，企业在不断增强经济运行能力的同时，愈发注重企业的品牌建设，特别是在打造产品质量文化、雕塑企业服务精神等方面花费了很多功力，有的骨干企业还依据工业企业管理部门提出的“品牌培育管理体系实施指南”的要求，有计划、有步骤地实施企业形象、产品质量、服务承诺及诚信体系等方面的品牌建设，并取得了显著成果。几年来，行业企业获得的荣誉如下：

（1）中信重工机械公司、南京高精传动设备制造集团、杭州前进齿轮箱集团股份有限公司连续多年被评选为中国机械工业百强企业。

（2）陕西法士特汽车传动集团连续多年入选中国汽车工业三十强企业。

（3）杭州东华链条集团、浙江恒久机械集团有限公司、常熟市标准件厂、晋亿实业股份有限公司、东睦新材料集团股份有限公司、诸城华日粉末冶金有限公司、东风汽车紧固件有限公司、宁波金鼎紧固件有限公司和浙江乍浦实业股份有限公司等13家企业荣获“2012年机械工业优质品牌”称号。

（4）安徽黄山恒久链传动有限公司、上海金马高强度紧固件有限公司、浙江长兴百林链条链轮有限公司和陕西金宇粉末冶金有限公司2012年被授予“振兴装备制造业中小企业之星”明星企业称号。

（5）中信重工机械公司、法士特汽车传动集团、南京高精传动设备公司、杭州前进齿轮箱集团股份有限公司、江苏泰隆减速机股份公司、重庆齿轮箱有限公司、SEW（天津）传动设备公司、浙江恒久集团公司、晋亿实业股份公司、浙江东明不锈钢制品公司和上海中国弹簧制造有限公司11家企业入选2014年中国工业行业排头兵企业。

（6）中信重工机械股份有限公司（洛矿）、安徽黄山恒久链传动有限公司（黄山）、济南时代试金仪器公司（时代试金）、上海中国弹簧制造有限公司（三环）、杭州弹簧公司（兰菱）和扬州核威蝶形弹簧制造公司（瘦西湖）被授予2014年中国机械工业优质品牌荣誉称号。

（7）杭州前进齿轮箱集团股份有限公司获中国工业企业品牌竞争力2014年度评价表彰企业称号，大连弹簧有限公司被授予中国工业（中小）企业品牌竞争力2014年度评价表彰企业称号。

（8）东睦新材料集团2014年荣获“装备中国创新先锋技术创新奖”。

（9）东华链条集团在2014年被授予“全国机械行业文明单位”荣誉称号。

五、发展中的主要问题

机械通用零部件行业主要以中小型的民营企业为主体，且企业数量多，地域分布广，产品技术和质量水平不同，发展情况有别。尽管行业的结构调整和转型升级已初见成效，但从行业发展总体上看，仍存在有待认真解决的问题，需引起行业重视，以进一步夯实企业发展基础，促进行业整体协调发展。

（1）行业发展不平衡。不平衡既包括机械通用零部件行业内6个专业之间的发展不平衡，也包括同一专业内企业之间的发展不平衡。首先，是行业中的6个专业发展的不平衡，其中齿轮专业发展较好，无论从专业的总产值、进出口额、企业规模，还是技术水平，齿轮专业明显高于其他5个专业。如行业中3个100亿元以上的企业、1个50亿元以上的企业都为齿轮专业的企业所占据，而其他几个专业企业的最高产值仅在20亿元的量级上。其次，是各专业内的企业之间发展不平衡，如每个专业的产值在前10名的企业之间产值差距可达到5～10倍。由于各个专业的企业数量多、分布广，还存在着企业在发展理念认识上的差距，甚至有部分企业在目前转型升级的关键阶段，还没有制定出完善的本企业转型升级发展规划，反映在企业中存在着自主创新资金投入不足、企业研发基础不实、产品市场定位不准、转型升级不力等现象，这些严重地制约着企业的发展。

（2）产业集中度较低。机械通用零部件行业以中小型企业为主，企业数量很多，估计有近万家，生产规模普遍较小，产业集中度较低。对行业6个专业的前8名年产值居前的企业计算的产业集中度(CR8)大约在0.16～0.34之间。其中紧固件专业的产业集中度最低，CR8 ≈ 0.16；粉末冶金专业的产业集中度最高，CR8 ≈ 0.35，主要原因是粉末冶金专业的企业相对较少，而其总产值相对较低所致。弹簧、齿轮、链条和传动联结件4个专业的产业集中度CR8 ≈ 0.22～0.29。这充分反映出行业的市场竞争呈分散态势，企业个体的竞争力相对较为均衡，突出不明显，进而说明企业受市场影响大，应对能力偏弱。

（3）企业发展生产要素的成本已进入高成本时代。随着我国机械制造业的深入发展，以往的低价劳动力、高资源消耗和高污染排放的粗放生产方式已经终止。所以，以中小型企业为主体的机械通用零部件企业，原本企业资本积累就较低的弱势，由于生产要素成本的提高将变得加重，企业的利润空间进一步压缩，再发展面临着更多困难。所以，企业应在分析自身优势、确认产品方向、保证产品质量的基础上，应加强产品的成本控制研究与分析。

（4）产品制造过程中工艺水平及机械化、自动化、智能化的装备水平有待提升。作为产品转型升级的重要环节，产品的制造工艺及其实施的装备水平对稳定产品质量、生产效率起着非常重要的作用。目前，行业企业中，传统的制造工艺和设备仍是产品制造的主体，而高水平的现代数控制造装备应用仍显不足，即使有的企业配备了较为高端的装备，但还不能形成智能化配套生产线制造技术，因而，在行业企业中，建成行业内具有示范意义的产品自动化智能制造生产线，以实现产品在制造质量、生产效率、废品率控制、生产环境等方面产生较大的飞跃，带动行业整体制造水平升级发展，具有非常重要的意义。

（5）进一步加强自主品牌建设。企业的品牌是企业核心竞争力的重要组成部分，是企业价值的体现，尤其对中小型企业长期发展而言，可以说品牌建设是中小企业发展的命脉所在。毋容置疑，目前行业中的企业都在进行自身企业的品牌建设，但仔细分析，行业中有影响力的企业品牌确实不多，这主要体现在企业的品牌建设没有进行系统地筹划和运作，仅仅是顺其自然发展，品牌建设力度不大，收效较少。另一方面，品牌建设中企业对共性方面的建设较多，而反映本企业独有特性的品牌建设方面运作较少，从而使企业自身品牌的建设不鲜明，消费者的感知度不强，效果不明显。自主创新是品牌创立和建设及其价值提升的主要源泉。所以，在企业品牌建设中，首先要在系统设计运作的基础上，把企业的创新点作为品牌建设的核心，要有意识地强化对企业产品在创新点上所表现出差异化特征方面的建设，使消费者明显感知到企业产品的特殊性优势，从而在种类繁多的同质化产品中较快地认知企业的产品。

（6）加强企业的精益管理。随着国家经济转型的深入发展，企业基于提升核心竞争力以及建设资源节约型和环境友好型的现代企业发展要求，企业的精益管理运作正逐步展开。目前，行业企业中精益管理仅在行业龙头企业和部分骨干企业中运行，或者说，行业中许多企业还没有意识到精益管理对企业发展的重要作用，精益管理的实践还不够普遍。首先，精益管理是现代企业战略发展的一种管理理念，它可以实现以最低的资源投入，推动企业创造出尽可能多的价值，为顾客提供高质量产品和及时的服务，并在提高顾客满意度的同时，把浪费降到最低程度，从而加速企业的价值提升。这些作用对于正处于转型升级过程中的行业企业来说，既有推动企业转型升级的现实意义，又具有奠定企业长远发展的积极意义。所以，加速推动行业企业的精益管理实践，应成为行业当前发展阶段的一项重要任务。

〔撰稿人：中国机械通用零部件工业协会张立友〕

中国机械通用零部件行业“新常态”下要有新作为

改革开放以来，我国机械通用零部件行业通过自主创新、协同创新、引进消化再创新，得到了快速发展。应该说，通用零部件行业主要覆盖的齿轮、链条、紧固件、弹簧、粉末冶金和传动联结件等六大类产品基本满足了装备制造业各方面的需求，建成了工业基础必不可少的宏大体系，几大主导产品产量和制造能力已位居世界前列。尤其是“十一五”期间，发展速度十分惊人。除了个别年份，全行业产值年均增长幅度达 20% 以上，出口额年均增长率在 30% 左右。然而，好景虽长，不可持续。进入“十二五”以后，在国际金融危机和国内需求疲软等多重因素作用下产业发展受阻，高端不足、中低端过剩的结构性矛盾凸显，发展速度一路下滑。行业发展进入了中低速的“新常态”。

认识新常态、适应新常态进而引领新常态是行业企业和协会为保持行业健康和持续发展不可回避的重要课题。我们必须从国内国外、行业内外各种因素出发，实事求是地分析新常态下，我国机械通用零部件行业面临的形势和行业的特点，以中国制造 2025 为指引，充分用好国家支持基础零部件发展的政策，制定和实施相应的发展战略和有针对性的措施，力争在新常态下有所作为。

一、新常态下我国通用零部件行业面临的新挑战

（1）行业增长速度由高速回落到中低速增长。从 2012 年起，行业产值增长幅度大幅度回落。从 2011 年同比增长 21%，直降 15 个百分点，到了个位数的。此后艰难维持，直到 2015 年增长幅度降到了负数。出口也从 2011 年同比增长 37% 开始断崖式下跌，2012 年只有 9.94%，直到 2015 年降到了负数，为 -4.48%。2006—2015 年机械通用零部件行业总产值及进出口额见图 1。2006—2015 年机械通用零部件行业产值及进出口增幅见图 2。

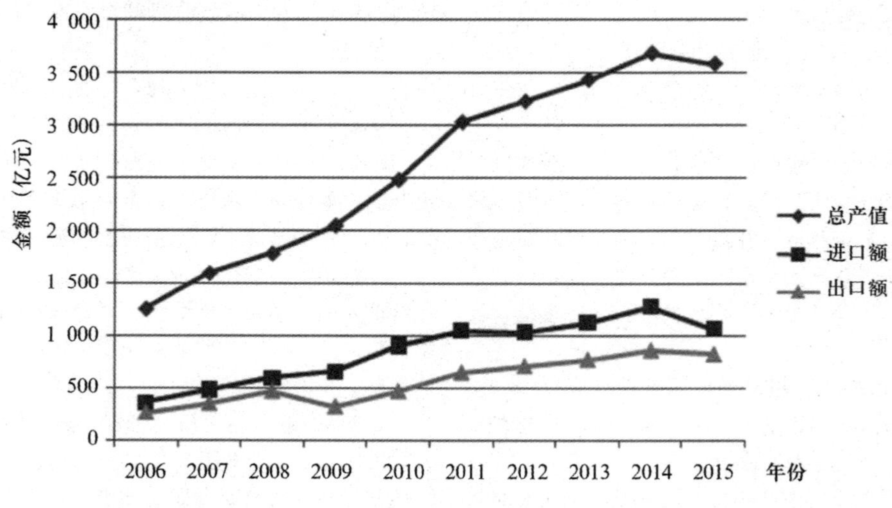

图 1　2006—2015 年机械通用零部件行业总产值及进出口额

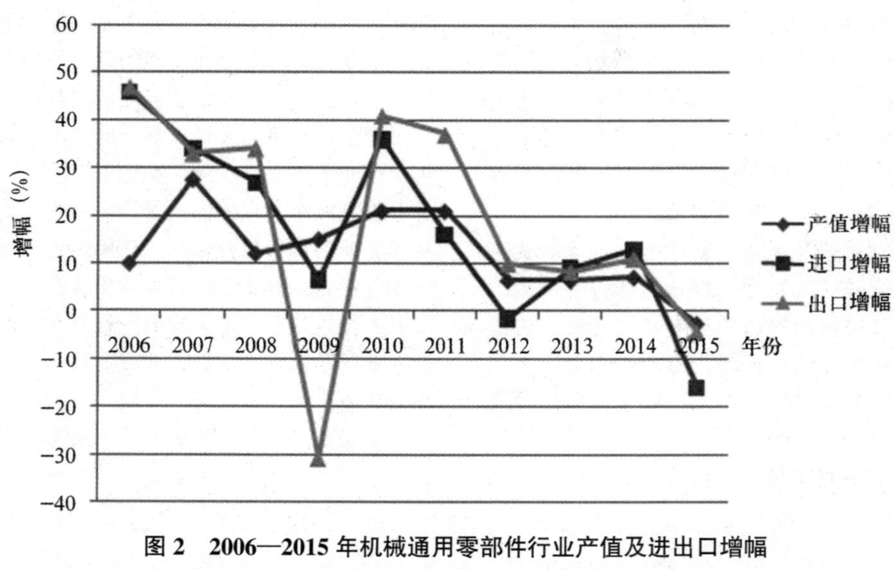

图 2　2006—2015 年机械通用零部件行业产值及进出口增幅

（2）市场需求出现重大变化。从量上看，由于国际市场需求复苏缓慢，已不可能像过去那样需求强劲，再依靠出口拉动难度很大，尤其是紧固件、链条这些传统出口大户，面临的形势更为严峻。齿轮产品出口情况稍好，但整个行业仍然进口大于出口，逆差很大。从国内市场看，由于国家经济增长放缓，对主机的需求不足，致使零部件的需求也不可能有大的增长。从需求结构上看也发生了明显变化，中低端产品需求下降，新型产品需求上升；增量需求（新建工程）下降，存量需求（技改，设备升级）上升；一般需求下降，技术和服务需求上升。

（3）产业结构调整步履维艰。多年以前，我们就意识到了结构调整、产业升级的重要性，从政府、协会到企业呼吁了很多年。也取得了一些成绩，如在具体产品上，350km动车齿轮箱、6MW风电增速箱、时速600km紧固件、航空航天用齿轮、链条、紧固件、弹簧等都取得了一定突破，但就通用零部件行业整体来看，高端不足、中低端过剩的局面并未根本改变。例如高档汽车自动变速器、机器人用精密减速器几乎全部依赖进口。我国是紧固件世界第一的生产和出口大国，但每年还要进口30亿美元的高端紧固件。结构调整说起来容易做起来难，需要有大量的资金投入，需要有拔尖的人才，需要有良好的环境，需要有激励创新的体制机制。这些都不是一朝一夕所能达到的，需要一个艰难的过程。

二、正确认识新常态，坚定信心，有所作为

近年来，国家经济进入增长速度换挡期、结构调整阵痛期和前期刺激政策消化期“三期叠加”的发展转型时期，面临诸多矛盾叠加，风险隐患增多的严峻挑战。经济下行压力增大，人口红利逐渐消失，环境约束日益增强，产业升级阻力重重，促进经济发展的旧动能在减弱，更高层级的新动能尚不完善。在这种情况下机械工业运行遇到了较大困难，机械工业增加值、主营业务收入增速回落非常明显，行业形势之严峻超出预期。随着主机行业的不景气，我国零部件行业更是雪上加霜，各项经济指标创历史新低。面对前所未有的困难形势，全行业要坚持以十八届五中全会精神为指针，科学认识新常态下行业发展的新特征，看到在速度变化、结构优化、动力转换的背景下，增速趋缓是转方式调结构的必然结果。通用零部件行业连续多年的高速发展是不可持续的，现在出现增速回落是正常的理性回归。我们不能因此产生迷茫和恐慌。在困难的情况下，要看到我国经济持续增长的基本面没有变化，通用零部件行业发展仍面临着重大的发展机遇。我们要制定与形势相适应的发展战略，分析自己的长项，找准自己的短板，调整经营策略，挖掘各种潜力，在严峻的外部环境下主动出击、有所作为，使行业发展在经过阵痛后走上健康可持续发展的轨道。

三、新常态下行业企业要有新作为

（1）实施创新驱动战略，在技术进步和产品结构升级上要有新作为。面临新挑战，还按照过去大量消耗资源能源，大量依靠低成本人力资源的盈利模式已经难以为继。要么创新要么在成本高企中倒闭。也就是这种倒逼，才能使企业增强技术创新、管理创新、商业模式创新的内生动力。我们破解发展难题的根本出路在于实施创新驱动战略，这已是不争的事实，是需要长期坚持的总方针。要把创新驱动战略放在核心位置，针对制约行业发展的基础薄弱、自主研发能力不强、核心技术缺失、生产工艺落后、缺乏品牌效应等问题，充分发挥以骨干企业为主体，以行业创新平台为依托，产学研用协同创新的体制机制，积极争取国家的政策和资金支持，在一些重点产品领域取得突破。

在这方面，我国行业中不乏成功的典型。由南京高速齿轮箱集团公司、郑州机械研究所、重庆大学和杭州前进齿轮箱集团公司联合承担的“高速重载齿轮箱传动装置关键技术及产业化”项目经过4个单位产学研团队8年的联合攻关，在重载齿轮传动创新设计、振动噪声抑制、高效高品质制造、试验评价等方面取得了重大突破。2015年获得了国家科技进步奖二等奖，使我国重载齿轮产品的设计制造达到了国际先进水平，有力支撑了我国风电机组、大型船舶、高速铁路、海洋平台等高端设备的升级发展。南京高速齿轮箱集团公司通过项目的实施，2015年风电齿轮箱新增装机总容量占据了全球1/4的市场份额。杭州前进齿轮箱有限公司通过项目的实施，大功率船用齿轮箱的研发生产上了新台阶，国内市场占有率已达60%，批量出口欧洲等20多个国家。

陕西法士特集团公司研发的12档AMT自动变速器正式安装于中联重科180t全路面起重机，并交付香港用户，这标志着法士特AMT产品在继重型载货汽车、客车市场之后正式进入工程机械终端市场，填补了工程机械市场无国产AMT的空白，同时打破了跨国公司在这一市场的长期垄断。东华链条集团积极发挥院士工作站的创新引领作用，通过团队紧密合作，围绕链条专业当前产品急需技术突破的关键项目，开展了一系列科技创新活动和人才培养工作，并取得了丰硕成果。如在链条模具制造中全面应用了电渣重溶精炼模具钢材料技术，研制开发了一系列先进、长寿命、新结构的尖端链条模具；推广应用了真空高压气淬及真空油淬、零件表面离子氮化、渗钒处理等新技术，提升了产品性能水平；公司经过多年研发的SC1252分动箱链条具有高抗疲劳性能，已成功用于东风猛士军用越野车和空警2000预警机，并亮相于2015年9月3日北京“抗日战争暨世界反法西斯战争胜利70周年”阅兵盛典。航天精工股份有限公司在航空紧固件新材料、新工艺、新技术等方面取得关键性突破，钛合金抽芯铆钉、航空航天发动机紧固件和高锁类紧固件、紧固件涂层检测技术都处于国内前列，核心产品大量用于我国航空航天重点型号。

（2）贯彻“供给侧改革”，在淘汰落后产能，优化产业结构方面要有新作为。产业结构调整说得容易做到难，但又是绕不过去的关口。尤其对通用零部件行业来说，更是难上加难。行业中低端过剩高端不足的结构性矛盾长期存在，普遍存在着小、散、弱的状况。产业集中度不高，低端无序竞争问题突出。在新常态下，这种状况难以为继。

政府和行业组织呼吁多年的调结构在形势好的情况下没有引起足够重视。在市场倒逼的情况下，必须形成企业自觉调结构的内生动力。事实上，一些先进企业通过淘汰落后产能，加大高端投入、企业收购、兼并重组等方式，在宏观经济下行的大环境下，取得了不俗的业绩。值得全行业学习借鉴。舟山市7412工厂依据对全球经济形势和国内外紧固件市场的分析和预测，未雨绸缪，及早调整产品结构，重点推进耐热不锈钢紧固件、高强度紧固件及铝合金紧固件产品的研发生产，产品从低端向高端转化。公司实行极为严格的质量管控，产品不仅覆盖了国内50%以上的汽车主机厂，并且成为美国通用、德国奔驰、大众的全球供应商。创新、调整加管理为企业赢得了丰厚的效益。2015年，在宏观经济下行的大环境下，公司却迎来了市场销售高峰，全年销售收入比上年猛增了25%，利润增长了30%。宁波思进机械公司以承担国家重大科技专项为契机，适时调整产品结构，致力于冷镦成形机的高端化、大型化研发，公司开发的多工位高速环保型冷镦机各项性能指标处于国内领先水平，很受市场欢迎，并远销国外。中国航空工业集团公司成功并购全球排名第四的美国航空标准件集成供应商——Align Aerospace，这一重大战略性收购，对中国民用飞机制造升级，走向世界具有重要意义。中航标准件公司投资20亿元在株洲建立航空标准件生产基地，重点生产航空发动机标准件、钢制件。东睦新材料股份有限公司近年来根据市场变化，未雨绸缪，及早调整产品结构，瞄准汽车行业长期依赖进口的复杂异形粉末冶金零部件，加大研发力度，精准发力，成功进入了一线品牌汽车的供应链，使得公司在全行业低迷的情况下经济效益逆势大增，全年销售收入同比增长18%，利润增长30%，而原材料消耗并没有增加。安徽泰尔重工的传统主导产品是冶金行业用传动联结件。近年来冶金行业深度调整，需求下降。公司果断调整产业结构，在稳住老市场的同时，开拓新市场。在上海交大设立研发团队，参股南京3D打印研究院，瞄准工业机器人、服务机器人、工业软件、3D打印等五大板块，布局战略性新兴产业。

（3）引进先进管理理念和方法，在企业管理升级上要有新作为。提升管理水平是企业和企业家的永恒主题。尤其是在经济下行、市场倒逼的形势下，从某种意义上，管理水平的高低决定着企业的成败。行业企业要以《中国制造2025》为指引，引入信息化、智能化、“互联网+”等现代化管理手段，在研发设计管理、生产过程管理、人力资源管理、库存管理、营销管理等方面做出新探索，为企业提高抗风险能力、可持续发展做好基础性工作。在这方面也有不少企业走在了前面。上海标五高强度紧固件公司经过多年潜心研究，延伸企业服务产业链，由紧固件生产型制造向服务型制造转变，通过企业一系列的创新实践，建成了以贸易为龙头、以电子商务为抓手、以自动化物流为支撑、服务于全球的贸易发展平台。陕西法士特集团公司以“两化融合”作为企业结构调整和转型升级的主要驱动力，重点在新能源传动装置创新研发和信息化、智能化建设领域实现新突破。不断推动企业物流向精益化、信息化发展，在搭建智慧物流体系的道路上走在了行业前列，为其实施智慧工厂转型奠定了坚实的基础。中信重工机械股份有限公司建立了集科学化、智能化、信息化为一体的新型客户服务体系，实现为客户在线提供查询、诊断、监控、技术、备件、指导等多种服务，并能通过3G视频功能，帮助客户现场解决问题。东华链条集团注重提升企业的智能化制造水平，以流水线化的生产模式，达到“以机换人”的目的。目前东华链条集团已建立几十条链条生产流水线，大大改善了生产作业环境与员工的行为习惯，有效地降低了员工劳动强度，提高了生产效率和产品质量的稳定性，提升了生产安全性。南京高精传动设备制造集团公司为巩固欧洲市场的区位优势和物流竞争力，在杜伊斯堡港设立欧洲总部，成为首家落户杜伊斯堡港的中国企业。通过设立欧洲总部，拥有了专业知识完善、备件储备丰富、服务反应快速的服务平台，为其在欧洲的客户提供了一个直接享用其产品和服务的平台，推动了南高齿的全球化战略发展。

四、新常态下协会要有新作为

（1）协助政府做好有关产业政策的制定工作，为企业发展创造良好的政策环境。近年来，国家为工业转型升级，抑制高能耗、高污染、附加值低等低端产业的无序发展，支持高新技术产品和高新技术企业的发展，出台了一系列的产业政策，如《产业结构调整目录》《工业转型升级投资指南》等文件，协会积极参与，筛选代表行业的高端产品，争取列入国家支持鼓励发展的产业方向。行业的高强度紧固件、航空航天发动机用弹簧、精密传动联结件、新型粉末冶金零件、动车组用齿轮变速器、船用可变浆齿轮传动系统、2MW以上风电齿轮箱，汽车动力总成和工程机械农机用链条等都进入了国家支持发展的行业。今后我们要及时跟进国家产业政策的调整，及时反映行业的发展，不断争取对行业发展有利的政策环境，为行业“十三五”期间的发展奠定基础。继续加强与政府主管部门的沟通和联系，争取一批对行业发展有带动作用的“强基”和技术改造项目。强基工程和技术改造专项资金是国家支持基础材料、基础工艺、基础件的重要举措。几年来，我们争取到了一批较好的项目，获得了宝贵的国家资金支持，对提高行业的影响力起到了一定作用。今后要继续按照工信部的要求，与有关企业沟通，筛选一批对行业发展有示范和带动作用的项目，做好可行性论证，及时跟进进展情况，为政府和企业做好服务。积极与国家主管部门沟通，反映企业的诉求，为促进行业出口的稳增长争取优惠政策。针对国外对我国零部件产品频繁发起的反倾销，要发挥行业组织的独特作用，组织企业积极应对。为规范企业的可持续发展，配合国家主管部门制定有关行业规范条件，引导企业自觉向资源节约型、环境友好型方向发展。

（2）健全完善协会的服务平台，助力企业提升技术、管理水平，开拓国内外市场。越是在困难的条件下，越是要发挥行业组织的作用，以协会为平台，集中大家的力量和智慧，抱团取暖，共同抵御风险。要积极主动，抓住企业发展存在的共性问题，以问题为导向，开展一些对企业有帮助的活动。一是搭建技术交流的平台。要利用技术交流会、行业年会、标准宣贯会等形式，就行业发展的新技术、新产品、新工艺、新装备、新材料进行交流研讨。尤其是承担行业共性技术和检测平台的单位，更要把交流推广培训制度化，取得实效。二是搭建管理交流平台。要利用协会网站杂志等一切媒体，大力宣传具有战略思路，企业经营管理有特色的企业和企业家，推广好的管理经验和优秀品牌，促进行业管理水平的提升，向管理要效益。支持各分会举办贴近企业发展需求的活动，形成汇聚行业凝聚力、培育新动力、彰显发展力的行业企业发展局面。三是协助企业开拓国内国际两个市场。协会要利用各种渠道向企业提供信息，支持企业走出去，到国外并购、设厂或建立国外营销机构。要根据企业需求，组织企业赴国外参观、参展、交流、考察，为企业获得信息，开拓国际市场牵线搭桥。要继续办好亚洲国际动力传动展览会（PTC），进一步提高展会的质量和效果。在经济下行压力较大的情况下，企业越要注重自身形象的展示，更应该将具有企业特色的自主创新成果通过展会的平台向国内外推广。协会要更好地与合作方沟通，争取为参展企业创造更好的条件，提供更好的服务。

（3）顺应协会改革形势，加强协会自身建设。经济发展新常态既对企业提出了新要求，也对协会工作提出了新挑战。要求协会增强服务企业、服务行业、服务政府的能力，提高服务的质量和实效。中央关于行业协会商会与行政机关脱钩的改革方案，更加促使协会必须加强自身建设，才能适应新的功能定位。要按照中央和上级主管部门的要求，在加强自身建设方面更进一步。一是改进工作作风，深入调查研究。在经济下行压力下，不同的企业有不同的应对之策。在同样的大环境下，有的企业审时度势、化危为机，经营业绩不降反升。也有一些企业行动慢，处于较为被动的局面。总会和各分会要利用各种形式深入企业调查研究，总结好的典型，创造各种平台和载体大力表彰和宣传推广，发挥他们对行业的引领作用。对存在困难的企业要主动了解情况，共同分析问题，寻找对策。二是要进一步提高协会工作人员的素质，增强服务能力。新形势下的协会工作千头万绪，要求很高，必须创新理念、创新工作方式才能被行业认可。要通过各种形式的培训、向先进协会学习等方式，使协会专职工作人员不断提高爱岗敬业、主动服务的意识，提高服务的技能。同时要强化内部激励约束机制，在不同的工作岗位上有所作为。我们要认真学习贯彻中央文件精神，分析形势，未雨绸缪，不断创新协会的运行机制和工作方式，以服务为立会之本，以优质的服务，赢得政府和企业的信任。真正成为政府靠得住、企业信得过、自身有作为的行业组织。

“新常态”对我们来说既是挑战，更是机遇。事在人为，只要我们坚持发展的信念不动摇，在新常态下主动作为，我们一定会浴火重生，迎来一个充满生机活力健康发展的机械通用零部件行业。

〔撰稿人：中国机械通用零部件工业协会王长明〕

中国机械通用零部件行业发展的形势、目标与对策

“十三五”是机械工业调结构、转方式、产业升级的重要时期，是机械工业实施制造业“强国战略”的重要阶段。基础零部件核心技术的突破是确保制造业“强国战略”目标实现的关键。现就通用零部件产业发展现状、面临形势、发展方向目标及对策谈几点意见。

一、发展现状与面临的形势

1. 发展现状

经过多年的努力，我国已成为门类齐全、规模庞大、基础坚实、竞争力强的机械通用零部件制造大国。近年来，通过创新发展、转型升级、提质增效实现了产品技术和质量的大幅提升，积极为主机装备提供优良的配套产品，为汽车制造、轨道交通、航空航天、海工船舶、工程机械、电子信息以及风电和核电等主机装备提供优良的配套产品，国内市场占有率已达 80% 左右，并大量出口。行业经济运行质量和效益明显提高，企业走向世界的势头发展良好。

2. 存在的差距

（1）核心技术薄弱。我国机械通用零部件核心技术薄弱，核心技术创新能力不足，原创性技术产品少，创新体系缺失，基础理论和支撑数据缺乏，研发周期长、效率低，同质化低端重复严重，核心技术受制于人。

（2）产品质量仍有差距。产品结构性矛盾突出，中低档产品产能过剩，高档产品能力不足，形成低层次重复建设，同质化现象普遍。

产品性能质量一致性差、服役寿命较短、可靠性较差，在主机产品的故障和召回中，由基础零部件失效引发的案例占比很高，同国外先进水平有明显的差距。

（3）综合效益较低。生产效率、材料利用率、产品一次合格率以及单位产品综合能耗和污染物排放水平与国际先进水平相比差距显著。目前，我国能源利用效率约为 30%，比发达国家低近 10 个百分点，工业废物密度大约是德国的 20 倍。我国制造业成本达到美国制造成本的 90%，其中珠三角、长三角达到美国的 95%，成本优势基本消失。

（4）支撑服务体系薄弱。我国产业核心技术创新能力不足、创新效率不高的重要原因之一是缺少共性技术支撑体系和“专精特”产业技术支撑体系。

3. 面临的形势

（1）产业发展新常态。创新驱动是发展新动力；高质高效集约化成为发展的主流宗旨；绿色制造是企业发展的新业态；服务性制造业是产业发展的新延伸、新拓展；网络化智能化是制造业发展的新趋势，它为产业融合、分工深化提供了强大的技术工具和集成平台，零部件产业趋向纵向智能化发展或横向跨界整合网络化发展。

（2）企业转型形势。多数企业仍处于工业2.0/3.0阶段，与发达国家差距明显；行业存在结构性产能过剩，高端不足、低端过剩，高端技术缺失和低成本优势丧失，又面临国际经济格局的双向挤压；人口红利逐渐消失，未来将面临人力断层的严峻局面。

当前面临国内外市场需求趋缓、全球技术竞争加剧、环境保护压力加大、制造成本上升、增长乏力、下行压力大的复杂形势。

（3）市场新形势、新特点。市场需求结构出现新的变化。投资类需求比重下降，民生消费类需求比重上升；新建工程带来的增量需求下降，在役设备维修保养的存量需求上升；技术和服务对增长的贡献度明显上升，再制造、生产性的服务业等发展较快，所占比重不断上升。

国际化经营渐成大趋势。面向两个市场，用好两种资源，发展外向型经济、实现国际化经营成为行业新一轮发展的大趋势。

推进供给侧改革，优化产业结构，提高质量，扩大内需，出口替代进口，稳定出口，是零部件行业未来五年市场主攻方向。

二、发展思路、目标

发展规划概括为“一条发展主线，一个发展中心、四项发展指标、推进五大工程，开展四项行动计划”，引导动员企业，以改革创新精神破解发展瓶颈，推动零部件产业向创造型、质量型、品牌型转变。

“一条发展主线”是以“两化融合”、绿色制造为发展主线。

“一个发展中心”是以提高核心创新能力和提质增效为中心。

“四项发展目标”：“十三五”期末，由目前中档水平发展到中高档水平，至2025年，一批核心技术进入国际前列；拥有一批核心零部件产品，产品整体质量提升到中高档水平；涌现出一批具有可持续创新能力的专精特企业；产业进入世界强国之列。

“推进五大工程，开展四项行动计划”：

（1）推进自主创新工程，开展核心产品专项计划。

（2）推进提质增效工程，开展钢材提质行动计划，职业技能培训计划。

（3）推进结构调整工程，开展“一厂一品一创新”行动计划，促进专精特发展、智能化转型、绿色化发展和“互联网＋制造服务业”。

（4）推进软实力培育工程，增强企业持续发展力。

（5）推进技术支撑工程，夯实技术创新基础。

三、产业发展重点

1. 技术发展方向

（1）设计技术发展方面为耐疲劳设计、轻量化设计、可靠性设计、动态模拟仿真、优化设计和系统集成设计。

（2 工艺技术发展方面为表层强化工艺技术、高速高精度加工技术、高效率智能加工技术和绿色制造技术。

（3）材料技术发展方面为高强度专用钢铁材料、非金属增强复合材料、碳纤维、轻量化材料、环境友好工艺辅助材料，特殊工艺性能材料。

（4）产品发展方向为中高档、标准化、模块化、绿色化、轻量化、个性化和功能部件。

2. 各专业发展方向、重点产品、重点技术

（1）齿轮及传动装置朝着高速度、高精度、高功率密度、抗疲劳、高可靠性、低噪声和轻量化方向发展。

（2）紧固件向高精度、高强度、高可靠性、高锁紧、耐腐蚀、耐高低温、轻量化和长寿命等方向发展。产品成形向高速度、高精度、多工位冷镦成形方向发展；大件产品由热成形向冷温镦锻成形发展；成形技术研究向高速冲击载荷下冷温镦锻成形机理、流动应力模型、CAE 数值仿真模拟发展。

（3） 高端链传动产品主要朝着两大方向发展：①高精度、高速度、低噪声、低振动、长寿命和高可靠性精密链传动件。②高强度、抗疲劳、抗冲击、耐腐蚀、耐磨损高端链条。为大型船舰动力传动、重载港机、重载工程车辆、石油深海钻探等领域提供重大装备关键的链传动部件。由单一链条产品向智能化链传动输送系统扩展。

（4）弹簧向高应力、抗疲劳、轻量化方向发展。弹簧产品设计向高应力、轻量化、更高功能的弹簧、非线性特征的各类弹簧、不同材料组合弹簧等方向发展；弹簧设计工艺过程向 CAE 仿真方向发展；弹簧材料向超纯净高强度弹簧线材、低温氮化钢材发展；弹簧制造向智能化精密化发展；检测设备向影像检测、自动化检测、仿真检测、智能化检测方向发展，检测设备成套化、组合化，实现在线检测。

（5）粉末冶金行业朝着高密度、高精度、高性能、轻量化方向发展。此外，应用领域从结构零件逐渐拓展到功能零件，将增材制造技术应用到粉末冶金领域增强行业竞争力。

（6）传动联结件向高精度、高速度、大转矩体积比、低噪声、高可靠性和长寿命的产品发展。

四、发展措施对策

规划落实是实现发展目标的关键。要突出牵动全局的战略重点，把“软规划”变成“硬行动计划”。为此，推进五项工程，开展四项行动计划。

（一）推进自主创新工程，突破技术发展瓶颈

1. 核心产品专项计划

为满足重大装备配套需求，凝练出重点发展的核心零部件。确定30余项核心零部件作为核心产品专项，纳入工信部强基工程的选题篮子，结合强基工程择优支持、滚

动支持一批骨干企业，选择国际先进的对标企业、对标产品，制定创新赶超专项计划，提高核心技术自主创新能力。

2.“短板装备专项”攻关

国家将集中支持《中国制造2025》十大重点领域所急需的短板设备，以及长期依赖进口的专用生产装备攻关，重点解决机械基础件、基础工艺和关键配套所需的专用生产设备。要抓住机遇，积极争取承担“短板设备攻关专项计划”项目，以系统解决方案供应商、装备制造商与用户联合的模式，研制出行业急需的专用设备。

（二）推进提质增效工程，实现产品质量升级

推进质量品牌战略，切实加强质量控制薄弱环节，解决拥有世界一流的装备却只能造出二流三流产品的问题，提高全行业产品整体质量水平。

强化质量品牌的意识，树立细节决定质量的理念，提倡精益求精、精雕细刻的匠人精神，开展质量品牌示范活动。通过市场的公平竞争，创造出知名品牌。

1．制造过程的质量控制

推广先进质量管理技术和方法。树立细节决定质量的理念，通过对设计与工艺全过程的精细严格的控制管理，不疏漏任何一个细节，形成独家特色技术，按照严格的工艺管理程序，保证产品的安全性、可靠性、一致性和耐久性。

采用先进的专用设备，加快机器换人进程。采用高质量、高稳定性、高效率专用装备，提升关键工艺过程控制水平，提高生产效率和保证产品质量。

要重视建设新产品中间试验能力，支持建立行业产品试验基地。

2．职业技能培训计划

拥有高素质的管理、技术、技能人才是提质增效的基础。重点培养和塑造一支懂技术、肯钻研、技能型的企业操作人才队伍。绝大多数企业需要的是更多技师而非博士。

3．钢材提质行动计划

关键零部件是设计、材料、工艺三位一体的技术集成，三者同等重要。要实现强基强国目标，实现关键零部件向中高端发展，除了涉及设计工艺技术外，急需国产高强度、高品质的专用钢材。一是质量稳定性好，二是品种要多样，三是钢标准要同下游汽车及零部件标准接轨。

4．标准制修订和宣贯

标准化是质量的基础工作，为产品质量升级提供支撑。加强行业标准化工作，协同国家有关部门，抓紧行业标准的立项、制订、修改、更新、发布与废除；制定产品市场准入标准，规范市场秩序。加强产业之间的沟通交流，实现上下游产品标准对接；注重推进行业标准与国际“接轨”。

5．提高综合效益

低成本高效益是各国企业追求的目标，美国制造业技术先进发达，他们的资源消耗比我国低1～2个数量级，但他们仍在提高综合效率上下大功夫。

（1）调整产业结构，淘汰落后产能产品。按照结构优化、布局合理、资源优化、形成合力的要求，鼓励企业以多种形式的合作、重组以及兼并，引导企业差异化定位，推进结构调整，创新经营模式。要大力进行产品的升级换代，逐步淘汰投入多、消耗大、成本高、劳动密集、效益低下甚至亏本的产品和产能。

（2）坚持技术进步，实施精细化管理。采用新技术新装备，提高生产效率。据预测，到2025年，制造业25%的工作将会走向自动化，平均节省人力成本16%，韩国、日本、加拿大和美国节省最多。

提升行业总体管理水平，作好资源的合理配置，改善企业的现场管理、劳动管理和成本管理，提高劳动生产率。鼓励企业节能节材降耗技术改造，降低制造成本，发展循环经济。加强行业自律，避免恶性竞争。

（3）开拓“互联网＋”的模式，催生新的高效率运营方式。互联网与大数据都在改变着生产方式和经营方式，在产业分工中注重专业化与精细化，企业的生产组织更富有柔性和创造性。在转型过程中要善于运用互联网思维，开拓“互联网＋”的模式，同技术创新、经营模式创新、资源整合创新相结合，加强制造服务业与网络化的融合，催生新的高效率互联网运营模式。

（三）推进结构调整工程，加快产业转型升级

1.专精特发展，服务制造型延伸

（1）开展“一厂一品一创新”行动计划。聚焦细分，做精做强。专业化、精品化、特色化是零部件产业新的特征。以开展“一厂一品一创新”行动计划为抓手，推进“专精特”产业结构向更高层次发展。

构建合作共赢的结构关系，争取政府强基工程支持。利用政府引导资金的示范和杠杆效应，对在“一厂一品一创新”行动计划中涌现出来的优秀“专精特”企业，争取给予多方面政策与服务的滚动支持。

（2）支持大型企业集团，发展以互联网、产业链为纽带的企业集群。鼓励兼并重组盘活存量资源，特别鼓励强强联合兼并的集团化发展，整合优势优质资源；支持企业走出去，实现资源配置国际化，使贴近用户市场国际化。

建立以大企业为中心、以产业链为纽带、技术市场一体化的零部件企业同盟，形成结构优化利益共享的产业链企业集群；实施横向跨界整合的互联网络化发展，形成结构优化的大企业集团。

（3）推动服务型制造业发展，提供整体解决方案。通用零部件行业的服务型制造业发展空间很大，推进互联网+制造业经营服务模式创新，做好主机配套和维修保养两个市场的“互联网+”的服务。企业要以客户需求为中心开展全程服务，从提供传统产品向提供产品与服务整体解决方案转变。在增量市场趋缓的背景下，在售后服务市场上发掘更大的生长空间。善于发现需求，满足需求，创造需求。

2．智能化转型

智能制造是中国制造未来的发展方向，是企业成长的关键要素和支撑平台，两化融合上升为企业发展的核心战略。根据本行业的现实情况，“十三五”期间的重点是加速推进自动化和信息化升级，主要工艺智能化改造获得实

质性突破，推进实施智能制造示范项目。零部件企业要结合本企业特点，立足在融合与创新上下功夫，以企业创新的特色产品技术成为互联网上闪亮的明珠。

（1）智能化工艺、智能产品。

（2）智能化制造生产线。从实际出发加快工业 3.0 步伐，由低级到高级、由简单到复杂逐步升级发展。随着机器人的发展，一些复杂装配工序将由智能机器人完成，实现高效稳定的智能化制造。

重点发展信息化智能化加工检测的生产线。要逐步推进生产工艺过程的自动化、在线检测智能化及生产过程在线信息采集。零部件制造是一个离散复杂制造过程，通过示范企业总结经验，提出零部件产业两化深度融合的技术改造指导性意见。

（3）网络化智能制造企业。发展个性化定制、网络协同开发、电子商务一体的智能制造示范企业。

（4）电子商务服务平台。推进互联网 + 零部件，打造若干个电子商务平台，培育一批成熟的电商企业和电商服务企业，促进零部件销售和物流方式的转变。通过推进“互联网 + 中小企业”，给中小微企业提供咨询、培训、信息化的服务和商务。

3．坚持绿色发展

保护环境是国家的基本国策。国家环境保护法是企业自律的准则，也是企业生存的底线和红线。

（1）绿色制造企业。强化企业绿色环保的社会责任意识，顺应时代要求，提高环保意识，坚持资源节约型、环境友好型发展方向。坚持“绿色供应链”“低碳制造”“零排放”等新产品设计要求，鼓励企业主动做好环保技术改造。

参照国际先进的标准，制定节能节材降耗、降低成本的规划目标和行动计划，走出一条低消耗、低排放和高质量、高效率的绿色制造发展道路。

（2）制造绿色产品。产品绿色化日渐成为制造业转型发展的新趋势。轻量化、低能耗、低污染指标将是零部件产品重要的竞争力指标。随着主机节能减排技术标准的提高，轻量化和高效节能的零部件是产业发展的方向。

（四）推进软实力培育工程，增强企业持续发展力

（1）培育正能量的企业文化。培育营造善于学习、勇于创新、精益求精、质量至上、诚信敬业的正能量企业文化。要形成尊重知识、尊重人才的良好氛围，营造公平竞争择优发展的制度环境，容忍失败的工作环境，待遇适当无后顾之忧的生活环境。鼓励创新，权益奖励，使人才队伍充分发挥出积极性、创造性。要重视企业文化的无形而巨大的作用。

（2）坚持品牌建设。品牌是企业软实力的集中体现，以诚信为基础，以产品质量和优质特色服务为核心，提升产品的美誉度和认知度。

（3）坚持以人为本。充分调动员工的积极性、创造性，培养一批素质优良、敬业爱企的职工队伍，是企业软实力的基础。

（4）提高战略决策力、执行力。伴随着企业的发展，特别是在当前调结构转方式及工业 4.0 变革的重要时期，决策者面临着一系列重大的方向性、战略性的决策，关乎企业的兴衰发展。企业决策者要不断提高企业领导层的前瞻性眼光、战略性决策能力执行能力，提高防范市场风险能力，引领企业持续健康发展。企业未来发展取决于企业领导的战略性决策。

（五）推进技术支撑工程，夯实技术创新基础

要提高企业的技术创新能力，缩短创新周期，提高创新效率，需建立强有力的共性技术支撑体系和“专精特”产业技术支撑体系。

着眼于中长期发展，由政府主导，以企业、大学、科研院所为主体组建网络化研究中心。通过互联网 + 科研的模式，实现高效管理运营。

加强行业高新技术和共性技术研究已经成为提升基础零部件产业必不可或缺的重要举措。机械动力传动和制动系统是我国装备制造业高端发展的短板，亟待加强。建议组建国家动力传动与制动技术研究中心，请国家有关部门审议支持。

进一步充实健全现有的行业技术服务平台能力，为行业提供更好的服务。

认清发展方向，明确发展目标，狠抓规划执行落实，十年后，我们将有一批核心技术进入国际前列，拥有一批核心零部件，一批知名品牌，一批世界知名企业，使中国机械通用零部件产业进入世界强国之列。

〔撰稿人：中国机械通用零部件工业协会刘元杰〕

统计资料

2010—2015 年中国机械通用零部件行业统计数据

机械通用零部件行业在“十二五”期间，正处于国内外经济复杂多变的低迷运行环境，因而经济发展是处于从快速发展阶段进入新常态的转型时期，总体上行业的经济发展速度变慢，但行业经济运行的质量正在逐步提升。

2010—2015 年机械通用零部件行业基本数据见表 1。2010—2015 年机械通用零部件行业各专业产值见表 2。2010—2015 年机械通用零部件行业各专业进口情况见表 3。2010—2015 年机械通用零部件行业各专业出口情况见表 4。

表 1　2010—2015 年机械通用零部件行业基本数据

年份	总产值（亿元）	同比增长（%）	进口		出口	
			金额（亿美元）	同比增长（%）	金额（亿美元）	同比增长（%）
2010	2 492	21.0	145.90	36.0	76.30	41.0
2011	3 037	21.8	169.50	16.0	104.90	37.5
2012	3 232	6.4	166.62	-1.7	115.33	9.9
2013	3 440	6.4	181.63	9.0	124.85	8.3
2014	3 690	7.3	205.29	13.0	139.4	11.7
2015	3 590	-2.7	172.47	-16.0	133.15	-4.5

表 2　2010—2015 年机械通用零部件行业各专业产值

年份	齿轮		紧固件		链传动		弹簧		传动联结件		粉末冶金	
	金额（亿元）	同比增长（%）	金额（亿元）	同比增长（%）	金额（亿元）	同比增长（%）	金额（亿元）	同比增长（%）	金额（亿元）	同比增长（%）	金额（亿元）	同比增长（%）
2010	1 450	20.0	560	15.0	148	35.0	145	34.0	106	36.0	83	19.0
2011	1 780	22.8	680	21.4	176	19.0	174	20.0	125	17.9	102	22.9
2012	1 950	9.6	670	-1.5	190	8.0	188	8.0	135	8.0	99	-2.9
2013	2 080	6.7	690	3.0	202	6.3	215	14.4	145	7.4	108	9.1
2014	2 245	7.9	725	5.0	215	6.4	235	9.3	155	6.9	115	6.5
2015	2 200	-2.0	710	-2.1	200	-7.0	220	-6.4	150	-3.2	110	-4.3

表 3　2010—2015 年机械通用零部件行业各专业进口情况

年份	齿轮		紧固件		链传动		弹簧		传动联结件	
	金额（亿美元）	同比增长（%）	金额（亿美元）	同比增长（%）	金额（亿美元）	同比增长（%）	金额（亿美元）	同比增长（%）	金额（亿美元）	同比增长（%）
2010	106.1	46.0	28.6	25.0	2.3	14.0	5.4	39.0	3.5	-33.0
2011	124.9	17.0	31.8	11.2	2.90	26.1	5.5	1.9	4.4	25.7
2012	122.5	-1.9	30.99	-2.5	2.90	0	5.35	-2.7	4.87	10.7
2013	135.7	10.8	32.39	4.5	2.91	0.3	5.54	3.7	5.03	3.3
2014	156.3	15.1	34.62	6.9	2.76	-5.07	6.21	12.1	5.42	7.8
2015	129.7	-16.9	30.52	-11.8	2.22	-19.5	5.17	-16.7	4.81	-11.3

表 4　2010—2015 年机械通用零部件行业各专业出口情况

年份	齿轮		紧固件		链传动		弹簧		传动联结件		粉末冶金	
	金额（亿美元）	同比增长（%）	金额（亿美元）	同比增长（%）	金额（亿美元）	同比增长（%）	金额（亿美元）	同比增长（%）	金额（亿美元）	同比增长（%）	金额（亿美元）	同比增长（%）
2010	27.2	58.0	36.5	46.0	10.15	25.0	1.9	50.0	2.8	44.0	0.8	0.0
2011	38.4	41.2	48.7	33.4	13.6	34.0	2.4	26.3	4.0	42.9	0.8	0.0
2012	45.43	18.3	47.1	-3.3	14.83	9.0	2.81	17.1	4.26	6.5	0.9	12.5
2013	53.15	17.0	48.04	2.0	14.73	-0.7	3.25	15.7	4.72	10.8	0.96	6.6
2014	59.74	12.4	52.79	9.9	15.91	8.0	4.22	29.8	5.75	21.8	0.95	-1.0
2015	57.18	-4.3	51.21	-3.0	14.64	-8.0	3.92	-7.1	5.27	-8.3	0.92	-2.1

〔供稿人：中国机械通用零部件工业协会张立友〕

2013—2015 年机械通用零部件行业自主创新优秀新产品获奖情况

我国制造业必须走转型升级之路，加快寻找新的增长方式，是中国制造业必须坚持的战略选择。制造业要抓住机遇，通过实施创新驱动发展战略，不断增强制造业核心竞争力。

面对新一轮科技和产业革命，尽管我国制造业面临结构性制约等多种挑战，但也为我国制造业赶超世界先进水平提供了难得的战略机遇。例如，持续快速增长的 13 亿人口级的国内市场将为我国制造业发展提供强有力的支撑；党中央、国务院大力推进政府职能转变和简政放权，为激发市场主体发展活力和创造力带来了重大契机。

提高制造业自主创新能力，加强企业技术改造，提高传统产业的整体素质。国务院发布了《关于促进企业技术改造的指导意见》，进一步加大了对技术改造工作的支持力度。各行业结合地方工业的发展实际，不断完善技术改造扶持政策，探索出了一系列好的做法和经验，对现有企业生产设施、装备、生产工艺条件的改造提升创造了发展空间。

一、2013 年自主创新优秀新产品获奖情况

2013 年，经企业自报，各分会专家委员会的推荐评选，协会常务理事会批准，6 个分会共计 70 家单位 107 项产品荣获“自主创新优秀新产品”称号。其中链传动分会特等奖 11 项、优秀奖 15 项；紧固件分会特等奖 7 项、优秀奖 13 项；弹簧分会特等奖 7 项、优秀奖 22 项；粉末冶金分会特等奖 4 项、优秀奖 9 项；齿轮分会特等奖 4 项；优秀奖 13 项；联结件分会特等奖 2 项。2013 年自主创新优秀新产品获奖情况（排名不分前后）见表 1。

表 1　2013 年自主创新优秀新产品获奖情况（排名不分前后）

序号	获奖等级	企业名称	产品名称及型号
一、链传动行业			
1	特等奖	安徽黄山恒久链传动有限公司	P167.38-5503 重载挖沟机链
2	特等奖	太仓椿盟链传动有限公司	钢制销合链油压装配机
3	特等奖	苏州环球集团有限公司	DL866 高耐磨板式链
4	特等奖	昆山东盛精密模具有限公司	农机链条弯板片连续模
5	特等奖	杭州东华链条集团有限公司	汽车发动机正时滚子链（型号 05BTF2）
6	特等奖	杭州自强链传动有限公司	PT133F16 带油杯梯级链条
7	特等奖	杭州顺峰链业有限公司	80T 单侧长销输送滚子链条
8	特等奖	浙江长兴西林链条链轮有限公司	38.4VBZ 农机输送链
9	特等奖	浙江中益机械有限公司	高效多角度多轴输出变速器
10	特等奖	浙江恒久机械集团有限公司	链片缺陷视觉分选系统

（续）

序号	获奖等级	企业名称	产品名称及型号
11	特等奖	武义东风链条有限公司	取料机用链条 SQL-315D
12	优秀奖	太仓椿盟链传动有限公司	农机链油压铆头机
13	优秀奖	太仓椿盟链传动有限公司	滚筒式串片机
14	优秀奖	杭州东华链条集团有限公司	MC40F28-P-50.8 蔗糖输送链
15	优秀奖	杭州自强链传动有限公司	20B-1 高强度扶梯驱动链
16	优秀奖	杭州顺峰链业有限公司	新型内外复合啮合齿形链
17	优秀奖	杭州顺峰链业有限公司	428HTX 无缝超耐磨链条
18	优秀奖	浙江长兴西林链条链轮有限公司	XL238-M41 镀锌推窗链
19	优秀奖	浙江中益机械有限公司	割草机 ED55R1
20	优秀奖	浙江中益机械有限公司	高效低噪音农用减速箱
21	优秀奖	浙江华港链传动有限公司	耐低温捞冰机链
22	优秀奖	浙江金盾链条制造有限公司	P315 汽车装配线牵引链条
23	优秀奖	诸暨链条总厂	嵌钢式炉墙铜水套
24	优秀奖	武义东风链条有限公司	P38 农机链 K1 型附板多颗半自动弯曲模
25	优秀奖	黄山中链科技有限公司	428HG 高耐磨无缝重载摩托专用链条
26	优秀奖	绩溪黄山实业有限公司	精密不锈钢滚子、套筒
二、紧固件行业			
1	特等奖	上海沪西高强度螺栓螺帽厂	抗断裂 10.9 级及大直径高强度螺栓 M42-M220
2	特等奖	宁波安拓实业有限公司	汽车防撞系统用支撑衬套
3	特等奖	宁波锦伟紧固件集团有限公司	防振防脱异型螺栓
4	特等奖	宁波腾工精密机械制造有限公司	大尺寸复相材料冷镦塑前处理系统装置
5	特等奖	宁波中京电气科技有限公司	锌铝合金热扩散表面处理紧固件
6	特等奖	舟山市正源标准件有限公司	高强度轴力应变监测螺栓
7	特等奖	浙江高强度紧固件有限公司	特殊齿垫自锁防松紧固件
8	优秀奖	上海沪西高强度螺栓螺帽厂	ZP28A-80-160 大型滚丝机
9	优秀奖	湖北博士隆科技有限公司	封闭型拉铆钉一次成形机
10	优秀奖	宁波思进机械股份有限公司	SJBF-205L 多工位环保型全自动冷镦机
11	优秀奖	舟山市 7412 工厂	锁紧螺栓 N8
12	优秀奖	宁波宁力高强度紧固件有限公司	塔吊螺栓 M30×385 牙长 100
13	优秀奖	宁波安拓实业有限公司	汽车发动机底盘用圆锥套
14	优秀奖	宁波锦伟紧固件集团有限公司	风电塔架组件
15	优秀奖	宁波锦伟紧固件集团有限公司	大型自动攻丝机
16	优秀奖	浙江高强度紧固件有限公司	M10-6H-LH 高铁自锁螺母
17	优秀奖	浙江德威特机械有限公司	全自动红打机 HD08080
18	优秀奖	宁波北仑华申紧固件有限公司	W 型紧定螺钉
19	优秀奖	舟山市 7412 工厂	差速器螺栓 M12 系列
20	优秀奖	宁波日升紧固件有限公司	保险带螺钉
三、弹簧行业			
1	特等奖	上海中国弹簧制造有限公司	Tiguan 稳定杆
2	特等奖	上海中国弹簧制造有限公司	Touran 悬架弹簧
3	特等奖	广州华德汽车弹簧有限公司	多功能轿车行李箱扭杆试验机

（续）

序号	获奖等级	企业名称	产品名称及型号
4	特等奖	扬州核威碟形弹簧制造有限公司	零刚度恒力缓冲装置
5	特等奖	大连弹簧有限公司	核电凝汽器弹簧支座
6	特等奖	浙江美力科技股份有限公司	多股六方条钢组合的扭杆弹簧
7	特等奖	无锡泽根弹簧有限公司	双线扭转弹簧
8	优秀奖	杭州钱江弹簧有限公司	DC11 螺旋弹簧
9	优秀奖	杭州钱江弹簧有限公司	通用 D2UX 项目减振器回位弹簧
10	优秀奖	杭州钱江弹簧有限公司	川汽 B60X 项目前螺旋弹簧
11	优秀奖	杭州钱江弹簧有限公司	CN200 项目 1.5L/1.8L 稳定杆
12	优秀奖	广州华德汽车弹簧有限公司	高应力闭门器弹簧
13	优秀奖	扬州弹簧有限公司	TSG14 型受电弓升弓弹簧组
14	优秀奖	洛阳机床有限责任公司	数控热卷弹簧机 Z54K-80
15	优秀奖	大连弹簧有限公司	HXN3B、HXD3C 扫石器支架
16	优秀奖	上海三环弹簧有限公司	天窗用片簧
17	优秀奖	杭州弹簧有限公司	MAN D08 高端商用车发动机气门弹簧
18	优秀奖	杭州弹簧有限公司	MAN 高端商用车鼓式制动器回位弹簧系列
19	优秀奖	山东联美汽车弹簧有限公司	重型载货汽车空心稳定杆 AO 型
20	优秀奖	山东联美汽车弹簧有限公司	汽车发动机涨紧轮弹簧
21	优秀奖	嵊州市金狮弹簧机械有限公司	CK8120-8 轴数控弹簧成形机
22	优秀奖	浙江万能弹簧机械有限公司	制造异形弹簧和扭簧的数控成套设备
23	优秀奖	杭州兴发弹簧有限公司	城市轨道地铁隔振弹簧
24	优秀奖	济南时代试金仪器有限公司	TLS-W200I 微机控制弹簧拉压一体式试验机
25	优秀奖	济南时代试金仪器有限公司	TYE-W300I 微机控制板弹簧试验机
26	优秀奖	温州江南弹簧设备制造有限公司	智能电脑数控弹簧机，型号：YH620
27	优秀奖	济南凯镭迪精密仪器有限公司	KLD-204 (1423) 悬架弹簧六分力试验机
28	优秀奖	济南凯镭迪精密仪器有限公司	KND-P105（4424）微机控制扭杆扭转疲劳试验机
29	优秀奖	哈尔滨市弹簧厂	核电站大型阀门高压弹簧
四、粉末冶金行业			
1	特等奖	上海汽车粉末冶金有限公司	通用 L850 发动机水泵链轮
2	特等奖	杭州粉末冶金研究所	WZ5001 铁基制动器摩擦片研制
3	特等奖	东睦新材料集团股份有限公司	凸轮轴可变气门正时链轮
4	特等奖	扬州保来得科技实业有限公司	粉末冶金汽车发动机启动电机齿轮
5	优秀奖	南通富仕液压机床有限公司	干粉自动成型液压机及模架 FS79Z-630 型 630kN
6	优秀奖	东睦新材料集团股份有限公司	高磁性能变压器和电感
7	优秀奖	东睦新材料集团股份有限公司	高性能高速钢轴套 C45
8	优秀奖	东睦（江门）粉末冶金有限公司	粉末冶金直接成形摩托车离合器分离凸轮
9	优秀奖	东睦新材料集团股份有限公司	中道电动车变速器齿轮轴
10	优秀奖	江苏鹰球集团有限公司	电摩中置电机斜齿轮
11	优秀奖	黄石赛福摩擦材料有限公司	离合器用钼基摩擦片

（续）

序号	获奖等级	企业名称	产品名称及型号
12	优秀奖	扬州保来得科技实业有限公司	汽车自动变速器凸轮轴计时链轮
13	优秀奖	宁波市海曙住木粉末冶金有限公司	E074 制动卡钳轴套
五、齿轮行业			
1	特等奖	郑州机械研究所	百万千瓦级核电站循环泵齿轮箱研发
2	特等奖	郑州机械研究所	高速货运机车驱动单元
3	特等奖	贵州群建精密机械有限公司	对接机构齿轮系
4	特等奖	陕西法士特齿轮有限责任公司	12 档重型载货汽车变速器
5	优秀奖	杰牌控股集团有限公司	JRSC-15 高效节能施工升降机专用减速机
6	优秀奖	杰牌控股集团有限公司	JPOKE3MH310 棕榈油工业齿轮箱
7	优秀奖	杭州中德传动设备有限公司	40 型定日镜高精度涡轮减速机
8	优秀奖	陕西法士特齿轮有限责任公司	6DS 系列客车变速器
9	优秀奖	陕西法士特齿轮有限责任公司	轻量化多档位汽车变速器
10	优秀奖	天津泰威齿轮有限公司	汽车发动机欧六驱动齿轮系统
11	优秀奖	贵州群建精密机械有限公司	超短杯型谐波减速器
12	优秀奖	贵州群建精密机械有限公司	4D30 型发动机无侧隙齿轮系列
13	优秀奖	泰州市海博汽车科技有限公司	纯电动客车用自动变速器（AMT 含 TCU）EBT4-120
14	优秀奖	山东华成中德传动设备有限公司	KPL 系列重载圆锥圆柱行星齿轮减速器
15	优秀奖	郑州机械研究所	RY 系列热处理油烟净化机及系统
16	优秀奖	郑州机械研究所	石油顶驱机械传动装置
17	优秀奖	山东荣成曙光齿轮有限责任公司	459 系列高端客车螺旋锥齿轮
六、联结件行业			
1	特等奖	乐清市联轴器厂	双十字轴万向节
2	特等奖	无锡创明传动工程有限公司	H2M 不锈钢膜盘挠性联轴器

二、2014 年自主创新优秀新产品获奖情况

2014 年，经企业申报，各分会专家委员会推荐评选，并经协会常务理事会批准，共计 66 家单位 101 项产品荣获“自主创新优秀新产品”称号。其中链传动行业特等奖 8 项、优秀奖 12 项；紧固件行业特等奖 14 项、优秀奖 19 项；弹簧行业特等奖 10 项、优秀奖 13 项；粉末冶金行业特等奖 8 项、优秀奖 7 项；齿轮行业特等奖 6 项、优秀奖 6 项。2014 年自主创新优秀新产品获奖情况（排名不分前后）见表 2。

表 2　2014 年自主创新优秀新产品获奖情况（排名不分前后）

序号	奖别	企业名称	创新产品名称及型号
一、链传动行业			
1	特等奖	杭州顺峰链业有限公司	自润滑超耐磨滚子链
2	特等奖	安徽黄山恒久链传动有限公司	15075 水处理链
3	特等奖	太仓椿盟链传动有限公司	双规格 OL 装配机
4	特等奖	苏州环球集团有限公司	MSR2856 系列大型沥青混凝土搅拌链
5	特等奖	苏州环球集团有限公司	P200-2LK-2 特殊渗层耐高温输送链
6	特等奖	杭州东华链条集团有限公司	P12F1SS 核电站压览链
7	特等奖	杭州自强链传动有限公司	P60-DD3F1 薄膜拉伸用链条

（续）

序号	奖别	企业名称	创新产品名称及型号
8	特等奖	青岛征和工业股份有限公司	中大排量发动机正时系统驱动链条
9	优秀奖	安徽黄山恒久链传动有限公司	HSR6613-SH 钢管输送链
10	优秀奖	浙江恒久机械集团有限公司	耐高温多粉末旋转极板链条的研发
11	优秀奖	武义东风链条有限公司	NSE1000 快速斗式提升机用链条
12	优秀奖	杭州东华链条集团有限公司	CL10F6-30N 八轮驱动全地形车用齿形链
13	优秀奖	苏州环球集团有限公司	SHT80、SHT100 系列超高强度系列链条
14	优秀奖	杭州顺峰链业有限公司	超耐磨越野摩托车滚子链链条
15	优秀奖	杭州顺峰链业有限公司	高耐磨性的摩托车发动机正时齿形链
16	优秀奖	浙江长兴西林链条链轮有限公司	80XL-GL430 输送链
17	优秀奖	浙江长兴西林链条链轮有限公司	10AXL-A1F81 单侧外板附件钉输送链
18	优秀奖	浙江华港链传动有限公司	C2082 高精度输送链
19	优秀奖	青岛征和工业股份有限公司	大排量机车用超强油封链 525SX
20	优秀奖	苏州顺革智能科技有限公司	全自动高速链条销轴切断机
二、紧固件行业			
1	特等奖	东风汽车紧固件有限公司	EP/EB 轿车发动机高强度紧固件
2	特等奖	上海球明标准件有限公司	嵌入式安装螺母
3	特等奖	上海球明标准件有限公司	快捷安装膨胀螺母
4	特等奖	杭州大通风能动力有限公司	叶片螺母
5	特等奖	温州亿力机械发展有限公司	ASTMA193 泵阀用螺栓
6	特等奖	上海东海标准件有限公司	一种多位向心挤压模
7	特等奖	河北辰龙紧固件制造有限公司	紧固件线材超声除锈设备
8	特等奖	舟山市 7412 工厂	高强度铝合金螺栓 M8
9	特等奖	舟山市正源标准件有限公司	高强度轴力应变监测螺栓
10	特等奖	宁波安拓实业有限公司	矿用特种煤截齿
11	特等奖	宁波安拓实业有限公司	勘探专用射孔头
12	特等奖	宁波中京电气科技有限公司	矿山粉碎机械衬板连接用自我冷作硬化螺栓
13	特等奖	宁波九龙紧固件制造有限公司	高速动车组用凹凸锁紧双螺母
14	特等奖	宁波锦伟紧固件集团有限公司	新型快装吊环
15	优秀奖	济南实达紧固件有限公司	半根角连接螺栓
16	优秀奖	上海球明标准件有限公司	弹性金属夹
17	优秀奖	上海球明标准件有限公司	插片锁紧螺母
18	优秀奖	浙江温州欧海梧田五金螺丝厂	全自动钻孔倒角轧槽一体机
19	优秀奖	邯郸市博威模具有限公司	高强度螺丝板
20	优秀奖	浙江宏星紧固件有限公司	螺母 (M8×16.77)
21	优秀奖	上海上标汽车紧固件有限公司	轿车制动器踏板螺栓
22	优秀奖	宁波思进机械股份有限公司	SJNP-33B-6S 高精度零件成形机
23	优秀奖	舟山市 7412 工厂	耐热不锈钢锁紧螺母 M8
24	优秀奖	舟山市 7412 工厂	锁紧螺栓 M10

（续）

序号	奖别	企业名称	创新产品名称及型号
25	优秀奖	宁波北仑华申紧固件有限公司	尼龙头紧定螺钉
26	优秀奖	宁波海星机械制造有限公司	HXB-44S 超精密高速多功能冷镦成型机
27	优秀奖	宁波日升紧固件有限公司	大扁头复合槽自攻锁紧螺钉
28	优秀奖	宁波腾工精密机械制造有限公司	分体式定模液压锁紧机构
29	优秀奖	宁波安拓实业有限公司	汽修用 L 型多功能接杆扳手
30	优秀奖	宁波安拓实业有限公司	高档建筑用自锁式快速锚固件
31	优秀奖	宁波锦伟紧固件集团有限公司	自动平头倒角机
32	优秀奖	宁波锦伟紧固件集团有限公司	护轨用螺栓
33	优秀奖	宁波市镇海宝鑫高强度螺帽厂	护轨用螺栓
三、弹簧行业			
1	特等奖	上海中国弹簧制造有限公司	MQB 稳定杆
2	特等奖	上海中国弹簧制造有限公司	MQB 悬架弹簧
3	特等奖	扬州核威碟形弹簧制造有限公司	上升降平台用大型碟形弹簧组
4	特等奖	大连弹簧有限公司	核电主蒸汽安全阀弹簧
5	特等奖	浙江美力科技股份有限公司	39SiCrVTiA 高强度高韧性弹簧钢 (ML1900 弹簧钢)
6	特等奖	无锡泽根弹簧有限公司	低排柴油机用电控高压喷射燃油系统柱塞弹簧
7	特等奖	广州华德汽车弹簧有限公司	汽车加油箱盖片簧
8	特等奖	广州华德汽车弹簧有限公司	高疲劳寿命行李箱扭杆弹簧
9	特等奖	杭州弹簧有限公司	海洋工程钻杆弹簧系列
10	特等奖	嵊州市金狮弹簧机械有限公司	CNC12100 无凸轮十二轴数控弹簧转线成形机
11	优秀奖	杭州钱江弹簧有限公司	菲亚特 A0040039 转向系统双扭簧
12	优秀奖	杭州钱江弹簧有限公司	T15 项目前螺旋弹簧
13	优秀奖	杭州钱江弹簧有限公司	T15 项目前后稳定杆
14	优秀奖	上海核工碟形弹簧制造有限公司	碟形弹簧组
15	优秀奖	山东联美汽车弹簧有限公司	动车制动器弹簧
16	优秀奖	诸暨市海纳特钢有限公司	调质稳定杆钢管的系列产品
17	优秀奖	嵊州市创宇机械科技有限公司	CK1160 十一轴数控弹簧成形机
18	优秀奖	山东雷帕得弹簧有限公司	大直径、高性能汽车稳定杆
19	优秀奖	济南时代试金仪器有限公司	VM-2D 气门弹簧几何尺寸测量试验机
20	优秀奖	济南时代试金仪器有限公司	TLS-W5000 桌上式小门式微机控制弹簧拉压试验机
21	优秀奖	杭州弹簧有限公司	高速电梯缓冲器高压缩比弹簧
22	优秀奖	浙江万能弹簧机械有限公司	04-5 自动弹簧端面磨床
23	优秀奖	东莞永腾自动化设备有限公司	无凸轮多轴电脑多功能弹簧制造机 CMM-12-680R
四、粉末冶金行业			
1	特等奖	上海汽车粉末冶金有限公司	EA211 发动机链轮系列粉末冶金零件
2	特等奖	东睦新材料集团股份有限公司	惰链轮总成 20T/32T
4	特等奖	东睦新材料集团股份有限公司	DQ380 变速器粉末冶金油泵转子
5	特等奖	东睦新材料集团股份有限公司	喷油泵链轮 24T

（续）

序号	奖别	企业名称	创新产品名称及型号
6	特等奖	兴城粉末冶金有限公司	DCT 变速器同步器齿毂
7	特等奖	扬州保来得科技实业有限公司	汽车手动变速器换挡指
8	特等奖	重庆华孚工业股份有限公司	倒档同步器齿毂
9	优秀奖	东睦新材料集团股份有限公司	换档小齿轮 A1044、换档伞齿轮 A1045
10	优秀奖	广东东睦新材料有限公司	双级增焓压缩机带增焓腔粉末冶金下法兰
11	优秀奖	东睦（天津）粉末冶金有限公司	富士康不锈钢镶件项目
12	优秀奖	山西东睦华晟粉末冶金有限公司	卡套
13	优秀奖	扬州保来得科技实业有限公司	汽车座椅锁紧环
14	优秀奖	江苏鹰球集团有限公司	小模数粉末冶金螺旋齿轮
15	优秀奖	扬州保来得科技实业有限公司	汽车尾气排放系统螺纹连接轭
五、齿轮行业			
1	特等奖	郑州机械研究所	GS 系列高速齿轮箱
3	特等奖	陕西法士特齿轮有限责任公司	10 档系列变速器
4	特等奖	陕西法士特齿轮有限责任公司	16 档系列变速器
5	特等奖	杭州前进齿轮箱股份有限公司	77m 三用工作船主推进系统
6	特等奖	山东华成中德传动设备有限公司	ML 系列模块化大型减速器
7	优秀奖	郑州机械研究所	海洋工程升降传动装置
8	优秀奖	郑州机械研究所	煤炭机械传动装置
9	优秀奖	陕西法士特齿轮有限责任公司	8JS125T 系列变速器
10	优秀奖	杭州前进齿轮箱集团股份有限公司	特大速比 800 系列船用齿轮箱
11	优秀奖	杭州前进齿轮箱集团股份有限公司	特种牵引车传动系统
12	优秀奖	泰州市海博汽车科技有限公司	纯电动客车用自动变速器（AMT）与永磁同步电机

三、2015 年自主创新优秀新产品获奖情况

2015 年，经企业申报，各分会专家委员会推荐评选，并经协会常务理事会批准，共计 73 家单位 114 项产品荣获“自主创新优秀新产品”称号。其中链传动行业特等奖 9 项、优秀奖 13 项；粉末冶金行业特等奖 6 项、优秀奖 11 项；弹簧行业特等奖 8 项、优秀奖 22 项；紧固件行业特等奖 19 项、优秀奖 12 项；齿轮行业特等奖 6 项、优秀奖 8 项；传动联结件行业特等奖 2 项、优秀奖 3 项，总计 119 项。

2015 年自主创新优秀新产品获奖情况（排名不分前后）见表 3。

表 3　2015 年自主创新优秀新产品获奖情况（排名不分前后）

序号	奖别	企业名称	创新产品名称及型号
一、链传动行业			
1	特等奖	株洲市特种链条有限公司	垂直循环式立体停车库链条
2	特等奖	杭州持正科技股份（顺峰链业）有限公司	采用强化预拉工艺的汽车摩托车发动机正时齿形链
3	特等奖	浙江长兴西林链条链轮有限公司	C2052XL-U1-A2 轨道悬挂输送链
4	特等奖	杭州东华链条集团有限公司	SC1252 分动箱齿形链
5	特等奖	杭州东华链条集团有限公司	HV4TT 汽车生产线用双节距齿形链
6	特等奖	杭州东华链条集团有限公司	P63F43K1 卷纸输送链
7	特等奖	浙江金盾链条制造有限公司	摆杆输送链及其驱动装置

（续）

序号	奖别	企业名称	创新产品名称及型号
8	特等奖	安徽黄山恒久链传动有限公司	VC9957SJ-SK 斗式提升机链
9	特等奖	苏州环球集团有限公司	534 高强度高疲劳板式链
10	优秀奖	杭州东华链条集团有限公司	C2062H ORSD 带密封圈农机链
11	优秀奖	杭州自强链传动有限公司	P47.25/55.75F1 一次成形内单节农机链
12	优秀奖	青岛征和工业股份有限公司	发动机用滚子链 05EF1 升级产品
13	优秀奖	安徽黄山恒久链传动有限公司	DE010815 食品烘焙链
14	优秀奖	太仓椿盟链传动有限公司	空气法兰炉
15	优秀奖	太仓椿盟链传动有限公司	全自动链条制造挑管机
16	优秀奖	浙江力璇链传动有限（武义东风）公司	SNTLF-250R 输送用链条
17	优秀奖	浙江恒久机械集团有限公司	高速销轴机
18	优秀奖	大连圣洁真空技术开发有限公司	系列复合冷作模具钢
19	优秀奖	株洲市特种链条有限公司	剥锌机阴极板链条传送设备
20	优秀奖	杭州持正科技股份（顺峰链业）有限公司	采用氮化工艺的汽车摩托车发动机正时齿形链销轴
21	优秀奖	杭州持正科技股份（顺峰链业）有限公司	一种专用于切割树根的锯链
22	优秀奖	浙江长兴西林链条链轮有限公司	CA550VF-F20 高转速农用机械输送链
二、紧固件行业			
1	特等奖	湖北博士隆科技有限公司	密封铆塞（堵头）系列产品
2	特等奖	上海申光高强度螺栓有限公司	风力发电塔架用自润滑高强度螺栓
3	特等奖	定西高强度紧固件股份有限公司	核电防震用连杆、M52×3×240、级别符合核电技术条件
4	特等奖	定西高强度紧固件股份有限公司	空心螺栓、M30×190，10.9 级
5	特等奖	上海金马高强紧固件有限公司	大直径螺栓坯径缩梗机
6	特等奖	上海上标汽车紧固件有限公司	轿车动力总成油管螺栓（冷成形）
7	特等奖	无锡市金中元机械有限公司	超薄型精密不锈钢调整垫片
8	特等奖	中国永年标准件研究院	伺服自动攻丝机 SZM42X
9	特等奖	山东腾达不锈钢制品有限公司	螺纹防松法兰螺母
10	特等奖	宁波思进机械股份有限公司	SJBP-136S 多工位零部件冷镦成形机
11	特等奖	舟山市 7412 工厂	缸盖螺栓 M9×1.25×101.4
12	特等奖	舟山市 7412 工厂	碗形塞 $\phi 24$
13	特等奖	宁波安拓实业有限公司	电动工具用快速转头
14	特等奖	宁波安拓实业有限公司	高压油管用连接器
15	特等奖	宁波市镇海宝鑫高强度螺帽厂	风力发电大对边高强度螺母 M42/M45/M48/M52
16	特等奖	宁波宁力高强度紧固件有限公司	岔枕螺栓 B30×8×166
17	特等奖	宁波中京电气科技有限公司	高疲劳寿命高抗应力松弛能力锚拴
18	特等奖	宁波日升紧固件有限公司	六角自攻螺钉 M6×12、M6.3×14
19	特等奖	舟山市正源标准件有限公司	应变计叶片螺栓
20	优秀奖	舟山市 7412 工厂	焊接螺栓 M6
21	优秀奖	宁波安拓实业有限公司	新型一次成形汽车点火器用毛坯
22	优秀奖	山东腾达不锈钢制品有限公司	凹穴定位螺栓

（续）

序号	奖别	企 业 名 称	创新产品名称及型号
23	优秀奖	山东腾达不锈钢制品有限公司	不锈钢四方焊接螺母
24	优秀奖	宁波安拓实业有限公司	汽车用发动机气门弹簧座
25	优秀奖	邯郸市正信标准件有限公司	菲利普斯翼梢自钻
26	优秀奖	上海浦东新区东海标准件有限公司	内螺纹双平成形模的生产装置
27	优秀奖	江阴市江扬标准件紧固件制造有限公司	T 型压导板螺栓 M10 型、 M12 型
28	优秀奖	乐清市亿高机械有限公司	六棱螺旋线锁紧螺钉搓丝板
29	优秀奖	海盐猛士螺钉有限责任公司	镶铅螺栓
30	优秀奖	上海申光高强度螺栓有限公司	旋合稳紧固轴力高强度螺栓连接副
31	优秀奖	上海申光高强度螺栓有限公司	热浸锌螺栓连接副扭矩系数控制
三、弹簧行业			
1	特等奖	东莞永腾自动化设备有限公司	无凸轮多轴电脑多功能弹簧制造机 CMM-12-450R
2	特等奖	扬州核威碟形弹簧制造有限公司	航天发动机用碟形弹簧
3	特等奖	杭州弹簧有限公司	内燃机 EC5 项目油泵弹簧
4	特等奖	大连弹簧有限公司	卡特彼勒用 320D 轻量化涨紧机构弹簧
5	特等奖	广州华德汽车弹簧有限公司	一体式汽车座椅骨架总成
6	特等奖	杭州富春弹簧有限公司	3 代 EA888 发动机皮带涨紧轮反推型扭簧
7	特等奖	无锡泽根弹簧有限公司	装甲装备用推进器弹簧
8	特等奖	上海中国弹簧制造有限公司	CMA 稳定杆
9	优秀奖	东莞永腾自动化设备有限公司	无凸轮多轴电脑多功能线材成型机：CMM-8-600WB
10	优秀奖	嵊州市金狮弹簧机械有限公司	CK990 九轴数控弹簧成形机
11	优秀奖	淄博高新区百力工贸有限公司	稳定杆步进加热炉
12	优秀奖	杭州弹簧有限公司	欧 5 排放 WP9 柴油发动机气门弹簧
13	优秀奖	大连弹簧有限公司	城阳区现代有轨电车示范线二系弹簧组
14	优秀奖	杭州钱江弹簧有限公司	潍柴博杜安 H1 发动机气门弹簧
15	优秀奖	杭州钱江弹簧有限公司	增压器波形卡环
16	优秀奖	杭州钱江弹簧有限公司	Ford 6F35/15 油泵弹簧
17	优秀奖	新乡辉簧弹簧有限公司	扁弹簧
18	优秀奖	新乡辉簧弹簧有限公司	平面涡卷弹簧
19	优秀奖	新乡辉簧弹簧有限公司	波形弹簧
20	优秀奖	浙江万能弹簧机械有限公司	电脑数控卷簧机 CNC-1250
21	优秀奖	浙江万能弹簧机械有限公司	金属成形智能机器人 CNC-12100
22	优秀奖	浙江美力科技股份有限公司	刚度渐增型热卷军用越野汽车弹簧
23	优秀奖	洛阳显恒数控机床有限公司	数控模具弹簧机 CSM-5100MCNC
24	优秀奖	济南时代试金仪器有限公司	TLS-W5000I 微机控制弹簧检测系统
25	优秀奖	济南时代试金仪器有限公司	全自动弹簧检测线
26	优秀奖	上海核工碟形弹簧制造有限公司	渐进式电梯安全钳用 II 型 U 形板弹簧
27	优秀奖	上海中国弹簧制造有限公司	NSE 气门弹簧
28	优秀奖	杭州通用弹簧有限公司	新型大型压力机替代蒸气缸的组合式复位弹簧

（续）

序号	奖别	企 业 名 称	创新产品名称及型号
29	优秀奖	武汉锐尔森科技有限公司	智能化全自动汽车稳定杆整体加热炉成套设备
30	优秀奖	杭州兴发弹簧有限公司	G7 阀门执行器弹簧
四、粉末冶金行业			
1	特等奖	扬州保来得科技实业有限公司	汽车自动变速器行星架
2	特等奖	扬州保来得科技实业有限公司	汽车 EPS 电子助力转向螺旋皮带轮
3	特等奖	上海汽车粉末冶金有限公司	大众 EA888 发动机轴承座
4	特等奖	东睦新材料集团股份有限公司	从动油泵链轮
5	特等奖	东睦新材料集团股份有限公司	汽车齿轮箱壳体镶件
6	特等奖	重庆华孚工业股份有限公司	轿车 V6 型发动机曲轴主轴承盖
7	优秀奖	兴城市粉末冶金有限公司	T75 混合动力自动变速器同步器齿毂
8	优秀奖	兴城市粉末冶金有限公司	DYMOS-M/T 变速器同步器齿毂
9	优秀奖	兴城市粉末冶金有限公司	5T19 变速器同步器齿毂
10	优秀奖	兴城市粉末冶金有限公司	AMT452 变速器同步器齿毂
11	优秀奖	江苏鹰球集团有限公司	汽车燃油泵用粉末冶金高镍合金轴承
12	优秀奖	扬州保来得科技实业有限公司	汽车发动机磁性垫圈
13	优秀奖	扬州保来得科技实业有限公司	高密度高强度行星齿轮
14	优秀奖	扬州保来得科技实业有限公司	汽车自动变速器离合器压盘
15	优秀奖	扬州保来得科技实业有限公司	汽车自动变速器离合器信号轮
16	优秀奖	东睦新材料集团股份有限公司	椭圆正时链轮制造模具
17	优秀奖	杭州粉末冶金研究所	重型载重汽车离合器铜基粉末冶金摩擦片
五、齿轮行业			
1	特等奖	陕西法士特齿轮有限责任公司	液力缓速器
2	特等奖	山东华成中德传动设备有限公司	M 系列圆锥圆柱齿轮减速器
3	特等奖	天津泰威齿轮有限公司	福田康明斯 2.8L 发动机空压机齿轮
4	特等奖	贵州群建精密机械有限公司	高精密谐波减速器
5	特等奖	郑州高端装备与信息产业技术研究院有限公司	机器人用摆线行星减速器
6	特等奖	郑州机械研究所	航天发射台专用支承臂减速器
7	优秀奖	陕西法士特齿轮有限责任公司	7DS180 系列矿用车变速器
8	优秀奖	陕西法士特齿轮有限责任公司	S16 档系列变速器
9	优秀奖	天津泰威齿轮有限公司	4J28TC 型发动机齿轮轮系
10	优秀奖	贵州群建精密机械有限公司	6UZ1 型重型载货汽车发动机正时齿轮系
11	优秀奖	贵州群建精密机械有限公司	康复医疗用精密减速器
12	优秀奖	郑州机械研究所	数控硅钢碎边剪成套装备
13	优秀奖	江苏泰来减速机有限公司	多点柔性传动卷扬装置
14	优秀奖	江苏泰来减速机有限公司	双套管正反向新型桩机动力头装置
六、传动联结件行业			
1	特等奖	德阳立达基础件有限公司	核电循环水泵专用高精度联轴器
2	特等奖	迈格钠磁动力股份有限公司	水冷型永磁涡流柔性传动调速装置
3	优秀奖	许昌远东传动轴股份有限公司	720 系列传动轴总成
4	优秀奖	咸阳超越离合器有限公司	弹簧操纵机构用离合器
5	优秀奖	北京新兴超越离合器有限公司	带联轴器的非接触式楔块式超越离合器

〔供稿人：中国机械通用零件工业协会姚海光〕

大 事 记

2013—2015年中国机械通用零部件行业大事记

2013年

1月

17日 中国机械通用零部件工业协会秘书长工作会议在北京银岛饭店举行。协会及各分会秘书处领导共计19人参会。会议以“坚定信心，坚持发展”为主题，在认真交流2012年行业及各分会发展主要工作的基础上，一致表示，要团结一致，同心协力，共同续写行业新的历史发展篇章。

月内 经链传动分会与中国机械通用零部件工业协会共同申请，并获得财政部、国家税务总局批准，链条6个税号：73151110（自行车滚子链）、73151120（摩托车滚子链）、73151200（其他铰接链）、73151900（铰接链零件）、73152000（防滑链）、73159000（非铰接链零件）的产品出口退税率自2015年1月起从5%提升到13%。

3月

23日 中国机械通用零部件工业协会在江西景德镇开门子酒店召开了常务理事五届六次会议，会议一致通过了紧固件分会推迟1年换届、齿轮分会2013年换届推荐杭州前进齿轮箱集团总经理冯光为齿轮分会理事长候选人的决定；通过了五届四次理事扩大会议主要议程、协会年度工作总结报告及关于“专、精、特企业”“创新优秀新产品”等的表彰决定。

24日 中国机械通用零部件工业协会五届四次理事扩大会议在江西景德镇开门子酒店举行。工信部、中国汽车工业协会领导，中国机械通用零部件工业协会常务理事、理事及会员代表等160余人参会，中国工业报、机电商报记者列席了会议，景德镇市经信委领导到会祝贺。

6月

10日 由中国机械通用零部件工业协会组织参加的第十三届美国中部科技紧固件展览会在芝加哥举行，中国大陆地区参访团共12家企业参展。在美期间，不但全程参加了2天的展示交流会，而且还实地参观了美国芝加哥当地的有代表性企业。

7月

月内 中国机械工业企业管理协会中机企协〔2013〕23号文发布，决定授予61名“全国机械工业优秀企业家”称号，其中浙江恒久机械集团股份有限公司的寿飞峰、东睦新材料集团股份有限公司的芦德宝、青岛征和工业有限公司的金玉谟、恒星科技控股集团有限公司的高福根和浙江金盾链条制造有限公司的楼建军5名企业家为中国机械通用零部件工业协会会员单位成员。

8月

月内 2012版《中国机械通用零部件工业年鉴》经过1年的筹备，在协会和企业及中国机械工业年鉴编辑委员会的共同编撰努力下，正式出版发行。

9月

5日 科技部发布国科发计〔2013〕571号文件《关于下达2013年度有关国家科技计划项目的通知》，其中以宁波思进机械股份有限公司申报的“环保型多工位高速全自动冷镦机（SJBF系列）”为代表，涉及机械通用零部件行业的“高速铁路扣件系统——WJ-8型扣件”“双线螺栓和浮动螺母组件”“R型高效率静音斜齿轮减速机”等十余个项目在2013年度国家重点新产品计划中列项。

12日 “2013中国国际汽车零部件发展高峰论坛”在北京人民大会堂举行，同时，“2013中国汽车零部件企业百强榜”如期出炉。机械通用零部件行业榜上有名的齿轮和弹簧企业有10家：陕西法士特汽车传动集团公司、中国长安汽车集团股份有限公司重庆青山变速器分公司、綦江齿轮传动有限公司、浙江万里扬变速器股份有限公司、中国重汽集团大同齿轮有限公司、杭州钱江弹簧有限公司、江苏龙城精锻有限公司、江苏飞船股份有限公司、浙江双环传动机械股份有限公司和江苏太平洋精锻科技股份有限公司。

16日 工信部印发《产业关键共性技术发展指南（2013年）》，确定了优先发展的节能环保与资源综合利用、原材料、装备制造、消费品工业、电子制造业、软件和信息技术服务业、通信业和信息化以及生产性服务业等8大领域，共261项技术。在八大领域的第三大项装备制造业领域中，其中“基础机械”列出了机械基础零部件抗疲劳、长寿命制造的纳米技术；节能与新能源汽车自动变速器及关键零部件制造技术；近净成形高精特齿轮制造技术；高强度紧固件高速精密镦锻成形技术4项机械通用零部件关键共性技术项目。在“轨道交通装备”中，列出了高端轨道交通车辆制动技术和轨道交通装备驱动系统技术2项涉及我行业的关键共性技术项目。

10月

24—25日 美国最大每年一届的紧固件展览在拉斯维加斯市威尼斯大厦展厅举行，有18个国家和地区的600多家企业在展会上展示了各种紧固件产品及其相关检测、制造技术。由中国机械通用零部件工业协会和北方国际展览公司共同组织的129家中国企业的150余人组团参展，展示了中国紧固件企业发展的最新产品和技术。展会中，中国机械通用零部件工业协会和北方国际展览公司本次参展的领导还与本次展会主办方的总经理苏珊（Susan A.Hurley）及有关负责人进行了友好的交谈，表示共同继续推进在紧固件领域内的合作。

26日 国家发展改革委、科技部、财政部、海关总署和国家税务总局发布2013年第41号公告，公布了五部委按照《国家认定企业技术中心管理办法》和《国家发改委办公厅关于组织申报2013年(第20批)国家认定企业技术中心的通知》的有关规定，联合审定的“第20批享受优惠政策的国家认定企业(集团)技术中心名单”中，杭州东华链条集团有限公司技术中心、青岛征和工业有限公司技术中心入选。

28日 2013亚洲国际动力传动与控制技术展览会（简称：亚洲国际动力传动展）在上海新国际博览中心揭幕。工信部装备司机械处处长王建宇、中国机械工业联合会执行副会长杨学桐和中国机械通用零部件工业协会常务副理事长王长明等350余名专家学者、媒体记者和海内外嘉宾莅临展会开幕式。

30日 针对欧盟对中国部分紧固件产品最终反倾销案的执行措施，中国提出与欧盟在世贸组织争端解决机制下进行磋商。中方认为，欧盟采取的措施“并没有完全和正确地执行争端解决机构的建议和裁决”，这些措施“不符合反倾销协定和《1994年关税与贸易总协定》的诸多条款”，要求欧盟彻底纠正紧固件案所有违规做法，完全取消反倾销措施。

月内 中国机械通用零部件工业协会五届七次常务理事会议在上海召开，来自全国各地的协会常务理事及行业人士共70余人参会，共议协会换届大事。中国机械通用零部件工业协会第五届理事会任期即将届满，依据国办36号文件，国资委199号文件、155号文件及协会章程，会上提出理事会组成与秘书长换届方案。会上，杨学桐会长介绍了第六届理事换届工作方案、换届选举办法，第六届理事长候选人简历、第六届常务副理事长候选人简历、第六届秘书长候选人简历。在广泛地征求了大家意见后，获得与会代表热烈的通过。会议还专门邀请了工业和信息化部装备司王建宇处长，并由王处长解读了企业所关心技改资金申请、寻求国家政策支持国家专项资金项目相关事宜。

大会最后，举办了《中国机械通用零部件工业年鉴》2012新书发布及赠书仪式，由杨学桐会长、刘元杰名誉会长为新书揭幕，王长明常务副会长为企业代表颁发了年鉴并合影留念。

月内 中国北车青岛四方车辆研究所有限公司委托中航工业航标研发生产的3项高温合金螺栓和2项高温合金螺母产品通过评审，并同意供货。这标志着航标公司首次实现了高铁关键紧固件国产化配套供货。

2014年

1月

14日 中国机械通用零部件工业协会秘书长工作会议在北京银岛大厦召开，协会及各分会秘书长等18人参会。会上，协会及各分会负责人汇报了2013年工作总结和2014年的工作设想，安排了2014年协会换届工作安排事宜，推举了协会先进分会和协会优秀工作者。

月内 经过1年多的努力，中国传动子公司南京高速齿轮制造有限公司生产的机车牵引齿轮顺利通过中铁检验认证中心（CRCC）认证，获得了铁路产品认证证书，这标志着中国传动正式跻身于中国铁路总公司合格供应商的行列。

月内 由中国航天科工航天精工股份有限公司编著的《紧固件概论》经国防工业出版社正式出版发行。该书汇集了我国航天、航空领域50余名标准件产品专家及国家标准件产品质量权威人士的智慧，是国内第一本从设计、制造、使用和管理各方面对紧固件进行系统介绍的科技书籍。书中汇集了航天精工多年来在航空航天紧固件研究、制造、试验、质量管理和生产流程优化等方面的技术成果，对进一步提升我国高端标准紧固件领域的制造工艺和管理水平具有重要的指导意义。

2 月

21 日 欧洲机床行业联合会总干事 Filip Geerts 一行到中国机械通用零部件工业协会访问，杨学桐会长、王长明常务副会长参加了会见。双方就建立友好合作关系进行了沟通。欧洲机床行业联合会总部位于布鲁塞尔，有欧洲 15 个成员国会员。总产量 220 亿欧元，其中 30% 销往中国。总干事欢迎我国零部件企业到欧洲有关企业参观访问。

26 日 民政部发布民发〔2014〕38 号文，《关于贯彻落实国务院取消全国性社会团体分支机构、代表机构登记行政审批项目的决定有关问题的通知》，这将深入推进社会团体登记管理制度改革，切实转变政府职能，进一步激发社会团体活力，更好地发挥社团组织在经济社会发展中的积极作用。

3 月

4 日 在《中国汽车工业年鉴》创刊 30 周年庆典及评选活动中，陕西法士特汽车传动集团有限责任公司凭借行业的优势地位和令人瞩目的经营业绩，荣膺“中国最具影响十大零部件企业”称号。同时，公司自主设计研发的“16 档重型载货汽车变速器”和“6DS 客车专用变速器”两款新产品入选“中国最具影响汽车产品”榜单。

5 日 Reed（法国）展览公司总经理 Michel Vilair、工业部销售总监 Thierry Carment 一行到中国机械通用零部件工业协会访问。双方就有关国际分包业务以及国内合作的可能性进行了有益的沟通和探讨。协会常务副会长王长明、高级顾问杜国森、副秘书长邸敏洁参加了会见。

14 日 在各分会的支持下，中国机械通用零部件工业协会经过一年多的积极准备和对协会工作的认真整理，经过民政部行业协会评估专家组的现场检查和会审，最终获得民政部颁发的“3A”级证书。这标志着协会的正规化建设迈上了新台阶。

28 日 中国工程院会同工信部、国家质量检验检疫总局（以下简称质检总局）在北京召开“工业强基战略研究”重大咨询项目启动会议，项目组组长、第十一届全国人大常委会副委员长路甬祥，项目组副组长、工程院院长周济，工信部副部长苏波以及质检总局副局长陈钢等出席，中国工程院部分院士，工信部、质检总局、标准委及有关方面负责人参会。工业基础差是我国工业领域长期未能解决的顽症，已成为经济转型和创新驱动发展的瓶颈。为尽快扭转工业基础薄弱的状况，中国工程院、工信部、质检总局组织启动了“工业强基战略研究”重大咨询项目，重点研究关键基础材料、核心基础零部件 / 元器件、先进基础工艺、产业技术基础（以下简称“四基”）的建设与发展，从国家战略的高度进行政策设计，制定行动计划。该项目计划 2014 年 9 月完成研究报告初稿，12 月完成研究报告并上报党中央、国务院，2015 年 6 月结题。中国机械通用零部件工业协会专家参加了编写工作。

4 月

26 日 中国机械通用零部件工业协会第六届会员代表大会在山东威海电子宾馆召开，180 多人参会。会上，工信部装备司机械处王建宇处长作了“机械装备升级发展和对强基工程工作要求”的报告，王长明常务副会长作了“第五届理事会的工作总结”报告。会议履行了协会换届程序，完成了第六届理事会、副理事长、理事长选举工作，以及秘书长和秘书处相关人员的聘任工作。会议还对 2013 年获选的行业企业“创新优秀新产品”特等奖和“先进分会”“优秀协会工作者”进行了表彰颁奖。中国工业报记者、襄阳市政府、济源市政府和沙河市政府的代表列席了本次大会。

5 月

8 日 东华集团扶梯链事业部部长舒向东代表东华集团在昆山接受了通力电梯有限公司授予的“全球供应商银质奖”奖章，这是东华集团连续两年获此殊荣。东华链条能在通力电梯全球采购的众多供应商中脱颖而出，蝉联银奖，是客户对东华链条稳定的质量保障能力的肯定和赞誉。

8 日 工信部发布《高强度紧固件行业准入条件》征求意见稿进行公示，公示时间为 10 天。

26—29 日 借参加弹簧分会第七次会员大会的机会，中国机械通用零部件工业协会常务副会长、秘书长到上海、江苏的 7 个会员企业进行了调研。通过这次调研，使协会进一步了解了行业企业的现状、发展思路和存在的困难，为协会推进行业结构调整、产业升级，服务企业、服务行业、服务政府积累了素材。

月内 上海集优机械 (02345-HK) 公布，收购了全球最大的紧固件供应商之一 —— 荷兰 Nedfast Investment B.V.(Nedschroef) 公司，总代价为股本价值 1.55 亿欧元加股东贷款 3 800 万欧元后再调整等的总和，预期将以内部资源及债务融资拨付。完成后，Nedschroef 将成为集团的直接或间接全资附属公司，而 Nedschroef 之财务业绩预期将合并入账至集团账目。上海集优机械总经理及副董事长周志炎表示，Nedschroef 将成为集团进一步发展集团紧固件分部及开发紧固件专长及技术的重要平台。

7 月

14—19 日 工信部规划司在呼和浩特市举办了“工业强基工程”高级研修班，来自全国各省市经信委、协会、企业等 60 多人参加。中国机械通用零部件工业协会副秘书长张立友，杭州东华链条集团总工程师叶斌、研发中心卢旭东主任，杭州前进齿轮箱集团总工程师张增祥，浙江西子航空紧固件公司人事行政部龚奇珍部长等参加了培训。工信部规划司还为参加培训的各位学员颁发了由国家人力资源和社会保障部认可的国家专业技术人才知识更新培训证书。

26 日 中国工业摄影协会第一次会员代表大会在沈阳召开。中国摄影家协会、中华全国总工会、中国工人日报摄影部、有关省市摄影家协会以及中国机械通用零部件工业协会等 10 家工业协会、自由摄影工作者等 130 多人集聚一堂共议中国工业摄影建设之大事，为实现“中国梦”汇聚工业摄影人的文化力量，掀开了中国工业劳动者用镜头记录工业历史、讴歌工业劳动光彩新的一页。同时，中国机械通用零部件行业摄影分会宣告成立。

8 月

12 日 由中国机械工业联合会主办的“全国机械行业文明单位”评选活动表彰大会举行，东华链条集团、重汽集团大同齿轮有限公司、郑州机械研究所和中信重工机械股份有限公司被授予“全国机械行业文明单位”荣誉称号。

月内 在中国机械通用零部件工业协会积极组织和努力下，经企业申报和工信部审评，机械通用零部件行业中 5 家企业的发展项目已纳入国家强基工程序列。包括南京高精传动设备制造集团提出的“高速列车齿轮传动装置研发及产业化”项目、浙江明泰标准件有限公司提出的“轿车用高强度铝合金螺栓生产技术的开发及产业化”项目、大连弹簧有限公司提出的“超（超）临界火电机组安全阀用弹簧”项目、郑州机械研究所提出的“齿轮强度与可靠性试验检测服务平台”项目和浙江西子航空紧固件公司提出的“航空抽芯铆钉开发及产业化”项目。这些项目紧紧围绕为国家重大装备配套的产品需求，坚持技术创新，突破行业技术发展的瓶颈，拥有国内填补空白或国际同类产品先进水平。

9 月

9 日 为做好机械工业“十三五”规划工作，引导我国机械工业又好又快发展，中国机械工业联合会组织召开机械工业“十三五”规划编制工作启动会，部署规划编制相关工作。中国机械通用零部件行业的“十三五”规划编制工作就此启动，中国机械通用零部件工业协会由名誉会长刘元杰负责“十三五”规划的组织和编写工作，并由各个分会推荐 2~3 名专家成立行业规划编制小组，共同完成编写工作。

10 月

8 日 法士特汽车传动 (泰国) 有限公司举行开工仪式，随着第一台 12 档变速器在泰国装配下线的试车成功，法士特汽车传动 (泰国) 有限公司宣告开工投产。作为法士特集团第一家国外工厂，其生产线均采用世界一流先进设备，包括变速器核心零部件加工、变速器装配及测试，产品类型为6~24档机械式商用车变速器，可广泛匹配各式大客车、工程用车和低速货车等各种车型。经泰国官方证实，这是泰国第一家商用车变速器生产企业。

月内 宁波思进机械股份有限公司独辟蹊径，研发成功国内第一台链条零件成形机，可实现链条销轴切断、镦圆角一体加工，让整个链条销轴，生产过程中不产生一滴污水，这在国内尚属首次。

11 月

13 日 中航国际珠海公司航空标准件保税仓储基地正式开建，未来将建成亚洲地区规模最大的航空标准件保税仓储集成供应基地。该项目填补了中国航空制造产业链空白，不但提升和整合了我国航空标准件的优势资源，而且形成了中国航空制造产业高质量标准件集成供应体系，是中国航空标准件产业链环节上的重要创新，对推动中国航空标准件走向世界具有重要意义。

22 日 由中国机械工业联合会会刊——《中国机电工业》杂志主办的“2014 装备中国创新企业年会暨装备中国创新先锋榜颁奖盛典”在北京举行。东睦新材料集团股份有限公司荣获“中国创新先锋技术创新奖”。

12 月

月内 在由五部委联合发布第 21 批享受优惠政策的《国家认定企业（集团）技术中心》公告中，机械通用零部件行业企业泰尔重工股份有限公司技术中心、东睦新材料集团股份有限公司技术中心、苏州环球集团链传动有限公司技术中心榜上有名。

2015年

1月

1日 由中国机械工程学会机械传动分会链传动专业委员会主任委员、链传动领域享受国务院政府特殊津贴的资深技术专家、吉林大学博士生导师孟繁忠教授撰著的《齿形链啮合原理(第2版)》，由机械工业出版社出版发行。这是一部国内外链传动领域中有关高端齿形链传动系统及产品设计开发理论和研究成果等方面的最新权威大型技术著作，将对国内外高端齿形链及高速(重载)汽车链等尖端传动件产品的研发起到积极的指导和推动作用。

9日 "2014年度国家科学技术奖励大会"在北京人民大会堂举行。由南京高精齿轮集团有限公司、重庆大学、郑州机械研究所和杭前进齿轮箱集团共同完成的"高端重载齿轮传动装置关键技术及产业化"项目荣获国家科学技术进步奖二等奖，这是机械传动类基础件首次荣获国家科学技术进步奖。

23日 中国机械通用零部件工业协会秘书长工作会议在济南时代试金试验机公司举行，协会及各分会秘书长等18人到会，会议总结了2014年协会及各分会的主要工作，并对2015年的工作进行了分析和展望；对评选行业骨干企业、出口基地企业、专精特示范企业情况进行了交流。会后参观了济南时代试金试验机公司和济南高强标准件公司。

4月

13—17日 德国汉诺威工业展览会举行，65个国家和地区的6 500家厂商参展。其中有1 100家中国企业携带具有中国特色的产品和技术参展，是仅次于主办国德国参展厂商最多的国家。其中，中国机械通用零部件行业有近20家企业参展。我国政府制定的《中国制造2025》计划是我国的"工业4.0"发展方向，该计划明确了我国智能制造的发展路径和方式。这次汉诺威工业展览会透露的信息对我国的工业发展具有很强的启示作用，将给信息技术产业链相关企业带来巨大的市场发展空间。

28日 中国机械工业联合会在北京远望楼召开了全国机械工业品牌战略推进工作会议。会议强调要落实中央经济工作会议精神，推进制造强国战略，促进工业提质增效升级。会上宣布了对中国机械工业优质品牌企业、质量诚信企业、产业集群区域品牌创建突出贡献地区、品牌战略推进工作优秀组织单位进行表彰的决定。中国机械通用零部件行业有5个企业被评为中国机械工业优质品牌企业：上海中国弹簧制造有限公司、时代集团济南时代试金仪器有限公司、杭州弹簧有限公司、扬州核威碟形弹簧制造有限公司和安徽黄山恒久链传动有限公司。另外，南京高精传动设备制造集团有限公司的张琼艳、杭州弹簧有限公司的钟伟强和安徽黄山恒久链传动有限公司的程维国3人获得了机械工业企业品牌经理资质称号。

5月

8日 中国机械通用零部件工业协会召开了常务理事会议，在杨学桐理事长主持下，对六届二次理事扩大会议的主要议程、协会2014年工作报告、行业"十三五"规划编制要点以及对行业"重点骨干企业"等表彰决定进行了审议，并获得常务理事会的通过。

9日 中国机械通用零部件工业协会第六届二次理事扩大会议在江苏镇江九华锦江国际饭店举行，150多名会员理事及企业代表参会。工信部装备司机械处彭勇处长到会，并作了重要讲话。协会常务副理事长王长明向大会作了2014年行业工作报告和2015年的工作安排；会上还宣读了表彰行业"重点骨干企业"34家、"出口基地企业"14家、"专、精、特示范企业"29家、获得"科技创新特等奖"企业和先进分会、优秀协会工作者的决定文件，并向获奖企业颁发证书。

月内 国务院印发《中国制造2025》的通知，这是我国实施制造强国战略第一个十年的行动纲领，提出了战略发展方针和发展目标，为我国经济发展迈入制造强国行列，形成全球创新引领能力，全面实现工业化，建成全球领先的技术体系和产业体系明确了发展方向，奠定了深厚的基础。

7月

月内 为提升高强度紧固件行业产品质量，调整产业结构，促进行业可持续发展，工信部制定了《高强度紧固件行业规范条件》，并发布公告执行。

月内 首批配装法士特12档AMT（12JZDD240A）自动变速器的2辆中联重科180t全路面起重机已交付中国香港用户，标志着法士特AMT产品在继载货汽车、客车市场之后正式进入工程机械终端市场。值得一提的是，这是国产AMT自动变速器首次匹配大吨位汽车起重机，不仅填补了工程机械市场无国产AMT的空白，同时，打破了跨国公司在这一市场的长期垄断。

8月

8日 日内瓦世界贸易组织（WTO）争端解决机构日前就中国诉欧盟紧固件反倾销措施案执行措施

发布专家组报告，裁决欧盟在执行世贸组织裁决的措施中仍然违反了相关规则。

中国商务部条约法律司负责人就此发表谈话表示，专家组报告裁定欧盟在国内产业界定、倾销幅度计算及替代国企业信息披露等核心问题上违反世贸组织规则，这意味着欧方在反倾销调查中对中方使用的替代国作法在很多方面是违规的，欧方对此应做出根本改变。中方对裁决表示欢迎。

10 月

21 日 中国机械通用零部件工业协会将行业专家共同编写的机械通用零部件行业“十三五发展规划”初稿发送工信部装备司，提请工信部审核。

20—26 日 应美国齿轮协会邀请，中国机械通用零部件工业协会组团在底特律参加美国齿轮展，并应邀到美国和加拿大有关单位进行参观考察。代表团由来自杭州前进齿轮箱集团公司、杭州中德传动设备有限公司、贵州群建精密机械有限公司、南京创力传动机械有限公司、河南承信齿轮传动有限公司、河南东恒机械有限公司和郑州机械研究所等单位的 14 名人员组成。大家对参观企业的管理、技术及严格的质量控制留下了深刻印象。本次考察对企业参与国际竞争，开阔视野，提升技术和管理水平将会发挥积极作用。

27—30 日 由中国机械通用零部件工业协会参与举办，并作为动力传动行业亚洲第一、世界第二的国际性专业展会，亚洲国际动力传动与控制技术展览会 (PTC ASIA)，以“智能制造、节能环保”为主题，在上海新国际博览中心举行。展会响应《中国制造 2025》战略规划，以创新科研产品与技术“智能”起航，连同上海亚洲国际物流展览会、中国国际重型机械设备展览会，一同横跨上海新国际博览中心全部 17 个展馆，打造一站式大工业平台。本次展会展示的新技术、新产品、新装备为机械工业的发展升级提供了多种选择途径借助于“智能制造”“绿色制造”等综合解决方案，将进一步推动企业的战略发展理念的实践；同业内的技术交流与展示，为企业的提质增效发展打开了新的思路。

11 月

月内 浙江亚太机电股份有限公司被工信部和财政部依据国家《技术创新示范企业认定管理办法（试行）》评为 2015 年国家技术创新示范企业。

12 月

17 日 中国机械通用零部件工业协会发出“关于召开六届三次常务理事通讯会议的通知”，旨在提请常务理事会对行业编写的“十三五发展规划”初稿进行审阅，以便再次完善，并形成行业发展指导性文件。

月内 由五部委联合发布第 22 批享受优惠政策的《国家认定企业（集团）技术中心》公告，零部件行业企业江苏太平洋精锻科技股份有限公司技术中心、江苏亚星锚链股份有限公司技术中心和贵州航天精工制造有限公司技术中心榜上有名。

【撰稿人：中国机械通用零部件工业协会张立友】

附 录

近年来中国机械通用零部件工业协会的主要工作

中国机械通用零部件工业协会依据国家产业发展政策及行业企业的发展实践需求，坚持为国家政府服务和为行业企业服务的宗旨，加强与政府的交流沟通，推动行业企业转型升级。在努力做好桥梁纽带作用方面，开展了一系列多层次的服务工作，为行业企业的发展做出了积极的贡献，推进了行业地位的提升。鉴于近年来国内外宏观经济的多重性、复杂性的运行发展态势，造成行业企业面临的市场压力和挑战极大，协会的服务作用显得更为迫切和重要。近几年协会做了如下工作：

（1）完成协会的换届工作。在国资委和中国机械工业联合会的领导下，经协会秘书处认真筹备和文件准备，协会第六届会员代表大会于 2014 年 4 月 26 日在山东威海电子宾馆召开，并经无记名投票选举了协会的第六届新的理事会，圆满完成了协会的换届工作。

（2）推动行业“强基”工作发展。落实国家“强基工程”项目是近年来协会工作的重点，是推动行业企业转型升级，实现为装备制造业发展提供优质配套件的重要工作，也是为行业企业获取国家资金支持的关键渠道。为此，协会积极参加工信部召集的各种关于“强基工程”的会议，认真组织企业参加工信部有关“强基工程”的培训，不断深入领会“强基工程”的内涵和申报项目的要点，在行业企业的配合下积极建立“强基工程”项目库。近年来，协会在分会和行业企业的支持下，经过申报与专家评审，行业内先后有 7 个项目获得国家“强基工程”的支持。

另外，行业内还有两家企业获得国家“04 专项”的政策支持。近几年行业企业获得国家产业政策支持的项目见表 1。

表 1 近几年行业企业获得国家产业政策支持的项目

序号	项 目 名 称	执行企业名称	国家项目名称
1	节能与新能源汽车 CVT 无级变速器链条研制	东华链条集团公司	强基工程
2	大功率工程机械机电液控制自动换档变速器	杭州前进齿轮箱有限公司	强基工程
3	超（超）临界火电机组安全阀弹簧	大连弹簧公司	强基工程
4	动车组齿轮传动系统	南京高精传动设备制造集团	强基工程
5	汽车用高强度铝合金螺栓	浙江明泰标准件公司	强基工程
6	航空抽芯铆钉	浙江西子航空紧固件公司	强基工程
7	齿轮强度与可靠性试验检测技术基础公共服务平台	郑州机械研究所	强基工程
8	环保型多工位高速精密全自动冷镦成形成套设备	宁波思进机械公司	04 专项
9	汽车齿轮高效精密磨削砂轮 / 工艺的应用示范	法士特汽车传动集团	04 专项

（3）积极反映行业发展情况，为国家制定重大产业政策提供支持。协会是国家政府和行业企业之间的桥梁，协会以行业企业的发展实况为基础，积极参加国家政府部门的有关政策咨询和制定工作，以推动国家政策的落实和促进企业的发展。如先后为国家有关部门提供行业季度统计分析、行业年度发展报告、行业使用钢材现状调查，参加“国家工业强基战略研究”编制工作，提供加入国家“首台套装备基础件指导目录”行业项目，为国家政府部门制定《装备产业技术进步和技术改造投资方向》《产业结构调整指导目录》《工业转型升级投资指南》《产业关键共性技术发展指南》《关税调整目录》和《工业强基工程实施方案及发展目录》等政策提供行业发展的状况咨询，参加了国家政府组织的《中国制造 2025》规划关于强基工程战略研究中“核心基础零部件 / 元器件专项课题研究”的编制工作，参加国家“强基工程”申请项目评审，参加“国家认可的技术中心”评审，组织编写、修订国家发布的“高强度紧固件行业规范条件”，组织工信部委托编写行业“十三五”发展规划，组织编制“悬架弹簧加工贸易

单耗标准”等工作，这些工作为行业的发展起到了良好的促进作用，扩大了机械通用零部件行业在国家机械制造业中的影响。

（4）搭建行业企业展示、交流平台，推进行业快速发展。为行业搭建企业展示、交流平台是为行业服务的重要内容，几年来，协会每年10月在上海新国际博览中心组织举办“亚洲国际动力传动与控制技术展览会”（PTC ASIA），该展览会规模大、展商广、产品新、观众多，已成为亚洲第一，全球知名品牌的展览平台。借助于该展会的品牌效应，行业的骨干企业都积极参展，并成为行业企业展示最新产品与技术、与采购商广泛交流、了解国内外行业发展动态的盛会。展会期间，协会还组织了“齿轮前言技术高峰论坛”“高强度紧固件准入条件”等讲座，对行业发展的热点进行交流。该展会已成为通用零部件行业企业向国内外展示自身产品价值和品牌形象的重要平台。

协会还建立了对外国际交流展示平台，积极组织企业参加国际上重大的专业展览会，并安排出访活动，推动行业企业产品走出国门，跨入国际市场。几年来，在各分会的积极合作和支持下，协会先后组团35个，1 100余人出访美国、西班牙、德国、日本、韩国和澳大利亚等20多个国家或地区进行参展、考察和出访活动，为企业发展国际贸易和掌握国际同行的技术发展态势发挥了积极的作用。同时，协会通过努力向国家争取到中小企业开拓国际市场基金申请资格，并积极为赴国外参展企业争取国际市场基金的补贴，以减轻出国企业的负担。

各个分会发挥贴近企业的优势，积极开展了行业企业在技术、管理、标准、贸易等方面的多种交流研讨会议，形成汇聚行业凝聚力、培育新动力、彰显发展力的行业企业发展局面。

（5）积极争取产品出口退税政策。通过与分会的合作，力推行业的出口退税工作。与链条分会一起经过不懈努力，获得财政部对链条出口退税率提升的认可，将链条2015年的出口退税率从5%提升到13%，这将给链条企业带来数亿元的经济收益；协会还与紧固件分会合作，将3种税号的紧固件出口产品向财政部和发改委提出了出口退税申请报告，目前仍在审理中。

（6）认真参加民政部对全国性行业协会商会的评估工作。民政部开展的对全国性行业协会评估工作是促进协会现代化、规范化的重要举措，上级协会和政府主管部门高度重视，要求全国性行业协会无一例外都要参加评估。协会对此专门作出部署，成立工作小组，对照44项评估指标逐项对照检查，建章立制、规范行为。在各分会的支持下，经过一年多的积极准备和对协会工作的认真整理，于2014年3月14日通过了民政部行业协会评估专家组的现场检查和会审，最终获得中华人民共和国民政部颁发的“3A”级证书。这标志着协会的正规化建设迈上了新台阶。

（7）开展行业评优工作。依据国家批准和产业政策要求，协会在行业内先后开展了“自主创新优秀新产品”“专、精、特示范企业”等评选表彰活动，其中评选“自主创新优秀新产品”308项，2014年评选“专、精、特示范企业”29家、“行业骨干企业”34家、“行业出口基地”14家。

（8）为扩展协会的文化建设，经中国工业摄影协会的批准，协会成立了机械通用零部件行业摄影分会，推动行业以摄影形式记载、反映行业企业在转型升级中的伟大实践和精彩风貌。协会在官方网站上还设置了摄影分会的版块，摄影爱好者可以在网上发布展现企业发展的摄影照片，以弘扬行业企业发展主旋律，传播正能量。

【供稿人：中国机械工业通用零部件工业协会张立友】

关于授予行业“专、精、特示范企业”的决定

依据中国机械通用零部件工业协会《关于开展行业“专、精、特示范企业”评选活动的通知》的要求，经会员企业申报、协会专家委员会评审、协会网站公示及协会常务理事会批准，现决定授予29家会员企业为“专、精、特示范企业”荣誉称号，并颁发荣誉证书和牌匾。希望获得荣誉的企业再接再厉，坚持创新驱动，继续推动企业转型升级发展，为实现“中国制造”向“中国创造”发展做出更大的贡献。

附件：获得“专、精、特示范企业”荣誉称号名单

中国机械通用零部件工业协会

2015年5月8日

附件：

获得“专、精、特示范企业”荣誉称号名单（排名不分先后）

专业	序号	入选企业
紧固件专业	1	浙江明泰标准件有限公司
	2	上海上标汽车紧固件有限公司
	3	上海球明标准件有限公司
	4	宁波海星机械制造有限公司

（续）

专业	序号	入选企业
	5	宁波九龙紧固件制造有限公司
	6	宁波中京电气科技有限公司
	7	舟山市7412工厂
	8	宁波思进机械股份有限公司
	9	济南实达（华阳）紧固件有限公司
链传动专业	10	杭州东华链条集团有限公司
	11	浙江恒久机械集团有限公司
	12	苏州环球集团有限公司
	13	浙江中益机械有限公司
弹簧专业	14	上海中国弹簧制造有限公司
	15	大连弹簧有限公司
	16	杭州弹簧有限公司
	17	济南时代试金仪器有限公司
	18	扬州核威碟形弹簧制造有限公司
	19	浙江美力科技股份有限公司
齿轮专业	20	杭州前进齿轮箱集团股份有限公司
	21	浙江双环传动机械股份有限公司
	22	常州天山重工机械有限公司
	23	浙江长城减速机有限公司
	24	山东华成中德传动设备有限公司
粉末冶金专业	25	东睦新材料集团股份有限公司
	26	上海汽车粉末冶金有限公司
	27	扬州保来得科技实业有限公司
	28	重庆华孚工业股份有限公司
传动联结件专业	29	许昌远东传动轴股份有限公司

〔供稿人：中国机械通用零部件工业协会张立友〕

中国机械通用零部件工业年鉴2016

Ⅱ 链传动行业卷

回顾总结我国链传动行业近年的发展情况，记录行业生产、技术和新产品发展情况；公布行业各项经济技术指标；分析国内外市场动向，提出行业“十三五”期间发展的总体思路、发展目标及政策建议；链传动行业重点企业介绍；链传动行业大事记

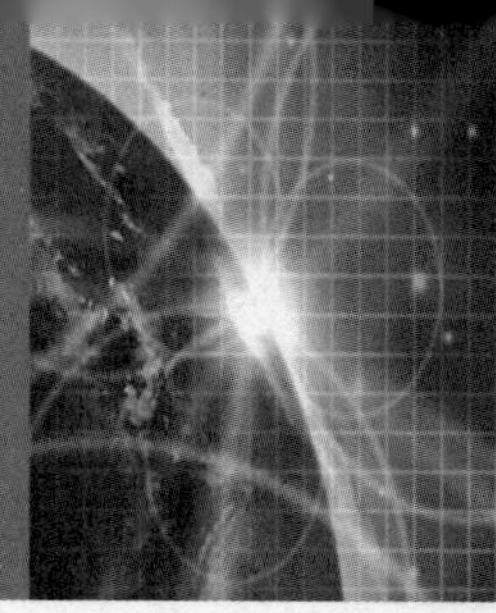
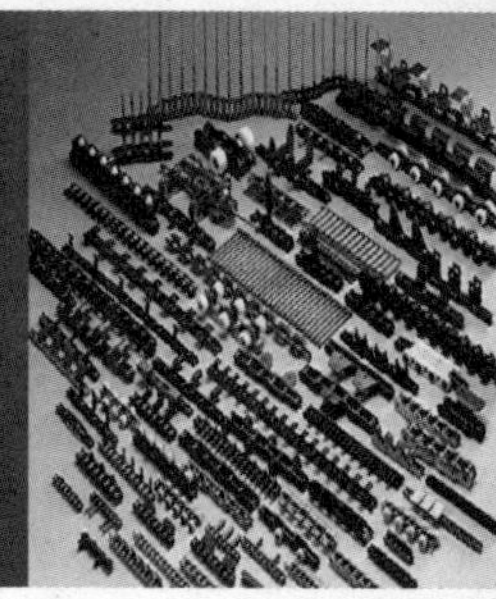

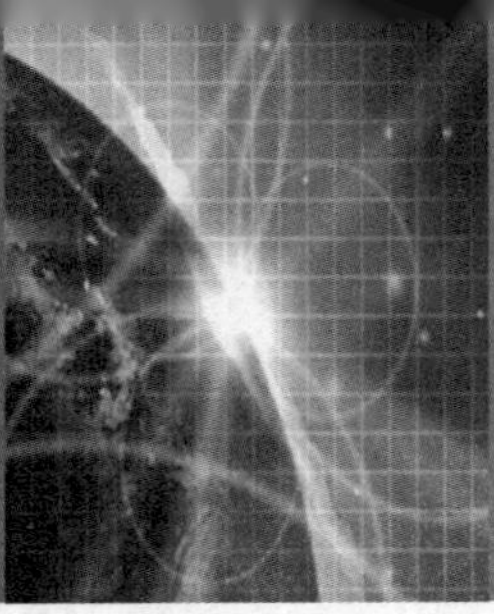
中国机械通用零部件工业总览

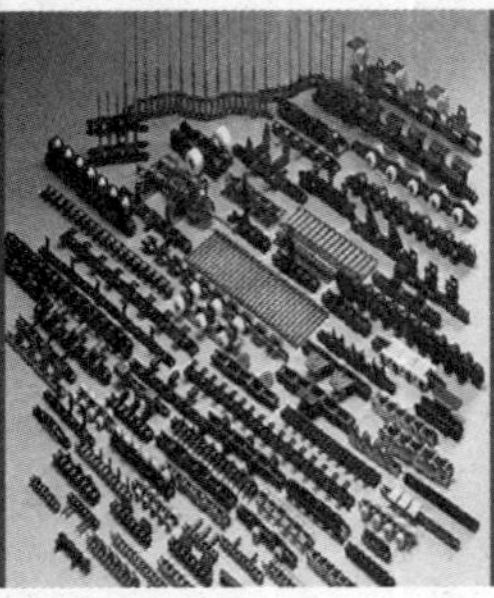
链传动行业卷

齿轮行业卷

弹簧行业卷

紧固件行业卷

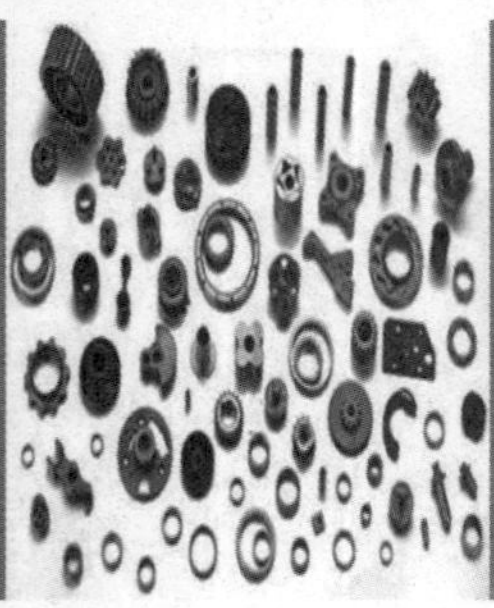
粉末冶金行业卷

传动联结件行业卷

中国机械通用零部件工业年鉴 2016

Ⅱ 链传动行业卷

综 述

链传动行业“十三五”发展规划(摘选)

“十三五”时期是我国全面建成小康社会的关键时期，是我国全面深化改革，经济发展进入了创新驱动、智能转型、强化基础、绿色发展的新常态时期，也是深入贯彻落实《中国制造2025》规划，加快实现“工业强国”目标的重要时期。为引领我国链传动行业广大企业在重要的战略机遇期更好地持续健康发展，特制定本规划。

一、行业发展现状与差距

1.行业“十二五”发展概况

“十二五”时期的五年，是全球经济持续低迷，国民经济调整结构、转型升级的五年。我国链传动行业广大企业经受了国内外经济调整期所带来的各种困难和风险的考验，坚持以科学发展为主题，以加快转变经济发展方式为主线，攻坚克难、拼搏奋进，行业经济运行保持了持续健康发展的良好态势，在实现中国链传动产业从制造大国向制造强国转变的进程中迈出了坚实步伐，取得了新的显著成就。

(1)经济持续平稳发展，整体实力明显增强。“十二五”时期，我国经济发展从高速增长转变为中高速增长，在经济减速换档时期，链传动行业发展没有出现大起大落的剧烈震荡，而是平稳地“软着陆”，保持了持续健康发展的良好态势。2015年，全行业完成工业总产值250亿元左右，年均增长7.5%；实现销售收入245亿元，年均增长8.7%；出口创汇13亿美元，年均增长10.58%；利税总额20亿元，年均增长10.03 %。

1）区域发展出现新变化。近年来，山东、安徽等省的链条产业发展较快，涌现出不少新的生产厂家。浙江湖州、金华等地区形成了链条产业群，集聚效应显著。特别是武义县的链条产业在当地政府的重视和支持下发展势头强劲，目前工业总产值在3 000万元以上的规模企业已有十几家。其中龙头企业浙江八方机械有限公司、武义东风链条有限公司的年工业总产值已超过了1亿元，出口创汇已超过1 000万美元，进入行业前12名行列。

2）产业集中度有所提高。据行业统计信息网统计数据显示，2014年65家链传动企业中，位居行业前10位企业的工业总产值为58.67亿元，占比61.69 %，与“十一五”末同比，提高了8.57个百分点。

3）总资产规模不断扩大，经济实力明显增强。据行业统计信息网统计，2014年65家链传动企业总资产110.17亿元，与“十一五”末相比，增长38.14%。

(2)行业地位明显提升，为行业发展提供有力保障。“十二五”期间，行业发展最令人瞩目的亮点是行业地位得到了明显提升。在国际上，我国链传动产品从过去的中低端市场进入国际主流市场，如杭州东华、浙江恒久、浙江中益、苏州环球、青岛征和、诸暨链条总厂、常州世界伟业等企业的产品被世界一流的OEM认可，为其主机配套；有不少企业纷纷走出国门，在国外投资办厂，创办各种模式的经营公司，参与国际竞争。如杭州东华先后在美国、英国、荷兰、泰国等国家建立了仓储式经营公司，收购了德国KOBO公司、控股日本EK公司，率先把东华自主品牌直接打入国际市场，为我国链传动产业“跨国发展”开辟了先河。杭州永利百合、杭州顺峰也在印尼等周边国家投资办厂，产品直销当地；国外不少跨国集团大公司如日本椿本、德国沃尔夫、英国雷诺、美国岱盟德与摩尔斯等看好中国市场，纷沓而来投资建厂，取得良好的发展；美国岱盟德、日本椿本等公司的总裁亲自来中国与链传动分会和相关企业进行友好地会面交流。我国已拥有了参与国际链传动标准制（修）订的话语权，2012年作为东道主在江苏扬州成功地举办了ISO/TC100第19届国际标准化年会。

在国内，过去一直被人们认为“产品结构简单，技术含量较低”的链传动产品，近年来越来越受到国家有关部门的重视和关注，已列为重点机械基础件。在总会的大力支持下，2012年，“年产500万m汽车发动机变速器等高端装备链条项目”和“年产200万m高精度工程链改建项目”被国家主管部门批准立项，并获得了国家资金资助；2013年，“节能和新能源汽车无级变速器产业化工程项目”进入国家“强基目录”，这在链传动行业发展史上是前所未有的，具有里程碑意义；同年，我们圆满地完成了国家海关下达的制订《摩托车滚子链条及其零件加工贸易单耗标准》任务，该标准现已正式颁布实施；2014年，链传动行业的职业分类正式列入国家职业分类大典，并且修订后的《链条装配工》国家职业技能标准也将颁布实施；2015年年初，国家在调整出口退税率时，把链条产品的出口退税率全部提高到13%，这在整个机械行业中并不多见。链传动行业是机械工业中的一个小行业，能直接得到国家有关政策的扶持，实属不易。这一切充分说明，链传动产品的重要性得到了认可，行业的重要地位得到了明显提升，从而为行业更好发展提供了强有力的支撑和保障。

（3）坚持创新发展，科技进步取得新成就。行业发展另一个亮点就是在创新发展方面硕果累累，成效显著。

1）杭州东华、青岛征和、苏州环球3家企业先后被国家发改委等五部委联合评定为“国家认定企业技术中心”。

2）吉林大学孟繁忠教授撰写的《齿形链啮合原理》（第2版）和冯增铭副教授等撰写《汽车用链传动系统设计及动力学分析》等专著及全国链传动标委会和杭州东华联合编著的《最新链传动标准应用手册》（第3版）都先后由国家出版部门正式出版。

3）行业中不少企业积极自主开发以高精度、高强度、高可靠性、耐磨损、耐腐蚀和耐疲劳为主要特征的中高端产品，取得了成功，有的产品替代进口、填补了国内空白。如为国产大飞机配套的航空链、双节距变节距链、军用全地形车链条、汽车及摩托车发动机链、港机链、水泥链等。湖州求精汽车链传动有限公司是一家专业生产汽车发动机链及正时系统的厂家，公司不仅生产发动机链条，而且替代国外设计机构帮助国内汽车主机厂设计发动机链传动正时系统总成，依托科技进步实现了跨越式发展，公司2015年销售收入突破1.5亿元，比2010年增长15倍左右。有的企业还积极引进国外先进的制造装备，如两头镦倒角机、热处理等温加工设备、模具加工设备和先进的模具等。同时，国内一些链条专机制造厂家，如浙江恒久集团所属的诸暨链条设备有限公司、太仓椿盟链传动有限公司、江山台链机械有限公司和昆山东盛精密模具有限公司等在消化国外先进技术的基础上，结合本行业和企业实际开发了不少性能好、效率高、具有自主知识产权的新装备。如多功能智能化链条自动组装机、全自动智能油压铆头机、双规格OL装配机和农机链条弯板连续模等，为提高链条产品质量和我国链传动产业装备水平做出了新贡献。

4）据行业统计信息网统计，2014年65家企业实现新产品产值27.79亿元，占比29.22％，与“十一五”末同比，分别增长67.06%和提高8.54个百分点。

5）2011—2014年，链传动行业获总会创新产品奖87项，其中特等奖42项。据不完全统计，全行业共获国家专利400多项，其中发明专利20余项。

（4）转型升级步伐加快，优化结构成效显著。“十二五”期间，业内不少企业积极转变经济发展方式，加快转型升级步伐，在发展中不是沿用简单的扩大再生产方式，而是采用了依靠科技进步的集约型发展模式取得明显的成效。如安徽黄山恒久公司结合企业产品特色，探索实施了非标异型链条自动化生产线技术改造，苏州环球、浙江永美、江苏双菱、杭州顺峰、德清华宇和常州盛天等企业在扩大生产规模时，把投资重点放在应用新技术、新工艺、新装备上，使企业生产过程的机械化、自动化、智能化程度大大提高。

有的企业在立足链传动产业做大做强的基础上，进行了跨行业、跨产品的结构调整。如苏州环球向制造无人驾驶飞机发展，浙江华港在成功开发数控滚齿机以后又向高精装备磨齿机进军，株洲特链开发了智能立体仓库，益阳赫山向清洁车辆制造发展，这种“一业为主，多元化经营”模式，大大加快了我国链传动产业转型升级的步伐。

在产品结构调整中，不少企业已经从传统的标准滚子链向特种异形链，大规格链条发展，从中低端向中高端产品提升。如葫芦岛鼎力达、株洲南方等企业向传动系统集成、链式输送机制造方面发展取得了成功，特别是浙江金盾自主研制了我国首台套替代进口、填补国内空白的链式智能化电石输送线。该设备在优化电石生产环境，减少粉尘等环境污染、保护职工安全健康，提高生产效率等方面发挥了重要作用。

在对外贸易中，产品结构优化和产品档次与水平提升取得较大进展。据国家海关统计，2014年，我国工业链条总出口量52.14万t，其中技术含量、附加值较高的其他滚子链、其他铰接链两类产品出口量占出口总量的29.99%，比“十一五”末提高了11.32个百分点。

（5）行业经济运行质量和效益明显提高。“十二五”期间，企业依法经营和承担社会责任的意识，特别是环保和安全生产意识明显加强。业内一些大中型骨干企业都通过了ISO 14001：2004环境管理体系认证和GB/T 28001—2011职业健康安全管理体系认证，不少企业在节能减排、绿色制造方面舍得投入。如杭州东华率先在行业中启动了厂房房顶上安装分布式光伏发电项目；常州东吴用“机器人”替代人工进行产品自动焊接，既减轻了员工的劳动强度、防止工伤事故的发生，又提高了劳动生产率。

“十二五”时期，行业经济发展从规模速度型向质量效益型转变，经济运行的特点是质量和效益明显提高。特别是工业增加值、利税总额及人均劳动生产率增长较快。据行业统计信息网65家成员单位统计数据显示，2014年链传动行业工业增加值19.04亿元，与“十一五”末同比增长8.37％；利税总额7.68亿元，同比增长34.67%；人均劳动生产率（按工业增加值计算）10.39万元/a，同比增长26.86％。

回顾“十二五”的五年发展历程，我们深深感到是业内广大企业坚定地调整转型优结构、创新驱动促发展的五年，是主动适应新常态、积极应对新挑战的五年，也是行业发展处于“速度、结构、效益”协调发展趋好的五年。在行业发展史上写下令人瞩目的篇章。

2. 存在的主要问题和差距

我们在看到“十二五”取得的显著成就的同时，也应该看到存在的不足，如离“十二五”规划预期目标要求，特别是行业现状与国外发达国家的先进水平相比还有一定的差距，其中主要有：

（1）产业大而不强，产业结构矛盾突出。当今，发达国家链传动产业的企业少则几家，多也不过十几家，而我国链传动行业有近400家生产企业，产业集中度低，低水平的重复建设情况严重，尤其是一些作坊式的小企业，影响了行业整体水平提升和国际竞争能力的提高。

（2）自主创新意识不强和研发能力不足，核心技术薄弱。业内有研发机构和高效率的自主研发能力的企业数量少，具有原创性、拥有自主知识产权的中高端产品不多。如高档汽车发动机时规链传动系统、汽车变速器高速齿形链和哈瓦链、CVT无级变速器链、重大装备关键的链传动部件等目前仍主要依赖进口，而同质化的中低端产品供过于求。关键在于核心技术薄弱。

（3）据国外权威统计，链传动产品品种约有4万多种，而目前我国至今仅有2万多种，相差50%左右。链条产品的制造精度和质量稳定性尤其需要提高，如国外发达国家的链长精度有较大的提高，某些特殊用链条其链长精度、许用公差可达到ISO606：2004精密滚子链标准的1/5，高速运转速度可达10 000r/min，线速度大于15m/min；产品的安全可靠性概率达到了99.865%；抗冲击性能，在常温下，链板（10×10×55试样）必须大于20J，在特殊工况下大于30J；对超高强度链采用了强化的台架试验，如有的国家强化循环试验平均值已超过了50 000次。而国内能接近或超过这些性能指标的产品为数不多。

（4）国外先进的链传动产品在制造工艺上，广泛地采取了清洁生产、高效率生产和智能生产。其表现在去切削、多工位级进模高速冲压、切断，转速600～900r/min，大大提高了人均劳动生产率和材料利用率。热处理广泛地推广光亮淬火、渗碳计算机控制数量技术、传感技术，装配已应用智能化自动装配和在线无损检测，目前行业现状与其相比仍有一定的差距。

（5）自主创新的知识产权保护不够，剽窃成果，仿制现象时有发生，严重影响了企业创新的积极性。

（6）行业共性技术研究和技术服务支撑体系较薄弱。

（7）企业研发经费投入不足，（约占销售收入的2%，发达国家4%～5%），科技人员平均拥有量低（约占职工总数的3%，发达国家占5%）。员工队伍素质有待进一步提高，特别是具有深厚技术理论功底，又有很强研发能力的高素质科技人才和有丰富实践经验、动手能力很强的高技能的人才匮乏。

（8）我国链传动产品在国际市场上缺少自主的知名品牌，贴牌生产比较多。

（9）企业现代化管理特别是信息技术运用和质量、品牌管理体系及企业诚信管理体系建设工作有待进一步完善和加强。

二、“十三五”期间宏观发展环境及市场需求分析

1. 宏观发展环境

“十三五”期间，我国仍处于重要的战略机遇期。世界格局多极化、经济全球化、科技发展日新月异三大趋势没有改变，以新能源技术革命与信息技术革命为代表的新技术推进新产业的发展，催生世界经济新的增长点，有望能带动世界经济最终走出低谷，进入复苏的上升期。新一轮科技革命和产业革命深刻影响全球产业格局，制造业向数字化、网络化和智能化为主要特征的新阶段发展。目前，美国经济企稳回升，欧盟经济仍持续低迷，新兴经济体经济增长总体仍快于发达国家。从国内看，我国全面深化改革进入了攻坚阶段，改革和创新所释放的红利，将成为未来我国经济增长的新引擎。特别是“一带一路”“京、津、冀”一体化、长江经济带、上海自贸区、“中国制造2025”“互联网+”等一系列重大经济发展战略和举措的实施，对推进我国经济持续健康发展具有重要的战略意义和现实意义。

我们在看到有利因素的同时，也必须看到面临的国内外宏观形势更加复杂严峻：世界经济复苏步履艰难，全球经济增长率始终在3%左右徘徊，全球化趋缓而国际竞争加剧，贸易保护主义抬头。发达经济体加快战略调整，推动“再工业化”和制造业回归，新兴经济体和发展中国家利用劳动力、土地生产要素成本低廉的优势，大力发展劳动密集型、资源密集型等产业；我国高端出口产业遭遇发达国家的更大竞争压力，中低端出口产业面临周边新兴经济体追赶，这种“前堵后追”状况及汇率复杂多变给我国外贸出口带来巨大的压力和挑战。地缘政治动荡不定，特别是南海、中亚局势有可能恶化，东北亚、南亚局势更趋复杂。今后五年是我国经济结构调整的阵痛期，环境约束强化。资源能源供应面临挑战，粗放的资源利用模式不能持续，随着我国人口老龄化时期的到来，劳动力供给关系急剧变化导致传统比较优势弱化，人口红利正在终结，经济增长潜力下降、增速趋缓导致经济下行压力的风险加大，专家预计，我国“十三五”经济增长率为6%～7%。

总之，“十三五”期间，我们面临的国内外宏观环境比改革开放以来任何时期都要严峻复杂，但机遇与挑战同在，希望与困难并存的局面没有改变。

2. 市场需求分析

“十三五”期间，世界经济发展错综复杂，存在许多不确定因素，特别是国际市场需求仍处于低迷状况，一时难以得到根本的改变。预计，我国工业链条产品出口总量年均增长保持在4.5%左右，可达55万～65万t，出口重点在美国、欧盟、日本、金砖四国和东盟等国家和地区，而非洲市场的潜力值得关注和发掘。

目前，我国已经成为全世界汽车、摩托车制造大国和消费大国。截至2014年底，我国乘用车、摩托车保有量分别达到1.54亿辆和1.03亿辆，年生产能力分别达1 000万辆以上。据专家预计，到2016年，正时链条的年市场需求量将达到1 500万套和60亿元的市场规模，而目前中高档汽车的自动变速器、四驱分动箱系统均采用高速齿形链和哈瓦链，绝大部分仍依赖进口，我国自主产品所占的市场份额微乎其微，这个巨大的市场空间有待于进一步开拓。

我国工程机械产品在全球市场的占有率约占33%，其余的市场份额全被欧、美、日等发达国家所占有，而其中有45%左右以中国目前的技术水平暂时还进入不了，而这些正是较稳定的市场，因此，适用工程机械的中高端链传动产品发展潜力很大。

“十三五”期间，随着我国全面深化改革和坚持自主创新战略的推进，经济结构的调整和转型将继续向纵深发展，链传动行业发展将从要素投入驱动转向创新驱动发展，国内市场经济活力将会进一步被激活，链传动行业国内市场的容量和潜力巨大。

（1）随着我国“一带一路”战略的实施，将会带来许多新的商机。因为其覆盖 26 个国家和地区，涉及世界 63% 的人口。经济规模约占全球三成。区域内基础设施升级和互通互联等建设为许多行业带来前所未有的广阔市场，尤其像铁路、基建、港口运输等行业受益匪浅。与此相关的工程机械链、港机链、叉车链等产品的需求量将会明显增长。

（2）国家重点扶持的汽车、高铁、舰船海洋、航空航天军工、智能机械、工程机械、重型矿山机械、能源机械八大产业和生态环保、清洁能源、粮食水利、交通、油气及矿山资源开发、农业机械成套设备等重大领域发展均需要关键基础零部件的支撑，作为机械传动的重要基础件——链传动产品必不可少，特别是目前大量依赖进口的精密、高速、重载、耐疲劳、耐腐蚀、使用寿命长、耐复杂环境等高端特殊链条，是今后市场开拓的重点、热点。

（3）目前，我国城市交通拥挤，停车难的矛盾非常突出，国家花了大量投入进行城市道路改造和停车位设施建设。据有关部门统计，我国现在小汽车与正规停车位比例是 1∶0.8，而欧洲、日本等国家是 1∶1.3，估计缺口 5 000 万个，投资潜力是 3 万亿元； 每年新增城市道路约 2 万 km，测算为城市地下综合管廊 8 000km，投资潜力千亿元；普通国道尚未完工包括道路升级改造有 9 万 km，需要有大量工程机械（其中包括筑路机械）设备来完成，由此可见，停车设备链条、传动和输送链条的市场前景相当可观。

（4）我国工业化、信息化、城镇化和农业现代化进程的推进，将极大地扩大内需，拉动经济发展。随着国家“三农”优惠政策的贯彻落实，大大推进了农业机械化的进程，拖拉机、各种联合收割机需求大增。目前，我国机耕面积达到 68%，与国外相比还存在相当大的差距。据统计，2014 年全国农机总动力为 10.76 亿 kW，大中型拖拉机和配套农机器具保有量分别是 572 万台、894 万部。据国家有关部门测算，到 2020 年，国产农机产品市场占有率为 90%；147.1kW（200 马力）以上大型拖拉机和采棉机等高端产品市场占有率达 30%。到 2025 年，大宗粮食和战略性经济作物生产全程机械品种齐全，国产农机产品市场占有率稳定并高于 95%；147.1kW 以上大型拖拉机和采棉机等高端产品市场占有率达 60%。高端农机链的市场需求仍将保持良好的发展态势。

（5）我国工业机械化、自动化、智能化进程的加快，链传动产品特别是用于“机器人”的精密传动链和各种工业输送链的需求量将会大幅增长。

（6）随着我国城镇化进程的推进，人民生活水平的提高，商场、立交桥、地下通道、机场等所用的自动扶梯及其配套链条需求量大幅增长，食品加工设备中用的不锈钢链条，啤酒、饮料等行业用的平顶链需求量也越来越大。

（7）我国钢铁、煤炭、水泥等行业经过调整结构、兼并重组后，有一大批规模小的企业将被淘汰，冶金链、煤机链、水泥链需求量目前可能会受到一定影响。但随着国民经济的发展，这些行业的需求将相应增长，对链传动产品的质量要求会更高。

（8）链传动产品具有一个独特的市场优势，它使用周期短、需要经常更换，比其他主机产品更具有广阔的维修市场和需求容量。因此，企业只要把产品做好做精，满足用户的需求，在巨大的市场空间中就能寻找自己的位置，赢得自己的市场份额，机遇永远留给敢为人先、勇于创新、追求卓越的企业。

三、指导思想和发展目标、战略及主攻方向与发展重点

1. 指导思想

我们要以党的十八大精神为指导，以《中国制造 2025》为行动纲领，主动适应经济发展新常态，以改革为动力，加快产业结构与产品结构调整和转型升级步伐；坚持实施创新驱动战略，以科技发展为使命，以“两化深度融合”为主线，以“两个全面提升”为重点（即在国际产业链中，我国链传动产业发展向中高水平全面提升，产品向中高档次全面提升），大力推进行业科技进步和企业管理现代化，持续提高市场竞争能力；坚持品牌战略，打造一批在国内外有影响力的自主知名品牌；坚持加快“四换”步伐，促进绿色发展；坚持“人才强企”，着力构建和谐企业文化，进一步提高行业整体素质，为加快实现中国链传动制造强国目标奋力拼搏！

2. 发展目标

中国成为制造强国“三步走”的战略：第一个十年进入世界强国之列；第二个十年要进入世界强国的中位；第三个十年即 2045 年，进入世界强国的领先地位，最终在建国 100 周年时成为制造强国。根据这个总体战略，结合我国链传动产业的实际，特提出：

（1）总体目标。通过五年努力，到“十三五”期末，从目前我国链传动产业在国际链传动产业链中的中等水平发展到中高端水平，力争再用 3~5 年，进入世界链传动制造强国之列；再经过若干年的努力，进入世界链传动制造强国的领先地位。

（2）发展目标。

1）产业升级。培育 5 家高档链传动制造企业，具有专项产品独特技术优势，达到或超过国际同类企业先进水平。

2）创新能力。研发经费占主营业务收入 2.5% ～ 3 %。行业发明专利数提高 20%；突破 3 项核心关键技术瓶颈，达到国际先进水平。技术创新贡献率提高 5% 左右。

3）质量效益。产品质量达到世界中高端水平；工业增加值率达到 25% 以上；全员劳动生产率增速提高 10 个百分点。

4）市场占有率。国内市场达到95%以上，国际市场占有率达到35%以上。

5）绿色发展。单位工业增加值能耗降低20%；废水、固体废物处理达到100%。

6）品牌建设。在国际上拥有3～5个有影响力、公认的自主品牌；在国内拥有10～15个具有知名度的省市级品牌。

3.发展战略

（1）创新驱动发展战略。这是提高社会生产力和综合国力的战略支撑，它对于提升产业竞争力，增强行业持续发展的长期动力具有极其重要的战略意义。必须放在行业发展全局的核心位置。

（2）人才强企战略。坚持以人为本，用激励机制充分调动企业员工的创造性、主动性、积极性，努力培养一支素质优良、结构合理、数量充足的创新型、技能型、复合型人才团队，为做强企业，促进行业和企业持续健康发展提供保障。

（3）品牌建设战略。以诚信为基础，产品质量和产品特色为核心，培育和提升终端用户对产品的美誉度和认知度。它是企业核心竞争力的重要标志，是一种宝贵的无形资产，对提高企业产品市场占有率和经济效益具有极其重要的意义。

（4）国际化战略。“走出去、引进来”，鼓励和引导企业资本、产品制造及技术、营销与服务、人才等走出国门，参与国际竞争，实现跨国发展。

4.产业发展方向和重点开发（攻克）项目

实现“两个全面提升”，必须坚持科技创新，明确产业发展方向，大力开发与国家重点扶持发展的战略新兴产业和重大装备配套的产品，着力攻克自主核心关键技术的重点难题。

发展方向：

加快向高起点、高效率、高附加值和低排放、低能耗、低占用转型，摒弃没有质量、没有效益的增长。链传动要上品种、上品质、上水平、走高端，向适用和满足严酷服役条件（如高速、高精、高温、重载、强疲劳、强磨损、强腐蚀、强冲击、低噪声等）工况要求的方向创新发展。

设计技术向齿形链设计方法和齿形链、链轮、刀具啮合设计体系的研究；进行链板全光带高速多颗冲裁技术、异型销轴设计和销轴表面强化技术研究；开展链条抗疲劳耐磨损耐腐蚀研究；链条产品向抗疲劳耐腐蚀耐磨损等复杂环境产品发展；产品结构由链条产品向智能化链条传动系统扩展，以满足汽车、重大工程、物流输送的需要。

重点开发：

高速、重载、耐强腐蚀、复杂多轴链传动系统，海工装备、石油钻采抗疲劳耐磨损耐腐蚀链，电动汽车和插电式混合动力汽车CVT无级变速器，链式智能化电石输送线，大排量汽车发动机齿形链传动正时系统，大功率船舰发动机传动链，变异Hy-Vo齿形链系统（含变异Hy-Vo齿形链、链轮），双相传动Hy-Vo齿形链系统（含双相传动Hy-Vo齿形链、双相传动交错齿链轮），斗式提升机不锈钢输送链，高速列车制动器链，高端赛车密封圈链，高性能农用收割机链条，新型刀式矿土复合型挖沟链条产业化项目及高精度链轮产业升级项目。

重点攻克：

（1）新技术研究。

1）研究适用严酷服役条件的链条失效机理，研制能模拟严酷服役条件的多用试验设备或试验装置。

2）研究建立新型齿形链和新型Hy-Vo齿形链的系列型谱。

3）研究链轮新齿形，重点研究多粉尘、剧烈冲击、重载工况下的套筒滚子链链轮新齿形、齿形链和哈瓦齿形链链轮新齿形，粉末冶金链轮新齿形，多相传动用交错齿链轮新齿形。

4）研制链条销轴的金属复合渗设备与技术。

5）研究高端链条产品回转疲劳寿命的分布规律及试验方法与设备（冲击、重载工况）。

6）研究在线强化、预拉与链长自动测量的新装备。

7）研究智能化、多工位、具有在线测量和适用严酷服役条件的新型链式输送机、倍速输送机。

8）研究发动机正时系统用新型张紧器与试验技术。

9）非标异形链条制造智能化技术改造项目。

（2）专用装备开发。

1）带有预弯功能的新型套筒、滚子卷管机。

2）套筒自动定向的装配机。

3）新型腰鼓型滚子多工位、高精度冷挤机。

4）研发异形销轴、异形套筒的加工设备与技术。

5）研制CVT无级变速器链自动装配设备及焊接技术。

6）Hy-Vo齿形链的组装设备。

（3）有关产品与检测设备的研制。

1）高端智能型链条专用检验设备的研制及更新换代。

2）汽车发动机正时系统综合性能试验台的开发研制。

3）高速大载荷回转疲劳机的研制。

4）高温高速大载荷发动机链磨损试验台研制。

5）高效、节能、重载、超提升高度等复杂环境下链条提升设备的开发与研制。

四、抓好五项主要工作（略）

五、政策建议

（1）建议工信部会同有关部门制定一个诸如强基项目和技改支助性的政策法规，政策内容可包含立项、评估、自筹和资助资金的分配比例、项目完成的考核等，政策公开透明，时效要长，这样有利于企业根据政策，结合自身实际条件，可坚持不懈地努力争取。

（2）建议成立行业技术研发基金会。主要是组织业内专家有针对性地解决影响行业发展的共性技术问题，加快行业持续健康发展。

〔起草人：中国机械通用零部件工业协会链传动分会李树立　审核人：中国机械通用零部件工业协会链传动分会王民粱〕

2013 年链传动行业经济运行情况

2013 年，全球经济复苏缓慢，国民经济增速放缓，我国链传动行业面临着国内外市场低迷、企业生产成本上扬等多重困难，但在业内广大企业坚持创新驱动，调结构促转型，攻坚克难，艰辛拼搏下，行业经济运行保持了持续平稳健康发展的良好势头，取得了较明显的成效。

一、2013 年行业基本概况

2013 年链传动行业主要经济指标见表 1。

表 1　2013 年链传动行业主要经济指标

指标名称	单位	数值	同比增长（%）
工业总产值	万元	957 332	-1.86
其中：新产品产值	万元	261 265	23.79
出口创汇	万美元	54 100	5.23
产品销售收入	万元	920 019	0.34
利润总额	万元	75 766	-3.76

注：表中数据为行业统计信息网 63 家会员单位统计数据，以下除另外注明外，均据此分析。

1. 行业经济运行基本平稳

2013 年，链传动行业完成工业总产值 957 332 万元，同比下降 1.86%。其中，第 1 季度 220 165 万元、第 2 季度 269 788 万元、第 3 季度 244 934 万元、第 4 季度 222 445 万元，同比增长分别是 -1.77%、-3.07%、11.85% 和 -3.38%。行业经济运行走势经历了回落、上升、再回落的过程。与上年的“上升、回落、再上升”“N”形走势正好相反。据 53 家链条企业统计数据显示，工业总产值比上年有所增长的企业有 26 家，占 49.06%，其余全部是负增长。但完成的工业总产值却比上年略微减少，行业经济运行走势没有出现大起大落，基本处于“零增长”状态，波动区间较小，发展态势比较平稳。

2. 外贸进出口呈“量减价升”状态

2013 年，链传动行业外贸出口情况仍然比较严峻。据国家海关统计数据显示，全年工业链条进出口总量 513 580t，比上年减少 14 959t。其中链条进口 31 737t，出口 481 843t，与上年同期相比，分别下降 8.38% 和 2.44%。工业链条进口量的降幅比出口总量的降幅高出 5.94 个百分点。

2013 年，工业链条进出口总额 143 188 万美元，其中进口额 27 223 万美元，出口额 115 965 万美元，同比下降 0.05% 和增长 5.65%。工业链条进口量虽有所减少，但进口总额仍保持与上年基本持平，而工业链条出口的总额略有上升。

2013 年，进口工业链条平均单价为 8.578 美元 /kg，出口工业链条平均单价为 2.407 美元 /kg，同比上升 9.09% 和 8.33%。

从上述数据可看出，2013 年链传动行业工业链条进出口呈现“量减价升”状态，充分反映了“外需不足，内需不旺”的市场疲软特征。

3. 新产品产值率明显提高

2013 年，链传动行业完成新产品产值 26 125 万元，占工业总产值的 23.79%，在各项经济指标增速中居首位。说明业内广大企业坚持创新驱动，加大了新产品开发力度，在调整产品结构方面取得了新成效。

4. 企业经济运行效率和效益都有一定的提高

据统计，53 家链条企业全员人均劳动生产率达 100 159 元，比上年提高了 1.96%；人均创利税达 43 816 元，比上年增长 4.42%。在经济总量“零增长”，企业生产成本上扬特别是劳动力成本上涨较快的情况下，能取得这样的经济效率和效益实属不易。这充分说明了企业在强化管理、降本增效方面下了真功夫。

总之，2013 年链传动行业经济运行总体上是保持了持续平稳发展态势，稳中有进，进中趋好。

5. 存在的主要问题

（1）国内外市场需求不足，疲软状况未变，外贸出口形势依然比较严峻。

（2）企业成本上升压力加大，特别是劳动力、环保、安全等刚性成本上升较快，而产品价格难以提升，从而进一步压缩了企业利润空间。

（3）企业实施创新驱动战略，提升装备水平，推进“机器换人”的力度有待于进一步加强。

二、2014 年形势展望

2014 年，国内外宏观经济形势将好于上年，但仍需谨慎乐观。

从国际上看，全球经济将稳步缓速增长。据国际货币基金组织预测，2014 年全球 GDP 增速为 3.6%，其中美国 GDP 增长 2.6% 左右，为 2005 年以来最快的增速。欧元区已出现了摆脱债务危机的曙光，预计 GDP 将增长 1.2%，比上年提高 0.9 个百分点；新兴经济体温和回暖，其中中国经济增速将保持在 7.5% 左右；印度经济增长将达 5%，比上年增长 1.2 个百分点；南非经济增长将达 2.9%，比上年增长 0.8 个百分点。全球经济整体向上的趋势将会带动我国外贸出口的回升。

从国内看，2014 年是我国深化改革之年。李克强总理在辽宁主持召开的部分省市经济座谈会上指出，要看到我国经济的发展韧性和回旋空间很大，要特别突出释放改革最大红利。据专家预计，国民经济增速将在 7% ～ 8% 的区间里运行。在较长时间内不会出现明显上升，下调空间也有限，稳增长的有利因素较多。

（1）通过深化改革来增强经济发展动力，进一步释放制度、政策红利。如行政审批权的下放、京津冀一体化、国企混合制改革、扩大开放领域等。

（2）促改革、调结构、惠民生协同并进，稳增长的组合拳已出台。

如减轻小微企业税负、加快棚户区改造、加快铁路尤其中西部铁路建设。

（3）社会投资增长速度与2013年持平，继续保持20%左右。2014年棚户区改造470万套以上，至少可以拉动4 700亿元投资，铁路建设预计投资6 300亿元，仅这两项合计可拉动万亿元以上投资。这些投资热点有力地助推了工程机械市场需求回升。

（4）2014年中央1号文件，突出了农业机械薄弱环节建设，插秧机、采棉机和甘蔗机未来可能会通过建立示范区和增加补贴两种方式推进发展。另外，在2013年欧美等国际经济逐步复苏拉动下，全球农机工业产值将沿着上升通道运行，预计将会有9%左右的增长。据统计，目前我国农业机械化率仅为57%，与发达国家90%相比，发展空间很大。

（5）随着新型城镇化建设的推进，“城市圈”“城市群”的兴起，将会大大拉动自动扶梯的需求。

（6）从2013年下半年起，煤炭价格触底回升，煤炭行业固定资产投资开始回暖，煤炭机械制造业将会有新转机。另外据悉，中国锑矿石资源将分为10个区域，为提高产业集中度，拟整合6～8个年产矿3 000万t的铁矿石生产基地，欲将我国铁矿石自给率由目前的30%提高到2025年的50%。

（7）我国摩托车国内市场连续4年呈下滑趋势，但下降趋势逐年趋缓，国内市场趋于稳定，从出口来看近年来一直保持在900万辆左右。2014年销量将达1 300辆左右，出口量在1 000万辆左右。

（8）据预计，2014年叉车行业销售量增长将达到20%左右。比2013年提高10个百分点。

总之，2014年国际和国内的宏观经济形势将好于上年，这点已成共识，这对我们来说是一个利好。

机遇与挑战同在，希望与困难并存。国内外宏观经济虽有好转的趋势，但许多不确定因素依然存在，市场总体疲软的状态不会在短时期内改变，要看到其孕育着新的风险，必须引起关注。

从全球范围讲，存在新兴市场经济下行风险增大（如巴西GDP增速将从2.5%放缓到2.2%，俄罗斯GDP增速将从1.5%下降到0）、发达国家经济低于预期的通胀水平给经济活动带来风险以及地缘政治冲突升温三大风险。从国内来看，钢铁、水泥、平板玻璃等行业产能严重过剩，钢铁、煤炭价格持续低迷；当前PPI已经连续24个月为负增长，逼近20世纪末连续32个月的历史纪录，这意味着工业生产领域中通货紧缩状态在延续；房地产调控未见成效，地方债务政策性债务风险加大，货币信用扩张过快，实体经济增长乏力，经济下行压力加大，2013年第一季度GDP增速7.4%低于预期就说明了这一点。

因此，我们对2014年经济发展形势既要看到其好转的一面，进一步坚定信心，把握发展机遇，又要保持谨慎乐观的心态。中国经济高速增长的时代已经过去了，要素驱动走到了尽头。我们要适应新时期的新变化，与时俱进，要增强忧患意识，不断提高抗市场风险能力，使企业永远充满活力，持续健康发展。

三、几点建议

（1）坚持实施创新驱动，科技兴企战略，提高企业发展的内生动力。

（2）深入市场，积极寻找新的发展空间和经济增长点。

（3）做好做精产品，提质增效。“质量是企业永恒的主题”，要始终围绕这个主题，不断提升产品档次和水平，提高产品的价值链。

（4）强化管理，精益生产，提高生产效率；要开源节流，降本增效特别是要掌控好企业的现金流，预防资金链断裂风险。

（5）人民币升值压力依旧，要注意防范汇率风险。

〔供稿单位：链传动分会秘书处〕

2014年链传动行业经济运行情况

2014年，世界经济形势复杂多变，经济复苏步履维艰。国内经济增速趋缓，下行压力加大。在我国经济新常态下，链传动行业广大企业遵循党的十八大路线精神，坚持创新驱动战略，抓改革、优结构，上品质、增效益，迎难而上，奋力拼搏，取得了较好成效。2014年链传动行业主要经济指标见表1。

表1　2014年链传动行业主要经济指标

指标名称	单位	数值	同比增长（%）	指标名称	单位	数值	同比增长（%）
工业总产值	万元	900 848	6.57	出口创汇	万美元	47 757	−0.65
产品销售收入	万元	826 875	1.26	利税总额	万元	73 264	6.96

注：表中数据为行业统计信息网60家成员单位统计年报汇总数据，以下文章中所采用数据若无特别说明，均来自统计年年报数据。

上述4项主要经济指标中，除出口创汇外，其余全部都是增长，说明行业经济运行仍处于持续平稳的发展状态。

一、2014年行业基本情况

2014年1—4季度，链传动行业完成的工业产值同比分别增长5.4%、5.62%、5.4%和3.75%；环比增长为-18.77%、18.19%、-6.12%和37.13%。从环比数据中可看出，由于1季度受春节假期、市场季节性及上年4季度基数较大等诸多因素的影响，增速回落幅度较大；2季度增速开始快速回升，基本弥补了1季度的降幅；3季度的增速比2季度略有回落；4季度因外贸出口出现了强烈反弹，增速又迅速回升，整个经济运行过程是“先降后升，再降又升”，起伏跌宕，走势呈“W”形态。总的趋势是稳中有进，进中趋好。

二、链传动产品外贸进出口情况

2014年，世界经济仍然是通货紧缩、需求不足。我国外贸出口形势比较严峻，但链传动产品出口情况与其他行业相比，还是不错的。

据国家海关统计数据显示，2014年工业链条进口量为30 776t，进口额为25 989万美元，与上年同期相比分别下降23.96%和19.22%；出口量为521 397t，出口额为123 489万美元，同比分别增长8.21%和6.49%。外贸进出口顺差比上年进一步扩大。

2014年，工业链条进出口情况有两个明显的特点：①进口链条量跌价升，进口数量同比下降23.96%%，平均单价8.445美元/kg,比上年同期增长6.23%；而出口链条量增价跌，出口量增长8.21%，平均单价是2.368美元/kg，同比下降1.63%。出口量增价跌的现象，应引起业内出口企业的关注和思考。②出口产品结构发生明显变化。摩托车用滚子链、其他滚子链、其他铰接链、铰接链零件4种产品出口量占出口总量的比例同比分别提高了0.08、1.25、0.24和0.02个百分点。而其他焊接链、未列名钢铁链和链（铰接链除外）的零件的占比同比下降了0.8、1.44、0.03个百分点。从这“四升三降”的变化中可看出，外贸出口产品结构进一步优化，技术含量、附加值较高的产品占比在逐步上升。

三、行业经济运行的主要特点

（1）创新驱动、新产品产值率有所提高。据统计，2014年完成新产品产值277 928万元，占总产值的29.22%，比上年提高了1.93个百分点。

（2）产品结构调整加快，更加适应市场需求。据对16家链条企业抽样调查，从中了解到企业内外销比例发生了明显变化，2014年链条外销产量约占总产量的41.16%，同比下降2.03个百分点。在产品结构方面，中小规格标准滚子链的占比约为41.43%，同比下降1.7个百分点；大规格和异形链的占比是31.24%和27.33%，同比分别提高了1.66和0.04个百分点。

（3）企业经济实力明显增长。据统计，2014年企业资产总额达到995 770万元，同比增长11.54%；年末所有者权益456 063万元，同比增长18.61%。

（4）企业资产负债率有所降低。据统计，2014年企业资产负债率49.94%，与上年的50.16%相比，下降了0.22个百分点。

（5）全员劳动生产率和盈利水平有所提高。2014年人均劳动生产率为11.45万元（按工业增加值计算），同比增长17.44%；实现工业增加值198 162万元，同比增长20.72%；实现利税总额73 264万元，其中利润42 679万元，同比分别增长6.96%和2.27%。行业经济运行效率和效益提高是2014年行业经济发展中最大的亮点。

四、存在的主要问题

（1）市场形势仍比较严峻。据统计，2014年销售产值比上年同期增长的企业有32家，占53.33%，而其余企业均比上年同期下降。这就是说，几乎有一半的企业销售情况不如上年。

（2）流动资产周转率下降，年末库存量上升。2014年流动资产平均余额489 199万元，同比增长11.99%；流动资产周转率1.69次（213天），比上年同期的1.85次（198天）下降了0.16次（15天），说明流动资产周转天数增加了15天。年末库存量137 071万元，同比增长9.76%。

（3）资产负债率偏高的企业较多。据统计，有29家企业的资产负债率在50%以上，占比达到48.33%，其中资产负债率超过70%的有14家，占比23.33%，风险犹存，应引起企业经营决策者的重视和关注。

五、几点建议

（1）主动适应经济新常态，保持一颗平常心。在我国经济发展进入新常态的形势下，企业必须转变发展理念和发展方式，必须用新思路、新举措，寻求新发展。企业不能再盲目地去追求扩张规模、发展速度，应该始终保持“不亏就好、有利更好”的一颗平常心，主动适应新常态。

（2）继续抓好优化结构，提质增效工作。坚持创新发展战略，要把科技、管理创新作为企业生存发展的原动力抓紧抓实抓好。加强新产品开发，优化产品、市场结构。进一步提升产品质量，强化企业内部管理，抓好挖潜降本，盘活存量资产，压缩库存，提高流动资产的周转率，真正把提质增效落到实处。

（3）树立“安全经营”理念，提高对“经营风险”的控制能力。所谓树立“安全经营”理念，就是从客户、资金、环保、生产等方面主动地寻找存在的隐患，要有防范风险的预案，特别是要防止重点客户的流失、控制好资金流和企业资产负债等。如果把这些工作做到位，就能提高对市场和生产经营过程中随时会发生的各种风险的自救能力，防患未然，使企业保持平稳健康可持续发展。

（4）加强诚信经营，重视品牌建设。随着我国依法治国的推进，市场经济更趋规范。企业诚信建设已提到议事日程上来。诚信经营首先是产品质量的诚信，把产品做好、做精、做出特色，在用户中赢得美誉度和信任度，树立良好的口碑，这是企业生存和发展的第一要务。否则，企业就在市场上无立足之地。

〔供稿单位：链传动分会秘书处〕

2015 年链传动行业经济运行情况

2015 年，世界经济深度调整、复苏乏力、需求不振。我国国民经济发展进入了调整转型的新常态，增速趋缓，经济下行压力明显加大。在复杂多变的国内外宏观环境下，我国链传动行业广大企业坚持创新发展，逆势奋进，行业经济运行出现了许多新情况、新特点、新亮点，彰显了“稳中有进、进中趋好”的良好态势。2015 年链传动行业主要经济指标见表 1。

表 1　2015 年链传动行业主要经济指标

序号	指标名称	单位	数值	同比增长（%）
1	工业总产值	万元	826 240	-8.56
	其中：新产品产值	万元	266 953	-0.96
2	工业增加值	万元	165 986	-7.55
3	销售收入	万元	787 594	-7.37
4	出口创汇	万美元	41 771	-17.93
5	利税总额	万元	71 155	-0.84

注：表中数据为行业统计信息网 59 家成员单位统计年报汇总数据，以下文章中所采用数据若无特别说明，均按此数据分析。

一、2015 年行业基本概况

2015 年，行业经济运行总体状况是比较平稳的，没有出现大起大落的情况，其主要特点表现在以下方面：

1．经济运行走势呈“И”型态势。

2015 年 1—4 季度，链传动行业完成的工业总产值分别为 194 365 万元、228 126 万元、216 038 万元和 187 711 万元，与上年同期相比分别增长 0.68%、-4.05%、-4.89% 和 -23.58%。除 1 季度工业总产值与上年同期基本持平外，其余 3 个季度都是负增长，下滑的速率逐步加大。各季度的环比增长分别是 -20.87%、17.37%、-5.3% 和 -13.11%。由于 1 季度受市场季节性和春节假期及 2014 年 4 季度基数高等因素的影响，增速下降较大。2 季度增速出现了较强劲的反弹，回升了 38.24 个百分点，但 3 季度增速又重新回落，4 季度是加速下滑，全年行业经济运行经历了“下降、回升、再回落”过程，走势呈“И”状态。

2．主要经济指标全部负增长

2015 年，行业经济运行各项主要经济指标全部负增长，这是改革开放 30 多年来行业发展历程中首次出现的情况，表明行业所面临的市场形势是相当严峻的。各项经济指标之所以会下滑得这么厉害，其主要原因与相关行业不景气有关。如全国钢铁产能利用率不足 67%，煤炭产量同比下降 3.5%，水泥产量同比下降 5%；摩托车年产销量下降 11.6% 左右，工程机械三大巨头的利润下降了 80%，农机行业的增速创了 10 年来新低。这些行业的需求不足造成了为其配套服务的链传动行业的市场疲软。因此，行业经济运行出现主要经济指标呈负增长是必然的大概率事件。

3. 链条外贸出口基本稳定，呈“量增价跌”状态

据国家海关统计数据显示，2015 年，我国工业链条进出口总量 527 405t，总额 116 402 万美元，同比分别增长 1.15% 和下降 5.74%，出口总量基本稳定。（而从行业统计网 59 家成员单位上报的数据来看，出口创汇额同比数要比海关数据低 12.19 个百分点，其说明了整体基本稳定，局部受到的影响更大一些。）

但出口的产品结构发生了明显变化，7 个规格中，除其他铰接链（滚子链除外）的出口量同比增长 69.32% 以外，其余 6 个全部下降，其中未列名钢铁链下降 10.51%、其他滚子链下降 7.14%、摩托车用滚子链下降 6.56%。

2015 年，链条出口中值得关注的一个特点是“量增价跌”。出口总量比上年增长 1.15%，而总金额却下降了 5.74%，其主要原因是出口产品平均单价是 2.207 美元 /kg，同比下降 6.8%。7 个产品中除链（铰接链除外）的零件和其他滚子链的每公斤单价同比增长 38.29%、0.26% 以外，其余 5 个产品的单价全部下降，其中其他铰接链（滚子链除外）、摩托车用滚子链、其他滚子链的单价分别下降 19.39%、10.44% 和 10.26%。

4. 行业发展的总体趋势是稳中有进、进中趋好

尽管行业主要经济指标出现负增长，但行业经济运行中仍不乏亮点，其中最大的亮点是行业经济运行的质量效益有所提升。

（1）企业创新能力持续不变。2015 年实现新产品产值 266 953 万元，占工业总产值的 32.31%，同比下降 0.93%。在工业总产值下降 8.56% 的情况下，新产品产值率与上年基本持平，说明在市场形势严峻的情况下，企业创新能力持续不变。

（2）企业偿债能力略有提高。全年资产负债率 49.88%，同比下降了 0.34 个百分点。总体上，业内企业负债水平控制在安全线内，债务风险略有降低，但业内不少中小企业的负债率还是居高不下，超过了安全警戒线，应当引起高度关注。

（3）全员劳动生产率略有下降。2015 年，实现全员劳动生产率 101 181 元 / 人，同比仅下降了 1.14%，明显低于其他指标。在我国经济发展新常态、市场疲软的严峻形势下，行业全员劳动生产率跌幅很小，从一个侧面反映行业发展是平稳良好的。

（4）企业盈利能力有所提升。据统计，2015 年行业统计信息网 61 家成员单位中，有 88.52% 的企业的经营是有盈利的，业内多数企业仍处于盈亏平衡线以上，这是行业健康发展的重要标志。同时，2015 年人均创利税

46 255元，比上年同期增长7.54%。在行业各项主要经济指标全面下跌呈负增长的情况下，人均利税指标不减反增，这充分说明近年来行业广大企业在“调结构、促转型”，转变经济发展方式，主动适应新常态，特别是创新发展方面取得了实质性的可喜进展，这是2015年行业经济运行中最令人醒目的亮点。因此，行业发展基本面是好的，总体趋势是稳中有进、进中趋好。

二、存在的突出问题

（1）需求不足、市场疲软、订单不足。国内外市场疲软，企业订单不足是2015年以及目前行业经济运行中最突出的问题。

（2）产品价格下滑趋势明显，利润空间进一步缩小。截至2015年年底，我国PPI数据已经连续46个月负增长，其表明了市场不景气，工业产品价格下跌趋势明显。链传动产品也不例外，如链条产品出口呈现“量增价跌”及出口产品每公斤平均单价下跌以及国内链传动产品价格下调就说明了这一点。

另一方面，企业人工成本持续上升，其他各种负担不断增加，特别是随着供给侧改革深入和“去产能、去库存、去杠杆化”政策举措的落实，钢材等原材料价格长期低迷状况将会有所改变，企业生产成本会随之上升，产品的利润空间将被进一步压缩，对此，我们要早作准备并采取积极的应对措施。

（3）业内少数企业经营生存状况堪忧。2015年，行业统计信息网成员企业中已有7家企业亏损，其中3家是新增加的，为数虽少，但应当看到，随着经济下行压力加大，业内企业生产经营和生存发展将面临更大的困境。这必须引起高度重视和关注。

三、建议

2016年是我国“十三五”开局之年，是中央“十三五规划”与“中国制造2025”正式实施的起步之年，纵观国内外宏观经济环境，形势依然十分严峻，不容乐观。

国际货币基金组织（IMF）下调了全球经济增长预期，其原因是全球资本市场波动加剧，发达经济体增长势头减弱，新兴市场和发展中国家继续面临增长阻力。另外，地缘政治冲突、恐怖主义、难民问题等因素对全球经济构成威胁，全球经济下行风险增大。

2010年至今，国内经济持续下行时间已经超过5年，目前仍存在着较大的下行压力。国内外市场需求不振仍将是行业经济运行中面临的突出问题。我们要有充分的认识和精神准备。为此，建议做好以下几项工作：

（1）坚定信心克时艰，积极防范“经营风险”。首先，要坚定信心看好中国经济发展前景。前一段时间，国际有人拼命鼓吹“看空中国经济”论调，习近平主席代表中国政府向全市世界庄严地宣布，中国经济发展增速底线是不低于6.5%，展示了中国政府防止国民经济大幅下滑，确保经济增速6.5%以上的决心。这个承诺就给我国企业吃了“定心丸”。

最近，国家统计局已公布了1季度的统计数据，GDP增速是6.7%。说明，我国国民经济在预期的合理区间运行，经济形势在向好的方面发展。在世界经济萧条的形势下，我国经济发展能达到这样的水平确属不易。国际权威评估机构IMF在研究报告中明确表示看好中国经济，调高了对中国经济发展的预期。据有关专家预测，2015年国民经济的走势是先抑后扬、企稳回升。国内政策宽松基调明显，特别是对实体经济加大了政策扶持力度，仅降低企业社保缴费率这一项，全国企业可减负1 000亿元。总之，我国经济不会硬着陆。随着国家政策红利的释放，企业的生存环境进一步改善，这对企业来说是最大的利好因素。虽然当前市场仍不景气，暂时还无法改变这个现状，但应看到整个国民经济逐步企稳的趋势，我们要以坚定信心克时艰、逆势奋进，主动地适应经济发展的新常态，把“安全经营、健康发展”放在第一位，采取各种有效措施，积极防范各类风险，如汇率、钢材价格波动的风险；掌控好企业“现金流”，防止“资金断裂”的风险；要谨慎投资，切忌盲目发展；抓好重点客户和员工的人心稳定等，确保企业的稳定持续健康发展。

（2）把稳增长作为重中之重的第一要务抓紧抓实抓好。企业要把稳增长作为首要任务抓紧抓实抓好。稳增长的立足点应放在创新驱动上，要从企业实际出发，加大科技创新、管理创新、机制创新、营销创新的力度，特别要调整和优化产品结构、市场结构、大力开发新产品开发，积极适应供给侧结构性改革，结合企业实际，在去杠杆、去库存、去产能、补短板方面下功夫，把稳定和发展客户、拓宽国内外市场空间作为稳增长的主要抓手，落地生根，抓出成效。

（3）强化管理，把提质增效工作落到实处。在市场形势严峻的情况下，更要强化管理。一是强化营销管理，不断改进营销策略和手段，发挥“互联网+”的优势，寻找新的经济增长点和市场空间，做好售后服务，提高客户满意度。二是强化质量管理，牢固树立“质量是企业生命”的意识，竭尽全力把产品做好、做专、做精，不断提高产品的美誉度。三是强化成本管理，要把开源节流、挖潜降本工作做深做细，做到位。四是要把提高效率和效益作为生产经营各项工作的出发点和落脚点，要进一步降低企业资产负债率，压缩库存，盘活存量资产，提高流动资产周转率，减少应收账款，提质增效、节能减排等工作进一步落到实处。

（4）坚持以人为本，构建和谐企业。企业生存发展的根基是客户和员工。在艰难时刻，稳定客户和员工的人心尤为重要。企业要坚持“以人为本”，构建新型的客户和员工融洽和谐关系，创建新的激励机制，要舍得花钱，抓好人才培养工作，特别是技术、管理及关键生产岗位的骨干，要留得住、用得好，这样企业才能经得起任何风浪的考验。

〔供稿单位：链传动分会秘书处〕

加快培育对外贸易竞争新优势，积极推动链传动产品对外贸易新发展

2015年以来，国务院为加快我国对外贸易新发展采取了一系列政策措施，充分表明党中央国务院在经济全球化时代要继续发挥对外贸易这驾马车拉动我国经济发展的重要作用。2015年初，又相继调整了我国一些出口产品的退税政策，进一步为我国产品发展外贸出口营造了良好的政策环境。链传动行业的摩托车链条和板式链也位列其中。从此实现了链传动产品出口退税全部到位的目标。

2015年5月，国务院颁发了《关于加快培育外贸竞争新优势的若干意见》，这是一个指导我国外贸稳增长、转方式、调结构、巩固外贸传统优势、加快培育竞争新优势、推动我国由贸易大国向贸易强国转变的纲领性文件。

2015年7月，国务院又颁发了《促进进出口稳增长的若干意见》，这是一个部署进一步推动对外贸易便利化、改善营商环境、为外贸企业进行减负助力，推动进出口稳增长、培育国际竞争力新优势的又一个重要文件。

李克强总理专门召开国务院常务会议，清理和规范进出口环节收费等方面的问题，为进一步稳定外贸企业发展减负创造了条件。

央行关于人民币汇率也做出了一系列重要决定，这对于保持人民币汇率在合理均衡水平上基本稳定、加大出口信用保险力度有深远意义。同时，进一步为外贸企业发展创造了良好的融资环境。这些利好政策举措，对外贸出口占重要比例的我国链传动行业恰逢其时，送来了“及时雨”，将迎来对外贸易的春天。同时，又大大增强了链传动企业发展对外贸易的信心和决心。

我国链传动产品外贸出口占行业总量的40%以上，不少链传动企业外贸出口占企业产品总量的百分之五六十，有的甚至更多。特别是改革开放30多年来，我国链传动产品对外贸易实现快速增长，也推动了我国链传动专业的迅猛发展，使我国链传动制造业成为世界链传动制造大国并向强国迈进。在发展对外贸易中也提升了我国链传动产品的技术水平、产品质量、生产效率和企业效益。涌现了杭州东华链条集团有限公司、浙江恒久机械集团有限公司等一批出口领头雁企业并成为行业发展的排头兵。特别是杭州东华链条集团有限公司在对外贸易中采取了一系列创新措施，使企业对外贸易额每年都以两位数增长。但在看到我国链传动产品对贸易发展主旋律时，也必须清醒地认识到国际金融危机以来持续严峻的宏观经济形势对我国链传动行业发展和外贸出口也带来不可低估的影响。

1. 存在的问题

当前，世界经济仍处在国际金融危机后的深度调整期，世界经济需求仍然低迷，复苏动力不足。在发达国家“回归制造业”和发展中国家“制造业转型”的大潮中，促进我国外贸稳增长遇到前有对手后有追兵的压力，竞争更趋激烈，难度更大。再加上国内经济增速下行压力不断加大，一些行业企业产能严重过剩，对链传动行业发展和对外贸易带来巨大影响。行业内许多企业外贸订单大幅减少、任务不足。2013年链传动外贸出口增速比2012年下降0.45百分点。特别是2015年上半年，据海关统计，行业外贸出口增幅比上年同期下降14.19百分点。这几年，链传动产品出口持续下滑的事实告诉我们，我国链传动行业对外贸易面临着严峻的形势。另外，这些年来，我国链传动产品出口也存在一些问题，制约着行业各企业产品对外贸易的健康持续发展。

（1）不少链传动企业的外贸出口产品大多是贴牌出口，主要借助国外品牌销售，把外商或中间商指定的商标贴在自己产品上出口。企业以自己的品牌或商标对外出口的很少，不少企业的产品在国际市场上长期做“无名英雄”，为他人做“嫁衣”。

（2）不少链传动产品长期以来依靠低成本的价格优势赢得国际市场的竞争优势，随着生产要素低成本优势的减弱，低价格产品出口将越来越难。

（3）我国链传动产品出口大路货产品多，技术含量高的中高端和有特色的链传动产品出口少。

（4）不少链传动企业在对外贸易中，还没有充分发挥自营出口企业的主导作用，大多通过国内的外贸公司或通过外商代理出口。由于中间环节多，致使一些链条生产企业出口效益不好。

（5）很多链传动企业在出口产品价格上，没有更多的话语权，不少生产企业了解和洽谈的价格大多是中间商的价格，生产企业对国外用户购买本企业产品的价格了解甚少。

（6）在链传动产品对外贸易中，有些企业也存在同行业打价格战进行同质化低水平的无序竞争，致使一些企业出口价格偏低，“肥水流入他人田”。

（7）不少企业的链传动产品出口售后服务不到位、不适应国际客户的新需求，特别是对用户在产品质量、产品包装、供货发送等方面的意见了解甚少，也缺少主动服务。

（8）不少链传动企业缺少外贸人才，一些中小企业的外贸人才则更少。上述这些看得见摸得着的问题，不仅直接影响着我国链传动产品对外贸易的发展，而且也影响了当前培育对外贸易竞争新优势战略的实施。

2. 措施建议

我们一定要遵照国务院关于加快培育对外贸易竞争

新优势指明的方向、明确的目标、提出的要求，紧密结合行业实际积极解决当前链传动产品在对外贸易中存在的问题，并把培育对外贸易竞争新优势作为行业对外贸易发展的一项长期战略任务积极贯彻实施。

（1）要坚持链传动产品对外贸易稳增长、调结构、转方式，巩固链传动产品外贸传统优势，推动链传动产品出口从规模速度型向质量效益型转变。一是引导企业逐步由出口产品为主向出口产品、技术、服务、资本输出相结合转变。企业不仅要出口产品，还要出口产品的技术、服务和在国外并购企业，或控股、参股，或在国外建厂办公司等资本输出，推动企业对外贸易新发展。杭州东华链条集团有限公司宣碧华董事长在这个转变中为我们做出了榜样、取得了成功。这家企业对外贸易实践的成功经验告诉我们，转变对外贸易发展方式是培育对外贸易竞争新优势的必由之路，使企业真正加快融入国际市场并在国际市场站稳脚跟获得发展、避免在国际贸易中出现大起大落。希望业内更多企业积极参与和推动外贸发展方式的转变，赢得对外贸易竞争的新发展。

（2）推动企业竞争优势由价格竞争为主向技术品牌、质量、服务为核心的综合竞争优势转变。随着我国资源要素价格的不断提升，依靠产品低成本低价格优势参与竞争也越来越困难。必须依靠技术、品牌、质量、服务等综合竞争优势参与国际竞争。

1）从价格竞争真正转到品牌竞争上来，品牌是企业竞争力的核心要素，在经济全球化时代，品牌是企业在国际、国内市场生存和发展的力量源泉，要把发展品牌作为我们行业和企业培育对外贸易竞争新优势的重要战略任务。行业各企业都要积极开展从贴牌出口向自主品牌出口转变，当然这个转变需要很长的过程。为了抢占国际市场、搞产品贴牌出口还是需要的，但不能永远“贴下去”，要积极创造条件，逐步把企业的自主品牌打出去，参与国际竞争。经过若干年努力从贴牌到创牌、从洋品牌唱主角到自主品牌走出国门。希望更多的企业品牌在全球闪亮登场，进一步扩大我国链传动产品的国际影响力。我们要遵循习近平总书记“中国产品向中国品牌转变”的指示精神，不仅要做链传动产品制造大国和强国，而且要做链传动品牌大国和品牌强国。

在发展品牌战略中，我们还要积极开展名品、名企、名人的“三名”活动，使知名品牌、知名企业、明星企业家成为品牌发展的重要支撑和培育对外贸易竞争新优势的无价之宝。

2）进一步提高产品质量是培育对外贸易竞争新优势的重要载体。坚持以质取胜、精益求精，把质量过硬作为企业的价值追求，企业要全方位展示专、精、特、新的良好产品形象，发挥产品质量对产业优化升级的带动作用。提升产品质量是培育对外贸易竞争新优势的基本前提和关键途径。依靠提升产品质量已成为市场竞争中必须争夺的制高点。在培育对外贸易竞争新优势中，要打造更多的质量竞争力强、附加值高的拳头产品。

在提升产品质量中需要几个方面工作：①要充分认识提升产品质量对培育外贸竞争新优势的重要性和紧迫性，不断增强自觉性和责任性。②要瞄准发达国家链传动产品先进质量水平，找出差距、确定目标、努力赶超。③不断提高企业工艺制造和专机装备技术水平，为提升产品制造质量提供技术保障。不断提高企业一线操作工的技术素质，促进劳动者向技能型智能型转变，为提高产品质量提供人力资源保障。④进一步搞好企业产品质量的机制体制建设，为确保企业产品质量提供制度保障。进一步强化行业产品质量检测中心对企业产品质量的督查和指导，为企业产品质量提升提供管理保障。

3）提升产品售后服务是培育对外贸易竞争新优势的必然选择。每个企业都要通过细致周到快捷和全方位的服务，使国际客户真正感受到中国链传动产品一流的质量和服务。通过良好的服务及时了解用户对产品质量、包装、供货方式等方面的意见和要求，从而及时改进。通过良好的服务进一步密切与用户的联系，赢得用户信赖，巩固与客户的关系，使链传动企业在国际市场都有一个稳定的营销网络。

（3）推动企业增长动力由要素驱动向创新驱动转变，这是加快培育对外贸易竞争新优势的必由之路。无论从要素成本攀升还是要素供应趋紧、无论从企业转型升级还是保护生态环境、无论从企业规模速度型向质量效益发展，经济增长必须由要素驱动向创新驱动转变。最近举办的行业科技创新交流会硕果累累的事实告诉我们，创新驱动是增强企业核心竞争力、培育对外贸易竞争新优势的强大动力。链传动行业创新驱动有着广阔的发展空间，在产品创新方面，不少链传动产品在国内还是空白，我国每年要从国外进口大量的链传动产品与国内中高端主机配套。随着我国新型工业化、信息化、城镇化、农业现代化的快速发展，对链传动产品需求必将越来越多，配套领域也越来越广。异型特种链产品的潜在市场更大，产品需求更广。在链传动专机和工装模具技术方面创新潜力也十分巨大，不少企业手工操作多、劳务成本高、生产效率低，急需提升专机装备技术水平，已成为不少企业的创新重要之举。还有很多企业的工装模具使用寿命短、效率低。一些企业纷纷向国外订购先进的工装模具。这个事实告诉我们，链传动企业在工装和模具方面也面临制造质量和技术创新的重要使命。

企业在小改小革的创新方面也大有作为，许多创新成果来自企业一线的小改小革和发明创造。企业一线技术工人蕴藏着巨大的创新活力，是万众创新的力量源泉。我们要进一步动员行业各企业的技术工人从小处着眼大处着手，在全行业掀起万众创新的热潮，加快推动行业创新发展。

总之，在培育对外贸易竞争新优势中，我们要努力营造行业创新业态、培育行业创新土壤、释放行业创新活力，形成行业万众创新氛围，奋力开创行业和企业对外贸易发展的新天地。

在培育对外贸易竞争新优势中，企业老总要看到自己肩负的历史重任，进一步增强紧迫感，紧跟时代，砥砺前行，担当责任。要敏锐地把握外贸出口发展的新机遇，特别是“一带一路”带来的商机。要不怕挫折，敢为天下先，为增强企业核心竞争力而奋斗，企业负责人才能更亮丽。为培育对外贸易竞争新优势而奋斗，企业负责人才能更昂扬。企业负责人要积极带领企业职工勇攀对外贸易发展新高峰，为链传动产品对外贸易新发展做出更大贡献。

〔撰稿人：中国机械通用零部件工业协会链条分会朱善祥〕

科学认识新常态，积极应对新挑战 推动行业创新驱动优结构、提质增效促发展

改革开放三十多年来，我国链传动行业获得了快速发展，我国已发展为世界链传动制造大国。我国链传动产品在国际市场上由过去的边缘打工地位进入国际主流市场和国际配套市场，而且在国际市场也有了定价和话语权。

在国内，链传动产品也由过去被视为贱金属制品，低附加值产业，现在已进入国家“三基”规划的有关目录。有的链传动产品经国家批准立项，作为工信部示范项目列入国家强基示范工程。还有业内2家企业的技术研发中心，经国家发改委和科技部认定为国家级企业技术中心。总之，我国链传动行业不仅在国际市场上的地位大大提升，而且在国内也成为国家产业政策重点支持的行业。但在国际金融危机的冲击下，链传动行业也遭遇外需低迷、内需不旺的严峻挑战，行业结构性、素质性问题也日益突出。在新常态下，链传动行业也面临新的挑战。

1. 面临的挑战

（1）行业不少企业中间加工环节产能大，但应对上游原材料价格变动和下游产品市场变化的能力比较弱，特别是不少企业生产雷同的产品多，竞争更趋激烈，企业利润微薄。

（2）行业科技创新发展不平稳，特别是广大中小型企业科技力量还十分薄弱，有的企业甚至还没有科技人才，有的企业技术创新效果也不明显，不少企业发展仍以要素和投资驱动为特征的外延型增长方式。另外，行业劳动密集型和材料密集型产品占比仍然很高，高技术含量、高附加值产品比重还较低。国内不少与高端主机配套的链传动产品，每年还从国外进口。

（3）业内不少企业加工产能落后、生产效率低、物耗能耗大、环境污染重，不少企业在环保方面当地政府要求限期整改的也较多。2015年上半年，我们在调访中，发现一些企业因环保问题经营困难。比如，有1家企业周围发展为居民住宅区，政府要求其尽快搬迁。由于企业环保评价没有通过，企业寻找搬迁场地好几年，但至今仍没有落实。有的地方政府实施“单位用电税收”政策，实行差异电价。链传动行业企业能耗一般都较高，企业负担更重。有的地方政府实行“亩产税收额”政策，把企业划分为若干类，属于后面几类企业，实施限电和不支持发展等措施，业内不少企业属于后面几类企业。

（4）有些企业生产机械化自动化水平不高，手工操作多，劳动力需求量大，也遇到了招工难和劳动力成本高等困难。我们到企业调访时，有1家企业产品有市场，但由于机械化程度不高，苦脏累的活比较多，劳动强度也较大，许多人特别年轻人不愿干这类活，致使企业劳动力很紧张。

（5）行业不少企业受经济增长下行压力影响也比较大。2015年上半年，协会成员企业工业总产值比上年同期增长1.77%，产品销售收入增长1.27%，出口创汇同期下降1.98%，利税总额增长1.74%。虽然三季度各项主要指标比上半年增速有所提升，但增幅仍未达到预期目标。这些数据充分说明，我国经济增长下行对链传动行业带来很大的压力。

以上情况充分表明，在新常态下链传动行业不少企业面临新的挑战。因此，行业提质增效优结构、创新驱动促发展，对我们行业来讲已刻不容缓。我们要充分认识新常态、新特征，正确把握新常态新动力，积极应对新挑战，加快行业转方式调结构，推进转型升级打造链传动行业升级版。

2. 优化结构

优化结构是新常态的重要特征，也是提质增效的重要举措。链传动行业优化结构主要是优化产业产品结构和企业结构。

（1）做优产品结构主要解决企业过多依赖低端产品和资源环境消耗等问题。从总体上看，目前业内不少链传动产品还属劳动密集型和材料密集型。随着我国劳动成本的刚性增加，生产要素低成本优势减弱，对这些产品的发展也带来较大影响。外贸出口的链传动产品，低附加值的产品也较多，高附加值和自主品牌出口少，参与国际竞争不少产品主要依靠数量和价格的优势，因此，优化产品结构是适应新常态一项重要而紧迫的任务。

优化链传动产品结构也必须坚持有保有压、进退并举的方针。

1）各企业都要有特色产品，真正做到人无我有、人有我优、人优我新。各企业不搞一刀切的大路货产品，更不要都去生产雷同的产品。必须要有自己的拳头产品或特

色产品。

2）各企业的产品要不断由低端向高端、由低附加值向高附加值提升，积极开发与高端主机配套的高技术含量产品，积极研发可替代进口和填补国内空白的链传动产品。我国每年从国外进口不少链传动产品，充分说明我国链传动产品发展的空间还很大。

3）不断扩大异型特种链产品的配套领域，特别是随着我国经济的发展，异型特种链产品市场的需求越来越大，企业必须顺应这个市场发展的新趋势，加快异型特种链开发。

4）对物耗能耗大、环境污染重、效益差或市场过剩的链传动产品，要建立产品市场淘汰或退出机制，使行业产品结构不断优化。

5）在优化产业产品结构中，既要立足链传动产业，使链传动产品向更深更广领域发展，又要跳出链传动产业，向链传动相关产业延伸，有条件的企业要进军特许经营领域或开放的垄断领域。通过产业延伸发展，使链传动行业真正做到东方不亮西方亮，堤内损失堤外补。杭州东华、浙江华港、苏州环球等企业率先为产业延伸发展做出了榜样，取得了成功，也尝到了产业延伸发展的甜头。希望行业内更多有条件的企业都像杭州东华等杭州企业那样，在做优做强链条产品的基础上，积极实施产品或产业跨越发展，使链传动行业更多企业的产业产品结构更加优化，使企业常盛不衰。

（2）优化企业结构是链传动行业在新常态下面临的又一项重要任务。以小而散为特点的业内广大中小型企业，正面临企业产品雷同多，产品档次和水平低、竞争激烈、加工产能落后、用工成本高、物耗能耗大、效益不佳的状况，有的企业经营规模小、抗风险能力较弱，在新常态下，优化中小企业结构势在必行。

首先，要充分发挥行业大企业的骨干引领、示范和主导作用，同时积极引领广大中小型企业走专业化、精细化、新颖化的发展之路，使这些企业都要有自己特色的产品，并在做精做强上下功夫，各企业都要有自己产品的技术优势，并加大各中小企业特色产品知识产权的法律保护，坚决制止对企业特色产品的侵权行为，如仿制、假冒等。鼓励广大中小型企业用足用好国家扶持中小微企业的有关政策。大力支持中小企业的人才培养和品牌培育，鼓励中小企业走产学研合作之路，为中小企业技术创新和产品开发提供技术支撑。对难以为继的中小企业，有的鼓励业内大企业联合兼并，有的帮助转化为三产服务企业。通过若干年的努力，使业内广大中小企业充满生机和活力，并成为各具特色优势的企业，成为链传动行业发展的一支有生力量，从而进一步推动企业提质增效和创新发展。

3. 创新驱动

创新驱动是新常态下推动经济发展的新动力，也是企业提质增效的必然选择。改革开放30多年来，由于不断推动链传动行业科技进步和创新发展，使我国链传动产业进入了一个新的发展时期，也使一些企业的技术水平接近发达国家的水平，这一深刻的变化，使我们真正认识到创新驱动是推动行业发展的强大动力。必须以科技进步、创新驱动来推动行业和企业发展。这是转变行业发展方式的一场深刻的革命。2015年上半年，分会宣碧华理事长在考察苏州环球和黄山恒久时，谈了机器换人和空间换地等四换发展的一些希望。四换发展是创新驱动的重要平台，特别是通过腾笼换鸟、机器换人释放出各类要素资源，为企业创新驱动提供发展空间。如宁波一家专机制造企业近年来与有关科研院所和链传动有关企业联合开发的链条销轴切断镦圆角一体机，尽管这项新技术还需要进一步完善，但已初步显示出提质增效、节能减排的许多创新优势，不仅提高了生产效率、节约水电资源消耗，而且节约厂房土地使用面积，保持清洁干净的生产环境，一旦投入使用，代替传统的滚筒滚销轴圆角的老工艺、老设备的腾笼换鸟，将会产生巨大的企业效益和环境效益。

销轴切断镦圆角一体机也告诉我们，链传动行业创新驱动的潜力还很大，我们要主动自加压力，通过创新淘汰落后产能，推进腾笼换鸟，使企业向高效率、低消耗、少污染、亩产利税额高的优质企业发展。

机器换人是创新驱动的一个重要载体，链传动行业各企业机器换人的发展前景十分广阔。如浙江恒久研发了不少高效率的链条专机设备。其中滚子链装配自动线、大规格、异型链装配机，大规格套筒卷制机等设备，使这些产品和零件加工由手工操作转化为机械化生产，提高了生产效率和效益。但业内不少企业滚子链产品装配还沿用单机单台设备操作，大规格、异型链产品装配大多还用手工操作。这充分表明链传动行业腾笼换鸟、机器换人发展的空间还很大。

机器换人在为生产服务的其他领域也大有作为，如湖南株洲特种链公司，前几年建立的智能化立体仓库，不仅解决了仓库存放场地小的困难，而且在智能化管理下实现了入库和出库的自动化操作，提高了管理效率，减少了仓管人员，更重要的是还节约仓库用地，实现了空间换地新发展。这家企业的实践告诉我们，机器换人的领域广、空间大。在新常态下，以手工操作为主的链传动企业要加快机器换人的步伐，不断提高机械化、自动化水平，为解决企业招工难、劳务成本高等问题创造条件。同时，也希望企业非生产部门像株洲特种链公司那样，通过创新驱动实现自动化智能化管理，提升管理效率，节约管理资源，提高企业效益，为推动企业发展提供不竭动力。创新驱动不仅反映在企业产品研发和产品制造等专业技术领域，而且也反映在企业各项专业管理上。创新驱动使企业商机无处不在。宣碧华董事长凭借自己丰富的市场营销经验和工作魄力，根据国内外市场的深刻变化，在开拓国际市场方面做出创新决策，采取了一系列的创新措施，在需求低迷和竞争十分激烈的国际市场上，东华外贸出口持续快速增长。特别是在国际市场不景气、链传动分会成员企业出口负增长的严峻形势下，2015年上半年，杭州东华外贸出口仍以两位数增长，这是宣碧华通过创新营销方式开拓国际市场取得的重要成果。前几年，他抓住机遇走出国门并购了德国柯伯公司，并在多个国家建立仓储式的经营公司，构筑国际营销网络，使杭州东华更多的产品进入国际市场。宣理事长还十分关心行业其他企业的产品出口情况，他向业内有关企业老总多次表示在开拓国际市场方面互相帮扶、优势互补、合作共赢的想法。说到底，宣理事长愿通过杭州东华在国际市场的营销网络将更多国内同行企业的链传动产品带入国际市场。以上事实说明，任何领域、任何工作都有创新发展的空间。在新常态下，创新驱动是推动行业和企业发展的不竭动力，是企业提质增效的力量源泉，在创新实践中传播正能量、弘扬主旋律。

4.人才战略

创新驱动关键是人才，必须以人才为依托，创新事业呼唤创新人才，知识就是力量、人才就是未来，没有创新人才，任何企业任何工作都不可能创新。当前，行业一些企业面临人才不足、科技力量薄弱问题，严重影响了企业创新驱动的新发展。人才资源是企业的第一资源，培养和拥有高素质人才是企业创新驱动具有决定意义的大事，要作为企业老总的第一要务来抓。现在，我们要比任何时期更需要广开进贤之路，广纳天下英才，不唯地域引进人才，不求所有开发人才，不拘一格用好人才。各企业都要建立引得进留得住用得好的人才机制，要积极营造尊重、关心、支持人才创新创业的良好氛围，对他们充分信任，放手使用，让各类人才各得其所，让各路高贤大展其长，充分发挥他们的聪明才智。目前，链传动行业重视科技人才的氛围正在兴起。在浙江长兴举办的技术讲座，参加人数超过历史新高，不仅有近百人参加，而且一些企业老总也来听讲，有的企业还来三四个人，充分表明各企业对科技和人才培养的重视。我们必须要在创新实践中发现人才，在创新活动中培养人才，在创新事业中凝聚人才。杭州东华、浙江恒久、苏州环球、青岛征和、浙江中益、杭州顺峰和杭州华翔等企业这几年为什么生机勃勃、蒸蒸日上，发展这么快？根本一条就是这些企业老总尊重知识、尊重人才，并在企业建立起一支科技创新的人才队伍。企业老总又采取一系列有效措施充分调动科技人员的积极性和创造性，为企业创新发展贡献他们的力量。

杭州东华自建厂以来每年都招收一批应届大学毕业生，经公司为期一年分阶段的培养，使这些大学生的专业知识很快与东华生产技术实践融合在一起，充分发挥了他们的工作热情和创新活力，先后成为公司的技术骨干和创新的重要力量。2015年上半年，我们在调访时看到，青岛征和这几年发展很快，汽车链、摩托车链、农机链和链轮已成为这家企业的主导产品。特别是摩托车链条不仅与国际名牌摩托车企业配套，而且在质量上也得到有关国际摩托车名牌企业的免检证书。青岛征和还有许多创新特色，正在准备上市。青岛征和快速发展的原因很多，但根本原因是企业拥有一支创新发展的技术队伍，仅搞产品研发就有20多人，各子公司从事工艺技术和质量的有100余人。

总之，加快企业创新驱动关键是人才，当然，其他方面的因素也很重要，不可或缺。如用高新技术改造传统产业，产学研结合，加强企业科研机构建设，增加科研经费投入等。

创新驱动优结构是新常态企业走出困境，实现提质增效的有效举措，也是行业变强、产业变新、企业变富的强大推动力。我们要充分认识新常态下的新特征、新动力，积极应对新挑战，为行业创新驱动走向新发展，优化结构跨出新步伐、提质增效迈上新台阶，凝聚行业团结奋斗的力量，步入新常态谋求新未来。

〔撰稿人：中国机械通用零部件工业协会链传动分会朱善祥〕

行 业 概 况

我国链传动行业的技术研究现状与展望

链传动产品是重要的机械基础件，通常，链传动是一种具有中间挠性件的非共轭啮合传动，它兼有齿轮传动和带传动的一些特点，特别是在大中心距、定速比、多轴传动的工况下，以及环境恶劣的开式传动、冲击振动大的传动、大载荷的低速传动、润滑良好的高速传动中，采用链传动会带来明显的技术效益与经济效益。工业化的进程表明，许多重要的齿轮传动和带传动领域已逐渐被链传动所取代。

随着工业化、信息化、智能化的不断深入，链传动行业的技术也发展到了崭新的历史时期，创新、变异、升级已成为其主要特征。

但是，我国的链条生产，在品种、规格、产品性能上与发达国家尚有一定差距，尤其是在严酷服役条件下（例如：高速、重载、高温、强磨损、强腐蚀、剧烈冲击等）工作的链传动产品，与国外名牌产品还有较大的差距。

一、链传动技术的研究现状

国内已开展了对滚子链、齿形链、Hy-Vo 齿形链的疲劳寿命分布规律的研究，如威布尔分布、对数正态分布等，对高速多次冲击疲劳破坏的微观分析研究，以及对直线疲劳、回转疲劳、高周疲劳、低周疲劳的理论研究和试验研究。

对磨损机制及其失效机理的研究对于打造名牌链条产品是至关重要的，磨损历来是链条产品最敏感而又最易察觉到的技术指标之一。近年来，国内已经开展了对滚子链、齿形链和 Hy-Vo 齿形链磨损失效机理的研究，微观分析了磨粒磨损、疲劳磨损、粘着磨损、微动磨损、腐蚀磨损等主要磨损机制，探讨了接触疲劳裂纹的生成、扩展与剥落的动态过程以及循环硬化与循环软化特性，研究了微动磨损与链节联结牢固度（压出力、松动扭矩）动态特性的相关性。随着市场对链条产品耐磨性能要求的不断提高（$\varepsilon \leqslant 1\%$），全面系统地研究链条产品的磨损特性势在必行。作为一种技术发展趋势，开展高速、冲击、变速、变载等严酷服役条件下的磨损机制及其失效机理的研究，并探寻耐磨性能提高的重要途径将是一个具有实用价值的关键技术和创新工程。

当前，已有不少链条产品，如汽车发动机正时链、机油泵链、平衡轴链、变速器与分动箱 Hy-Vo 齿形链、摩托车发动机正时链等已逐渐引入了噪声评价指标，从而拉动了行业应对这一市场需求的技术策略的产生。目前，汽车发动机正时齿形链系统和变速器与分动箱 Hy-Vo 齿形链系统的噪声频谱实时分析与研究工作已经取得了重要性阶段性成果。

对于滚子链、齿形链和 Hy-Vo 齿形链的温度场特性，国内已开始利用非接触式红外测温仪系统，现场实时跟踪测量了滚子链、齿形链、Hy-Vo 齿形链的温度场特性，并同步拍摄了相关照片，计算求出了滚子链、齿形链和 Hy-Vo 齿形链各零件的温度分布曲线，从而为滚子链、齿形链、Hy-Vo 齿形链等在较高温度场服役条件下的产品设计和制造提供了必不可少的重要依据。

由于正时齿形链、变速器与分动箱齿形链和 Hy-Vo 齿形链的高速、大载荷、低噪声、耐磨损，以及速度与载荷的交变特性，表明了上述齿形链传动系统已突破了常规意义下的链传动领域，从而使其啮合机理的研究、复杂约束边界条件下的刚柔体多轴传动系统的设计方法及其产品设计技术、制造技术、失效模式及其分析等，构成了学科和行业的一个热点问题和重要的前沿研究领域。

近年来，国内一些学者和链条企业对 CVT 无级变速器链也进行了相关的研发。杭州东华链条集团有限公司于 2013 年负责承担了工业与信息化部的 CVT 无级变速器链工业强基项目。

随着市场需求的变化，链条产品系列也呈现了多元化趋势，在链条节距方面，在小节距范围内插入了新的标准的或非标准的节距，使小节距分布更密，更适用于不同工况的传动，呈现了“个性化”特征；在尺寸相同或相近的条件下，还派生出一系列不同疲劳强度、不同拉伸强度甚至不同磨损性能的变异产品。

国内多家企业通过产学研结合成功研发了汽车发动机正时链、机油泵链、燃油泵链、共轨泵链、平衡轴链、变速器与分动箱齿形链和 Hy-Vo 齿形链及其系统以及军用车辆链、航空用齿形链等新产品，实现了国产化的预期。同时，行业内多家重点骨干企业分别承担了国家发改委、财政部、工业与信息化部的科研项目、工业强基专项和成果推广项目，还分别承担了多项国家科技部的科技型中小企业技术创新基金项目。浙江的3家链条企业还分别承办了省级博士后科研工作站，与吉林大学、浙江大学等联合培养了4名博士后，探索并初步建立了产学研一体化的新模式。这些都为企业乃至行业的产品研发和技术发展奠定了必要的基础。

但是，应该指出，目前国内在新产品开发方面，还处于自主研发与仿制开发的并行阶段，虽然也取得了许多具有自主知识产权的研究成果，自主研发了许多新型链条产品，但距离国际先进水平还有较大差距，还没有真正实现由制造大国向制造强国的转变。

二、建议与展望

（1）行业内应重点建设好目前已获批准的3家国家级企业技术中心和5家具有较高技术水平和较强研发活力的以企业为主体的省级技术中心或研发中心，自主申报或与高等院校、科研院所联合申报各类国家级科研项目。同时，争取在“十三五”期间，通过产学研一体化的紧密合作和行业资源共享的强强联合与充分整合，条件成熟时可筹建并联合申报全行业的国家级高速链传动工程技术研究中心，打造行业的公共技术平台，建立行业的核心共性技术研发体系和行业的共性技术支撑体系。

（2）培养一批知识结构、专业结构、学历结构、年龄结构合理、热爱行业、热爱企业的工程技术人员队伍，重点骨干企业应培养和造就本企业的技术领军人物和专家型研发人员，改变目前许多重点骨干企业缺乏中高端技术人才（特别是缺乏高端技术人才和技术领军人物）的状况，有条件的企业应积极申报国家级博士后工作站，从而为行业的技术进步和自主创新奠定坚实的人才基础。

（3）行业应进一步推广应用与主机厂同步研发的并行设计技术，并有序开展系统设计与仿真分析技术、啮合机理分析、外啮合+内-外复合啮合齿形链和Hy-Vo齿形链的有序排列规律、双相链传动机理及其设计技术、新型齿形链和Hy-Vo齿形链的变异原理及其设计技术、链传动失效模式及其分析技术等项目的研究和应用，建立相关的可靠性数据库，从而提高科学技术对行业经济的贡献率。同时，深入研究喷丸、挤孔、强化预拉等对链条产品性能的影响规律，提出有利于产品升级换代的新工艺、新技术。

（4）应基于国际和国内两大市场的需求，以配套、维修、出口协调均衡的多元化途径，以系统开发和专业化生产的模式，适时调整我国的链条产品结构。基于链传动行业的技术现状、发展趋势与配套状况以及市场前景，建议2015—2020年链传动行业重点关注与研发的核心基础零部件产品为高强度耐腐蚀链、高品质农机链、高耐磨摩托车链、大功率汽车发动机正时链系统（含正时链、链轮、阻尼板、张紧板、张紧器等）、大功率船用发动机传动链、变异Hy-Vo齿形链系统（含变异Hy-Vo齿形链、链轮）、CVT无级变速器链、双相传动Hy-Vo齿形链系统（含双相传动Hy-Vo齿形链、双相传动交错齿链轮）等。

（5）研究适用于冶金、水泥、农机、船舶和石油化工等行业的高温、强腐蚀、强磨损链条的服役条件及其失效机理，研制能够模拟严酷服役条件的科学、实用的专用试验设备或试验装置，研究与分析不同工况下润滑油以及其他各种介质的属性及其对链条产品主要性能和可靠寿命的影响规律，提出适用于高温、强腐蚀、强磨损链条的新材料、新工艺和新技术，形成具有自主知识产权和核心竞争力的我国特种链条的品牌系列和有代表性的研发生产基地。这是一项具有前瞻性的共性技术研究工作。

（6）研制高速多轴链传动系统和变速器、分动箱链传动系统的模拟试验台，实时分析具有多约束边界条件下的高速多轴链传动系统的噪声频谱和温度场特性，试验研究和仿真分析系统的接触动态响应，提出具有自主知识产权的系统设计方法、试验规范和评价准则。

（7）建立新型齿形链和新型Hy-Vo齿形链的系列型谱，推进产品的升级换代，显著降低我国链传动行业对国外技术的依存度，争取在“十三五”末期，我国在这一领域内的研发水平、制造技术和产品质量达到国际较先进水平。

（8）研究链轮新齿形，重点研究多粉尘、剧烈冲击、重载工况下的套筒滚子链链轮新齿形，齿形链和Hy-Vo齿形链链轮新齿形，粉末冶金链轮新齿形和多相传动用交错齿链轮新齿形，从啮合机理入手，研究具有大负变位的渐开线齿形和其他新齿形，研究基于不同模数、不同压力角的啮合设计及其参数变换原理，研究加工特殊齿形的滚子链链轮滚刀、插齿刀和加工大负变位渐开线齿形的齿形链链轮以及Hy-Vo齿形链链轮滚刀、插齿刀的设计方法和检验方法。

（9）采取国内外、行业内外联合与协作的方式，研制新一代制链成套设备，重点研制具有预弯功能的新型套筒、滚子卷管机、套筒自动定向装配机、新型腰鼓形滚子多工位高精度冷挤机、研制链板的多工位高速多颗级进模全光亮冲裁新工艺，研制智能化的具有自动组装、挤孔、铆头、缺件检验、灵活性检验、预拉跑合、拆节和“环接”以及中心距在线检测等多功能的链条自动装配生产线，研发Hy-Vo齿形链异形销轴的加工设备与技术，研制Hy-Vo齿形链的组装设备，研发链条零件硬度的自动检测技术，研制链条销轴的金属复合渗的设备与“个性化”技术，研制CVT无级变速器链自动装配设备及焊接技术等，以改变目前国内现有的“设备与专机较陈旧，工艺水平、专业化和自动化程度较低，劳动生产率较低”的“离散化”生产模式，真正实现“以机代人”的具有智能化特征的新生产模式。同时，上述设备、专机和检测仪器的研制是链条产品上档次、上水平的重要保证。

（10）研发新一代智能化链式输送机、倍速输送机和高性能斗式提升机以及高温、腐蚀、粉尘等严酷服役条件下的新型链式输送机，满足主机厂的迫切需求，进一步打造和强化集主机机构、辅助装置、自动控制以及输送与传动链条为一体的链式输送机的研发和生产模式。

行业的技术发展历程表明，作为传统产业的链传动行业同样有其高层面的前沿研究领域，问题在于能否把握住技术发展趋势，构建具有前瞻性的行业和企业以及研究院所的技术发展规划，实现多学科交叉、关键技术的联合攻关、核心技术的自主创新。可以相信，在“中国制造2025”规划的引领下，在工业强基和加强核心基础零部件发展的国家战略指引下，通过行业的共同努力，以企业为主体，走“产学研”结合和强强联合之路，运用技术创新手段，实施系统集成开发战略，一定会不断地研发出具有我国自主知识产权的新产品、新技术、新理论和新方法，形成行业的核心竞争力，实现学科与行业、学术与技术、经济效益与社会效益的共赢。

〔撰稿人：吉林大学链传动研究所孟繁忠〕

统计资料

2013—2015年链传动行业主要经济指标

序号	指标名称	单位	2013年	2014年	2015年
1	工业总产值（当年价）	万元	957 332	951 031	826 240
	其中：新产品产值	万元	261 265	277 928	266 953
2	工业销售产值	万元	927 054	912 649	804 072
3	工业增加值	万元	181 875	190 369	165 986
4	出口创汇	万美元	54 100	51 549	41 771
5	产品销售收入	万元	920 019	896 722	787 594
	其中：工业链条销售收入	万元	721 395	705 340	602 720
6	利税总额	万元	75 766	76 763	71 155
7	产品产量				
	工业链条	万m	33 931	35 463	26 822
		t	569 548	556 984	491 980
	工业链轮	万只	4 936	4 963	5 212
		t	109 423	105 904	103 654
8	资产总值	万元	1 040 573	1 101 677	928 794

注：根据链传动分会部分企业上报数据统计，2013—2014年上报数据为63家企业，2015年上报数据为60家企业。

〔供稿人：链传动分会秘书处李树立〕

2013—2015年链传动行业工业总产值超亿元企业

2013年			2014年			2015年		
序号	企业名称	工业总产值（亿元）	序号	企业名称	工业总产值（亿元）	序号	企业名称	工业总产值（亿元）
1	杭州东华链条集团有限公司	142 160	1	杭州东华链条集团有限公司	174 888	1	杭州东华链条集团有限公司	166 019
2	浙江恒久机械集团有限公司	130 491	2	浙江恒久机械集团有限公司	136 863	2	浙江恒久机械集团有限公司	140 024
3	杭州永利百合实业有限公司	63 845	3	苏州环集团有限公司	64 390	3	苏州环集团有限公司	54 375
4	苏州环集团有限公司	53 970	4	杭州永利百合实业有限公司	62 893	4	浙江中益机械有限公司	52 066
5	浙江中益机械有限公司	53 090	5	浙江中益机械有限公司	55 055	5	杭州永利百合实业有限公司	50 145
6	诸暨链条总厂	45 117	6	诸暨链条总厂	45 106	6	诸暨链条总厂	44 087
7	山东中恒链传动有限公司	35 871	7	浙江华港链传动有限公司	37 680	7	武义县正达金属丝制品有限公司	30 970
8	浙江华港链传动有限公司	34 253	8	山东中恒链传动有限公司	37 664	8	浙江金盾链条制造有限公司	23 185
9	武义县正达金属丝制品有限公司	26 484	9	武义县正达金属丝制品有限公司	24 329	9	常州世界伟业链轮有限公司	17 953
10	杭州顺峰链业有限公司	21 849	10	嵊州市特种链轮有限公司	22 911	10	浙江永美链条有限公司	17 784

（续）

2013年			2014年			2015年		
序号	企业名称	工业总产值（亿元）	序号	企业名称	工业总产值（亿元）	序号	企业名称	工业总产值（亿元）
11	嵊州市特种链轮有限公司	21 182	11	杭州顺峰链业有限公司	21 487	11	杭州顺峰链业有限公司	17 739
12	浙江金盾链条制造有限公司	17 713	12	浙江金盾链条制造有限公司	20 151	12	黄山皖南机床有限公司	16 518
13	黄山皖南机床有限公司	16 193	13	黄山皖南机床有限公司	17 709	13	湖州双狮链传动有限公司	12 953
14	常州世界伟业链轮有限公司	15 886	14	常州世界伟业链轮有限公司	16 321	14	东阳市永美链条有限公司	12 784
15	武义东风链条有限公司	15 582	15	武义东风链条有限公司	16 154	15	武义东风链条有限公司	12 770
16	常州东吴链传动有限公司	15 217	16	常州东吴链传动有限公司	15 805	16	嵊州市特种链轮有限公司	12 440
17	浙江八方机械有限公司	14 625	17	浙江永美链条有限公司	14 963	17	浙江八方机械有限公司	11 345
18	浙江永美链条有限公司	13 385	18	浙江八方机械有限公司	14 804	18	杭州山水实业有限公司	10 778
19	东阳市永美链条有限公司	13 316	19	浙江建宏链传动材料有限公司	13 439	19	益阳赫山链条制造有限公司	10 710
20	浙江建宏链传动材料有限公司	13 165	20	湖州双狮链传动有限公司	12 796	20	浙江建宏链传动材料有限公司	10 253
21	杭州山水实业有限公司	13 103	21	江苏双菱链传动有限公司	12 094			
22	湖州双狮链传动有限公司	12 794	22	益阳赫山链条制造有限公司	11 794			
23	益阳赫山链条制造有限公司	11 569	23	杭州山水实业有限公司	11 583			
24	江苏双菱链传动有限公司	11 390	24	苏州大唐金属型材有限公司	11 164			
25	浙江神牛机械制造有限公司	10 008	25	东阳市永美链条有限公司	10 885			

注：根据链传动分会部分企业上报数据统计，2013—2015年上报数据均为61家企业。

〔供稿人：链传动分会秘书处李树立〕

2013—2015年链传动行业销售收入前50名企业

2013年			2014年			2015年		
序号	企业名称	销售收入（万元）	序号	企业名称	销售收入（万元）	序号	企业名称	销售收入（万元）
1	杭州东华链条集团有限公司	130 569	1	杭州东华链条集团有限公司	160 878	1	杭州东华链条集团有限公司	146 635
2	浙江恒久机械集团有限公司	122 928	2	浙江恒久机械集团有限公司	132 071	2	浙江恒久机械集团有限公司	135 293
3	苏州环球集团有限公司	62 262	3	苏州环球集团有限公司	66 611	3	苏州环球集团有限公司	58 500
4	杭州永利百合实业有限公司	58 192	4	浙江中益机械有限公司	54 524	4	浙江中益机械有限公司	52 052
5	浙江中益机械有限公司	52 721	5	杭州永利百合实业有限公司	51 754	5	杭州永利百合实业有限公司	46 915
6	诸暨链条总厂	43 102	6	诸暨链条总厂	42 529	6	诸暨链条总厂	41 800
7	山东中恒链传动有限公司	35 871	7	山东中恒链传动有限公司	37 664	7	武义县正达金属丝制品有限公司	30 970
8	浙江华港链传动有限公司	33 904	8	浙江华港链传动有限公司	36 815	8	浙江金盾链条制造有限公司	19 944
9	武义县正达金属丝制品有限公司	26 484	9	武义县正达金属丝制品有限公司	24 329	9	黄山皖南机床有限公司	18 007
10	杭州顺峰链业有限公司	19 503	10	黄山皖南机床有限公司	20 235	10	杭州顺峰链业有限公司	17 999
11	黄山皖南机床有限公司	17 068	11	杭州顺峰链业有限公司	19 124	11	浙江永美链条有限公司	17 298
12	浙江金盾链条制造有限公司	16 179	12	浙江金盾链条制造有限公司	17 365	12	常州世界伟业链轮有限公司	15 007
13	常州东吴链传动制造有限公司	15 217	13	武义东风链条有限公司	15 576	13	湖州双狮链传动有限公司	12 950
14	武义东风链条有限公司	15 195	14	常州世界伟业链轮有限公司	15 019	14	东阳市永美链条有限公司	12 784
15	浙江建宏链传动材料有限公司	14 798	15	浙江永美链条有限公司	14 848	15	浙江建宏链传动材料有限公司	12 166
16	常州世界伟业链轮有限公司	13 518	16	嵊州市特种链轮有限公司	14 651	16	嵊州市特种链轮有限公司	12 104
17	浙江八方机械有限公司	13 344	17	浙江建宏链传动材料有限公司	14 644	17	江苏双菱链传动有限公司	11 969

（续）

2013年			2014年			2015年		
序号	企业名称	销售收入（万元）	序号	企业名称	销售收入（万元）	序号	企业名称	销售收入（万元）
18	东阳市永美链条有限公司	13 316	18	浙江八方机械有限公司	13 600	18	武义东风链条有限公司	11 787
19	浙江永美链条有限公司	13 283	19	苏州大唐金属型材有限公司	13 067	19	浙江八方机械有限公司	11 184
20	杭州山水实业有限公司	13 253	20	湖州双狮链传动有限公司	12 757	20	杭州山水实业有限公司	10 778
21	湖州双狮链传动有限公司	12 754	21	益阳赫山链条制造有限公司	11 735	21	益阳赫山链条制造有限公司	10 625
22	嵊州市特种链轮有限公司	12 426	22	杭州山水实业有限公司	11 583	22	苏州大唐金属型材有限公司	10 083
23	益阳赫山链条制造有限公司	11 569	23	江苏双菱链传动有限公司	11 495	23	常州东吴链传动制造有限公司	9 893
24	苏州大唐金属型材有限公司	11 367	24	东阳市永美链条有限公司	10 885	24	浙江神牛机械制造有限公司	9 180
25	江苏双菱链传动有限公司	10 833	25	常州东吴链传动制造有限公司	10 244	25	重庆长江链条有限公司	8 523
26	浙江神牛机械制造有限公司	9 954	26	浙江神牛机械制造有限公司	10 061	26	常州盛天传动件有限公司	8 312
27	浙江百强传动实业有限公司	9 006	27	浙江恒昌链条有限公司	9 275	27	浙江恒昌链条有限公司	8 047
28	常州盛天传动件有限公司	8 517	28	重庆长江链条有限公司	8 493	28	杭州西林链条制造有限公司	7 906
29	浙江华达机械有限公司	8 131	29	杭州西林链条制造有限公司	7 900	29	杭州源景链传动有限公司	6 354
30	杭州西林链条制造有限公司	7 960	30	常州盛天传动件有限公司	7 891	30	金华鸿烁链条有限公司	6 113
31	重庆长江链条有限公司	7 883	31	浙江华达机械有限公司	7 600	31	绩溪黄山实业有限公司	5 993
32	绩溪黄山实业有限公司	7 100	32	绩溪黄山实业有限公司	6 525	32	杭州钱江链传动有限公司	4 565
33	浙江恒昌链条有限公司	6 001	33	杭州源景链传动有限公司	5 990	33	上海大隆链条厂有限公司	4 223
34	上海大隆链条厂有限公司	5 986	34	金华鸿烁链条有限公司	5 525	34	江苏泰州市精工链条总厂	4 125
35	江苏泰州市精工链条总厂	5 135	35	上海大隆链条厂有限公司	4 821	35	南京利民机械有限公司	3 924
36	大连亿得机械制造有限公司	4 762	36	江苏泰州市精工链条总厂	4 560	36	山东中恒链传动有限公司	3 801
37	杭州源景链传动有限公司	4 688	37	株洲市特种链条厂	3 950	37	齐齐哈尔链传动有限公司	3 515
38	株洲市特种链条厂	4 100	38	杭州钱江链传动有限公司	3 761	38	株洲市特种链条厂	3 449
39	湖州迪欧勒机械链轮有限公司	3 297	39	齐齐哈尔链传动有限公司	3 466	39	湖州南浔通惠金洁链条制造有限公司	3 161
40	湖州南浔通惠金洁链条制造有限公司	3 206	40	南京利民机械有限公司	3 268	40	大连亿得机械制造有限公司	2 700
41	杭州钱江链传动有限公司	3 051	41	苏州市富龙不锈钢链条厂	3 025	41	苏州市富龙不锈钢链条厂	2 674
42	齐齐哈尔链传动有限公司	2 930	42	大连亿得机械制造有限公司	2 848	42	苏州吴中区输送链条厂	2 356
43	葫芦岛鼎立达机械工业有限公司	2 253	43	湖州南浔通惠金洁链条制造有限公司	2 718	43	安徽绩溪徽山链传动有限公司	2 191
44	苏州市富龙不锈钢链条厂	2 228	44	葫芦岛鼎立达机械工业有限公司	2 439	44	葫芦岛鼎立达机械工业有限公司	1 945
45	苏州吴中区输送链条厂	1 987	45	湖州迪欧勒机械链轮有限公司	2 246	45	浙江福航工贸有限公司	1 713
46	浙江福航工贸有限公司	1 884	46	苏州吴中区输送链条厂	2 221	46	无锡南方链条厂	1 622
47	杭州胜狮链条实业有限公司	1 802	47	安徽绩溪徽山链传动有限公司	2 191	47	杭州云峰链条有限公司	1 498
48	杭州云峰链条有限公司	1 775	48	常州市永强链传动有限公司	1 990	48	常州市永强链传动有限公司	1 400
49	浙江诸暨建设链条制造有限公司	1 762	49	浙江福航工贸有限公司	1 954	49	湖州迪欧勒机械链轮有限公司	1 385
50	常州市永强链传动有限公司	1 734	50	杭州云峰链条有限公司	1 717	50	杭州胜狮链条实业有限公司	1 366

注：根据链传动分会部分企业上报数据统计，2013—2015年上报数据均为61家企业。

〔供稿人：链传动分会秘书处李树立〕

2013—2015年链传动行业工业链条产量前40名企业

2013年			2014年			2015年		
序号	企业名称	产量（t）	序号	企业名称	产量（t）	序号	企业名称	产量（t）
1	浙江恒久机械集团有限公司	97 763	1	杭州东华链条集团有限公司	118 810	1	杭州东华链条集团有限公司	112 785
2	杭州东华链条集团有限公司	96 578	2	浙江恒久机械集团有限公司	98 690	2	浙江恒久机械集团有限公司	102 868
3	杭州永利百合实业有限公司	49 000	3	苏州环球集团有限公司	44 407	3	苏州环球集团有限公司	37 500
4	苏州环球集团有限公司	43 538	4	浙江华港链传动有限公司	36 850	4	杭州永利百合实业有限公司	36 275
5	浙江华港链传动有限公司	34 425	5	杭州永利百合实业有限公司	36 165	5	诸暨链条总厂	32 445
6	诸暨链条总厂	31 989	6	诸暨链条总厂	33 196	6	杭州顺峰链业有限公司	17 011
7	山东中恒链传动有限公司	29 952	7	山东中恒链传动有限公司	31 450	7	浙江永美链条有限公司	15 542
8	浙江八方机械有限公司	15 414	8	杭州顺峰链业有限公司	19 325	8	武义东风链条有限公司	14 792
9	浙江永美链条有限公司	13 805	9	浙江八方机械有限公司	15 989	9	浙江金盾链条制造有限公司	13 189
10	浙江金盾链条制造有限公司	13 625	10	浙江永美链条有限公司	13 056	10	东阳市永美链条有限公司	12 252
11	武义东风链条有限公司	12 863	11	武义东风链条有限公司	11 935	11	浙江八方机械有限公司	11 929
12	常州东吴链传动制造有限公司	12 680	12	常州东吴链传动制造有限公司	10 619	12	杭州山水实业有限公司	9 931
13	东阳市永美链条有限公司	12 135	13	浙江金盾链条制造有限公司	10 266	13	湖州双狮链传动有限公司	9 515
14	杭州山水实业有限公司	10 869	14	杭州山水实业有限公司	10 035	14	江苏双菱链传动有限公司	9 342
15	湖州双狮链传动有限公司	9 451	15	东阳市永美链条有限公司	9 973	15	浙江恒昌链条有限公司	7 821
16	浙江神牛机械制造有限公司	8 377	16	湖州双狮链传动有限公司	9 461	16	重庆长江链条有限公司	7 820
17	江苏双菱链传动有限公司	7 208	17	江苏双菱链传动有限公司	8 063	17	浙江神牛机械制造有限公司	7 793
19	重庆长江链条有限公司	6 300	18	浙江神牛机械制造有限公司	8 061	18	常州东吴链传动制造有限公司	7 610
19	益阳赫山链条制造有限公司	5 780	19	浙江恒昌链条有限公司	7 949	19	金华鸿烁链条有限公司	6 150
20	浙江恒昌链条有限公司	5 726	20	重庆长江链条有限公司	7 200	20	杭州西林链条制造有限公司	5 341
21	杭州西林链条制造有限公司	5 565	21	益阳赫山链条制造有限公司	5 803	21	益阳赫山链条制造有限公司	5 220
22	泰州市精工链条总厂	5 366	22	杭州西林链条制造有限公司	5 330	22	杭州源景链传动有限公司	4 682
23	杭州顺峰链业有限公司	4 339	23	金华鸿烁链条有限公司	5 130	23	泰州市精工链条总厂	4 384
24	杭州钱江链传动有限公司	4 308	24	泰州市精工链条总厂	4 852	24	上海大隆链条厂有限公司	3 780
25	杭州源景链传动有限公司	3 760	25	杭州源景链传动有限公司	4 608	25	山东中恒链传动有限公司	3 608
26	上海大隆链条厂有限公司	2 942	26	杭州钱江链传动有限公司	2 850	26	杭州钱江链传动有限公司	3 417
27	齐齐哈尔链传动有限公司	2 390	27	苏州大唐金属型材有限公司	2 432	27	大连亿得机械制造有限公司	3 250
28	株洲市特种链条厂	2 180	28	株洲市特种链条厂	2 100	28	浙江福航工贸有限公司	2 305
29	浙江福航工贸有限公司	2 122	29	浙江福航工贸有限公司	2 059	29	株洲市特种链条厂	1 916
30	常州市永强链传动有限公司	2 079	30	齐齐哈尔链传动有限公司	2 038	30	常州市永强链传动有限公司	1 620
31	大连亿得机械制造有限公司	2 065	31	上海大隆链条厂有限公司	2 023	31	杭州云峰链条有限公司	1 486
32	浙江诸暨建设链条制造有限公司	1 740	32	常州市永强链传动有限公司	2 000	32	安徽绩溪徽山链传动有限公司	1 464
33	杭州云峰链条有限公司	1 645	33	南京利民机械有限责任公司	1 796	33	南京利民机械有限责任公司	1 217
34	杭州胜狮链条实业有限公司	1 516	34	杭州云峰链条有限公司	1 620	34	湖州南浔通惠金洁链条制造有限公司	1 216
35	湖州南浔通惠金洁链条制造有限公司	1 233	35	葫芦岛鼎立达机械工业有限公司	1 521	35	常州飞马链传动有限公司	1 190
36	苏州巨人动力链条有限公司	930	36	安徽绩溪徽山链传动有限公司	1 464	36	齐齐哈尔链传动有限公司	1 154

（续）

2013 年			2014 年			2015 年		
序号	企业名称	产量(t)	序号	企业名称	产量(t)	序号	企业名称	产量(t)
37	苏州大唐金属型材有限公司	912	37	大连亿得机械制造有限公司	1 200	37	苏州市富龙不锈钢链条厂	1 042
38	安徽绩溪徽山链传动有限公司	890	38	湖州南浔通惠金洁链条制造有限公司	1 045	38	杭州胜狮链条实业有限公司	995
39	烟台宏祥玛钢铸造有限公司	830	39	烟台宏祥玛钢铸造有限公司	1 000	39	苏州巨人动力链条有限公司	830
40	苏州吴中区输送链条厂	710	40	杭州铁陵链条总厂	963	40	苏州吴中区输送链条厂	660

注：根据链传动分会部分企业上报数据统计，2013—2015 年上报数据均为 61 家企业。

〔供稿人：链传动分会秘书处李树立〕

2013—2015 年工业链条产品进出口统计

项目		进口			出口		
		2013 年	2014 年	2015 年	2013 年	2014 年	2015 年
摩托车用鼓子链	金额：(万美元)	326.02	135.87	93.98	29 491.13	27 779.71	23 248.74
	数量：(kg)	198 631	109 395	104 606	80 583 209	87 569 465	81 822 226
	单价（美元 /kg）	16.41	12.42	8.98	3.66	3.18	2.84
其他滚子链	金额：(万美元)	6 319.55	6 682.75	6 603.61	32 416.55	38 244.16	35 598.46
	数量：(kg)	4 556 963	4 564 235	4 671 862	124 118 663	143 446 862	133 201 294
	单价（美元 /kg）	13.87	14.64	14.14	2.61	2.67	2.67
其他铰接链	金额：(万美元)	5 810.91	5 711.97	4 598.64	2 809.47	3 817.96	5 211.11
（滚子链除外）	数量：(kg)	6 020 943	5 654 372	4 400 332	10 809 930	12 941 638	21 913 264
	单价（美元 kg）	9.65	10.10	10.45	2.60	2.95	2.38
铰接链的零件	金额：(万美元)	3 624.32	2 808.84	1 408.29	5 351.25	5 904.37	5 318.35
	数量：(kg)	5 276 479	4 409 652	2 655 298	19 038 762	21 655 626	20 863 494
	单价（美元 /kg）	6.87	6.37	5.30	2.81	2.73	2.55
其他焊接链	金额：(万美元)	4 951.61	6 379.48	4 235.73	31 454.05	32 721.33	28 078.24
	数量：(kg)	8 732 289	10 781 734	8 298 412	190 416 483	201 881 082	192 028 022
	单价（美元 /kg）	5.67	5.92	5.11	1.65	1.62	1.46
未列名钢铁链	金额：(万美元)	4 441.59	2 153.78	2 355.07	13 205.04	13 579.26	11 234.67
	数量：(kg)	6 173 992	2 239 510	2 665 713	52 350 164	49 136 326	42 974 534
	单价（美元 /kg）	7.19	9.62	8.83	2.52	2.76	2.61
铰（铰接链除外）的零件	金额：(万美元)	1 748.60	2 120.21	1 412.74	1 237.35	1 442.57	1 918.70
	数量：(kg)	777 410	1 016 887	772 794	4 526 097	4 765 595	4 583 447
	单价（美元 /kg）	22.49	20.85	18.28	2.73	3.03	4.19
合　计	金额：(万美元)	27 222.60	25 988.90	20 793.54	115 964.84	123 489.36	116 402.07
	数量：(kg)	31 736 707	30 775 785	23 762 694	481 843 308	521 396 594	527 405 359
	单价（美元 /kg）	8.58	8.45	8.75	2.41	2.37	2.21

注：根据链传动分会部分企业上报数据统计，2013—2015 年上报数据均为 61 家企业。

〔供稿人：链传动分会秘书处李树立〕

2013—2015 年链传动行业出口额前 30 名企业

2013 年			2014 年			2015 年		
序号	企业名称	创汇额（万美元）	序号	企业名称	创汇额（万美元）	序号	企业名称	创汇额（万美元）
1	浙江恒久机械集团有限公司	7 945	1	杭州东华链条集团有限公司	7 332	1	浙江恒久机械集团有限公司	6 770
2	杭州永利百合实业有限公司	7 821	2	浙江恒久机械集团有限公司	7 277	2	杭州东华链条集团有限公司	6 747
3	杭州东华链条集团有限公司	6 016	3	杭州永利百合实业有限公司	6 539	3	浙江中益机械有限公司	5 195
4	浙江中益机械有限公司	5 393	4	浙江中益机械有限公司	5 454	4	杭州永利百合实业有限公司	4 365
5	诸暨链条总厂	2 788	5	诸暨链条总厂	2 853	5	苏州环球集团有限公司	2 538
6	常州世界伟业链轮有限公司	2 309	6	苏州环球集团有限公司	2 635	6	诸暨链条总厂	2 317
7	浙江华港链传动有限公司	2 280	7	常州世界伟业链轮制造有限公司	2 265	7	常州世界伟业链轮制造有限公司	1 861
8	苏州环球集团有限公司	1 906	8	武义东风链条有限公司	1 772	8	浙江金盾链条制造有限公司	1 552
9	武义东风链条有限公司	1 615	9	山东中恒链传动有限公司	1 680	9	杭州山水实业有限公司	1 323
10	山东中恒链传动有限公司	1 600	10	嵊州市特种链轮有限公司	1 453	10	嵊州市特种链轮有限公司	1 170
11	杭州山水实业有限公司	1 277	11	杭州山水实业有限公司	1 379	11	浙江恒昌链条有限公司	935
12	嵊州市特种链轮有限公司	1 208	12	浙江金盾链条制造有限公司	1 363	12	杭州西林链条制造有限公司	921
13	浙江八方机械有限公司	1 181	13	浙江恒昌链条有限公司	1 165	13	杭州源景链传动有限公司	892
14	浙江金盾链条制造有限公司	1 028	14	浙江八方机械有限公司	982	14	武义东风链条有限公司	798
15	杭州西林链条制造有限公司	847	15	杭州西林链条制造有限公司	936	15	常州盛天传动件有限公司	692
16	浙江百强传动实业有限公司	814	16	浙江神牛机械制造有限公司	901	16	江苏双菱链传动有限公司	676
17	浙江恒昌链条有限公司	800	17	常州盛天传动件有限公司	805	17	浙江永美链条有限公司	584
18	常州盛天传动件有限公司	792	18	杭州源景链传动有限公司	768	18	杭州顺峰链业有限公司	548
19	杭州源景链传动有限公司	789	19	江苏双菱链传动有限公司	751	19	浙江神牛机械制造有限公司	511
20	江苏双菱链传动有限公司	748	20	浙江永美链条有限公司	584	20	黄山皖南机床有限公司	499
21	浙江永美链条有限公司	700	21	杭州顺峰链业有限公司	538	21	杭州钱江链传动有限公司	419
22	大连亿得机械制造有限公司	675	22	黄山皖南机床有限公司	451	22	浙江八方机械有限公司	332
23	杭州顺峰链业有限公司	632	23	大连亿得机械制造有限公司	445	23	常州东吴链传动制造有限公司	311
24	浙江神牛机械制造有限公司	597	24	杭州钱江链传动有限公司	409	24	大连亿得机械制造有限公司	310
25	常州东吴、黄山皖南机床	395	25	常州东吴链传动制造有限公司	328	25	山东中恒链传动有限公司	297
26	杭州钱江链传动有限公司	383	26	金华鸿烁链条有限公司	300	26	金华鸿烁链条有限公司	290
27	湖州迪欧勒机械链轮有限公司	376	27	安徽绩溪徽山链传动有限公司	202	27	南京利民机械有限责任公司	272
28	湖州双狮链传动有限公司	221	28	湖州迪欧勒机械链轮有限公司	200	28	绩溪黄山实业有限公司	218
29	安徽绩溪徽山链传动有限公司	172	29	南京利民机械有限责任公司	159	29	上海大隆链条厂有限公司	210
30	湖州南浔通惠金洁链条制造有限公司	80	30	湖州双狮链传动有限公司	142	30	安徽绩溪徽山链传动有限公司	202

注：根据链传动分会部分企业上报数据统计，2013—2014 年上报数据均为 63 企业。2015 年上报数据为 60 家企业。

〔供稿人：链传动分会秘书处李树立〕

2013—2015 年我国出口工业链条前 10 位的国家和地区

2013 年					2014 年					2015 年				
序号	国家或地区	数量（t）	金额（万美元）	单价（美元/kg）	序号	国家或地区	数量（t）	金额（万美元）	单价（美元/kg）	序号	国家或地区	数量（t）	金额（万美元）	单价（美元/kg）
1. 摩托车用滚子链条					1. 摩托车用滚子链条					1. 摩托车用滚子链条				
1	印度尼西亚	11 641	2 777.01	2.386	1	巴西	15 405	3 030.96	1.968	1	巴西	9 380	1 948.68	2.077
2	巴西	9 746	1 953.38	2.004	2	印度尼西亚	10 091	2 526.05	2.503	2	印度尼西亚	8 844	1 911.32	2.161
3	尼日利亚	8 707	2 344.25	2.692	3	尼日利亚	6 990	2 261.58	3.235	3	尼日利亚	8 124	1 851.65	2.279
4	马来西亚	7 331	2 768.22	3.776	4	马来西亚	5 549	2 058.22	3.709	4	巴基斯坦	4 047	912.03	2.254
5	越南	3 699	8 586.09	23.211	5	哥伦比亚	3 537	687.63	1.944	5	越南	3 839	2 465.34	6.422
6	菲律宾	2 811	532.67	1.895	6	巴基斯坦	3 126	735.48	2.353	6	菲律宾	3 763	865.12	2.299
7	阿联酋	2 601	701.80	2.698	7	伊朗	3 001	640.16	2.133	7	哥伦比亚	3 171	625.08	1.971
8	印度	2 582	721.65	2.795	8	菲律宾	2 974	547.38	1.841	8	马来西亚	3 116	1 137.84	3.651
9	巴基斯坦	2 455	568.16	2.314	9	秘鲁	2 821	482.30	1.710	9	伊朗	2 825	828.99	2.934
10	哥伦比亚	2 174	420.96	1.936	10	阿根廷	2 620	491.30	1.875	10	秘鲁	2 731	443.27	1.623
合　计		53 748	21 374.19	3.977	合　计		56 113	13 461.06	2.399	合　计		49 841	12 989.32	2.606
2. 其他滚子链					2. 其他滚子链					2. 其他滚子链				
1	美国	18 360	5 214.54	2.840	1	美国	21 257	5 927.28	2.790	1	美国	21 058	5 856.21	2.781
2	荷兰	8 958	2 461.20	2.748	2	德国	10 117	2 742.80	2.710	2	德国	9 835	2 517.92	2.560
3	俄罗斯联邦	8 784	1 566.97	1.784	3	荷兰	8 654	2 506.97	2.900	3	荷兰	7 379	1 928.69	2.614
4	德国	8 678	2 574.04	2.966	4	巴西	8 547	1 841.06	2.15 0	4	俄罗斯联邦	6 135	1 070.86	1.745
5	巴西	7 782	1 751.27	2.251	5	俄罗斯联邦	8 502	1 467.38	1.730	5	马来西亚	5 707	1 588.53	2.784
6	马来西亚	6 661	1 646.99	2.473	6	印度	6 759	1 254.39	1.860	6	巴西	5 295	1 163.50	2.197
7	韩国	5 380	1 309.31	2.434	7	马来西亚	6 675	1 728.26	2.590	7	日本	5 041	1 447.47	2.872
8	日本	5 143	1 659.30	3.226	8	韩国	5 481	1 243.75	2.270	8	印度	4 791	898.91	1.876
9	印度	4 832	913.86	1.891	9	日本	5 285	1 607.57	3.04 0	9	越南	3 949	1 530.31	3.876
10	印度尼西亚	3 745	960.43	2.564	10	印度尼西亚	5 178	1 300.24	2.510	10	印度尼西亚	3 606	882.56	2.448
合　计		78 322	20 057.91	2.561	合　计		86 456	21 619.70	2.500	合　计		72 794	18 884.96	2.594
3. 其他铰接链（滚子链除外）					3. 其他铰接链（滚子链除外）					3. 其他铰接链（滚子链除外）				
1	美国	2 315	624.43	2.698	1	美国	3 562	996.56	2.800	1	美国	4 771	1 328.84	2.785
2	俄罗斯联邦	1 080	277.61	2.571	2	英国	850	199.48	2.350	2	越南	1 781	250.17	1.405
3	英国	865	174.87	2.022	3	德国	841	265.50	3.160	3	印度尼西亚	1 458	237.02	1.626
4	马来西亚	620	78.02	1.259	4	荷兰	798	225.56	2.830	4	德国	1 191	350.82	2.945
5	德国	527	197.33	3.746	5	韩国	663	153.94	2.320	5	马来西亚	1 147	157.40	1.372
6	韩国	516	119.68	2.319	6	日本	597	206.69	3.460	6	英国	969	213.55	2.205
7	日本	512	185.78	3.632	7	俄罗斯联邦	554	157.69	2.840	7	荷兰	888	236.02	2.657
8	意大利	410	122.92	2.998	8	比利时	544	137.41	2.530	8	韩国	872	200.16	2.295
9	比利时	409	94.75	2.318	9	马来西亚	503	61.95	1.230	9	印度	831	137.49	1.655
10	越南	385	74.10	1.926	10	巴西	442	146.51	3.320	10	加拿大	812	186.86	2.302
合　计		7 637	1 949.49	2.553	合　计		9 354	2 551.29	2.730	合　计		14 720	3 111.47	2.114

（续）

2013年					2014年					2015年				
序号	国家或地区	数量（t）	金额（万美元）	单价（美元/kg）	序号	国家或地区	数量（t）	金额（万美元）	单价（美元/kg）	序号	国家或地区	数量（t）	金额（万美元）	单价（美元/kg）
4. 铰接链的零件					4. 铰接链的零件					4. 铰接链的零件				
1	日本	7 112	1 987.30	2.794	1	日本	8 118	2 320.34	2.858	1	日本	5 673	1 633.29	2.879
2	美国	2 827	770.66	2.726	2	美国	2 261	623.09	2.756	2	美国	2 443	716.32	2.932
3	马来西亚	1 318	433.26	3.287	3	马来西亚	1 732	495.15	2.859	3	巴基斯坦	1 991	174.29	0.876
4	泰国	1 310	250.72	1.914	4	韩国	1 196	264.10	2.208	4	马来西亚	1 700	483.95	2.847
5	德国	923	304.65	3.300	5	泰国	1 180	223.22	1.892	5	韩国	1 381	299.19	2.166
6	巴西	823	217.07	2.639	6	印度尼西亚	1 145	168.11	1.469	6	泰国	870	158.65	1.824
7	印度尼西亚	595	150.59	2.529	7	德国	892	282.24	3.165	7	德国	838	255.08	3.046
8	越南	559	71.90	1.286	8	巴西	869	224.99	2.590	8	越南	836	89.23	1.067
9	韩国	515	135.43	2.627	9	越南	665	80.93	1.217	9	英国	717	252.00	3.513
10	英国	444	158.86	3.581	10	英国	610	273.44	4.485	10	印度尼西亚	717	78.79	1.100
	合　计	16 427	4 480.44	2.728		合　计	18 665	4 955.61	2.655		合　计	17 164	4 140.79	2.412
5. 其他焊接链					5. 其他焊接链					5. 其他焊接链				
1	美国	42 830	7 022.34	1.640	1	美国	41 257	6 625.25	1.606	1	美国	44 717	6 289.47	1.407
2	加拿大	14 270	2 215.79	1.550	2	加拿大	14 661	2 335.40	1.593	2	加拿大	11 911	1 722.42	1.446
3	巴西	13 360	2 697.36	2.020	3	挪威	9 891	1 636.10	1.654	3	英国	9 873	1 887.36	1.912
4	澳大利亚	6 877	1 181.79	1.720	4	巴西	8 004	1 575.30	1.968	4	挪威	8 661	1 544.56	1.783
5	日本	6 527	1 215.14	1.860	5	新加坡	7 607	1 342.91	1.765	5	巴西	8 242	1 378.42	1.672
6	韩国	6 432	1 034.73	1.610	6	俄罗斯联邦	7 063	1 134.09	1.606	6	韩国	6 797	923.94	1.359
7	俄罗斯联邦	6 334	1 047.42	1.650	7	日本	7 040	1 295.26	1.840	7	日本	6 571	1 101.98	1.677
8	挪威	6 103	995.56	1.630	8	韩国	6 656	1 045.93	1.571	8	澳大利亚	5 433	837.52	1.542
9	印度尼西亚	4 911	546.29	1.110	9	马来西亚	6 511	1 192.74	1.832	9	俄罗斯联邦	5 211	683.28	1.311
10	丹麦	4 746	1 112.96	2.350	10	澳大利亚	6 344	1 040.59	1.640	10	新加坡	4 940	892.56	1.807
	合　计	107 644	19 069.38	1.770		合　计	115 034	19 223.57	1.671		合　计	112 356	17 261.51	1.536
6. 未列名钢铁链					6. 未列名钢铁链					6. 未列名钢铁链				
1	美国	9 277	2 521.44	2.718	1	美国	8 828	2 357.79	2.671	1	美国	7 134	1 926.49	2.700
2	德国	2 830	882.90	3.120	2	越南	3 121	1 309.54	4.196	2	德国	2 898	900.52	3.107
3	马来西亚	2 460	557.22	2.265	3	德国	2 796	985.05	3.524	3	英国	2 172	584.38	2.691
4	越南	2 263	493.53	2.181	4	加拿大	2 725	715.20	2.624	4	越南	2 047	511.03	2.497
5	加拿大	2 204	610.21	2.769	5	马来西亚	2 330	536.57	2.303	5	马来西亚	1 973	482.29	2.444
6	印度尼西亚	2 120	400.82	1.891	6	英国	2 004	539.28	2.691	6	印度尼西亚	1 841	288.01	1.564
7	比利时	1 763	307.56	1.744	7	比利时	1 811	324.94	1.794	7	加拿大	1 524	428.03	2.808
8	俄罗斯联邦	1 587	316.27	1.993	8	荷兰	1 440	472.25	3.278	8	荷兰	1 511	299.32	1.981
9	英国	1 460	380.88	2.609	9	印度尼西亚	1 402	266.58	1.901	9	巴西	1 200	227.10	1.893
10	澳大利亚	1 404	355.07	2.529	10	澳大利亚	1 358	327.17	2.409	10	澳大利亚	1 170	293.71	2.511
	合　计	27 367	6 825.90	2.494		合　计	27 816	7 834.37	2.816		合　计	23 469	5 940.88	2.531

（续）

2013年					2014年					2015年				
序号	国家或地区	数量（t）	金额（万美元）	单价（美元/kg）	序号	国家或地区	数量（t）	金额（万美元）	单价（美元/kg）	序号	国家或地区	数量（t）	金额（万美元）	单价（美元/kg）
7. 链（铰接链除外）的零件					7. 链（铰接链除外）的零件					7. 链（铰接链除外）的零件				
1	印度尼西亚	1 416	180.16	1.270	1	印度尼西亚	627	100.36	1.601	1	美国	521	191.46	3.676
2	中国台湾	519	86.01	1.660	2	中国台湾	567	99.71	1.759	2	中国台湾	507	111.87	2.205
3	美国	345	108.30	3.140	3	韩国	561	242.63	4.327	3	俄罗斯联邦	416	158.11	3.805
4	韩国	312	123.33	3.950	4	美国	350	98.80	2.826	4	巴西	374	513.18	13.716
5	巴基斯坦	283	35.18	1.240	5	巴西	242	55.52	2.295	5	韩国	369	160.50	4.355
6	印度	171	30.92	1.810	6	巴基斯坦	233	23.04	0.990	6	印度尼西亚	307	45.07	1.469
7	马来西亚	149	31.31	2.100	7	印度	181	37.57	2.080	7	芬兰	224	38.75	1.729
8	丹麦	117	50.83	4.350	8	日本	168	47.56	2.838	8	印度	200	42.91	2 .143
9	日本	112	34.58	3.090	9	马来西亚	159	43.69	2.755	9	日本	193	38.45	1.987
10	芬兰	104	26.74	2.580	10	荷兰	142	138.96	9.803	10	泰国	170	33.11	1.944
	合　计	3 527	707.36	2.010		合　计	3 227	887.84	2.751		合　计	3 282	1 333.41	4.063

〔供稿人：链传动分会秘书处李树立〕

企业概况

链传动行业重点企业介绍

杭州东华链条集团有限公司

在当前国内外经济环境整体下行的情况下，2015 年我国链条行业也成为 30 年来效益唯一没有增长的年份。杭州东华链条集团有限公司（以下简称东华集团）是世界知名的链条制造企业，公司结合自身特点，通过拓展市场、机器换人、技术创新等一系列举措，成本倒逼，迎难而上，摸索出一条稳健的发展之路。特别是 2015 年以来，东华扶梯链条逆势大幅增长，与 2014 年相比，1—10 月销售额同比增长 26.5%，产值同比增长 29%，全年销售额增长约 25%，产值增长约 30%，成为企业新的经济增长点。

一、开拓市场，产品覆盖交通运输各领域

2014 年以来，我国机械制造业大环境整体不理想，在这种情况下，精准的市场定位显得尤为重要。东华扶梯链的市场定位在中高端扶梯市场，主要与国内外一线电梯公司进行 OEM 配套，其中包括迅达、OTIS、通力、日立、三菱、蒂森克虏伯、CNIM 和永大等国际知名品牌以及康力、斯沃德等国内知名品牌。

面对 2015 年扶梯市场订单下滑的严峻形势，国内外一线品牌电梯公司纷纷放下身段，在轻型商用扶梯领域，采取了有效的价格竞争措施，抢占原本属于二三线电梯公司的市场订单，总体上使一线品牌电梯公司的订单没有出现下滑。同时，由于国内近年来加大了基础设施建设，特别是轨道交通建设，公交型扶梯市场蓬勃发展。因为公交型扶梯的安全性等方面的要求比较高，基本被一线品牌电梯公司所占领。2015 年，公交型扶梯方面的订单有明显增加，这也为东华集团更好地抢占扶梯链市场奠定了良好的基础。

目前，东华扶梯链主要覆盖的领域是交通运输领域和场馆建设领域，包括地铁、高铁、机场、过街天桥、会议场馆和商场等设施。参与的国外著名项目有纽约新世贸大楼、洛杉矶机场、纽约地铁、伦敦地铁、印度地铁和新加坡地铁等。国内主要有杭州地铁、上海世博会场馆、武广线高铁、虹桥机场、北京地铁、苏州地铁、广州地铁和香港地铁等。

二、成本倒逼，以高性价比赢得市场

近几年，国内外扶梯链同质化下的价格竞争已经白热化，东华扶梯链事业部进行成本倒逼，以高性价比赢得市场。如通过“机器代人”、技术创新、流程优化和加强管理等举措，成效显著。

走进扶梯链事业部，给参观者最大的感触就是偌大的车间内工人的数量并不多。为了提高价格竞争力，公司加大技改投入，强力推进“机器换人”，大大降低了生产成本。2014 年，事业部投入技改资金 100 多万元，完成了 25 个技改项目。如自行开发的自动精冲模具，实现 1 人操作 2 机，不仅减少了 1 名工人，生产效率提升了 20%，稳定提高了产品质量，还有力地保障了员工的生产安全。在推进机器换人等降本增效工作之后，2015 年扶梯链事业部的劳动生产率同比 2014 年提升 15% 左右。

为提高东华扶梯链产品在市场上的价格竞争力，扶梯链事业部开源节流，多管齐下，通过技术和工艺创新，提升产品性能，减少资源耗用和浪费；通过对车间布局的合理优化，组建生产单元和流水线，提高产出效率；通过供应商开发，导入价格竞争，降低采购成本；同时，组织销售、技术、采购、财务和制造等骨干对价格进行核算，综合市场信息，科学报价，以较强的竞争性价格和良好的性价比立足于市场，争取了更多的项目和订单。

三、科研创新，环保新型链条唱主角

企业发展如同逆水行舟，不进则退。东华集团扶梯链事业部为了紧跟市场动向，在科研方面不遗余力地创新。为了保持扶梯链事业部持续发展，引领行业，不断开发新客户，又为新客户不断研发新产品，满足客户的需求，主动适应复杂的市场环境，从而不断扩大市场份额。目前，扶梯链事业部共有 10 多名研发人员，在大家的共同努力下，已拥有一种带注油杯的梯级链条、一种绿色环保梯级链条等 5 项新型绿色环保型链条获得专利证书。有 4 项专利正在申请中。其中环保梯级链和带油杯梯级链获得中国机械通用零部件协会特等奖，密封免加油扶梯链和带油杯梯级链获得浙江省级工业新产品鉴定，密封免加油扶梯链同时获得浙江机械工业科学技术奖。这些绿色环保新型链条受到广大电扶梯企业的青睐，已应用于各领域。

东华集团扶梯链事业部改制于 2010 年，5 年来，事业部立足中高端市场，走专业化、差异化之路，事业部管理水平、制造水平、研发能力、市场开拓等全方位稳健发展。2010年，事业部成立时销售收入5 000万元，2015年达到1.5亿元。扶梯链事业部将继续重质量、优服务，提供高性价比的产品来满足市场需求，力争在五年内进入扶梯链世界领域第一位。

〔供稿单位：杭州东华链条集团有限公司〕

苏州环球集团科技股份有限公司

苏州环球集团科技股份有限公司成立于1970年，积累了40多年丰富的链条制造经验。是中国大规模生产链条的知名企业，是中国链传动行业重点骨干企业和重点出口基地，中国机械通用零部件工业协会常务理事单位、链传动分会副理事长单位、全国链传动标准化技术委员会委员单位。2014年被国家发改委等四部委认定为“国家认定企业技术中心”，同时，是江苏省高新技术企业、江苏省科技型中小企业等。公司管理体系完善，先后通过了ISO9001：2008版质量管理体系、ISO14001：2004环境管理体系和OHSAS18001：2001职业健康安全管理体系的认证和API质量管理体系的认证，环球传动链条率先在国内链传动行业通过韩国KS认证。

近几年，随着生产经营的发展，加速推进了公司产品多元化，营销国际化，管理现代化战略步骤的实施。在大力研发高精度、高强度、抗疲劳、耐磨损、长寿命高档链条产品的同时，拓展了汽车精密滚针轴承。目前，苏州环球集团科技股份有限公司已是以机械传动元件为主，集链条、轴承、电梯机械传动、进出口贸易为一体的产品多元化集团公司。

公司始终坚持精心设计、精益制造、精诚服务的产品理念，已拥有100余项专利成果和自主知识产权。同时，2011年“环球”商标已被国家工商总局认定为“中国驰名商标”，“环球”商标还相继在美洲、欧洲、东南亚等18个国家注册，具有很高的知名度和美誉度。

公司技术力量雄厚，检测与试验设备齐全，引进了德国Spectro公司高性能光谱分析仪和英国Taylor公司高精度圆度测量仪，拥有2 000kN强度试验机和300kN高频疲劳试验机、精密冲击韧性试验机、链条耐磨试验用封闭功率试验台及模拟工况条件的盐雾试验机、精密滚针无损检测仪等，检测与试验能力在国内外行业处于领先的位置，从而保证了对高端产品研发生产的能力。

公司的主要产品：传动链、输送链、梯级链、板式链、停车设备用链、农机链、摩托车链、工程链、环保链、港机链及各种高强度特种链等十大板块和用于各类汽车、家用电器的精密滚针轴承。

公司以做强高精度、高强度、抗疲劳、耐磨损、长寿命高端链条，以替代国家重大装备进口关键零部件为目标，大力提升自主创新和科技成果转化能力，争当我国链传动行业发展的领头羊，争创世界品牌，为我国机械通用零部件行业的快速发展做出更大的贡献！

目前，公司正在制定“十三五”规划和“环球制造2025”长远规划，在做强做好高档链条和轴承的同时，认真与时俱进地研究国家的产业政策，结合企业自身的优势，调整好产品布局，加大技改投入，引进各类优秀人才，在2020年前努力创建制造领域高科技新兴板块。

〔供稿单位：苏州环球集团科技股份有限公司〕

德清华宇链传动有限公司

德清华宇链传动有限公司（以下简称华宇）的前身是杭州华翔链条厂，1988年在杭州成立，以做农用链条起家。1997年企业改制，由孙金水全资收购。1998年开始做外贸订单。2008年，由于城市扩建，土地被政府征用，工厂整体搬迁到浙江省湖州市德清县乾元镇。

工厂占地面积3.5万m^2（其中建筑面积3.0万m^2），在职职工178人（其中技术人员19名），有各种机械236台/套（其中进口机器25台/套），2014年产值1.2亿元（其中出口额0.72亿元）。

一、把握时代脉搏，夯实企业基础

华宇是一家由草根经济发展而来的典型企业。总经理孙金水原是本土村民、生长在农村，25年前，改革的浪潮席卷浙江大地时，孙金水受村委会的托付接手经营杭州华翔链条厂（华宇前身）。孙金水说，20世纪80年代末90年代初，村里靠2台冲床起家办厂，工人、技术人员不多。当时，杭州华翔链条厂是杭州链条总厂联营厂，企业在杭州石桥华丰村，占地面积1万m^2。起家时困难很多，在杭州链条总厂的支持下，凭借埋头实干的精神，企业逐步发展，产值逐年提高。最初产值只有300万元/a，最多时达到4 000万元/a，那时候的企业属于劳动密集型企业，人数240～250人，晚上还要加班，星期日也不休息。

经过多年的生产经营和管理实践，孙金水终于悟出一个道理：链条行业入行门槛低，小企业林立，但要把产品“做好做精”却不容易。如果不进行技术革新，企业永远也摘不掉“劳动密集型”这个帽子。为此，他到处拜师求教，虚心学习，掌握了许多链条的生产技术，成为链条制造的行家里手，也成为一名真正的企业家。

公司的定位是“不求规模效应去发展，只走质量道路求生存”。淳朴的发展理念，通过引进来走出去的方法，企业培养了自己的技工队伍，对企业各个生产工序，进行了不间断的技术改造。到2000年，企业的技术改造已经初见成效，劳动生产率也明显提高。公司就是抓住了“科技创新”这个企业发展的龙头，交出了漂亮的、令人信服的答卷。企业发展“百尺竿头，更进一步”。

二、向国内外先进学习，走上质效发展快车道

孙金水讲，在工厂整体搬到德清前，杭州市公交公司在华丰村招工，公司就有35个员工去杭州市公交公司上班。原因主要两点：一是工厂生产任务紧，休息少；二是公司只给上养老保险，没有住房公积金。员工的大量流失，对他的触动很大。他意识到，在德清招工，必须要有新的发展思路，新的人力资源管理办法。为此，学习外厂经验是企业的“必修课”。东华链条股份有限公司（简称东华）是我国链条行业的龙头老大，企业规模大、职工和技术人才多，很有特点。不容怀疑，学习的重点当然就是东华。孙金水曾经3次去东华参观学习。东华的管理模式科学，值得学习的东西很多。回来后，他全面整顿企业内部管理，改革管理流程、理顺劳动关系，夯实了管理基础；采用科学管理，指挥生产；用奖励办法加强管理、调动员工积极性，发挥人才的关键作用。孙金水天天深入车间，与工人谈心了解情况，及时解决员工的思想和生产、生活困难，对提高管理效率起到很好的促进作用，企业取得稳定的发展。

但是，要建设现代化企业仅仅依靠学习东华还是不够的，他把目光转向国际大舞台。孙金水说，老厂搬迁后思想开放了，想到国外去取经。于是，他带领企业骨干到美国企业考察。美国人很傲慢，关键技术对我们是封锁的，但我们的主要目的是学习他们的生产现场管理。日本某公司与华宇关系很好，每年中秋节都有交流相聚。孙金水也常去日本参观考察，认真地向他们学习先进管理与技术。孙金水说，出国学习以后，深感到我们的技术和管理与国外的差距，要重点抓技术改造。在做法上，采用蚂蚁啃骨头的办法，每次学一点，改进一点，每年有进步，累积多年后就有大的进步。

他们在装配工艺方面学习日本，先做内节，再削轴，再链片，稳定了质量；采用先进的热处理设备和工艺，极大地改进了热处理产品的稳定性。链条销轴渗碳层表面硬度达到850HV以上；不断改进冲床级进模具，可以一次完成多道工序，冲裁效率高，质量好。

华宇不显山、不露水地一步步转型升级，走上提质增效发展的快车道。

三、科学合理、快速高效的生产管理

按照国外的理念，车间现场可以“豪华”，而办公室要简朴，华宇践行这个理念，精心打造了生产现场。空间布局科学，按工序排列，生产流程畅通有序。原材料进料、冲制、热处理、滚毛刺、无心磨、卷管、轧削、装配各工序生产井井有条。零件转道使用行车和轨道，大料筐三位一体系统设计，大大降低了企业内部的物流成本，小零件加工件则是自动化生产线。总工程师徐顺华说：凡是能用机械代替人力的工序，我们全部采用机械化，减轻工人的劳动强度，既人性化又可提高效率和安全性。

将世界先进技术、工艺用于生产制造，华宇可谓精雕细刻。他们从台湾引进了300～500t大吨位高精度冲床及先进的多工位一次完成多道工序的模具，这是华宇生产的一大亮点。农机链条C5E、C6E外附件，既有平面冲压打孔又有弯板凸包，结构很复杂，过去需要五六道工序才能完成，采用先进工艺工装后一道工序即可完成。时间上，上午原材料冲裁成型，下午热处理，第二天早上就可以装配出厂，真是高效率。从料筐里随手抓起几片链片，就会发现冲孔内壁光亮照人，圈边整齐，表面光滑无瑕疵。CL、OL全部是自动化装配并且是圆铆方式，这种产品在行业内可谓精品。在生产现场，别出心裁地设计料筐，外形为长方形，堆放安全，但上端有斜面，可见筐内的物料。仓库明亮，空气流通，物料堆放整齐，做到“零件对号入仓位，保持账卡物一致”，实行现代化管理。日本生产的销轴自动倒角机，切削、倒角一体化，零件还自动提升工作台。先进的装配生产线，极大地提升了生产效率，32A大链条，4个员工7h可装配并铆好10t链条。

前几年，日本三菱公司一个工装模具项目需要征集配套单位，链传动行业几家大厂投标，五轮下来其他厂家全部淘汰，华宇独步魁首而中标。华宇是“小精高”企业，将链条做成精品，打造出属于企业的鲜明特色，走了专精特的发展之路。将“链传动产品做专，做精，做到极致，象牌链条成为行业内知名品牌”是他们的目标。近期，抓好两项技改项目：一是进一步改进卷管机的速度与产品质量；二是取消皂角粉、碱及滚筒加工工艺，推行绿色制造。

综观华宇走过的二十多年历程，孙金水重视科技、尊重人才，充分发挥科技人员在企业科技创新中的骨干作用，推动了企业快速发展。总工程师徐顺华说，孙总经理一是重视科技、敢于成为“第一个吃螃蟹”的人。他从台湾引进的级进模、网带炉、装配机以及热处理丙烷气的使用，都是国内第一家。二是重视人才，放手使用人才，改进工艺，小改小革的技术改造项目不怕失败，错了企业买单。孙总是企业的当家人、掌舵人，有魄力、有远见、睿智、敢做为，是真正名副其实的优秀企业家。在当前经济新常态下，华宇产品结构密切适应市场需求，把转型升级落到实处，企业持续稳定健康地发展。

〔供稿单位：德清华宇链传动有限公司〕

常州腾龙汽车零部件股份有限公司

相同年代的企业发轫似乎相同，但未来命运轨迹未必相同。1985年，当改革开放的春风吹拂苏南大地的时候，以乡镇企业发祥地为特征的苏南和以个人打拼为特征的浙江为中国长三角的发展留下了重要的一笔。而身处苏南的一个地地道道的农民——蒋学真却选择了个人打拼的创业之路，这在当时地域内不仅是凸显，而且是另类。这段历史对于常州腾龙汽车零部件股份有限公司（以下简称腾龙公司）董事长、总经理蒋学真来说仿佛就在昨天。

一、成功的一次转型

1985年，蒋学真离开了耕耘多年的土地，他带领几个农民做过电焊工，也接过设备维修的小活。1986年，他开始承揽设备安装。1990年，他用第一桶金在江苏武进县安东镇购买了6 667m^{2}空地，用5.38万元在武进东安注册成立了江苏东安起重设备厂，从事设备安装工作。从此，蒋学真走上了自主创业生涯。他凭借承揽小工程的技术积累，拿到了为常州矿山机械厂生产制造行车机械配件和承揽行车安装工程的机会。1994年，他以准确的市场敏感度，选择了生产小型粉碎机产品，并率先进入农机行业。通过常州农机进出口公司，把产品销往东南亚市场，拓展了国外市场，企业管理也开始步入正轨，渐入佳境。企业通过成功的产业转型，逐步成长为行业内知名的出口大户。

天有不测风云。1997年，亚洲金融危机风暴席卷全国，不少国内中小出口企业因订单锐减而相继倒闭。蒋学真的企业由于有竞争力，存活了下来。但是，面对残酷的现实，蒋学真陷入深思。他警醒地感到，企业必须转型，否则，一旦外部环境发生变化，企业的技术优势和成本优势都将不存在。企业单纯依靠低附加值产品是靠不住的，必须选择具有发展前景、有一定技术含量的产业，在新的市场上取得新突破。蒋学真的运筹帷幄就是从这时开始的。

二、睿智的二次转型

1997年是令许多企业生畏的一年，也是一些企业浴火重生的一年，腾龙公司是后者。当时，国内汽车工业刚刚起步，合资品牌汽车的零部件国产化率很低，蒋学真清晰地判断：这是一个有着巨大市场空间的行业。他果断做出决定，进军汽车空调管路制造行业。于是，他将企业所有资产全部变卖，通过借贷方式筹集数百万元资金，随即带着梦想和激情奔向武汉。对于蒋学真来说，汽车空调管路制造是个完全陌生的行业，进入汽车主机厂供应商平台的门槛之高、难度之大众所周知，也就是说，公司介入这个行业存在巨大的风险。

当时，国内汽车空调行业几乎全部由外资或合资企业所垄断，初出茅庐的民营企业想要进入这个行业的成功机会几乎为零。腾龙公司把第一家客户瞄准为神龙汽车。为了踏入门槛，打开市场，蒋学真带着试制的产品经常到武汉推销，一年跑了60多趟，针对用户的意见反馈，对产品进行了几十次改进。1997年，是蒋学真及其企业不懈努力的一年，也是他们收获颇丰的一年。1999年初，腾龙公司以与国外企业同等质量的产品和低于国外产品2/3的价格优势，在神龙汽车供应商招标中一举获得成功，终于取得了神龙公司供应商资质。

对于腾龙公司而言，成为神龙汽车配套供应商实现了跨越式发展，而在蒋学真看来，则是刚刚步入起跑线。蒋学真的未雨绸缪是出了名的，十多年来，他带领团队一直在奋斗，没有一丝懈怠。正因如此，今天的腾龙公司早已成为雪铁龙、标致、福特、奇瑞、通用、万国载货车和长城、海马等众多合资和国产汽车企业的零部件供应商。腾龙公司的产品还远销美国、德国、法国、日本、捷克、墨西哥等国家，通过系统供应商向宝马、奔驰、大众、通用、福特、本田、丰田等国外知名汽车品牌提供零件。

三、多元化瞄准世界级

2009年，腾龙公司稳健发展的态势已引起了国内外同行的高度关注。作为民营企业家的蒋学真感到有无法推卸的社会责任感。也就是这一年，腾龙公司在产业转型升级的同时开启了多元化的发展之路。一是腾龙股份的母公司腾龙集团通过企业并购，成功控股江苏双菱公司；二是实施“生产线前移”战略，腾龙股份先后在天津、柳州、芜湖建立生产基地，把零部件生产线建到汽车主机厂旁边；三是腾龙集团先后在嘉兴和海宁投资建成了汽车销售服务公司，经销东风本田、东风标致、东风风神等品牌汽车，进军汽车销售领域。至此，腾龙集团已拥有11家公司，初步形成了集团化经营的格局。在汽车用精密铝材、汽车废气回收系统、汽车传感器等多个产品领域加大了投资力度，进一步扩大规模。腾龙集团将更好地为中国的汽车工业发展服务，承担义不容辞的责任。

“健康、持续、快速发展”作为企业理念始终伴随着腾龙公司的发展。不论外部环境因素怎样千变万化，腾龙公司一直保持稳定增长，企业运营质量好。“不断开拓、不断思考”是腾龙公司带头人的两个法宝。2009年，美国一个知名大公司依据多年观察，瞄准了腾龙公司，多次向蒋学真阐明希望兼并腾龙公司的意愿，并且开出极为优惠的条件。当时，这家跨国公司已成功兼并了韩国一家业内知名公司，但蒋学真毫不犹豫地给予回绝，他表明，坚持走民族工业之路是一直以来不曾改变的理念。

美国GE公司与腾龙公司联合研发生产传感器项目在行业内被传为佳话。自2012年7月开始合作至今，研制的产品已得到行业认可，并实现小批量生产。腾龙公司沈义副总经理说，中美企业强强合作的成功使腾龙公司进入了汽车电子领域。GE具有技术、开发优势，腾龙公司拥有制造、市场和产品质量控制优势，双方互利合作真正实现了“多赢”。

四、主打核心竞争力

走进腾龙公司的办公楼，会看到“以人为本、团结协作、高效创新、廉洁公正、健康发展”20个大字，这就是腾龙公司主打的核心竞争力。

（1）精良设备。汽车零部件企业的特点是生产批量大、标准化程度高、质量要求严格，这就要求制造设备具有较高的加工精度和质量稳定性，适应快速连续满负荷的生产环境。为保持汽车热交换系统管路高质量工艺技术水平和大规模生产能力，腾龙公司引进了国外先进的生产和试验设备，确保了工艺技术的先进性、产品质量稳定性和生产高效率，巩固了公司在行业中的领先地位。

（2）自主研发。自进入汽车热交换系统管路行业起，腾龙公司着力管类零部件加工模具的自主开发，成立了模具开发部门，配备了高精度的数控加工中心、电火花机床、精密车床、磨床等关键设备，经过多年的积累和研究，吸收和掌握了汽车热交换系统管路全套模具的设计和制造技术，并在传统管类零部件加工技术的基础上进行了创新性开发。拥有了复合结构管端成型模具、快速接头成型组合模具、接头/法兰镦接模具、薄壁管弯管模具和高精度安装符合性管路检具等一大批自主研发的模具、检具核心技术，这些技术的充分运用，对提高公司产品质量水平和生产效率、降低产品成本起到了巨大作用。目前，在公司开发的产品中，所涉及的生产模具绝大部分由公司自主设计制作，大幅缩短了产品开发周期，加快了新产品推出的速度，这是腾龙公司拥有较强竞争力的原因所在。

（3）规模生产。公司产品种类多，单个产品的供货量也相当大。一是产品大规模供货使公司在原材料采购方面具有较强的议价能力，单位产品的材料成本更低。二是产品批量增加可以减少模具更换调试时间和换模的材料损耗，使产品质量更加稳定，总体上提高了产品合格率。三是产品规模供货可大幅降低运输成本。公司在汽车热交换系统管路产品制造上达到了高水平的规模化生产，降低了单位产品的生产成本，提高了产品综合毛利率，使产品更具竞争力。公司拥有较为完备的试验和检测设备，测试范围和设备均在国内同行中位于领先水平，完全按照欧洲、美国、日本等国外标准和国内标准对产品进行试验检测，并能承担整套汽车热交换系统管路从研发到生产全过程的精密测量和产品性能试验。

（4）质量管理。公司通过了劳氏质量认证有限公司（LRQA）的ISO/TS16949：2009、ISO9001—2008质量管理体系认证，并通过神龙汽车、法雷奥（VALEO）、贝尔（BEHR）、伟世通（VISTEON）、德尔福（DELPHI）等客户的多次评审或认证。先进的工艺技术、生产和试验设备以及严格的质量控制标准，保证了产品质量。公司在管端成形加工、密封槽旋压、管件弯曲、接头/法兰与管件的连接、铝管与胶管的扣压等方面做了大量研究，积累了一批行业领先的核心工艺技术。目前公司拥有各类工艺技术50多项，其中取得专利证书的34项，正在申请专利的11项。公司的“摘泄漏性强的轿车空调制冷管”和“轿车空调用高精密暖风管”产品被江苏省科技厅认定为“高新技术产品”。2009年公司被认定为高新技术企业，2013年，公司被江苏省认定为省级“企业技术中心”，并在江苏省科技厅立项建设“江苏省高性能汽车空调管路工程技术研究中心”。

五、未雨绸缪　厚积薄发

历时十余年发展，腾龙公司已成为专业生产汽车空调连接管、汽车热交换器精密铝材等汽车零部件相关产品的业内知名企业。公司拥有国际先进水平的全套生产和检测设备，具有年产200万套汽车空调连接管的能力。连续数年销售、利润均以20%左右的增幅递增。公司产品研发投入连年保持在销售额的3%以上。腾龙公司创造了与多家知名汽车主机厂多个车型实现同步开发成功的奇迹。近年来，腾龙公司涉足节能环保类汽车零部件产品领域，主导产品包括汽车空调管路、热交换系统连接硬管和热交换系统附件已实现了进口替代，并进入国际主要汽车公司零部件全球采购体系。如今，腾龙公司当之无愧地成为我国乘用车热交换系统管路行业的领先者，成为国内外汽车热交换系统管路产品的重要供应商之一。

谈及未来，蒋学真充满信心，未雨绸缪更是他独特的本色。2013年，腾龙公司成功入选中国汽车工业协会汽车空调委员会理事单位。蒋学真仍在思考企业如何保持较高成长性和竞争力，筹划腾龙公司未来十年发展规划。

〔供稿单位：常州腾龙汽车零部件股份有限公司〕

大 事 记

2013—2015 年链传动行业大事记

2013 年

1 月

21 日　链传动分会理事长宣碧华对协会工作作出指示，指出，根据党的十八大的政治信号，分会要很好地定位。一是要提高行业地位，分会要不遗余力、千方百计地为提升链传动产业经济增长的质量和效益做好服务工作。行业中很多项目可通过协会与政府有关部门的联系和沟通去争取。二是要促进行业和企业健康发展。秘书处要多走访会员单位，多听取意见、多宣传正能量，对不良行为应予以批评。

24—25 日　国家职业大典修订行业专业委员会第三组（制造业）第八次会议在北京召开。会上，新增职业“链传动部件制造工”经过专家的认真审核通过，上报国家有关部门进行审批。“链传动部件制造工”职业的申报，标志着链传动行业的相关职业即将进入国家职业教育分类大典，将对提高行业员工队伍整体素质，促进行业发展带来深远影响。

4 月

18—20 日　链传动行业统计信息网七届四次年会在江苏宜兴召开。会议强调认真做好“三个狠抓、两个加强”。一是狠抓“两个重要指标（能耗、材耗）”申报的落实；二是狠抓统计“网上申报”的推进；三是狠抓统计信息质量的提升；进一步加强中华链传动网站建设和加强对统计申报及报表质量督促检查和信息交流沟通。

28 日　山东省召开劳动模范和先进工作者表彰大会，青岛征和工业有限公司董事长金玉谟荣膺“全国五一劳动奖章”。

5 月中旬至 6 月底

链传动分会朱善祥名誉理事长、鲁小林秘书长率秘书处一行先后 5 次赴杭州、德清进行调研，走访了黄山中链科技有限公司等 15 家企业并与 18 位企业老总进行了会面与座谈，并深入生产一线进行参观考察。朱善祥指出，当前，我国经济已从高速增长期进入了中低速增长期，在这个重要的转型时期，企业面临“空间换地、电商换市、腾笼换鸟、机器换人”的问题，打造企业发展升级版的新形势，企业要坚定不移地抓好“调结构，转型升级”工作，从企业实际出发，及时调整市场结构；面对当前国际市场的新形势，坚持扩大内需市场的方针，着力优化产品结构，拓市场抓订单；要坚持创新驱动，下大决心、花大力气抓好新品开发工作，培育企业新的经济增长点。

7 月

全国人大常委会副委员长、民建中央主席陈昌智赴杭州东华链条集团参观调研。杭州东华链条集团董事长宣碧华、党委书记鲁小林、副总经理袁立华陪同。陈昌智说，链条是一种精准度要求特别高、质量要求稳定和百分之百安全的产品，东华要多向制造强国德国、日本学习先进的管理和技术，加强员工技能培训和素质提升，增加自动化装备，减少员工的劳动强度，增强员工的工资和福利待遇。他指示，东华是民建会员企业的榜样，慈善资助等体现的民建会员的社会责任，相信你们一定能争创世界一流的链传动企业，实现百年东华的梦想。

9 月

23—24 日　链传动分会与链传动专业学会在江苏昆山召开全国链传动行业“新材料、新技术、新装备”交流会，总会领导刘元杰、分会名誉理事长朱善祥出席会议。会上，大连圣洁董事长田绍洁介绍了国内氮化工艺新进展，杭州东华总工程师叶斌介绍了坚持创新驱动和技术改造提高产品质量，节能减排取得新进展情况。全国链传动专业学会主任委员、吉林大学博士生导师孟繁忠教授作了“齿形链链轮参数设计方法”报告。会上发言的还有李恩鸿、朱奕昕、陈兴龙、杨文年、何汉朝、李建余、汪石泉、商登才、史秀强和罗新斌等行业专家和领导。

10月

24—25日 链传动分会在杭州花港海航大酒店召开了八届一次会员大会。总会常务副理事长王长明、名誉理事长刘元杰和分会理事长宣碧华、名誉理事长朱善祥、顾问李文虎，以及来自全国各地的134名代表出席了会议。王长明主持会员大会并讲话。分会宣碧华理事长代表七届理事会作工作报告，办公室主任李树立汇报了财务收支情况，鲁小林秘书长宣布“链传动分会第八届理事会的组成及其选举办法”（草案）及提名总监（计）票人名单。会议采用理事长、副理事长、理事分三次无记名直选的方式进行换届选举。经过投票直选，杭州东华链条集团有限公司高票连任理事长单位，浙江恒久机械集团有限公司等18个单位当选为副理事长单位，安徽中友链条制造有限公司等22个单位当选为理事单位。宣碧华理事长主持八届一次理事会会议并作了重要讲话。会上，聘任了名誉理事长、顾问及秘书长、名誉秘书长、副秘书长和办公室主任。

月内 全国机械行业职业技能鉴定工作会议在贵阳召开。会上，机械工业职业技能鉴定指导中心史仲光副主任宣布调整和增补机械行业职业标准、教程、试题技术指导委员会名单。其中中国机械通用零部件工业协会技术指导委员会主任：杜国森，副主任：程建中（弹簧）、鲁小林（链传动）、王长路（齿轮）、冯金尧（标准件）。链传动分会指导委员会主任：鲁小林，副主任：王民梁，专家委员：刘晓伦、俞燮元、李伟国、徐美珍、张代富、陈兴龙、孟丹红、王万永、李秀娟。联络员：李树立。会议颁发了聘书。

11月

26日 国家发改委、科技部、财政部、海关总署和国家税务总局发布第41号公告，公布了第20批享受优惠政策的国家认定企业（集团）技术中心名单，其中链传动行业两家：杭州东华链条集团有限公司技术中心和青岛征和工业有限公司技术中心。近年来，随着链传动行业技术创新的加强和深入，高端产品不断得到开发，链传动产品不再是技术含量不高、附加值低的溅金属钢制品，已成为国家产业政策支持的行业。

2014年

2月

20—21日 链传动分会理事长宣碧华在名誉秘书长王民梁的陪同下，对苏州环球集团有限公司和黄山恒久链传动有限公司进行调访和交流。宣碧华对“环球”通过大投入、大调整促大发展、大提升，链条产品取得新突破而感到由衷高兴。对“黄山恒久”改制10年取得的成绩给予了充分肯定。同时，对两家企业提出了“加快四换步伐、以求更大红利”和“抢抓机遇、进一步做强企业、做好品牌、做新市场、做大特色”等意见和希望。

3月

16—18日 链传动行业统计信息网八届一次会议在安徽绩溪县召开。会上，杭州东华链条集团统计李杰代表链传动行业第七届统计信息网领导小组向大会作了题为“求真务实、创新发展”的工作报告；鲁小林秘书长提出第八届统计信息网领导小组成员建议名单，宣布聘请顾问和聘任特约通讯员名单，颁发了顾问和聘任特约通讯员聘书。会上，对行业统计信息网18个先进集体和32名先进个人进行授奖并进行了交流发言。

18日 原全国人大常委会副委员长、中国科学院院长路甬祥院士一行莅临杭州东华链条集团调研考察，董事长宣碧华等接待。路甬祥肯定了东华高速稳健发展的成绩，勉励东华走创新研发之路，在设计、材料和工艺三大领域要有新的突破，在技术上要有沉淀。他希望东华集团通过提高企业创新研发能力，提升中国链条行业整体水平，为我国基础件工业的可持续发展做出更大的贡献。

4月

16日 由人力资源和社会保障部职业技能鉴定中心授权，机械工业职业技能鉴定指导中心组织的《链条装配工》国家职业技术标准终审工作会议在北京召开。人力资源和社会保障部职业技能鉴定中心标准教材开发处主管宋晶梅出席会议并指导标准终审工作。会上，链传动分会鲁小林秘书长介绍链条产品及行业人才培养情况，对教材编制、试题工作进行安排部署；杭州东华集团高级工程师徐美珍就标准编制的思路、过程进行了说明，吉林大学刘晓伦教授和与会专家对《链条装配工》国家职业标准进行了全面审核。审定工作结束，与会专家签署了《国家职业标准审定意见》，并上报主管部门。

25日 中国机械通用零部件工业协会六届一次理事扩大会议宣布：根据中国机械通用零部件工业协会开展创先争优活动的方案，经秘书长工作会议推荐，常务理事会研究决定，授予链传动分会为先进分会荣誉称号。

27—28日 在链传动分会名誉理事长朱善祥的带领下，秘书处一行深入宏祥玛钢、青岛征和及岱盟德（潍坊）公司调访。朱善祥高度评价

“青岛征和”发展快、有特色，发展过程突出了创新：一是开发新产品水平和档次高，二是检测设备先进齐全，三是精细化企业管理，四是“金链文化”凝聚人心。在调访中也直接听到了宏祥玛钢的困惑，朱善祥指出：把环评整改做好，不留丝毫隐患，要舍得花钱，坚持走创新驱动发展、绿色发展之路。对岱盟德（潍坊）公司，朱善祥希望以更先进的技术和产品推动企业在中国的发展。

6月

9日　链传动分会朱善祥名誉理事长、鲁小林秘书长率秘书处一行赴杭州海关与海关综合统计处领导进行会谈交流。朱善祥一行反映了行业企业及外贸出口情况，尤其是在出口退税等方面遇到的困难，希望海关提供相关信息，以利于企业提升我国链传动产品档次和水平。海关综合统计处盛处长对相关问题作了解释与沟通。双方同意建立协会与海关的沟通协作机制，以促进链传动行业外贸出口工作更好地发展。

月底　链传动分会就提高工业链条产品的钢材质量及其钢材标准修订和武汉钢厂工程技术人员进行了座谈交流。分会反馈了链传动行业对工业链条钢材意见和建议，双方在提升行业链条钢材质量和链条用钢国家标准的修订上取得一致的意见。在分会协助下，武钢技术人员走访东华链条集团有限公司和南京利民机械有限公司。

9月

10—13日　链传动分会和链传动专业学会在浙江长兴县联合举办了全国链传动“高新技术及其应用和质量提升”讲座。吉林大学博导孟繁忠教授讲授了“链条产品失效分析”，杨刚教授讲授了“链条产品的技术质量”专题课程。杭州东华链条集团总工程师叶斌结合实际介绍了“以机代人——过渡链板高效一体化总裁成型级进模技术”。期间，进行了技术管理、链条专机设备发展新趋势交流。业内企业领导、专家谢五一、邓新才、刘伟、何汉朝分别作了发言。

10月

24—26日　链传动分会在苏州市中华圆大饭店召开八届二次会员大会。中国机械通用零部件工业协会理事长杨学桐、常务副理事长王长明、名誉理事长刘元杰，链传动分会理事长宣碧华、名誉理事长朱善祥及各副事长单位、理事单位、会员单位、特邀单位共计118名代表出席大会。宣碧华主持会议并作了重要讲话。会上，朱善祥作了新常态下行业发展的形势报告，秘书长鲁小林作了2014年总结和2015年思路的工作报告；浙江恒久、浙江金盾、株洲特链、宁波思进、东华链条进行了交流发言。德清华宇公司与宁波思进公司签订专机装备合作协议。

最后，杨学桐作了重要讲话。

12月

月初　为做好行业“十三五”规划的编制工作，秘书长鲁小林率领秘书处一行赴吉林大学链传动研究所调研。吉林大学链传动研究所所长杨志刚教授、副所长杨刚教授、许树新教授、朱国仁主任等专家接待并进行了广泛的交流。双方一致认为，编制规划一定要立足基本国情，实事求是。期间，重点交流了“链传动强国”和“十三五重点项目”等方面的看法和意见。建议业内广大企业要定好位，明确奋斗目标：龙头企业盯住国际知名品牌，在国际市场中与他们竞争；中小企业要提升品质，走“专、精、特”发展之路。各守其责，形成合力，提升行业整体水平，逐步实现“强国梦”。

24—26日　链传动分会名誉理事长朱善祥率鲁小林秘书长及崔华、李树立赴浙江诸暨市、武义县，对浙江恒久、武义东风、浙江八方、浙江金盾4家企业进行调研。调研中，各企业领导报告了新常态下的企业发展思路、创新驱动调结构的做法、“十三五”期间的打算；交流了链传动行业强国目标和专机装备的研发状况，谈了企业当前面临的困难与问题。朱善祥高度评价武义东风、浙江金盾自主研发的新产品；指出，在新常态下要有新发展思路，迎接新挑战。

26日　国家发改委、科技部、财政部、海关总署和国家税务总局发布〔2014〕第23号公告，公布了第21批享受优惠政策的国家认定企业（集团）技术中心名单，其中链传动行业1家：苏州环球集团链传动有限公司。至此，链传动行业国家级企业技术中心有3家。

31日　财政部、国家税务总局下发《关于调整部分产品出口退税率的通知》（财税〔2014〕150号），其中：自行车链、摩托车链、其他铰接链、铰接链零件、防滑链和非铰接链零件等出口退税率调高到13%。在总会和广大会员单位的支持下，分会多年来积极争取企业出口量很大的摩托车链条和板式链等其他链条出口退税率的上调并做了大量工作。2014年10月，分会制作PPT幻灯片及相关资料，专程赴京向国家有关部门报告行业及产品情况，经过不懈努力取得了国家政策扶持，为行业和企业实实在在地办了一件实事。

2015年

1月

28日　国家工商总局商标评审委员会商评字〔2015〕第0000012400号《关于第7246373号“HY-VO”商标无效宣告请求裁定书》宣告：申请人在案提交的行业协会证明、书籍、学术论文、《中国机械通用零部件工业年鉴》等相关资料中多次出现“Hy-Vo齿形链”“Hy-Vo链（条）”，上述证据可以证明在争议商标申请注册前，“HY-VO”已作为一种齿形链的名称为相关公众所识别和对待，已成为链条行业特定种类齿形链商品约定俗成的通用名称。鉴于齿形链属于传动链的一种形式，争议商标“HY-VO”注册使用在陆地车辆传动链商品上，缺乏商标应有的显著性，已构成不得作为商标注册的情形。综上所述，申请人撤销理由部分成立。国家工商总局商标评审委员会裁定如下：争议商标在陆地车辆传动链一项商品上予以无效宣告，在其余商品上予以维持。

3 月

31 日　江苏省委书记罗志军、泰州市委书记蓝绍敏、市长陆志鹏在兴化市委书记陆晓声、副市长李斌的陪同下，到兴化东华齿轮有限公司调研。罗志军书记在听取兴化东华公司总经理蒋亚龙汇报“东华集团延伸产业链，在兴化经济开发区加大投资，在兴化建立传动件及桥箱制造基地”的情况后，指出，推动产业向中高端迈进是企业经济结构调整的重中之重，要积极调整结构，实施技术改造，以产业转型升级来培育企业新的经济增长点。调研考察中，罗志军书记一行对东华兴化带钢、线材在全行业率先采用环保生产新工艺等给予好评。

5 月

9 日　在中国机械通用零部件工业协会六届二次理事扩大会议上，链传动分会获先进分会荣誉称号。

6 月

24 日　分会名誉理事长朱善祥带领秘书处一行，到德清华宇链传动有限公司车间现场以及企业测试中心等参观并与公司总经理孙金水进行了友好的洽谈。看到生产现场整洁明亮，道路畅通，先进高效设备多，作业自动化程度高，生产环境宜人后，十分赞赏。朱善祥称赞：华宇经过二十多年发展，产品非常有特色，企业在“腾笼换鸟、机器换人”方面走在行业发展的前列。

8 月

18 日　分会名誉理事长朱善祥、秘书长鲁小林率秘书处一行到金华走访了浙江巴斯曼机械有限公司，受到吕响阳董事长的接待。参观交流后，朱善祥称赞：“你们坚持以人为本，善待员工，构建和谐企业的做法很好，很值得业内企业学习。”他又说，“你们吕家几个兄弟，创业有成，事业搞得红红火火，特别是在经济不景气的情况下企业发展势头不减势，很不容易。”鲁小林秘书长说，诚信经营理念支撑推动公司持续健康发展，企业的前景将会更美好。

9 月

3 日　在中国人民抗日战争暨世界反法西斯战争胜利 70 周年纪念阅兵盛典上，由东华链条集团配套 SC1252 分动箱链条的东风猛士军用越野车和配备东华航空链条的承担空中梯队领航任务的空警 2000 预警机隆重亮相，彰显行业链传动技术达到国际先进水平。

17—19 日　链传动分会与链传动专业学会在浙江德清县举办了行业科技创新交流会。朱善祥作了题为“认清新形势，进一步增强科技创新紧迫感，为行业创新驱动发展作出新贡献”的报告，吉林大学孟繁忠教授作了“我国链传动行业的技术研究现状与展望”的报告，许树新教授讲授了“链传动产品质量检测技术”的专题课程，杭州东华集团有限公司高级（正高）工程师叶斌结合实践介绍了链传动产品制造新工艺和实用新技术，浙江金盾副总经理卢建富作了“链式智能化电石输送线”，苏州环球集团总工程师许惠康作了企业“技术创新汇报”，浙江恒久设备公司技术部经理王洪锋作了“两化融合，推动制链专机开发”，安徽黄山恒久技术处长邵坚作了“依靠科技创新，实现稳健发展”的交流发言。另外，技术专家刘承绩、沈新星介绍了相关设备及企业发展的交流发言。

10 月

月初　链传动行业“十三五”规划审议稿完成。

23—25 日　分会在浙江金华豪森假日花园大酒店召开八届三次会员大会。总会名誉理事长刘元杰，分会理事长宣碧华、名誉理事长朱善祥，副理事长、理事单位、会员单位及特邀单位代表共计 125 名出席会议。宣碧华主持会议并作了重要讲话。会上，秘书长鲁小林作了“2015 年工作总结和 2016 年工作思路”的报告，办公室主任李树立汇报了“十三五”行业发展规划和“十三五”行业发展规划起草的说明。大会审议并通过工作报告和“十三五”行业发展规划。会议进行了交流发言。刘元杰作了重要讲话。他分析了通用零部件行业经济运行形势后指出，企业发展要走专精特发展之路，产品要精品化、个性化、专业化。“十三五”行业发展规划提供了发展思路，企业决策者要规划五年、十年企业的发展，要有战略决策、战略思维、战略眼光。工业 4.0 是一场新的革命，要有新的思想、新的组织方式和生产方式。

11 月

25 日　浙江建宏链传动材料股份有限公司新三板挂牌，11 月 26 日起在全国股转系统挂牌公开转让。证券简称：建宏股份；证券代码：834479；转让方式：协议转让。该公司股票挂牌转让为链传动行业第一家。

〔供稿单位：链传动分会〕

中国机械通用零部件工业年鉴2016

Ⅲ 齿轮行业卷

回顾总结我国齿轮行业近年发展情况，记录行业生产、技术和新产品发展情况；分析国内外市场动向，提出行业“十三五”期间发展的总体思路、发展目标及政策建议；齿轮行业大事记

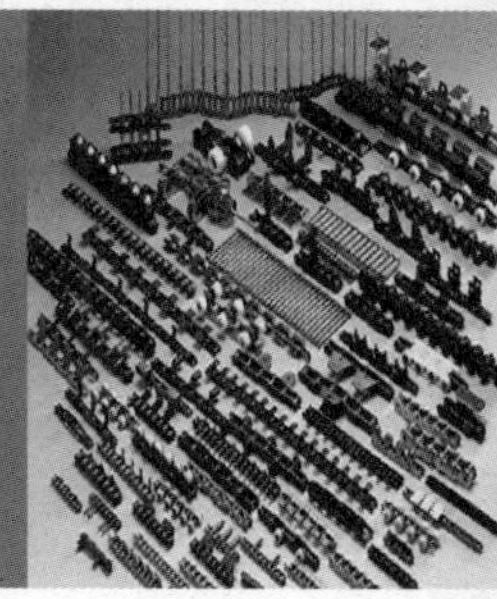

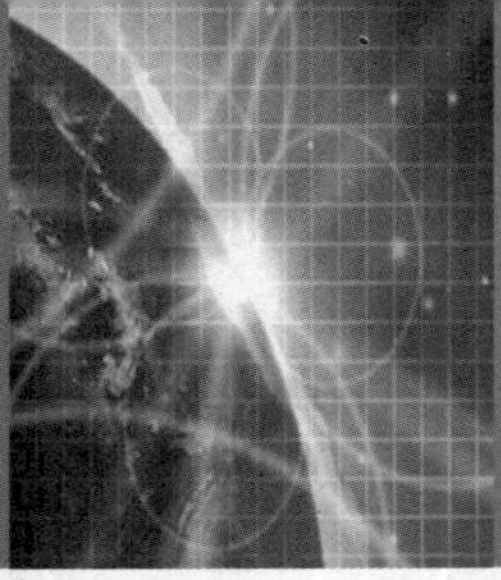

中国机械通用零部件工业总览

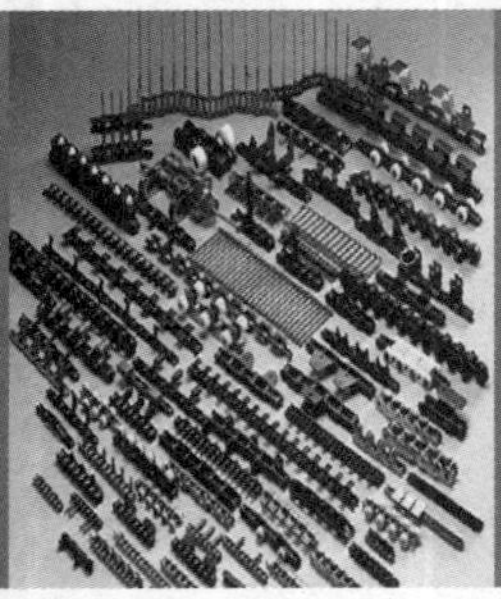

链传动行业卷

齿轮行业卷

弹簧行业卷

紧固件行业卷

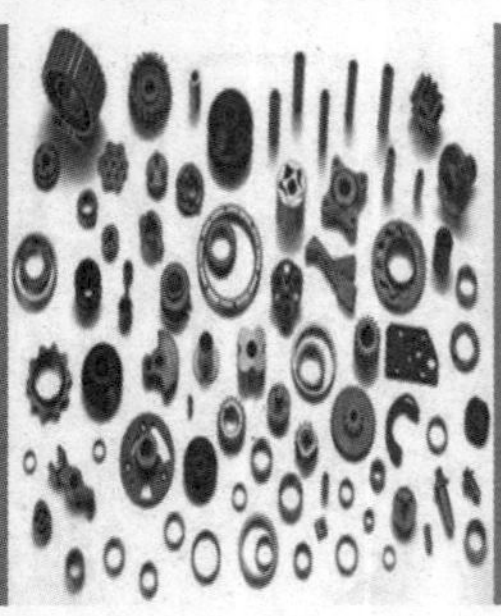

粉末冶金行业卷

传动联结件行业卷

中国机械通用零部件工业年鉴 2016

Ⅲ 齿轮行业卷

综 述

中国齿轮行业“十三五”发展规划纲要

前言

装备制造业是为国民经济各行业提供装备的战略性、基础性产业，其产业关联度高、吸纳就业能力强、技术资金密集，是各行业产业升级、技术进步的重要保障和国家综合实力的集中体现。我国装备制造业取得了巨大成绩，规模已经位居世界前列，但产业大而不强。高端装备和重大主机装备因所需高端零部件主要依赖进口而陷入了“空壳化”的困境。

以齿轮为代表的基础零部件是重大装备的核心和基础，直接决定着重大装备和主机的性能、水平和可靠性，是制约我国重大装备发展的瓶颈。中国要成为装备制造业强国，首先必须成为以齿轮为代表的基础零部件制造强国。若零部件不“高端”，任何成套设备都不可能达到“高端”。因此，大力发展齿轮等基础零部件产业，对提高我国高端基础件的自主创新能力和技术水平，对提高装备制造业的核心竞争力和自主配套能力，都具有十分迫切和重要的意义。

我国齿轮行业的现状是：一方面，创新能力明显增强，配套能力不断提升，齿轮产品正从中低端向高端转变，兆瓦级风电增速齿轮箱等一部分高端产品已经达到国际先进水平。另一方面，我国大多数齿轮产品在功率密度、可靠性和使用寿命上与国际先进水平仍存在很大差距，高端齿轮产品仍大量依赖进口，对外贸易逆差巨大。

国家已经印发《中国制造 2025》，开始实施中国制造强国建设“三步走”战略。制造强国建设要求齿轮产业由“齿轮制造”升级为“齿轮智造”和“齿轮创造”，实现由大到强的转变。

中国机械通用零部件工业协会齿轮分会秘书处在组织行业调研、广泛征求意见的基础上，编制了《中国齿轮行业“十三五”发展规划纲要（讨论稿）》，经 2015 年 10 月 26 日齿轮分会会长办公会议审议修改，形成本规划纲要，作为我国“十三五”齿轮产业发展的指导性文件。

一、齿轮行业面临的形势

1．新常态、新特征

我国经济发展进入新常态，不得不把增长目标调整为中高速增长。中高速增长是必需，中高端制造是保证。新常态要求制造业通过上档次实现中高速增长。

进入新常态，制造业发展有几个主要趋势和特征。一是创新驱动成为发展的主要动力，二是绿色制造成为发展的新态势，三是专业化、模块化、个性化成为新特征，四是提高质效集约化发展成为新共识，五是网络化、智能化成为新趋势。

未来市场需求的趋势是“两降两升”，即投资类需求比重下降，民生消费类需求比重上升；新建工程带来的增量需求下降，在役设备维修保养的存量需求上升。

2．装备制造业转型升级要求“基础件”走向高端

国家突出两化深度融合，深入推进装备制造业转型升级，大力发展以工业机器人和高档数控机床为代表的智能制造装备，必然要求以齿轮为代表的关键基础零部件产业尽快走向高端。

3．世界经济格局的双向压力倒逼基础件产业创新发展

“十三五”期间，世界经济格局将进入深度调整期，我国面临发达国家“高端回流”和发展中国家“中低端分流”的双重挤压。一是发达国家纷纷实施“再工业化”和“制造业回归”战略，力图抢占高端制造市场并不断扩大竞争优势，对我国形成“上压”效应；二是新兴经济体依靠资源、劳动力等比较优势大力发展制造业，以更低的劳动力成本承接劳动密集型产业转移，与我国形成同质竞争，对我国形成很大的供给替代效应。这种“上压下移”倒逼包括齿轮在内的基础件产业创新发展。

二、齿轮行业发展现状

我国齿轮产业规模不断扩大，规模以上齿轮制造企业 1 000 多家，骨干企业 300 多家。2014 年齿轮产品销售额达到 2 245 亿元，约占机械通用零部件总销售额的 61%。我国齿轮产业不但成为中国机械基础件中规模最大的产业，而且产业规模已经位居全球第一。

我国齿轮产品正从中低端向高端转变，部分高端产品已达到国际先进水平。但是，我国汽车自动变速器、工业机器人 RV 减速器、时速≥ 350km/h 高铁齿轮传动装置、工程机械变速器等高端齿轮产品仍大量依赖进口，对外贸易逆差巨大。2014 年，我国齿轮产品进口额高达 156.28 亿美元，同比增长 15.11%；出口 59.75 亿美元，同比增长 12.42%；贸易逆差高达 96.53 亿美元，同比增长 16.85%。

1．“十二五”行业发展亮点

（1）一些高端产品研发及产业化取得突破。通过技术攻关，我们攻克了一些高端齿轮产品的设计制造技术，

并且实现了产业化，改变了依赖进口的局面。例如，南京高精传动设备制造集团公司等企业已经具备批量生产1～6MW风电增速齿轮箱的能力，不但改变了兆瓦级风电齿轮箱依赖进口的局面，而且实现了批量出口；百万千瓦级核电站循环水泵立式齿轮箱也通过攻关实现了产业化，不再依赖进口。

（2）创新能力明显增强。通过技术创新，我国齿轮行业的技术创新能力明显增强。创新能力增强的标志主要在以下三个方面。一是齿轮创新与服务平台建设取得较大成效，一些工程实验室、工程研究中心、国家认定的企业技术中心、博士后科研工作站等创新平台陆续建成运行；二是科技成果取得重大突破，不但“高端重载齿轮传动装置关键技术及产业化”获得2014年度国家科技进步二等奖，填补了齿轮行业近20年来国家奖的空白，而且一批成果获得了省部级科技进步奖一、二等奖；三是专利量多质优，2014年专利数量超过2 200件，发明专利数量明显增多。

（3）配套能力不断提升。随着技术水平和装备水平的提升，我国齿轮行业目前已基本形成了门类齐全、能够基本满足主机配套需求的配套体系，重点工程和重大装备用齿轮产品的配套能力不断提升。例如，百万千瓦核电站循环水泵配套的大型行星齿轮箱、海洋平台齿轮齿条升降传动装置、200km/h级高速客运机车和重载货运机车齿轮传动装置等高端齿轮产品已经基本满足配套需求。

2．行业存在的主要问题

（1）基础研究和基础数据匮乏。缺乏对齿轮材料疲劳极限应力、金相组织图谱等相关的基础试验研究，缺乏新齿形研究、载荷谱测试、工艺技术研究等基础研究，使得产品设计和制造缺少数据支撑。另外，齿轮专业软件开发和应用滞后，多学科综合设计技术和手段落后。

（2）缺乏技术创新和试验测试服务平台。一是缺乏面向全行业的齿轮共性技术和前沿技术研究开发、重要科技成果转化及工程化应用研究的创新平台；二是缺乏为行业提供产品性能试验测试的服务平台，缺乏指导齿轮及其传动装置设计、制造改进和可靠性提升的测试评价服务体系。

（3）自主创新能力薄弱。齿轮行业自主创新能力薄弱，导致高端齿轮产品大量依赖进口，核心技术受制于人，已成为制约行业发展的主要问题。自主创新能力薄弱的原因主要是以企业为主体的创新体系尚未完全形成，企业研发经费投入少，企业高级研发人员不足等。

（4）产业结构不合理，中低端产品产能严重过剩。齿轮行业中低端产品占比约为80%，高端产品仅占20%左右。高端产品研发、制造能力不足，中低端产品产能严重过剩，同质化恶性竞争逐渐加剧，致使业内相当一部分企业互相压价，不少小企业难以生存。

（5）齿轮产品质量稳定性差。尽管我国进口了不少高档齿轮制造装备，但由于刀具、制造工艺技术、过程管理、检测手段等方面存在明显的差距，齿轮产品质量及其稳定性差，产品早期故障率高，使用寿命短，可靠性低，不能满足主机配套需求。

（6）标准化工作亟待加强。我国齿轮行业因标准化投入少等原因，适用标准少，贯标率低，不能满足产业发展的需要。我国大多数齿轮标准从国外标准转化而来，基础数据缺乏验证，一些关键数据与国内技术水平不相适应。

（7）专业人才匮乏。齿轮产业是技术和资金密集型产业，对专业人才需求迫切。目前高层次技术开发人才、工艺人才和高技能人才普遍缺乏，整体人员素质亟待提升。究其主要原因，一是目前高等院校极少设有齿轮专业，高职高专院校也很少具备培养齿轮机加工和热处理人员的条件；二是全行业缺乏人才在职培养、培训的环境和条件。

（8）中小企业融资难，税负重。齿轮行业中有不少中小型企业陷入融资困难、税费负担重等困境，抗风险能力极弱，一些原来举步维艰的中小企业更是雪上加霜。

三、总体思路

深入贯彻落实党的十八大、十八届三中、四中、五中全会精神，主动适应经济发展新常态，以未来市场需求尤其是重大装备和高端装备配套需求为导向，以产业结构和产品结构调整为主线，以创新驱动和两化深度融合为抓手，以核心技术和高端产品突破为主攻方向，加强基础技术研究，加速创新能力建设，加大先进技术推广应用和产业化力度，着力推进产品质量升级，提升齿轮产业整体水平和国际竞争力。

四、齿轮行业发展目标

1．创新能力显著增强

齿轮行业初步建成具有持续创新能力的技术创新体系，突破一批核心技术，形成一些国际知名品牌和专利，标准体系与国际基本接轨，造就2～3家具有国际竞争力的跨国企业，创新能力和国际竞争力显著提升。

2．齿轮产品配套能力和出口能力全面提升

高端齿轮产品制造能力大幅提升，产品性能和质量总体接近国际先进水平，齿轮产品基本满足国内重点装备及大型工程配套需求，工业机器人精密减速器、盾构机TBM重载减速器等高端齿轮产品自主配套比例达到50%左右。高端齿轮产品出口额显著提升，进口额大幅降低，进出口贸易逆差降低60%左右。

3．产业结构得到全面优化

推进齿轮产业结构调整，2～3家企业进入齿轮世界10强，一批“专、精、特、新”企业稳步发展；提高产业集中度，形成2个具有较强国际竞争力的齿轮产业集聚区。

4．节能节材成效突出

齿轮近净成形、干切削、超硬加工、超精加工等先进技术得到推广应用，齿轮材料利用率提高20%，生产效率提高30%，能耗大幅度降低；齿轮传动功率损耗减小15%。

五、重点任务与措施

1. 攻克一些核心技术

攻克锥齿轮长寿命高效制造工艺技术、齿轮传动装置轻量化设计制造技术、齿轮表面改性技术等核心技术；齿轮长寿命抗疲劳制造技术、齿轮传动减振降噪技术、齿轮传动装置运行状态智能诊断与维护技术、齿轮再制造技术等取得重大进展；齿轮近净成形绿色制造技术、超硬干切技术等得到完善并广泛应用。

2. 突破一批关键产品

突破工业机器人精密减速器、时速≥350km/h的高速机车齿轮传动装置、盾构机与TBM重载减速器、线速度≥300m/s的齿轮传动装置、百万千瓦级核电及超超临界火电机组用6 000～10 000kW高转速大功率齿轮调速装置、寿命≥10 000h军用直升机齿轮传动装置、汽车自动变速器、大型露天矿挖掘机和自卸车用液力变速器等一批关键产品，不同程度地实现进口替代；突破混合动力与纯电动汽车自动变速器、航空航天用高端齿轮传动装置等产品，使其性能达到或接近国际先进水平，基本满足国内需求。

产品突破时，要对标世界先进企业和先进产品，制定具体的赶超计划和技术路线图。对重要产品的突破，协会组织成立产学研用联盟，联合攻关实现突破。

3. 推进两化融合与改造升级

按照工信部《信息化和工业化深度融合专项行动计划（2013—2018年）》，从企业和行业两个层面推进两化深度融合。企业层面，在产品研发设计、生产过程控制、企业管理、市场营销、人才资源开发、新型业态培育和技术改造等关键环节，深度应用信息技术，从单项应用发展到协同集成。行业层面，从调查评估、示范推动、监测服务三个方面，推动各齿轮企业的两化深度融合。

通过不断采用和推广新材料、新技术、新工艺、新流程、新装备以及淘汰落后产能、流程再造等途径，实现改造升级。推动齿轮行业应用现代先进制造技术、智能制造技术、绿色制造技术，建立产品质量稳定的自动化、智能化制造系统和在线监测系统，提高齿轮产品品质和质量稳定性，推广产品制造服务全生命周期的系统管理。

4. 建立研发服务平台

（1）初步建立齿轮基础技术和前沿技术研究、重要新产品研发、重大科技成果工程化、技术推广应用的网络化技术研发与服务中心，推进我国齿轮传动技术发展。

（2）建立齿轮产品公共检测、试验与评价中心，开展产品强化试验、可靠性和寿命测试试验、产品质量检测及评价等，形成专业化的试验、检测和评价服务能力。

（3）建立齿轮行业信息中心以及培训、实训基地。建立并逐步完善数据库和信息库，为会员企业提供数据、信息、分析报告等服务。依托齿轮行业生产力促进中心、机械工业职业技能鉴定中心齿轮行业分中心等机构，建立3～5个“齿轮制造工”实训基地和职业鉴定站，建立技术培训和职业技能实训制度，规范培训、实训工作。

（4）建立齿轮行业贸易服务中心，促进行业产品、技术和资金走出国门。

5. 实施质量和品牌战略

实施产品质量提升计划，组织攻克一批长期困扰产品质量提升的关键共性技术，加强可靠性设计、试验与验证技术开发应用，推进机器换人进程，采用自动化、智能化的生产检测设备，提高产品质量和生产效率，使重点产品的性能稳定性、质量可靠性、使用寿命等指标达到国际同类产品的先进水平。

开展质量标杆和领先企业示范活动，推进卓越绩效、六西格玛、精益生产、质量诊断、质量持续改进等先进生产管理模式和方法的普及应用。支持企业提高质量在线监测、在线控制和产品全生命周期质量追溯能力。加强中小企业质量管理，开展质量安全培训、诊断和辅导活动。

质量是基础，品牌是灵魂。品牌是企业软实力的集中体现，以诚信为基础，产品质量和优质特色服务为核心。实施品牌战略，将着力抓好质量、营销和服务，因为质量是品牌的生命，营销是品牌的翅膀，服务是品牌的护卫。齿轮行业要着力营造质量强国、品牌兴业的文化氛围，既要培育跨越国界、具有广泛知名度和美誉度的顶级品牌，又要培育国内名优品牌，走向“一厂一品牌，一品一创新”。

6. 实施齿轮标准化战略

发挥齿轮协会和齿轮标委会的作用，组织业内企业、院所、高校研究制定齿轮标准化规划和实施方案。发挥标准化手段对规范市场的基础性作用，组织骨干企业制定齿轮产品分等标准，实行优质优价加速淘汰落后产品，加强标准制定、标准宣贯，促进齿轮新产品、新材料、新工艺的推广应用。跟踪国际先进技术发展趋势，注重与国际标准接轨，积极参与国际标准制修订工作，从整体上提升行业水平，促进自主创新产品进入国际市场。加强产需企业间的沟通交流，实现齿轮上下游的标准对接，保证标准要求的协调一致性。另外，既要将有代表性的标准推向国际，又要加快国外先进标准向国内转化。

7. 实施齿轮钢品质提升专项

（1）实施专项的背景意义。我国齿轮钢的质量已经不能满足高端齿轮产品在使用寿命和可靠性等方面的要求，如军用直升机齿轮的寿命还达不到国外先进产品的1/10，重载汽车齿轮的寿命不足国外寿命的1/5。而且，随着装备制造业的转型升级，齿轮产品将进一步走向高端，齿轮钢质量方面的供需矛盾还会进一步加大。

要提升齿轮钢的质量，需要解决困扰齿轮钢生产企业的两个问题：一是我国齿轮钢体系繁杂、种类太多，直接影响齿轮钢的冶金质量。我国齿轮钢体系是原苏联、美国、日本、德国、英国、法国等国以及我们自主体系的总和，加上近些年汽车同德、日、美、韩等国家合资及技术引进，更是让汽车齿轮钢体系成为“八国联军”，种类难以统计，严重影响了齿轮钢的冶金质量。二是我国齿轮钢标准低，不被汽车企业认可。尽管我国齿轮钢标准参照美国标准ASTM A304—2004、SAE J1268—2010，日本标准JIS

G4052—2008，欧洲标准 EN 10084—2008 等，但一些指标要求低于国外标准，不被企业认可。

齿轮钢是保证齿轮质量的基础，要提高齿轮的强度、使用寿命和可靠性，必须提升齿轮钢的品质。

（2）专项的主要内容。

1）协会特邀工信部、中国机械工业联合会相关部门和领导，与行业专家组成调研组，对齿轮用钢现状进行调研，摸清我国汽车齿轮和工业齿轮用钢的具体情况。

2）开展齿轮钢冶金质量对齿轮强度与可靠性影响的研究、高纯度钢冶炼工艺技术研究、齿轮钢品质对齿轮热处理畸变及强度影响的研究、齿轮钢疲劳极限应力测试等一系列试验研究。

3）制定中国齿轮用钢标准，可以分为高端、中高端、中端三档（其中高端标准主要指标达到国际先进水平），以满足不同产品的需要。

4）协会与齿轮钢生产和使用企业合作，共同推进齿轮钢标准化。

5）通过齿轮钢集中采购联盟，联合齿轮钢生产、使用企业和银行，推进齿轮钢集中采购工作，达到提升齿轮钢品质、降低成本和采购价格的目的。

（3）专项目标。通过专项实施，制定出满足国内中高端齿轮产品需求的齿轮钢标准并推广应用，打破国外汽车齿轮钢技术垄断，高端齿轮钢品质达到国外同类产品先进水平，齿轮钢成本降低 5% 以上。

8．解决中小微企业融资难问题

发挥齿轮协会及创新服务平台的作用，整合行业资源，寻求政府与金融机构的支持，通过做好以下工作，协调解决中小微企业创新发展的问题。一是提高中小微企业自身素质，加强信用制度建设；二是建立齿轮行业发展基金，开发适合中小微企业的金融工具；三是加大对中小微企业的财税扶持力度；四是加快中小微企业技术进步和结构调整，支持中小微企业提高技术创新能力和产品质量，支持中小微企业采用新技术、新工艺、新设备、新材料进行技术改造，鼓励中小微企业与大型企业开展多种形式的经济技术合作，建立稳定的供应、生产、销售等协作关系。

六、政策建议

（1）尽快注册成立中国齿轮工业协会。从齿轮是最关键的基础零部件、我国齿轮产业规模位居全球第一但贸易逆差巨大、一级协会能助推齿轮产业由大变强这三方面考虑，都应该尽快注册成立一级齿轮行业协会——中国齿轮工业协会。现在的中国机械通用零部件工业协会齿轮分会不是法人，在齿轮行业的组织协调作用无法正常发挥，迫切需要成立一级协会。另外，成立一级协会也是行业广大企业、高校、院所的共同呼声，目前已有陕西法士特汽车传动集团有限责任公司、中信重工机械股份有限公司、杭州前进齿轮箱集团股份公司、重庆齿轮箱有限责任公司等龙头企业，重庆大学、中南大学、北京工业大学、河南科技大学等业内著名高校，以及郑州机械研究所、中国船舶重工集团公司第 703 研究所等著名院所共上百家单位，联合签名盖章要发起成立中国齿轮工业协会，已经起草了协会章程。总之，注册成立中国齿轮工业协会必要且迫切，希望得到政府有关部委和中国机械工业联合会的支持。

（2）齿轮行业既面临着一些高端齿轮产品急需国产化替代进口，又面临着大量产品需要全面提高使用寿命和可靠性，需要通过实施数个专项计划实现突破，任务非常艰巨。因此，建议工信部通过列强基工程重大项目的方式，支持齿轮行业实施“齿轮钢品质提升”“汽车活齿 CVT 无级变速器研发及产业化”“工业机器人精密减速器研发及产业化”“汽车驱动桥曲齿锥齿轮长寿命绿色高效成套制造技术与装备”等重大项目。

（3）利用政府引导资金的示范和杠杆效应，对齿轮行业在“一厂一品牌，一品一创新”行动计划中涌现出来的“专精特”企业，给予多方面政策与服务支持。

（4）制定鼓励主机厂采用首批国产关键零部件新品的优惠政策，对创新产品给予税收减免的优惠政策。另外，组织零部件企业主动参与整机的总体设计，协同主机，无缝对接，充分发挥整机的牵引作用，减少首台产品的市场阻力，形成同心协力、创新共赢的利益机制，加快创新发展速度。

（5）发挥财政资金杠杆撬动作用，吸引社会资本，加快设立国家中小企业发展基金。支持符合条件的民营资本依法设立中小型银行等金融机构，鼓励商业银行加大小微企业金融服务专营机构建设力度，建立完善小微企业融资担保体系。加快构建中小微企业诚信体系，积极发展面向小微企业的融资租赁、知识产权质押贷款、信用保险保单质押贷款等。建设完善中小企业创业基地，引导各类创业投资基金投资小微企业。

（6）鼓励大学、科研院所、工程研究中心等对中小企业开放共享各种实（试）验设施。加强中小微企业综合服务体系建设，完善中小微企业公共服务平台网络，建立信息互联互通机制，为中小微企业提供创业、创新、融资、咨询、培训、人才等专业化服务。

中国机械通用零部件工业协会齿轮分会

二〇一五年十月三十日

行业概况

大模数齿轮、齿条发展概况

近几年，矿山、水泥、轧钢等行业的生产线规模的扩大，以及风电和海洋工程的快速发展，催生了我国的大型减速器市场，大型减速器中所用的齿轮多是大模数齿轮。

大模数齿轮一般是指模数 $m \geqslant 12$mm 的齿轮，因其具有传动比精确、传动效率高、结构紧凑、吨位大、承载能力强等特点，在冶金、矿山、大型风力发电、升船机以及各种海洋设备等特殊环境中得到广泛应用，是先进装置的核心部件，对国民生产、新能源开发利用及国家重大装备的建设起着重要作用。如长江三峡升船机升降驱动机构采用的就是模数高达 62.667mm 的大模数齿轮、齿条传动；大功率船用齿轮箱中的齿轮模数达到 40mm；用于海上石油开采的“渤海 10 号”自升式海洋平台升降系统中所用齿轮模数达到 101.6mm。近些年，随着国民经济的快速发展，大模数齿轮在国家重大装备以及重点工程中得到越来越多的应用。大模数齿轮的部分典型应用中的参数见表 1。

表 1 大模数齿轮部分典型应用中的参数

序号	名　称	模数（mm）	齿数	单重（kg）
1	渤海 8 号齿轮轴	50.8	7	200
2	渤海 10 号齿轮轴	101.6	7	845
3	渤海 10 号大齿轮	101.6	32	994
4	渤海 4 号齿轮轴	81.3	7	1456
5	渤海 4 号大齿轮	38.1	40	1 500
6	渤海 12 号齿轮轴	100.0	7	1 109
7	胜利 5 号齿轮轴	67.7	7	537
8	胜利 5 号大齿轮	33.9	44	1 240
9	南海 1 号齿轮轴	80.9	7	2 000
10	南海 4 号齿轮轴	40.6	34	1 900
11	三峡升船机驱动齿轮	62.7	16	6 012

随着大模数齿轮、齿条在国家重大装备以及工程中应用的不断增多，国内针对大模数齿轮、齿条展开了深入的研究和探讨，内容涉及数字化设计、精密加工制造、热处理工艺、承载能力试验和断齿修复等方面。

一、大模数齿轮、齿条设计技术现状

在大模数齿轮设计中，重点是其强度与承载能力的设计。由于大模数齿轮、齿条大都用在重大装备上，工况条件比较恶劣，若齿轮因强度不足而失效将会造成重大损失。国家标准 GB/T 10096—1998 规定中，渐开线圆柱齿轮的模数 m 最大为 50mm，ISO 标准中的模数最大也为 50mm，但目前许多重大装备的传动系统中渐开线圆柱齿轮的模数都远超出了这个标准。对于现有的齿轮设计方法及强度计算方法，其计算公式中的一些参数都已无法确定，严格来说公式已不适用。

近几年，针对大模数齿轮的特点，国内许多学者就其设计方法及强度理论进行了诸多研究。黄鲁对大模数齿轮模数、齿数选择以及弯曲强度计算方法等方面进行了探讨。王建敏基于齿轮啮合原理，应用齿轮齿根弯曲应力解析法和有限元法，对模数为 10 ～ 80mm 的渐开线圆柱齿轮进行了弯曲强度分析，对于模数 $m > 50$mm 的齿轮，建议根据模数大小把 GB 标准计算应力或许用安全系数加大 5% ～ 10% 来考虑。阳培、刘忠明等人根据 GB3480 标准中的计算方法，分析了齿轮传动中各主要几何参数对齿轮承载能力的影响规律，总结出了压力角、变位系数、刀具圆角半径系数的优化选择与提高大模数齿轮、齿条承载能力的关系。李钊钢根据磨齿裂纹的形态，分析得出了渗碳淬火大模数齿轮齿面磨削裂纹的出现是由于齿面上的拉应力引起的结论，并根据渗碳淬火齿轮齿面上残余应力形成的机理，提出了通过提高淬火油温控制心部表层马氏体转变顺序，阻止表层在心部组织转变前产生转变，以保证最终在齿面形成残余压应力的预防措施。马宝、唐文献等人针对风电安装船齿轮、齿条式升降系统中所设计的超大模数渐开线圆柱齿轮，基于 Pro/E 建立了精确的齿轮、齿条啮合参数化模型，研究了齿轮、齿条在一个啮合周期内接触应力及弯曲应力的变化规律，得出接触应力在齿面成不均匀分布、存在较明显的边缘效应、最大接触应力发生在单齿啮合区的下界点、最大弯曲应力出现在单齿啮合区上界点上的结论。杨磊、王振等以三峡升船机用大模数齿轮、齿条为研究对象，应用解析法和有限元法对大模数齿轮、齿条的接触强度和弯曲强度计算方法进行了研究。郑州机械研究所承担的“高档数控机床与基础制造装备”科技重大专项“三峡升船机铸造齿条大型试验装备开发及质量评

定”项目，开发出了用于三峡升船机大模数齿条测试验证与性能评价的试验装备，可以对大尺寸、大模数齿条的静强度、疲劳强度、综合性能等进行试验验证和评价，填补了国内外空白。

二、大模数齿轮、齿条加工技术现状

大模数齿轮、齿条加工属于极限加工，技术含量高，在大模数齿轮应用中遇到的问题也最多。目前，国内主要采用成形法和展成法进行大、中模数齿轮、齿条的切削加工，加工机床也多以滚齿机和插齿机为主，但受限于大型滚齿机数量稀少、滚切效率低和保护机床精度等因素，近些年，国内很多学者针对这些传统方法进行了更为深入的研究和技术创新。李维杰、张宗楠等介绍了在数控龙门铣床上使用普通棒铣刀，根据渐开线的发生原理，通过成形法加工大模数齿轮的工艺方法。杨德卿、刘俊霞等人对普通铣床进行数控改造，使用圆柱铣刀按照渐开线的发生原理，采用展成法的方式可直接加工模数为 16 ～ 40mm 的齿轮，并对齿轮加工精度提高的成因和效果进行了分析；龚永坚、戴素江等人分析了大模数齿轮指形铣刀计算机辅助设计系统的结构特点和指形铣刀的设计方法；李兆君则研究了在数控加工中影响精铣齿形质量的关键因素，探讨了高精度大模数齿轮精密铣齿的工艺方法；韩晓卫则提出了一种采用三面刃铣刀粗铣来提高大模数齿轮加工效率的方法；孙进平则研究了采用硬质合金刮削滚刀加工大模数、少齿数渗碳淬火硬齿面齿轮的方法，通过分析得出该方法能够减小齿面精磨余量和磨齿机的负荷，并能缩短生产周期、降低制造成本的结论。如何能克服齿轮、齿条价格高、制造难度大等缺点，加工制造出满足使用性能要求、成本低的大模数齿轮、齿条是迫切需要解决的关键技术问题。

数控火焰精密切削成形技术是一种节约能源、降低消耗、提高效率的新工艺。这种加工超大模数齿轮的技术是将空气动力学中的超声速喷管原理应用于割嘴的结构设计上，通过提高切割氧气流的出口速度和减少紊流度，使高速氧气流激烈氧化切口的燃烧反应区金属，并强烈冲刷切口的氧化熔渣，从而使切割速度和切割面质量得到显著提高，是先进切割技术中的重要组成部分。国外超大模数齿轮则均采用数控火焰精密切割工艺，其齿面不需要精加工即可达到使用的要求。

与传统的切削加工相比，数控火焰精密切割加工具有工作效率高、材料利用率高、加工柔性好、自动化程度高等优点。为了确保火焰切割的加工质量，使其能应用于工业实践，国内外专家学者在数控火焰精密切割成形理论和应用方面进行了大量的卓有成效的研究。早在 1939 年，剑桥大学的 Chapman 和 Cowling 就对多组分火焰进行了大量的试验研究，并给出了火焰多组分扩散燃烧速度计算公式，为多相燃气火焰切割奠定理论基础。Kerr 和 Fraser 根据射流流动的量纲分析以及横截面上的速度剖面可用高斯型方程来表示的假设，发展了一种旋转射流理论，可用来确定射流锥体扩张半角的变化量等随旋流度而变化时所需的方程。Clarke 为弄清火焰两边扩散场所发生的过程，利用 Burke-Schumann 火焰模型对层流扩散火焰进行了详细研究。美国耶鲁大学对 CH_4/ 空气预混燃烧进行了详细的试验研究，得出可燃气的含量分布决定火焰形状的结论。麻省理工学院提出自适应化学理论（Ada-pChem）和复杂化学反应机理最优简化法，简化了 CH_4 燃烧的详细化学反应机理。Papadopoulos 等使用 PIV 测量甲烷 / 空气扩散燃烧脉动火焰的速度场，Widmann 等采用三维 PIV 技术对喷射火焰在喷嘴出口处的速度特性进行研究，比较了平行于喷嘴出口的几个不同截面的 3 个方向上的速度，Han 和 Mungal 将 PIV 技术和 PLIF 技术（激光诱导荧光法）相结合测量了湍流射流燃烧流场，得出流场的速度分布。所有这些为火焰切割应用于工业实践奠定了坚实的理论基础。

在国内，数控火焰切割多用于下料或低强度材料切割，在超大模数、高合金材料、大厚度的齿轮、齿条精密切割成形方面，技术尚不成熟。为跟踪国际的先进热切割技术，国内学者对火焰切割理论也作了大量工作。叶廷洪研究了燃气燃烧特性对火焰切割性能的影响；陈冬青等人提出了计算燃气组分的几何规划法；肖聚亮等人对割炬轨迹作了较深入的研究；吴晋湘等人通过对大加速度场中二维轴对称的层流燃烧过程数值模拟的研究，探讨了大加速度场作用于燃烧过程的机理；朱娜运用特征线法和多重网格法求解管内气体流动的流场；龚时华等人研究了实现数控火焰切割 CAD/CAM 系统的关键技术；章文献等人对数控火焰切割机控制系统进行了较深入的研究；刘嘉敏等人对二维不规则形状自动排料算法进行了研究，促使切割自动寻优排料，提高了效率和材料的利用率；周见广等人利用 PIV 技术对火焰结构、燃烧流场进行了初步测量研究。目前，国内少数企业对超大模数齿轮数控火焰精密切割工艺也有了一定的突破。如郑州机械研究所采用精密火焰切割方法加工的特大模数齿条的最大模数已达 135mm。

三、大模数齿轮、齿条热处理技术现状

大模数齿轮一般都是大型、低速、重载齿轮，工作条件恶劣，制造费用昂贵，所以，一般要求其具有较高的承载能力和使用寿命。提高齿轮表面硬度是提高齿轮强度和承载能力的最有效途径之一。据瑞士 MAAG 的数据，调质硬度为 300HB 时，许用弯曲应力为 300MPa，许用接触应力为 850MPa；当渗碳淬火至 60HRC 时，则分别为 500MPa 和 1 600MPa，承载能力可分别提高 70% 和 88%。当前，大模数重载齿轮以硬齿面为主，调质齿轮向中硬齿面发展，已是国内外的技术发展趋势。

目前用于齿面硬化的热处理工艺主要有渗碳淬火、渗氮处理、感应和火焰表面淬火、激光表面淬火等。近些年，我国很多企业和学者针对硬齿面大模数齿轮热处理技术进行了广泛的研究。如刘小林、郑辉等人对 38CrMoAlA 钢大模数齿轮进行了深层离子渗碳工艺试验，检测了离子渗碳层的组织和显微镜硬度分布，得出了 38CrMoAlA 钢大模数齿轮经深层离子渗碳后，其耐磨性显著提高的结论，探讨了中碳合金钢大模数齿轮深层离子渗碳工艺代替低碳合金钢大模数齿轮渗碳淬火工艺的可能性；李光瑾、任颂赞等人分析比较了多种重载大模数齿轮深层渗碳层深的确定方法，列出了近年部分重载齿轮对渗碳层深度要求的变化，并选用不同直径的代表性试样和齿形试样，进行了淬硬层应力测定，认为可以从压缩现有深层渗碳层深冗余和在归结层深变化的基础上，实现深层渗碳工艺精益化，在确保齿轮承载能力的前提下，适当降低渗碳层深度，使深层渗碳过程成为节能减排、清洁高效的加工技术；许春青则通过设备改进解决了大模数齿轮单齿中频淬火根部软带过大的问题；聂福全、何松志等人探讨了大模数齿轮单齿面连续加热高频感应淬火热处理的工艺参数制定；石娟、戴忠森等人根据齿轮淬火硬化层深的计算理论，进行了齿轮激光淬火与渗碳淬火有效硬化层深的对比研究，并根据国内外齿轮激光淬火试验与应用研究的结果，提出了大模数齿轮激光淬火硬化层深的取值范围；中国二重精衡公司则通过引进德国公司的大型数控感应淬火机床，对大模数齿条表面感应淬火工艺进行多种工艺参数研究试验，顺利完成了三峡升船机齿条表面淬火工艺的试制，解决了大模数铸造齿条表面淬火容易产生裂纹和变形难以控制的问题。

常规热处理工艺由于经过长时间实践，工艺比较成熟，质量也相对稳定，在齿轮强化方法中一直占据着重要的分量。但同时，其设备投资大，热处理时间长，而且污染环境，不利于节能环保。近些年，随着机床技术的不断提高，感应淬火、激光表面淬火工艺在齿轮热处理中得到越来越多的应用。与常规的几种热处理工艺相比，激光表面淬火主要是利用具有高能密度的激光束扫描工件表面，快速加热结束后，通过基体的导热快速冷却而实现淬火的目的。齿轮激光淬火变形极小，可以无须磨削或极少量精磨即可，设备投资费用与后续加工费用均可以大大节省，经济效益十分显著。根据国内外激光淬火齿轮的疲劳强度试验结果，激光淬火齿轮的疲劳强度相当于或优于渗碳淬火齿轮，尤其是在低应变水平下，其疲劳寿命有了很大的提高。而且经激光淬火可获得细化的马氏体组织，并具有良好的综合力学性能的硬化层，使齿轮具有较高的疲劳强度和耐磨性，是齿轮热处理可行的重要发展方向和趋势。

四、大模数齿轮修复技术

大模数齿轮因体积大、加工难度高，而生产周期长、制造成本高。在故障设备中，测绘并重新定做已损坏的大模数齿轮，即使投入大量的人力物力也会对生产经营造成一定的影响，而针对大模数齿轮，进行断齿及齿面修复既可充分利用原有的齿轮本体，又可以缩短生产周期，同时可以大大降低成本，具有事半功倍的效果。因此，国内学者对大模数齿轮修复技术进行了大量研究，也积累了一定的经验。殷荣幸针对某轧钢厂三辊劳特式粗轧机传动系统中的关键件 40CrMnMo 钢大模数齿轮轴，通过制定合理的焊补工艺，实现了大模数齿轮齿面的 MAG（熔化极气体保护焊）焊接修复；肖伟、刘红建等人根据实际工作经验总结得出了植入堆焊修复齿轮断齿的方法，通过在齿轮断截面钻孔、攻螺纹、植入螺钉堆焊，实现了大模数齿轮断齿修复；邵谭华、周丽霞等人通过试板的工艺试验，探索选用适当焊条、采用适当焊接工艺和焊后热处理工艺修复 ZG45 钢大模数齿轮磨损齿面的可能性，试验表明，联合使用 D132+D112 或 D132+J422 两种焊条进行堆焊，均可满足堆焊修复工艺的要求；冯岩竹通过采用正火、中间退火、多次淬火等多种中间热处理手段，对大模数齿轮渗碳后公法线长度超差问题进行了试验研究，找到了一种有效的超差补救措施；高朝祥、任小鸿和王充等通过对矿山机械大型齿轮损坏情况进行分析，提出采用堆焊的方法进行修复，介绍了堆焊修复大模数齿轮的全过程。

五、现状分析及展望

大模数齿轮、齿条广泛应用于工况复杂、载荷较大及环境恶劣的情况下，是传动系统的关键核心部件。目前关于超大模数齿轮的成熟设计理论还比较缺乏，强度计算尚无相关的计算标准。同时，超大模数齿轮、齿条的加工属于极限加工，目前国内制造经验缺乏，制造工艺不成熟，正处于探索、试制阶段，尚无验收标准、试验装备等。

由于缺少成熟的超大模数齿轮设计方法、强度校核理论和加工制造工艺，目前设计制造的超大模数齿轮体积大、重量重、制造成本高。为了进一步提高我国的自主研发能力和跟踪国际先进技术水平，有必要对超大模数齿轮的设计制造技术进行系统的基础理论研究，为实现超大模数齿轮、齿条及特大型零件的加工，提供切实可靠的依据。

〔撰稿人：郑州机械研究所王征兵、李纪强〕

齿轮加工机床发展概况

齿轮加工机床是指用齿轮切削工具加工齿轮齿面或齿条齿面的机床及其配套辅机。齿轮加工机床广泛应用在汽车、拖拉机、机床、工程机械、矿山机械、冶金机械、石油、仪表、飞机和航天器等各种机械制造业中。近年来，数控齿轮加工机床得到了飞速的发展。数控机床的应用不但大大降低了劳动强度，而且也使生产率获得了极大提高。

一、齿轮加工机床行业现状

1．近几年我国齿轮加工机床的发展

随着齿轮加工机床需求量的不断增加，国内涉及齿轮加工机床制造的企业日益增多。众所周知，齿轮是最基础的机械传动元件，需求量大，应用面广。而齿轮加工机床是机床行业公认的技术含量最高、零部件最多、结构最复杂的产品之一。但我国齿轮机床行业一直处在一个尴尬的境地。近几年，我国机床行业也涌现出以沈阳机床、大连机床、济南二机床、秦川机床工具、武汉重型机床、齐二机床为代表的一批大型企业，在不同的细分领域具备较强的竞争实力。

济南二机床凭借在五轴联动数控机床、大重型龙门镗铣床极限制造、高档数控专机等方面形成的自主优势，为我国大飞机项目研制的翻板卧式加工中心高档数控机床打破国外技术封锁，有力地促进了我国航空业的发展。例如，为南水北调工程提供的国内首台高速五轴联动数控机床，为三峡工程提供的首台套重大装备双龙门大扭矩机械主轴五轴联动数控机床，为冶金企业提供的超重型数控龙门镗铣床以及为航天领域提供的数十台高性能五轴联动数控机床等产品。实施“i5”战略是沈阳机床由传统机床制造商向服务商转型升级的重要举措。沈阳机床连续五年累计投入研发资金 11.5 亿元，依托“中国芯”全新打造基于信息驱动技术，以互联网为载体、以给客户提供轻松制造为核心，将人、机、物有效互联的 i5 系列智能机床。面对低迷的机床市场环境，秦川机床加快业务转型和产品结构调整，努力打造“三个 1/3”战略布局，即做优机床装备和智能制造岛（生产线）板块；做强以关键零部件为支撑的高端制造板块；做大数字化车间和系统集成，机床再制造和工厂服务代表的现代制造服务业板块。研发四大新产品：磨削直径 3 500mm 以上的数控成形砂轮磨齿机，最大磨削直径 300mm 的数控蜗杆砂轮磨齿机，最大磨削直径 1 500mm 的复合数控磨齿机，切削直径 3 500mm 以上的高精度数控滚齿机（蜗轮母机）。

2012 年，我国机床工具行业增速持续缓慢回落，国内市场低迷，至 9 月份触底。国产低端产品需求明显减少，进口额处高位运行。2012 年，机床工具行业累计完成工业总产值 7 210.5 亿元，同比增长 12.3%；累计完成产品销售产值 7 001.9 亿元，同比增长 11.8%。

2013 年，我国机床工具行业产品销售收入 8 026.3 亿元，同比增长 13.7%；实现利润 495.9 亿元，同比增长 8.8%。

2014 年，机床工具行业产品销售收入同比增长 2.0%，利润总额同比增长 11.4%。金属加工机床产品销售收入同比增长 0.7%，利润总额同比增长 8.1%。其中，金属切削机床产品销售收入同比增长 0.3%，利润总额同比增长 14.9%。

2．齿轮加工机床行业存在的问题

齿轮加工机床的数控化尽管起步晚，但发展速度和变化力度相当惊人。正如业内专家所言，我国数控齿轮加工机床已成为我国机床产品的强项之一。成系列六轴四联动数控滚齿机、七轴五联动蜗杆型砂轮磨齿机、七轴六联动弧齿锥齿轮磨齿机，都是最近几年来进入批量生产的具有世界先进水平的机床新品。尽管国内齿轮机床行业取得了如此令人瞩目的业绩，但与国外同行业相比，还存在如下问题：

（1）我国齿轮机床整体水平与国外相比存在较大差距，产品质量与欧、美、日本产品相比，差距明显。我国齿轮机床品种比较齐全，但规格不够完善；主机产品发展较好，但辅助机械仍较为落后；高端产品、自动化产品不足，数控机床比例低。

（2）我国齿轮机床行业大部分企业仍为国有企业，受国有体制的制约，机制不灵活，整体发展速度和新产品开发速度偏慢。

（3）我国齿轮机床产品精度、可靠性、稳定性有待进一步提高。

（4）国内外行业竞争进一步加剧，无序竞争、不公平竞争有所抬头，新竞争者不断涌入，行业格局面临重新洗牌。

二、齿轮加工机床的市场分析

1．扩张中的齿轮产品市场规模

我国齿轮工业在汽车、风电、高铁、工程机械等产业快速发展的拉动下得到了迅速发展，已成为我国机械基础件中规模最大的行业。2013 年，我国齿轮产品销售收入已达到 2 080 亿元，位居世界前列。从模数 0.1mm 以下的超小体积齿轮及传动装置到模数 100mm 以上或直径十几米的特大型齿轮及传动装置，从民用低速重载和高速重载齿轮及传动装置到军用高参数齿轮及传动装置。我国齿轮机床工业的发展很大程度上得益于近年来我国齿轮工业的飞速发展。

（1）根据国家核电中长期发展规划，到 2020 年，我国将开工建设 40 座以上百万千瓦的核电机组。届时，核电总规模相当于目前的 20 个大亚湾核电站。我国四大核泵等核电装备配套用齿轮产品已经开始进入快速开发替代时期。

（2）近年来，我国高速铁路客运专线和城际轨道交通铺轨里程增长迅速，预计年基本建设投资高达 3 000 亿～4 000 亿元，为机车齿轮驱动单元提供了很好的发展前景。

（3）我国煤炭产量占世界总产量的 42% 左右，产量增量占世界的 80% 以上。据预测，到 2020 年，我国煤炭需求将达到 38 亿 t 左右，“十二五”期间，自主品牌的大功率、高可靠性的采煤机齿轮减速器、掘进机齿轮传动装置具有广阔的市场前景。

（4）国内市场对大型风力发电机组需求仍十分迫切。国家规划 2020 年风电装机容量要达到 3 000 万 kW。2020 年之前，我国每年至少装机约 1 800 万 kW，机组将从 2MW 提升到 3.6MW 甚至 5MW 水平，风电齿轮箱年产值约 120 亿元。

（5）机器人市场将迎来爆炸式增长。从 2010 年开始，我国的工业机器人市场需求激增，当年工业机器人保有量达到 52 290 台，较 2009 年增长了 1.71 倍。2014—2015 年，我国将是工业机器人最大的市场，未来我国机器人减速器市场规模每年可达 40 亿元以上。

目前我国齿轮行业面临调整振兴、由大变强的历史发展机遇，国内外市场竞争加剧，国内深层次矛盾不可避免地会影响行业前进的步伐，但推动行业技术进步创新发展的基本力量不可逆转，全行业在转型升级的进程中将以年均10%左右的增速实现稳定发展。

2．齿轮加工机床国产化带动经济发展

目前，我国数控机床在重点用户领域应用的总量还不多。我国机床在加工工序简单的企业占比较大，能达到总设备的60%左右，但都以中低档数控机床单机应用为主，其中大部分是两轴的经济型数控车床、三轴的加工中心和数控铣床等，出厂时间也比较早。在高端应用领域，机床要具有高刚性、高效率，对难加工材料进行切削，国产机床的占比很小。随着我国机床工具行业产品、产业结构调整力度的增强，数控机床、高端机床占比明显增强，低端产品占比持续下降，目前机床工业国产化率已提升到70%。2014年11月进口数据机床1 096台，同比下降5.27%；2014年12月进口数控机床1 534台，同比增长29.12%。2015年1月进口数据机床1 175台，同比增长7.80%；2015年2月，我国数控机床进口数量为868台，同比增长12.58%。

3．我国齿轮机床现状及未来几年的市场容量预测

在综合规模和重点品种方面，我国都已进入到世界前几名，我国拥有机床60万～70万台，其中数控机床235 756台。数量之多，在世界上是少有的。就机床的品种而言，我国有3 500多个品种，其中数控机床有1 500多种，在世界上占有一席之地。我国的数控机床品种很全，市场需要的车、铣、磨、特种加工，以及各种门类的金属成形机床（重型、超重型）等都有。同时，我国的市场发展很快，需求量很大。我国机床产品就国内市场占有率而言，2015年约为44.6%，工具产品市场占有率约为65%。

“高档数控机床与基础制造装备”科技重大专项的持续投入，显示了政府对于发展高档数控机床与基础制造装备的决心。“十三五”期间，我国将持续投入且力度加大，每年重大专项将带动资金投入100亿元以上。在经济发展、国家政策大力支持、上下游产业振兴等背景下，我国数控机床行业的旺盛需求仍将保持高速增长，尤其是高档数控机床将迎来更大的市场空间，未来3～5年，我国数控机床行业市场增长率将达到12%左右。

三、齿轮加工机床的发展方向

1．我国齿轮机床市场的转变

不论是传统的汽车、船舶、航空航天、军工等行业，还是近年来新兴的高铁、铁路、电子等行业，都对机床工具行业提出特殊需求，这就对齿轮加工机床制造商提出了新的要求。如今，部分企业已经应时而动，积极调整产业结构，不断拓展产品应用领域，向热门行业提供高速、高稳定性、高精度的机床新品，满足行业所需。未来，各个行业对齿轮加工机床的需求十分旺盛，企业只有抓住这些机会才能向更高层次发展。具体来说，也就是对以下几种技术的大量需求：以中档（普及型）数控机床为主（占60%），高档机床为辅（占30%），尽量不选用低档（经济型）机床。

2．齿轮机床的发展趋势

齿轮机床的发展仍将是以数控齿轮加工机床为主，将向以下几个方向发展：

（1）智能、高速、高精度化。为提高生产效率，新一代数控机床向超高速方向发展，采用新型功能部件（如电主轴、直线电动机、LM直线滚动系统等）主轴转速达15 000r/min以上。计算机技术及其软件控制技术在机床产品技术中占的比重越来越大，计算机系统及其应用软件的复杂化，带来了机床系统及其硬件结构的简化，数控机床的智能化程度日趋提高。1台机床的重复定位精度如果能达到0.005 mm（ISO标准、统计法），就是1台高精度机床，在0.005mm（ISO标准、统计法）以下，就是超高精度机床。高精度的机床，要有最好的轴承、丝杠。随着电脑辅助制造（CAM）系统的发展，精密度已达到微米级。

（2）设计、制造绿色化。绿色设计是一种综合考虑了产品设计、制造、使用和回收等整个生命周期的环境特性和资源效率的先进设计理论和方法。它在不牺牲产品功能、质量和成本的前提下，系统考虑产品开发、制造及其活动对环境的影响，从而使得产品在整个生命周期中对环境的负面影响最小，资源利用率最高。数控机床在设计时要考虑：绿色材料设计、可拆卸性设计、节能性设计、可回收性设计、模块化设计和绿色包装设计等。绿色制造是一个综合考虑环境影响和资源消耗的现代制造模式，通过绿色生产过程生产出绿色产品。

（3）复合化与系统化。工件一次装夹，能进行多种工序复合加工，可大大地提高生产效率和加工精度，是机床一贯追求的。由于产品开发周期愈来愈短，对制造速度的要求也相应提高，机床也朝高效能发展。机床已逐渐发展成为系统化产品，用1台电脑控制1条生产线的作业。产品对外观曲线的要求提高，机床五轴加工、六轴加工已日益普及，机床加工的复合化已是不可避免的发展趋势。

总之，齿轮加工机床的发展日新月异，高速化、高精度化、复合化、智能化、开放化、并联驱动化、网络化、极端化和绿色化已成为数控机床发展的趋势和方向。

〔撰稿人：郑州机械研究所颜世铛、刘忠明　审稿人：郑州机械研究所张元国〕

风力发电机齿轮箱发展概况

一、概述

风能作为一种新型能源，具有无污染、可再生、储量丰富的特点，风能的开发与利用符合我国的节能减排战略。其中风力发电已经成为风能利用的主要方向。近些年，我国非常重视风电领域的研究和发展，多年来持续投入，取得了一些关键技术的重大突破，解决了一系列风力发电的实际应用难题。风力发电总量持续增加，已经成为解决我国经济建设能源需求的一种重要方式。

风力发电机齿轮箱传动系统作为风力发电机组重要的核心部件之一，直接影响着风力发电机组的总体性能和寿命，有着重要的意义。经过多年的研究和发展，我国在风力发电机齿轮箱的核心制造技术方面取得了重大突破，部分企业已经基本掌握了风电齿轮箱制造和关键成套技术。但仍然面临着一系列的技术挑战，在可靠性、故障诊断和智能修复等方面仍需不断提高，用以实现由风电大国向风电强国的转变。

二、我国风力发电产业现状和发展趋势

1. 风电装机总容量持续稳定增长

据中国风能协会（CWEA）统计，2015 年，全国风电产业继续保持强劲增长势头，全国（除台湾地区外）新增安装风电机组 16 740 台，新增装机容量 3 075 万 kW，新增装机容量再创历史新高，累计并网装机容量达到 1.45 亿 kW。2015 年，风电发电量 1 863 亿 kW・h，占全部发电量的 3.3%。2015 年，新增风电核准容量 4 300 万 kW，同比增加 700 万 kW；累计核准容量 2.16 亿 kW，累计核准在建容量 8 707 万 kW。2005—2015 年中国新增和累计风电装机容量见图 1。从图中可以看出，我国新增风电装机容量近十年来虽然有所起伏但总体来说不断增长。

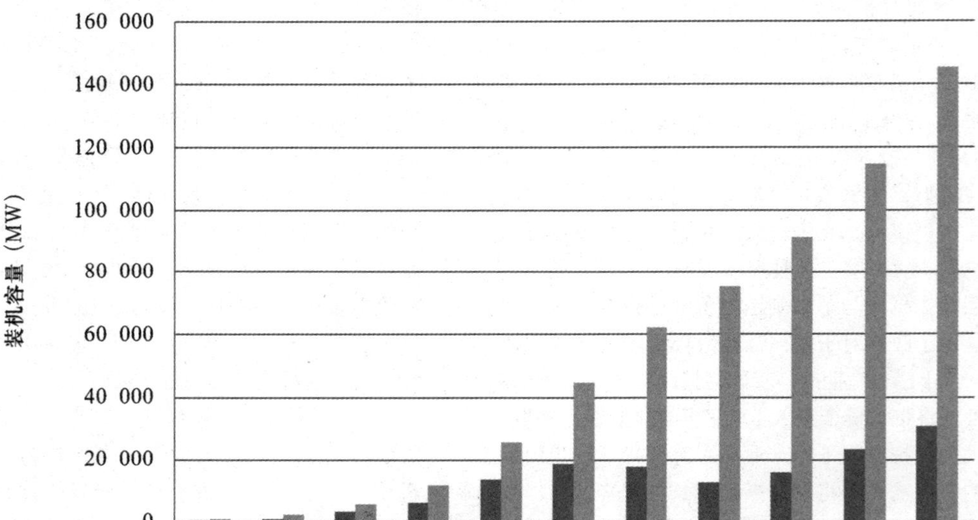

	2005 年	2006 年	2007 年	2008 年	2009 年	2010 年	2011 年	2012 年	2013 年	2014 年	2015 年
■新增装机容量(MW)	507	1 288	3 311	6 154	13 803	18 929	17 630	12 960	16 089	23 196	30 753
■累计装机容量（MW）	1 250	2 537	5 848	12 002	25 805	44 734	602 364	75 324	91 413	114 609	145 362

图 1　2005—2015 年中国新增和累计风电装机容量

2. 海上风电装机量增长迅速

海上风能资源丰富且受环境影响小，便于开发和利用。我国海岸线长达 18 000km，沿海水深为 2.5 ～ 5m 的浅海海域面积辽阔，风力发电条件得天独厚，预期可开发量达 7.5 亿 kW，为陆地风电资源的 3 倍。2015 年，我国海上风电新增装机 100 台，容量达到 360.5MW，同比增长 58.4%。其中，潮间带装机 58 台，容量 181.5MW，占海上风电新增装机总量的 50.35%；其余 49.65% 为近海项目，装机 42 台，容量 179MW。2015 年，上海电气集团股份有限公司的海上风电机组供应量最大，占比达到 83.2%；其次是湘电风能有限公司，海上风电吊装容量占比为 13.9%。目前，我国已建成的海上风电项目装机容量共计 1 014.68MW。其中，潮间带累计风电装机容量达到 611.98MW，占海上装机容量的 60.31%，近海风电装机容量 402.7MW，占 39.69%。2015 年我国海上风电新增和累计装机容量见图 2。可以预见，我国海上风力发电将会迎来飞速发展。

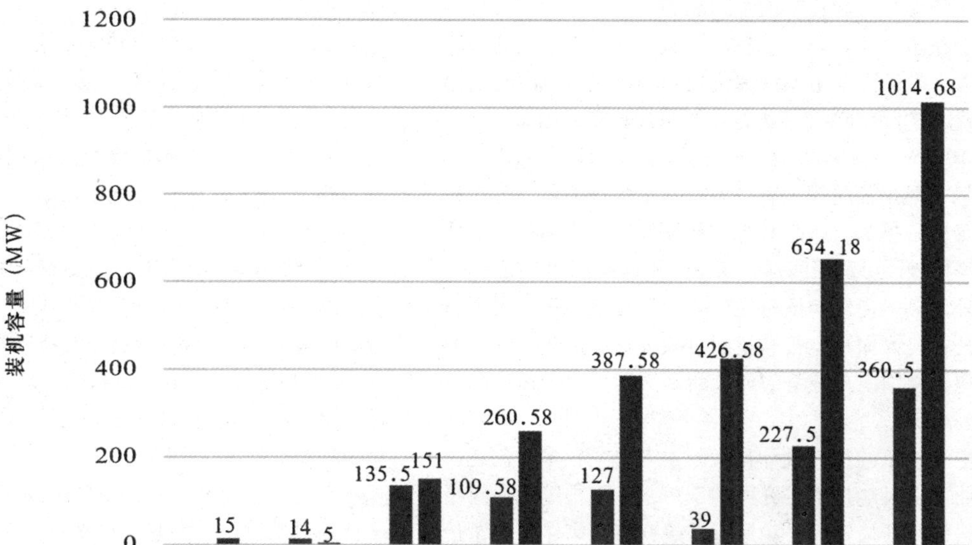

	2008年	2009年	2010年	2011年	2012年	2013年	2014年	2015年
■新增装机容量(MW)		14.00	135.50	109.58	127.00	39.00	227.60	360.50
■累计装机容量(MW)	15.00	5.00	151.00	260.58	387.58	426.58	654.18	1014.68

图 2　2015 年我国海上风电新增和累计装机容量

3. 风力发电机组大型化

为了提高风能利用率和发电效益，降低风场的占地面积和维护成本，风力发电机组正向着增大单机容量、减轻单位千瓦重量、提高转换效率及机组可靠性等方向发展，兆瓦级风力发电机逐步成为国际风电市场上的主流产品。2015 年，我国的风力发电机组平均功率达到 1 837kW，增长 3.9%；风电机组大型化是全球风电发展的必然趋势。5MW 及以上风力发电机组具有单机容量大、发电功率高。经济性好等优点，是陆地和海上风电产业未来发展的主流机型。在我国的企业中，华锐风电科技（集团）股份有限公司的 5MW 和 6MW 海上风电机组已经陆续下线并投入试运行，10MW 风电机组正在研发中；国电联合动力技术有限公司生产出 6MW 风机，中国明阳风电集团有限公司也正在检测其 6MW 风机，湘电集团有限公司的 5MW 永磁直驱海上风机也在 2011 年生产出样机。

4. 风力发电机结构形式多样化

随着我国风电产业的不断发展，更多的新技术被推广用于市场。例如，直驱和半直驱风力发电机组近几年在风电领域得到了重视和发展。直驱式风电机组采用多级发电机与叶轮直接连接进行驱动的方式，免去故障率较高的齿轮箱，在低风速时效率更高，且具有低噪声、高寿命、运行维护成本低等特点。但是，在未来相当长的一段时间内，考虑成本、运输、易大型化等无可比拟的优点，增速箱机组仍将是主流。此外，全功率变流的并网技术和变速恒频技术被越来越多地开发和应用于风电领域。全功率变流并网技术能使风轮和发电机的调速范围达到 0 ～ 150% 的额定转速，提高了风能的利用范围，改善了风场上网电能的质量。变速运行的风电具有发电量大、对风速变化的适应性好、生产成本低、效率高等优点。

三、我国风电齿轮箱的发展情况

目前，我国风电市场复苏，有市场优势和技术优势的风电齿轮箱企业将有良好的发展前景。我国境内风电机组齿轮箱制造商有 20 多家。其中，已经批量生产的主要有以下 4 家。

1. 南京高精传动设备制造集团有限公司

南京高精传动设备制造集团有限公司（简称南高齿）是国内工业齿轮箱行业的领军企业，技术实力雄厚。南高齿在先入市场、对外合作、技术开发、经验积累等方面具有明显的优势。其齿圈采用感应淬火，在降低成本的同时，提高了生产效率。

2. 重庆齿轮箱有限责任公司

重庆齿轮箱有限责任公司是最早进入风电齿轮箱开发生产领域的企业之一，自 20 世纪 90 年代开始进行风力发电齿轮箱的研制工作。目前已研发出了 300kW ～ 5MW 系列的风力发电增速齿轮箱产品，共 30 余种型号。已生产各种型号风电齿轮箱超过 5 000 台。

3. 华锐风电科技有限公司

华锐风电科技有限公司是从事风电机组开发、设计、制造的高新技术企业。2006 年开始批量化生产 1.5MW 风电齿轮箱。公司生产的齿轮箱均为自己的机组配套。公司引进了英国 Romax 科技有限公司的 3.0MW 风电齿轮箱制造技术，研制的 3.0MW 风电齿轮箱产品已经装在上海东海大桥风场。公司与 Romax 合作，将未来产品定位在 3.0MW 及其以上海上和陆地风力发电机组的风电齿轮箱。

4. 杭州前进齿轮箱集团股份有限公司

杭州前进齿轮箱集团股份有限公司是我国专业设计、

制造齿轮传动装置和粉末冶金制品的大型重点骨干企业，国家高新技术企业。公司曾参与国家“九五”重点科技攻关项目“大型风力发电系统关键技术的研究”，负责起草了 GB/T 19073—2008《风力发电机组齿轮箱》国家标准。目前有 100kW ～ 5.5MW 各功率档风电齿轮箱产品，其中 1.5MW 以上风电齿轮箱拥有目前世界上先进的差动分流和柔性轴等核心技术，产品具有均载性好、可靠性高、功率密度大等特点，可适应海洋、高原等不同地域和工况。

此外，风电齿轮箱批量生产企业还有中国第二重型机械集团公司、太原重型机械集团有限公司、重庆望江工业有限公司、中国南车戚墅堰研究所和天津华建天恒传动有限责任公司等。

风电齿轮箱的优化设计是我国学者研究较多的问题。沈阳工业大学风能技术研究所的李树吉、陈雷等对三级平行轴的斜齿圆柱齿轮增速箱进行了研究，以齿轮箱质量最轻为目标建立了风电齿轮箱优化的数学模型，用 SUNMT 内点法进行了优化。福州大学的刘贤焕、叶仲和等对兆瓦以上的风电齿轮箱提出了由 1 个 ZK-H（B）型差动行星轮系与 1 个 ZK-H（A）型准行星轮系组合而成的封闭式行星轮系传动方案，并以齿轮箱体积最小为目标函数建立了相应的数学模型，利用 MATLAB 优化工具对模型进行了求解。

另外，重庆大学设有机械传动国家重点实验室，在研究齿轮箱传动方面有优势，招收风力发电技术及装备方向研究生并与重庆齿轮箱有限责任公司紧密合作。

随着机组的大型化，风电齿轮箱也向着大型化、高可靠性方向发展。我国风电齿轮箱国产化工作近年来取得了长足的进步。目前，我国 3MW 及以下齿轮箱已能满足市场的需求，部分企业已研发出 5MW、6MW 风电齿轮箱。但由于缺乏基础性的研究工作和基础性的数据，风电齿轮箱整体质量和可靠性与国外先进产品仍有一定的差距。同时，由于与进口齿轮箱相比价格差距过大，市场价位低，齿轮箱制造商承担的风险较大，不利于产品可靠性的提高、行业的快速发展及企业研发资金的投入。同时，仍受进口轴承价格的制约，成本难以进一步降低。

四、风电齿轮箱产品发展趋势

风机齿轮箱是风力发电整机的配套产品，是风力发电机组中的重要机械传动部件。它的重要功能是将风轮在风力作用下产生的动力传递给发电机，使其得到相应的转速进行发电。它的研究和开发是风电技术的核心，并向着高效、高寿命、高可靠性及大功率方向发展。

1. 多样化的齿轮箱结构

为了减小风电齿轮箱的体积和重量，研究开发了多种齿轮箱结构。总体而言，500kW ～ 2.5MW 齿轮箱目前最常见的是两级平行轴加一级行星或两级行星加一级平行轴两种结构；2.5MW 以上的齿轮箱通常采用功率分流或柔性轴等技术。一些典型结构如：

（1）英国 Orbital2 公司采用的柔性轴（Flexible pins）行星轮结构，行星轮轴为特殊结构的弹性轴。允许行星轮浮动，可以采用更多的行星轮数，可有效降低齿轮应力，提高可靠性。

（2）底座式多输出轴齿轮增速箱。美国 CLIPPER 公司推出的多输出轴式齿轮增速箱采用底座式结构，两级增速传动，且输出轴可多至 10 个，并直接与中速发电机相连。其 2.5MW 的风力发电机组采用了 4 个输出轴，分别与 660kW 的中速发电机直接相接。

（3）输出转速恒定型行星齿轮增速装置。VOITH 公司推出的可调速型齿轮增速装置是在一个两级行星传动增速箱之后再串接一套差动调速装置，其中一个自由度与前面的两级增速箱相连，另外一个自由度则与液控调速系统相连。

（4）德国 Bosch Rexroth 公司推出的风电增速箱采用了行星差动分流式结构，它由三级差动机构与单级圆柱齿轮传动复合而成。

不同类型及性能的传动产品分别满足不同类型及应用条件的风电机组。为避免重复劳动，需要行业内对各种传动方式进行深入系统的分析研究，掌握核心设计制造方法。

2. 高可靠性齿轮传动装置

我国部分企业已经基本掌握了风电齿轮箱制造和关键成套技术。拥有自主研发、自有知识产权，部分产品已经走出国门。但是，由于风电齿轮箱作为整个机组的核心装备，其结构较复杂，设计制造要求很高，而且其使用工况十分复杂，并且高功率风电产品不断开发，高可靠性齿轮传动装置仍然是我们追求的主题。

3. 在线监测、故障诊断和智能修复

目前，齿轮箱故障率居高不下。由齿轮箱系统故障引起的非故障停机时间及单次故障处理时间均居于前列，故障率很高，维修一次时间耗费过长，造成了大量发电损耗。且齿轮箱维护费用高昂，在风力发电机组 10 年的设计寿命中，齿轮箱的维护费用占风电机组总费用的 38%。如何保障风电齿轮箱的正常工作，对于整个系统的安全、可靠运行有着非常重要的意义。齿轮箱的状态监测和无线传输技术，可实时监测、发送、诊断齿轮箱工作状态和故障，实现及时发现和故障排除。

4. 金属磨损再生科技

随着风能的发展，风力发电机组的运行维护问题开始日益凸显，其中超过 65% 的风机故障是由于设备部件的润滑和疲劳形成的磨损所致。传统润滑剂可以改善磨损，但难以对已形成的磨损进行重塑和修复，目前已成功研制出以硅酸盐为有效成分的磨损自修复材料，其有效成分可通过润滑剂作用在金属表面，发生化学反应，重塑金属表面的摩擦条件，得到超光滑、耐磨损的新保护层，达到延长齿轮箱、轴承至少 15% 的使用寿命。同时，可以大幅度提高这些部件的综合性能和可靠性。该技术对风电厂的运维有着重要的经济效益。

五、结束语

目前，我国风电齿轮箱设计制造技术仍处于发展的初期阶段，与国外先进技术相比，技术较落后，产品质量还不高，很多关键原材料或零部件仍然依靠进口。特别是我国目前还缺乏对风电齿轮箱核心设计制造技术的掌握。我国通过引进技术消化吸收、联合设计、自主研发，采取多种形式的发展手段，已基本具备了兆瓦级风电机组设计和制造能力。同时，我们面临一系列的技术挑战，这些挑战是我们从风电大国走向风电强国的必由之路。

目前风力发电机的监测系统形成了大量的数据流。我国当下在运行风力发电机约为7万台，按照新规划，至2020年将达12万台。每台风力发电机每天都形成实时监控的数据流，其中有大量在线润滑油分析数据和离线润滑油分析数据。这样的信息流虽然每时每刻都在产生，却没有进行大数据挖掘和分析，造成数据资源的浪费。同时，由于风电主齿轮箱涉及多学科、多行业，需要多方合作才能确保主齿轮箱的可靠性，减少故障率。因此，建立监控大数据链接，建立一个汇集我国科学院校、材料科学工程师、主齿轮箱制造工程师、轴承制造厂、运维工程师各方面资源的平台，将碎片化的数据流进行整合，通过云计算系统的分析研究后实现共同利用。同时，在大数据分析过程中找到风机存在的缺陷，从而改善我国在风电基础研究领域不足的现状，提高风电的自主创新能力。

〔撰稿人：郑州高端装备与信息产业技术研究院有限公司薛晓麟、张立勇、孙毅博等〕

精密行星减速器发展概况

一、精密行星齿轮传动概述

行星齿轮减速器是一种至少有一个齿轮绕着位置固定的几何轴线作圆周运动的齿轮传动，它通常采用几个行星轮同时传递载荷，在传递动力时可以进行功率的分流。精密行星减速器是精密级别的行星减速器，用于精密运动控制场合，是一种为专业数控工业设备的伺服电动机、步进电动机配套的专用减速器，用于传动精密运动、降低转速、提升转矩和匹配惯量。

在精密行星减速器方面，国外对其研究较早、实力雄厚，具备了成熟的精密行星传动设计、制造以及检测等能力，如德国的Neugart、Alpha，日本的新宝等公司，其产品一般具有承载能力大、传递精度高、体积小、质量可靠、性能稳定等优点。所以，与伺服电动机配套的精密传动产品国际市场都被德国、法国、美国等少数发达国家所垄断，因其开发技术难度大，生产条件要求高，国外公司对外都采取了技术封锁，导致这些产品的销售价格很高。在国外，与伺服电动机相配套的齿轮减速器中，精密行星齿轮减速器已经占到50%，并已发展为一个独立的类别——LBP（小回差）行星齿轮减速器。

改革开放以来，我国不断吸收国外的先进技术，开始掌握一些精密行星减速器的设计制造技术，对行星齿轮传动进行了较深入、系统的研究和试制工作。目前，精密行星伺服减速器无论是在理论设计方面，还是在试制和应用实践方面，均取得了较大成就，并获得了许多研究成果，减速器的制造材料和热处理质量及加工精度都获得了很大程度的提高，齿轮的加工精度已经能够稳定到4～5级。而且我国的齿轮减速器在此期间也实现了市场化的均衡发展。

近年来，随着工业机器人、数控设备、军工装备、航空航天等工程领域的迅速发展，特别是卫星通信、飞行目标跟踪与拦截、遥感与遥测、天文观察等无线系统的微型化、快速化及自动化，对精密行星传动提出了越来越高的要求，如高速、重载、高可靠、高精度、低噪声和小型化等。精密行星减速器作为伺服系统的一个重要单元，发挥着越来越重要的作用，精密行星减速器的研发成为我国相关工业领域的一个重要研究领域。

二、精密行星齿轮传动的特征

精密行星减速器的主要传动结构为：行星轮、太阳轮和外齿圈。行星齿轮传动结构图见图1。行星齿轮减速机的转矩通过输入轴由太阳轮输入，齿圈与减速器机体固定不动，行星齿轮与太阳轮相啮合，太阳轮将转矩传递给行星齿轮，行星齿轮与行星架通过轴承铰接，行星齿轮带动行星架绕着太阳轮公转，行星架的一端与输出轴相连接，行星架将转矩传递给输出轴，行星齿轮传动原理见图2。

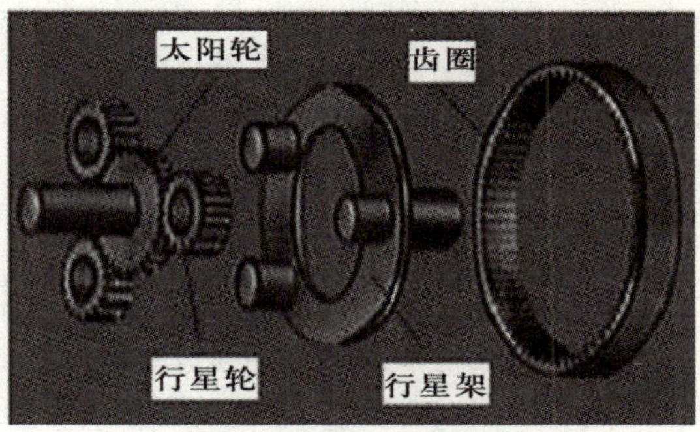

图1　行星齿轮传动结构图

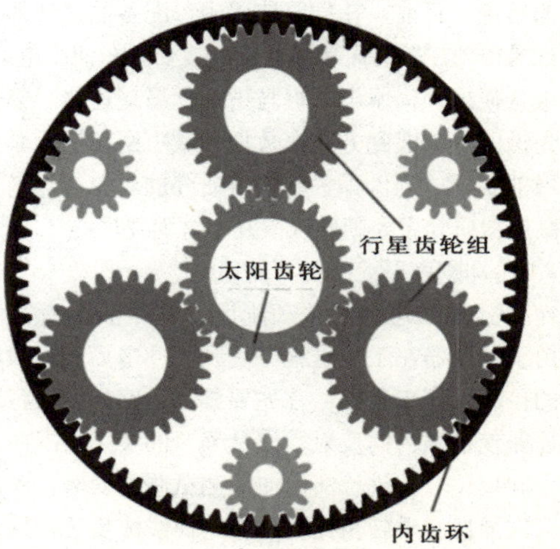

图2　行星齿轮传动原理图

行星齿轮传动由于合理利用了功率分流和内啮合，同时输入输出同轴，因而，相对于普通齿轮传动具有如下优点：①体积小、重量轻、刚性好、单位体积传递功率大。在同功率和同传动比的条件下，其外径尺寸和重量仅为普通齿轮传动的 1/6 ～ 1/2，单位重量输出转矩可达 30 ～ 110（N•m）/kg。②传动比范围广，小传动比情况下同样可获得较小的回差。而有些类型齿轮传动为了获得较小的回差，通常限定最小传动比≥ 50，而应用于伺服系统中的行星齿轮减速器，其传动比范围通常为 3 ～ 520，在传递运动的情况下，速比甚至可达到数千。③传递精度高，单级可做到 1′ 以内，双级可做到 3′ 以内。④传动效率高，单级在 97% ～ 98%，在输出功率不变时，电动机的额定功率就可以小一些，有助于减小电动机的外径。⑤传递转矩大，空程回差小。⑥几何形状与伺服电动机匹配，能够做到外径和电动机相同，输入输出同轴，可以减小安装空间。⑦工作平稳、噪声小、抗振动冲击能力强、耐高低温、使用寿命长、终身免维护等。由于其具有以上优点，因此，广泛应用于机床、喷绘、电工、医疗、军工、机器人、包装和印刷等行业。在机械制造工业、工程制造行业等国民经济的各个领域以及国防建设领域发挥着越来越重要的作用。

伺服行星减速机直接安装到交流和直流伺服电动机上，并已逐渐成为伺服传动的重要组成部分。伺服系统中，精密齿轮传动装置通常采用小模数精密齿轮，它不仅要满足一般精密机械的设计要求，而且要满足伺服系统的精度和性能要求。在精密行星减速器方面，主要生产厂家有纽卡特、阿尔法、新宝、布鲁维尼等，国内的生产厂家有上海枫信传动机械有限公司、湖北行星传动设备有限公司、宁波中大电机有限公司、纽氏达特行星减速机有限公司以及我国台湾地区的 APEX 等。

三、精密行星齿轮传动研究的进展

在精密行星传动方面，国内外学者一直以来在结构优化、动态性能、传动效率、传动精度等方面进行了大量的研究，并利用计算机技术来实现其多目标、多参数的优化设计和性能仿真等，同时，从实际运用中也获得了相当有成效的结论。目前，在伺服装置中，配备的减速器大多为精密行星传动，行星式减速机能直接安装在伺服电动机上，传动十分便捷，伺服电动机与精密行星减速器一体化作为一种先进的控制匹配方案在数控领域广泛使用，具有极好的发展前景，成为世界各国重点研究的对象。当前，精密行星减速器研究主要朝着以下几个方面发展。

1．传动刚度研究

精密行星减速器的传动刚度一直是业内所关注的问题。由于减速器在工作过程中受到的冲击力相当大，在高精度的控制系统工作中，首先要具有足够的刚度，这样才能保证即使在强大的反射力或是强风的实际情况中也能够保持方向持续。在进行滞回曲线测试减速器时，负载转矩与相应的弹性变形转角比值与拟合曲线成反比，这个比值就是扭转刚度。减速器在运转过程中齿轮的啮合刚度的周期变化是导致系统振动的主要原因，其中齿轮对数的周期变化成为齿轮刚度和齿轮弹性分布变化的主要因素。当前，在减速器的设计过程中，利用计算机仿真与优化技术，传动刚度得到很好的改善。

2．优化设计

目前，国外关于行星齿轮减速器优化设计的探讨较多，其基本步骤是以齿轮齿面许用接触疲劳强度相同的原则分配各级传动比，以传动比为设计变量构造相应的数学模型，采用黄金分割的方法来分配传动比，采用数学中的组合变量分析方法优化各级传动的传动比。其中建立数学模型中的约束条件就是保证内齿圈齿顶与行星轮不发生根切现象、太阳轮和行星轮不发生根切现象、减速器内部无干涉现象和设计变量的各种边界约束条件等。通过查找国内外一些成功案例发现，运用此种优化设计的方法比传统的设计计算，在满足各齿轮、轴的强度要求的前提下，使行星减速器的内部结构更加紧凑合理，且传动精度和传动的平稳度也相应地提高，设计优化的效果较明显。

3．微型化研究

随着科学技术的发展和工业化进程的加速，未来市场对于微型化、精密化元器件的需求越来越大。现阶段，世界上各个工业化国家都对微型元件的设计和制造领域研发投入较大。在微型减速机构的研究和产业化应用方面，德国、日本、美国等国家都走在前列。国内很多大学、研究机构近年来也都开展了相关方面的研究，并取得了一些成果。

微加工技术的进步，微机电系统的研究和发展对微型行星齿轮减速器的设计和制造提出了要求，不少学者开始了微行星齿轮减速器的计算机辅助建模和仿真的研究。如用于直径 2mm 电磁型微电机的微 3K-2 型行星齿轮减速器的研究和基于 LIGA 技术的 3K-2 型微行星齿轮减速器的设计和制造。

4．传动测试技术研究

随着行星减速器的高精度、多样化、标准化发展，行星减速器的测试工作逐渐受到重视，其性能的好坏成为设计者和使用者最关注的焦点。而在实际的生产制造中，由于行星减速器内部结构的特殊性和复杂性，要想直接制造出理想的行星减速器比较困难，所以，对行星减速器进行性能参数的测试成为进一步改善其性能的重要手段。

5．复合式行星齿轮传动的研究

近年来，国内外将圆锥齿轮传动、蜗杆传动、行星齿轮传动与螺旋齿轮传动组合使用，形成了复合式行星齿轮减速器。复合式行星齿轮传动的低速级用行星齿轮传动，高速级用前述各种定轴类型传动，可实现相交轴和间交错轴的传动，实现大转矩和大传动比输出。

6．行星齿轮传动转向少齿差行星齿轮传动方向的研究

少齿差行星齿轮传动是行星齿轮传动的一种形式，其中渐开线行星齿轮传动是主要形式之一。20 世纪 60 年代

以来，国内外在这方面的研究发展很快，主要用于大传动比、小功率的少齿差行星齿轮传动是行星齿轮传动的一种形式。

7．行星齿轮传动与其他学科相结合的研究

将机电控制与行星传动相结合，可以充分发挥各自的优势；将液压传动与行星传动相结合，可以使行星传动具有更广泛的用途。

8．其他方面的研究

近年来，精密行星减速器的输出机构，在滑块式、销轴式、零齿差式的基础上，又增加了浮动盘式。因为浮动盘式较滑块式摩擦损失小，较销轴式制造方便，较零齿差式适用的速比范围大，因此引起了各行业的注意。

四、结束语

国内精密行星减速器技术与国外存在较大差距，绝大部分市场被国外品牌占领。经过多年的研究攻关，国内精密行星减速器在技术上获得了一定的突破，加上我国工业机器人产业化发展局面的逐渐形成，无论从政策层面还是技术层面来说，工业机器人核心零部件领域都迎来了空前的发展机遇。在今后的研究发展过程中，主要从理论技术研究、精密制造工艺技术以及检测能力方面加大投入来逐步缩短差距，实现精密行星减速器的国产化和产业化。

〔撰稿人：郑州高端装备与信息产业技术研究院有限公司李亚康、张立勇、王瑞峰等〕

谐波齿轮减速器发展概况

谐波传动是20世纪50年代随着空间科学、宇航尖端技术的发展，在薄壳弹性变形理论基础上发展起来的一种新型传动。

进入21世纪以来，智能机器人，航天、航空飞行器，数控机床，医疗器械，无线电通信设备等行业的快速发展，以及武器装备的不断更新换代，对其中的谐波齿轮传动提出了更加苛刻的要求。目前谐波齿轮传动技术主要向小型化、高效率、高精密、高寿命和高可靠性等方向发展。

一、谐波齿轮传动的应用

由于谐波齿轮传动具有传动比大且范围宽；同时参与啮合的齿数多，承载能力大；结构简单，体积小，重量轻；传动精度高，回差小（可以实现零回差），侧隙小，齿间间隙可调；传动平稳，无冲击，噪声小，传动效率较高；同轴性好，可以实现向密闭空间传递动力和运动等特点，因此，谐波传动一经出现，即引起各国重视。目前谐波传动的应用已从航天航空领域，迅速推广到电子工业（雷达、通信设备、元器件专用制造设备、地面站等）、机床、仪器仪表、仿生学（机械人、机械手、假肢）、石油化工、医疗器械、能源、原子反应堆和电缆盘等领域。国内外的应用实践证明，无论是作为高灵敏度随动系统的精密谐波传动，还是作为传递大扭矩的动力谐波传动，都表现出了良好的性能；作为空间传动装置和用于操纵高温、高压管路以及在有原子辐射或其他有害介质条件下工作的机构，更显示了一些其他传动装置难以比拟的优越性。以下简要介绍谐波齿轮传动的应用情况。

（1）原子反应堆和高能加速器领域。谐波齿轮传动机构能够进行完全封闭空间内的运动传递，且具备承载极限高、高温高压条件下正常工作的优势，因此谐波传动在原子反应堆和高能加速器制造中获得了广泛的应用。通过谐波传动装置将反应堆（或高能加速器）外部的高速回转运动，变为传到它们内部的慢速直线运动，取消了隔膜、波纹管以及其他类型的密封结构设计，辐射物质、放射性物质、高温高压下的液体、气体以及其他有害物质与外界隔离更加简便、可靠，更有保障。

（2）航空航天技术领域。美国和苏联对谐波传动应用于空间技术进行了最为系统和完善的研究。在卫星方面，美国研制的Topex海洋卫星，其太阳翼驱动机构采用谐波减速器驱动方式；除此之外，铱星通信卫星的太阳翼驱动机构也采用了谐波减速器驱动方式。在铱星成功应用的基础上，美国的MOOG公司研制出55型双轴驱动机构，其单轴驱动系统是基于铱星的太阳翼驱动机构设计，驱动传动方案是“2相（或3相）步进电动机+谐波齿轮”的驱动方案。

在火箭方面，谐波齿轮传动用来替代火箭中液体原动机的动力马达，使其体积降为原来的1/10。

在飞机制造方面，谐波齿轮传动机构被飞机生产工业用作直升机的标准配置。如国外的Be11－224型垂直起降飞机，使用了传动比为300的谐波齿轮传动装置，该机构可将螺旋桨由上升位置转到水平位置；美国的QH－50型无人驾驶直升机将谐波齿轮增速器应用在伺服传动阻尼机构中，由于无人驾驶飞机工作必须具备高效率和高稳定性，采用谐波齿轮增速器后，可使其旋转速度提升80倍，重量仅为原来的几分之一。

（3）雷达系统领域。雷达系统工作时，天线跟踪系统的位置控制依赖于从各种传感器传来的信号来计算其位置和速度偏差，并通过伺服机构进行必要的修正。由于制造误差和装配误差的存在，普通传动装置中存在的回差，将造成控制系统对位置的过度修正甚至可能产生振荡。由于雷达系统驱动装置的要求为：体积小、重量轻、减速比大、零回差等，因此，具有这些特点以及较高位置精度和重复精度的谐波齿轮传动装置被大量地应用于雷达系统中，从而有效避免了振荡的产生，并能够精确地捕捉信号，实现目标的确定，其传动精度比渐开线齿轮驱动装置提高了4倍。美国从20世纪60年代起，在地面及航空雷达系统中广泛采用谐波齿轮传动，目前，用于雷达精密定位系统的谐波传动装置约占其总产量的25%。

（4）机器人领域。高精度机器人减速机是机器人三大关键基础部件之一。机器人技术的研究是以不断提升机器人的能力为目的的，由于谐波齿轮减速器输入轴与输出轴同轴性好、传动比高，大大降低了减速装置的结构尺寸和自重，对优化机器人结构很有帮助，因而，目前约占机器人总产量64%的谐波齿轮传动已广泛应用于机器人领域。美国送上月球的移动式机器人，全身各关节均采用电机直接驱动谐波减速器结构，其中1个手臂就用了30个谐波传动装置；日本于1997年发射升空的ETS—VII空间机器人系统也采用了谐波减速器作为关节的减速装置；美国于2013年发射升空进入国际空间站的Robonaut2机器人宇航员，其机械臂也采用了谐波减速器作为传动系统。著名的工业机器人公司如ABB、库卡、莫特曼和发那科等都把谐波减速器运用于机器人关节处，通过它来驱动机械手进行准确的空间定位。

（5）光学系统领域。谐波齿轮传动在光学领域也获得了应用，例如美国哥伦比亚广播系统公司将密闭谐波齿轮传动用在录像装置的传动系统中，此装置是用来记录从运动物体（如飞机或卫星）那里发出的视频信号并随后把它复现出来，其中用来记录信号的薄不锈钢环带在密闭的电子射线管中的恒速运动，就是通过该密闭谐波齿轮传动装置来实现的；德国将塑料制成的谐波齿轮传动用于光学显微镜的影像清晰度调节机；我国研制的可供各种变焦距镜头控制系统使用的高灵敏度小型谐波马达减速器，不仅体积小、重量轻，而且可以大幅度地降低噪声；天文望远镜中的镜片调节和姿态控制装置也广泛采用谐波传动装置。

（6）通用机械领域。谐波齿轮传动在通用机械领域的应用越来越广泛。例如，在彩色印刷机的印刷辊驱动系统中，为了保证印刷质量，需要各级印刷辊具有极高的等速性，此时谐波减速机高运动精度的传递发挥了不可替代的作用，目前几乎所有的高档印刷机采用的都是谐波齿轮传动；在电动自行车的动力传递中也利用了谐波齿轮传动装置，它可以高效地将动力传递出去，与直流电动机配合实现可靠的变转矩输出。

另外，谐波齿轮传动用于低速重载起重机上的大绞盘、矿山隧道运输的井下转辙机、医疗器械中的高速灵巧修牙机、化工纺织行业使用的立式谐波搅拌机以及增力矩扳手等。此外，在航海技术和船舶制造工业方面也大量应用。

二、国内发展状况

我国对谐波齿轮传动技术的研究虽然相对于国外起步较晚，但经过这些年的发展，也取得了一定的研究成果。西北工业大学沈允文教授以及中技克美谐波传动公司的李克美工程师是我国这方面研究的先驱，他们对此研究较早，成果也较为显著。北京工商大学的辛洪兵教授对谐波齿轮传动的各个方面也进行了较深入的研究，其研究范围包括谐波齿轮传动的齿形、传动比的极限、柔轮的材料、柔轮齿圈应力等多个方面。国内的其他学者也对谐波齿轮传动中柔轮的应力应变、柔轮成形技术和谐波传动间的润滑等问题进行了研究，得出了一些很有价值的结论。

目前，我国已有北京中技克美谐波传动有限责任公司、北京谐波传动技术研究所、北京众合天成精密机械制造有限公司、苏州绿的谐波传动科技有限公司、郑州机械研究所、陕西渭河工模具总厂、北方精密机械研究所、杭州金辰谐波减速器制造有限公司、无锡市金宇机械设备有限公司、河北省宁晋县飞宇轴承有限公司、中科院长春光学精密机械与物理研究所、西北工业大学、北京工商大学、大连理工大学、燕山大学等几十家单位从事谐波齿轮传动装置及专业配套部件的生产和研究工作，并先后研制成多种类型的谐波齿轮传动装置，如满足各类工业机器人、数控机床、雷达、多种卫星地面站系统传动精度要求的R系列高精度谐波齿轮传动减速产品；用于电动云台（电视监控产品）系统中，传动误差小于9"、回差小于4"的高精度谐波齿轮传动装置；噪声小于45dB的高灵敏度小型谐波齿轮传动装置；用于水下激光探测仪的谐波齿轮传动装置；北京工商大学于2006年成功研制出基于椭圆凸轮的波发生器，该波发生器的双圆弧基本齿廓、加工刀具以及整个传动装置均为自主研发，经FEM分析显示，双圆弧齿形有效减小了柔轮齿根应力。对比试验表明，双圆弧谐波齿轮传动的运动精度和传动刚度明显优于渐开线谐波齿轮传动，特别是在低载荷下，传动刚度增长40%以上。这些研究成果为国内谐波传动技术的发展奠定了坚实的基础。

三、国外发展状况

谐波传动技术产生伊始，美国就有国家航空航天管理局路易斯研究中心（NASA-Le-RC）、空间技术实验室（NSTL）、美国电力设备集团有限公司（以下称USM公司）、贝尔航空空间公司、本迪克斯航空公司、波音航空公司、卡曼飞机公司、肯尼迪空间中心（KSC）、麻省理工学院（MIT），通用电气（GE）公司等几十个大型公司和研究中心从事这方面的研究工作。其中以USM公司规模最大，它是首个将其转化为商品的公司，生产的各种谐波传动装置涵盖了民用和军用两个应用领域，其中军用产品包括海、陆、空三军的装备，产品线丰富完善；在民用产品方面，USM公司早在20世纪60年代初就完成了通用谐波减速器的系列化、标准化工作，到90年代初已有7个系列产品提供市场作为商品，其通用系列回差为：普通型小于9′、精密级小于3′至零侧隙。该公司的谐波传动分部已被日本谐波传动系统公司并购。目前，美国已将谐波齿轮传动应用于精密加工和测量装置的纳米级调整系统，并取得了专利。

20世纪60年代初，苏联在苏联机械研究所、莫斯科鲍曼工业大学、列宁格勒光学精密机械研究所、全苏减速器研究所、基耶夫减速器厂和莫斯科建筑工程学院等单位大力开展了谐波传动的研究工作，对该领域进行了较为系统、深入的基础理论和试验研究，在谐波传动的类型、结构、应用等方面有较大发展。早在70年代，苏联最早提出了采用圆弧齿形的谐波齿轮传动，并在日、美等发达国家获得广泛应用，同时苏联也相应地制定出“全苏通用谐波减速器标准”，从而将谐波齿轮传动技术应用到谐波减速器中，并形成标准化。伊万诺夫等对谐波减速器进行了系统的研究，并对主要研究成果进行整理出版了《谐波齿轮传动》一书。苏联还成功利用滚轧加工技术加工柔轮，提高了生产效率。

日本长谷川齿轮株式会社等有关企业，除从事谐波齿轮传动的研制外，自1970年开始，成立了谐波传动株式会社，20世纪70年代开始从美国引进USM公司的全套谐波传动技术。主要生产加工两种形式的谐波齿轮减速器，一种是杯状柔轮的谐波齿轮减速器，另一种是环状柔轮的谐波齿轮减速器。生产的柔轮壁薄，齿宽很宽，约占柔轮总长度的30%，长径比为0.75～0.8。目前除能大批生产各类型的谐波传动装置外，还完成了通用谐波传动装置的标准化、系列化工作。日本除在本国完成谐波齿轮传动的研究与生产外，还积极拓展海外市场。在韩国和中国台湾设置销售代理，在美国创建子公司HD System公司，与德国哈默纳科（Harmonic Drive公司）签署排他性分销协议，进军中东、非洲、印度和拉丁美洲市场。在美国、法国、意大利、西班牙和澳大利亚分别创建子公司，扩展国际业务。日本谐波齿轮传动株式会社通过对产品的持续研究开发，对公司和资本进行规模化运作，促进了产品的更新换代，提高了公司的市场竞争力。

除了美国、俄罗斯和日本外，欧洲其他一些国家，如法国、德国、瑞士、英国、意大利及瑞典等国家，不仅对谐波传动的工作原理、啮合理论、运动学等方面进行了系统、有效的研究，并形成了一套相对权威的研发流程，而且可以快速开发出多种型号，适应于各种不同工况的产品以满足市场的需求。其中德国谐波传动技术公司和英国合林研发中心彼此合作，制造高质量、高水平的谐波传动装置提供给欧盟空间项目。两家公司均可以生产九种类型不同的谐波减速器，还拥有FHA、FFA、HDrive、RH、RS和RHS六个序列的谐波传动装置和设备。

四、谐波齿轮减速器的研究和发展趋势

谐波齿轮传动在传动领域内发展速度较快，虽然国内外学者几乎对该领域的所有问题都进行过程度不同的研究，但许多问题至今还没有定论，有些规律没有被揭示。比较典型的如谐波齿轮传动中柔轮的强度计算和谐波齿轮传动精度分析等问题，仍有大量的基础性工作有待开展。根据近年来的研究资料，目前谐波齿轮传动的研究与发展趋势可概括为以下几个方面。

（1）啮合原理的研究。对谐波齿轮传动啮合原理的深入研究是探讨如何提高啮合性能和探索轮齿加工新工艺的基础。谐波齿轮的啮合理论由于柔轮的弹性变形的存在而变得复杂，早期的研究者只考虑了柔轮的径向变形，而没有考虑由于径向变形产生的扭转角以及切向变形。这并不能很好地反映谐波的真实运动情况，对研究提高谐波齿轮的性能是不利的。后来，在使用实践的基础上，谐波齿轮的啮合理论慢慢完善起来，它是建立在普通齿轮传动啮合理论的基础之上。运用较广的是建立作共轭运动的两曲面的啮合方程，使用齿廓法线法、包络法以及相对运动学法等来求解共轭齿廓。国内也有学者对运动学法作了改进，建立了啮合方程的B矩阵法，辛洪兵把这种方法运用到求解谐波传动柔轮的共轭齿廓。目前对谐波齿轮啮合理论的研究不仅考虑到了径向变形、周向变形、扭转角等因素，还在齿形方面作了深入的研究。

（2）新齿形的研究。20世纪50年代，美国学者Musser提出压力角 α=28.6° 的直线三角形齿廓，但在实践中给加工制造工艺和刀具设计及加工带来相当大的麻烦。同时 α=28.6° 的三角直线廓形由于忽略了柔轮齿廓随着柔轮变形曲率的变化而偏转的因素，因此，并不是谐波传动的理论廓形。随后出现的渐开线齿形虽然较之直线齿形有许多优点，但这种齿形的柔轮包络在空载时只能发生在一个不大的区域内，在负载时由于弹性变形使轮齿出现边缘接触和尖点啮合，所以还有待对齿形作进一步的探索。

1989年，日本学者S • Ishikawa提出的“S”齿形，是从不需变形而保证连续接触的角度出发，提出的基于曲线映射的新齿形，映射基准曲线为柔轮齿顶相对刚轮的运动轨迹。1995年对其进行改进后的柔轮齿形具有由两端圆弧组成的工作齿廓，在接近齿顶和齿根部分为大半径圆弧，它在啮合特性和承载能力方面比传统齿形改善了许多。它的出现是谐波齿轮齿形研究方面的一个重大突破，但发明者没有对运动规律进行彻底分析，用研究齿条的方法来研究两齿轮的啮合特性，使得这种齿形的应用受到了限制。

目前研究比较多的是双圆弧齿廓。早在20世纪70年代初，苏联就已经出现了关于谐波齿轮传动采用圆弧齿形的研究，在1975年出版的著作中提出了具有双圆弧齿廓的柔轮齿形和具有外凸齿廓的钢轮齿形，虽然二者不是严格共轭，但已被日、美等国家实际应用。20世纪80年代中期以来，日本就开始成批生产具有双圆弧齿廓的谐波齿轮传动产品。由于同时啮合的齿数多，轮齿间的啮合侧隙分布比较均匀，因此，采用圆弧齿廓，可以使谐波齿轮传动的运动精度得到很大的提高，同时提高了柔轮的疲劳强度。日本生产的圆弧齿廓谐波齿轮传动装置已经应用于机器人领域，用于提高机器人关节的扭转刚度。

苏州绿的谐波传动科技有限公司研制的“P”型齿，已在国内外工业机器人领域得到广泛应用，相比于其他齿形，该齿形的特点是齿高较低，齿宽较大，不需要很深的啮合距离就可以获得较大的啮合量，可承受较大的扭矩。此外，该齿形的柔轮变形量较小，齿根弧度增大，可减少发生断裂失效的风险，进而提高了柔轮的使用寿命，同时多达20%～30%的齿参与啮合，齿面比压较小。

谐波齿轮传动的齿形角主要有28.6°、30°和20°三种。采用28.6°齿形角不会产生齿廓重叠干涉，但必须使用专门的非标准的谐波齿轮刀具进行加工。30°齿形角是根据渐开线花键齿形角为30°而提出的，日本采用的是30°齿形角。采用30°齿形角也不会产生齿廓重叠干涉，但波发生器的径向载荷会增大，使传递转矩下降。20°齿形角由苏联提出，采用20°齿形角的优点是可以沿用现行的各种标准的齿轮刀具进行加工，但极易产生齿廓重叠干涉，因此必须采用短齿和正变位来修正。

（3）柔轮变形及应力状态的研究。作为决定传动寿命的柔轮强度问题一直是研究谐波齿轮传动的重心。柔轮疲劳强度的理论计算是非常复杂的，它的影响因素很多：柔轮的扭转刚度、波发生器的扭转刚度、各元件间的间隙、制造精度、齿间的载荷分布规律以及推导公式时所做的假设与实际情况的差异，因此，目前在这一领域仍然没有统一的柔轮强度计算方法。当前，柔轮应力应变状态的研究方法主要有理论公式法、实验归纳法和计算机数值模拟分析法。理论公式法一般是根据弹性薄壳体的几何非线性理论，采用光滑圆柱壳体的简化模型来进行理论分析，推导应力公式；实验法中常用的有光弹性法和电阻应变片法，实验法直观、接近实际，但由于受到客观条件的限制，实验成本高、周期长，无法获得柔轮内部的应力应变情况，常与理论公式法相结合；计算机数值模拟分析法，目前多采用有限元法，可以缩短研究周期，节省研究费用，与理论计算法相比，有限元法可以更简单、更直观地分析柔轮中的应力应变分布状况。

目前，新提出了一种柔轮啮合区内载荷分布规律的实验与分析方法。其原理是在载荷状态下，通过安装在刚轮径向方向可装拆的活齿测得大量的啮合数据，并根据数学统计方法获得啮合区内切向力和径向力的实验曲线，再应用函数逼近法获得载荷区内载荷分布方程，这种方法较为精确地反映了柔轮在工作情况下的应力分布状态。

（4）结构优化的研究。在满足各种性能要求的前提下，研究设计合理的结构参数，开发新的谐波齿轮传动系列，也是当前研究的热点。例如关于缩减轴向尺寸的研究，主要是为了满足机器人、伺服控制系统等对很小安装尺寸空间的要求。国外短筒柔轮谐波减速器的体积相对较小，目前产品化的柔轮长径比最小的筒形谐波减速器由日本HD公司开发，其柔轮长径比约为1/4。另外，他们在设计轻量化的谐波齿轮传动时，使用铝等轻合金材料来制造减速器壳体和波发生器，同时减小刚轮外缘尺寸，并对其连接结构进行改进，制造出的产品整机重量减轻许多，在航空航天领域得到了广泛的应用。目前国内产品化的短筒柔轮谐波减速器是由中技克美谐波传动公司在2010年开始销售的XBS型短筒柔轮谐波传动减速器，该型号的柔轮长径比可以达到3/5，并具有几乎和正常比例的谐波减速器一样的承载能力。苏州绿的谐波传动科技有限公司和北京众合天成精密机械制造有限公司也开发出了短筒柔轮谐波减速器。

（5）传动精度的研究。关于谐波齿轮传动精度问题的研究，苏联研究者进行了较多的工作，S·A·Shuwalov等学者在20世纪70年代提出了谐波齿轮传动误差估计公式，并沿用至今。谐波传动运动转换机理以及啮合齿轮工作情况不同于一般齿轮传动，都成为谐波齿轮传动误差建模困难的主要原因。目前的方法主要是在啮合区采用当量圆柱齿轮传动的简化方法，所获得的传动误差估计值和对误差的频谱分析结果与实际情况基本相符。近年来，Gao Wei、Furukawa Masaru等人提出一种使用激光束对柔轮的误差进行分析的方法，此方法能够更加精确地检测柔轮由于切屑加工轮齿时造成的误差。这种方法的提出对于保证柔轮的精度具有重要的意义。

（6）力学动态性能的研究。随着谐波齿轮传动运用得越来越广泛，其动态特性的研究也开始受到人们的关注。目前在两类应用问题中对谐波传动的动态性能研究得比较多：一类是航天伺服控制、雷达天线自动跟踪控制系统、工业机器人等高精度伺服谐波控制系统中，要求系统的谐振频率避开系统的伺服带宽以防止系统失控；一类是传递大扭矩的海上运输、大型旋转机构，其柔轮直径非常大，固有频率低，容易发生共振。在动态性能的研究中，主要有以下几种研究方法：通过谐波减速器的几何参数来研究其传动的刚度特性和阻尼特性；考虑非线性因素，建立非线性动力学模型或者假设为线性模型，借用线性动力学模型；用弹性动力学理论或有限元理论分析柔轮的振动原理，从机械振动方向来研究其动态特性。

（7）运动学研究。谐波齿轮传动的运动学分析模型可分为两大类。摩擦模型：按照无滑动纯滚动原理来分析定义传动比，并将平均角速度积分原理引入研究；行星传动模型：将谐波传动机构抽象为行星传动机构，把其看作行星齿轮传动的变形，按照行星传动机构的运动特性来研究其运动学规律。虽然二者间有许多相似之处，但是由于两种传动本质上的区别，因此，行星齿轮传动中的理论并不完全适用于谐波齿轮传动。

另外，有学者提出了一种新的基于运动传递的几何运动学模型，在模型建立时忽略柔轮杯体装配前后的变形，仅按运动传递的原理讨论其运动过程中的输出轴端的圆与啮合端椭圆上点的对应关系，确定输出轴端的转角对椭圆中性层上某一质点的影响，使柔轮单个轮齿的运动规律较传统模型更为清晰明了，有利于对柔轮和刚轮的单齿啮合问题进行讨论和研究。

（8）加工制造工艺研究。谐波齿轮传动装置中，由于波发生器的结构最为复杂，柔轮结构的特殊性，使得加工这两个元件最为困难，所以，设计更为合理的结构和加工工艺便成为谐波传动技术中的又一个难点。燕山大学在滚轧柔轮、刚轮齿形，焊接柔轮、粘接柔轮及柔轮毛坯热强旋成形等方面做了大量的实验研究，取得了较大的进展。此外，采用新材料来替代传统柔轮材料也是很有潜力的研究方向。

（9）柔轮新材料的研究。传统的柔轮材料一般为合金钢，这种材料在传动过程中，必然会带来一定的振动和噪声，当速度较高时，振动和噪声就更为明显。韩国的Oh Hee Seok、Jeong Kwang Seop等人提出了一种碳纤维复合材料来制作柔轮的杯型，而柔轮的齿仍然使用合金钢材料，加工完之后进行连接。通过试验与传统的合金钢柔轮相比较，验证了所设计的柔轮具有更小的振动和噪声，并且具有更好的动力学特性。后期，又通过试验验证，这种复合材料柔轮具有更好的柔性和更高的阻尼性质。

（10）计算机辅助设计的研究。目前，国内有一些研究人员正在进行谐波齿轮传动系统的计算机辅助设计的研究，并取得了初步成果。在这些研究中主要使用 AutoCAD 系统进行设计程序的开发，并使用了基于专家系统的设计方法。

（11）微型谐波齿轮传动研究。微型谐波齿轮传动是一种新出现的微型机械传动形式，微型谐波齿轮传动的齿轮尺寸是毫米级，而轮齿已进入微米级。微型谐波传动是谐波齿轮传动在微型机械中的应用，不能只看作是谐波齿轮尺寸的缩小化，尺寸的缩小对谐波传动带来很多问题。尺寸缩小是微型谐波齿轮传动承载能力、啮合质量以及传动效率的主要影响因素。结构尺寸的减小，使得表面力成为传动效率提高的主要影响因素。因此，微型谐波齿轮传动的各方面特性有特殊的研究意义。

北京工商大学 2010 年开始行星式波发生器微型谐波齿轮传动原理、传动比计算以及齿形设计等的研究，完成了行星式波发生器微型谐波齿轮传动设计与性能分析和行星式波发生器微型谐波齿轮传动转速转矩测量方法的研究工作。

德国 2001 年开始研究微型谐波齿轮传动，目前已开发出具有金属齿轮的微型谐波齿轮传动减速器，并应用于半导体芯片封装和微型 SCARA 机器人驱动器。在微型谐波传动领域，德国 Micromotion 公司目前开发出了 MHD8 和 MHD10 两个系列的产品，外径最小为 8mm，采用行星齿轮传动式波发生器，传动比为 160、500 和 1 000，质量最小为 2.2g，重复精度可达 10＂。

由于传统工艺能加工齿轮的最小模数为 60 ～ 100m，因而，微型谐波齿轮传动元件采用了 LIGA 工艺制造，该工艺可以获得高深宽比微结构，它于 20 世纪 80 年代起源于德国 Karlsruhe 原子核研究中心，是目前微型机系统（MEMS）加工的重要工艺。

（12）不同环境下的润滑研究。日本学者 Maniwa、Kazuaki 等人以固体润滑脂为例，对谐波三大件的波发生器本身的润滑、波发生器外表面与柔轮内表面之间的润滑、柔轮与刚轮之间的润滑在真空环境和常规环境下进行了对比测定。发现在真空环境下的润滑条件很差，极容易造成润滑脂干涸，从而加剧谐波三大件之间的摩擦。其他学者也做了类似试验，所得到的结论非常类似。

（13）扩展谐波传动弹性体变形传动原理的应用研究。采用流动的弹性体变形实现传动功能是谐波传动区别于其他刚性传动的本质特征。利用瑞利波实现传动的诸如超声、压电或电磁微型电机等方面的应用与此原理类似，在早期专利中提出的采用流动的弹性体变形透过薄壁管道实现传动等，也可视作谐波传动弹性体变形传动原理的扩展应用。在其他应用领域，发现并扩展谐波传动弹性体变形传动原理的新应用仍然值得关注。

（14）新型致动原理谐波齿轮传动研究。国内外目前开展了电磁谐波传动、气动谐波传动、压电谐波传动、磁致伸缩谐波传动、静电谐波传动等新型致动原理谐波齿轮传动研究。欧盟支持的 MAGDRIVE 项目将谐波减速机技术向前推进了一大步，开发了可在太空极寒环境中可靠运行的磁力谐波减速机，并成立了公司 MAG SOAR 准备将该产品推向市场。

（15）其他有关方面的研究。有关学者提出了一种活齿端面谐波齿轮传动装置。活齿端面谐波齿轮传动综合利用了现有的谐波齿轮传动和活齿传动的优点，能够克服现有的谐波齿轮传动中柔轮的变形与其承载能力之间的矛盾，并能增加同时啮合的齿数，加大齿轮的模数，从而可以在保留现有谐波齿轮传动所有优点的基础上，使其所传递的功率增加数十倍，从而具有广泛的应用前景。

五、结束语

由于谐波齿轮传动具有许多独特的优点，被广泛应用于各领域。对谐波齿轮传动的基本原理、结构、设计计算方法、特殊加工工艺和测试技术的研究及其生产应用是一项系统工程。虽然谐波齿轮传动的研究取得了很大的进步，但由于谐波传动中存在能产生可控变形的柔性构件，因而使问题的研究比较复杂，所以仍然存在一些需要进一步研究解决的问题。与国外相比，我国在谐波齿轮传动方面的研究相对较晚，与国外存在一定的差距。近年来，随着国家对工业机器人产业化发展的政策指向，谐波齿轮传动技术迎来了新的发展机遇。

〔撰稿人：郑州机械研究所王瑞峰、张立勇、刘新猛等〕

精密摆线行星减速器发展概况

一、工业机器人高速增长

工业机器人作为先进制造业的新兴产业，近几年呈现爆发式增长态势。国际机器人联盟发布的报告数据显示，2015 年全球机器人销量首次突破 24 万台，同比增长 8%。我国市场处于世界领先地位，销量为 6.6 万台，同比增长 16%，已经连续 3 年成为全球最大的工业机器人市场。未来 5 ～ 10 年，我国工业机器人行业将继续呈现高速发展态势，预计 2020 年销量将达到 15 万台，产值将突破 1 000 亿元。

工业机器人的密度是一个国家制造业装备水平的反

映。虽然我国制造业规模位居世界第一，占全球的 1/5；装备制造业产值占全球的 1/3，但是，我国工业机器人的应用水平距先进工业国家的差距还很远。工业机器人的密度对比见图 1。

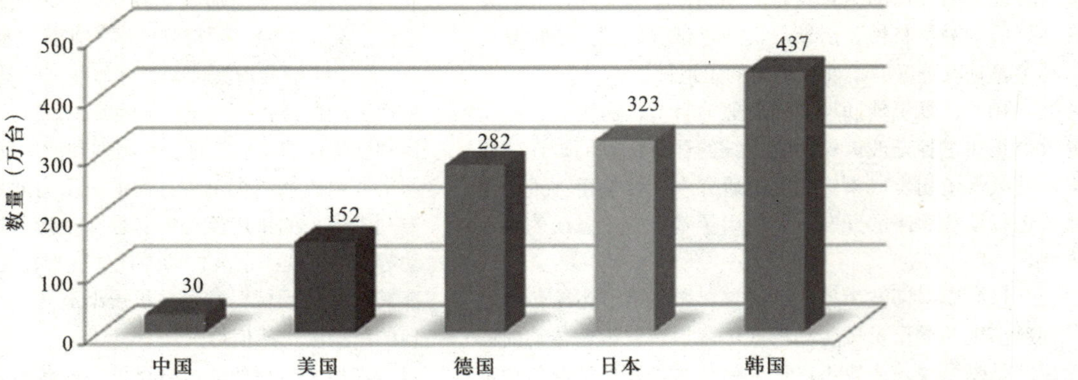

图 1　工业机器人的密度对比

2016 年 4 月，工信部、发改委、财政部联合印发了《机器人产业发展规划（2016—2020 年）》，提出了产业发展五年总体目标，要大力发展机器人高精密关键零部件，直指我国工业机器人产业发展的薄弱环节。由于经济结构转型的“推力”，人口构成造成未来劳动力短缺与制造业用人成本趋势性上升的“拉力”，政府政策扶持的“催化力”，未来 10 年，我国工业机器人产业将迎来持续快速发展。

二、机器人用减速器依赖进口

精密减速器是工业机器人的核心零部件，采用进口产品，占机器人整机售价的 30% ～ 40%，成本居高不下。机器人用减速器主要有摆线行星传动减速器、谐波减速器和精密伺服减速器。其中，摆线行星传动减速器一般用在机座、大臂、肩部，谐波减速器一般用在小臂、腕部、手部，精密伺服减速器一般用应于坐标机器人上。

在减速器领域，国际供应商主要有纳博特斯克（Nabtesco）和哈默纳科（Harmonic）两家。在工业用机器人关节上的精密减速器上，纳博特斯克产品的全球市场占有率达 60%，特别是在中、重负荷机器人上，其 RV 减速器市场占有率高达 90%。我国 95% 以上的高精度减速器依赖进口。

目前，国内企业如陕西秦川机械发展股份有限公司、山东帅克机械制造股份有限公司、南通振康焊接机电有限公司和浙江恒丰泰减速机制造有限公司等企业研制出摆线行星传动减速器，但是没有一家实现批量生产。

我国的工业机器人用精密减速器大量依靠进口，价格居高不下，导致我国自主生产的机器人性价比低。核心技术受制于人、竞争能力差等问题，严重制约了我国机器人产业的发展。为了扭转机器人减速器依赖进口的局面，亟须解决摆线行星减速器、谐波减速器和高精密伺服减速器的研发及产业化问题。

三、摆线行星减速器介绍

摆线行星传动减速器作为机器人关节，实现转矩的传递和运动的精密传动，从而实现机器人的移动、换向、定位等功能。摆线行星传动减速器由摆线传动和渐开线行星传动所组成。摆线行星传动减速器结构图见图 2。

摆线行星传动减速器有较优越的性能：①摆线针轮行星减速装置中的传动零件刚度高、接触应力小、运动精度高、传动效率高。②行星传动结构与紧凑的功率输出机构组合，使整个摆线针轮减速装置结构十分紧凑，其结构体积小、质量轻。③采用一齿差或少齿差传动，摆线针轮传动的传动比大小取决于摆线针轮的齿数，齿数越多，传动比越大。④摆线针轮传动同时啮合的齿数要比渐开线外齿传动同时啮合的齿数多，因此，承载能力较大。⑤摆线轮和针轮的轮齿均淬硬、精磨，比渐开线少齿差传动中内齿轮的加工性能更好、齿面硬度更高、使用寿命更长。可广泛应用于工业机器人、焊接、汽车、冶金等行业和领域。

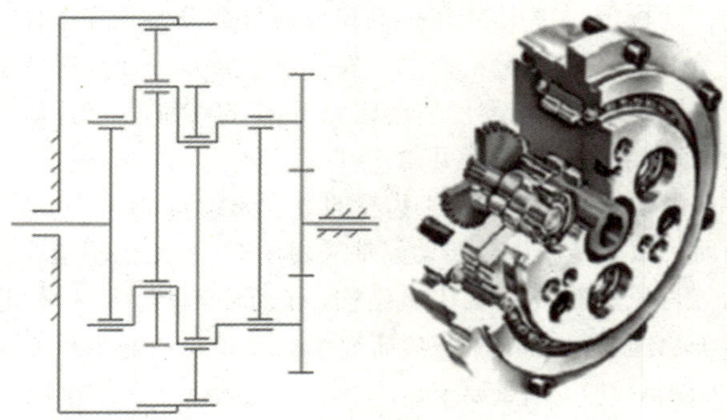

图 2　摆线行星传动减速器结构图

摆线行星传动减速器因为有诸多优点被广泛应用于工业机器人、机床、医疗检测设备和卫星接收系统等领域。它较机器人中常用的谐波传动具有高得多的疲劳强度、刚度和寿命，而且回差精度稳定，不像谐波传动那样随着使用时间增长运动精度就会显著降低，故世界上许多国家高精度机器人传动多采用摆线行星传动减速器。因此，摆线行星传动减速器在先进机器人传动中有逐渐取代谐波减速器的发展趋势。

四、摆线行星减速器的发展情况

摆线减速器最早是由德国人劳伦兹 • 勃朗于 1926 年

创造性地提出的一种少齿差行星传动机构，它是用外摆线作为齿廓曲线的，由于两个啮合齿轮其中之一采用了针轮的形式，这种传动也被称为摆线针轮行星齿轮传动。1931年，劳伦兹·勃朗在德国慕尼黑创建了“赛古乐”公司，最先开始了摆线减速器的制造和销售。之后，“赛古乐”公司与住友重机械工业株式会社（以下简称日本住友）签订了技术合作协议，摆线减速器被日本引进。20世纪50年代，德国向日本出让了此项专利技术以后，日本才开始大量研制生产摆线减速器，特别是20世纪60年代，摆线磨床的出现，解决了摆线齿形精度不高的难题，使摆线传动得到进一步发展。日本住友经过6次改型设计，运用了新的修形技术，提高了减速器的传递功率，同时使用了整体偏心轴承提高减速器中轴承的承载能力，极大地提升了针摆减速器的性能。日本住友于1986年先后推出了“200系列”“R-V系列”“FA高精传动系列”“FC高精传动系列”和“FT传动系列”。由于日本住友生产的摆线行星传动减速器精度高且回程间隙小，瑞典的ABB公司、德国的KUKA公司和日本的FANUC公司等工业机器人厂商减速器主要用的是日本住友生产的RV减速器。

在欧洲，针摆减速器的发展也很快。20世纪70年代，西德的一家制造公司就生产了两种使用双曲柄、少齿差式行星减速器的起重用卷扬机。法国专利局也在1986年公布了一种包含摆线和渐开线两种齿形的行星减速器，该减速器与RV减速器结构极为相似。斯洛伐克的SPINEA新推出了轴承式高精度减速器——Twinspin摆线减速器，其特点是：输出部分采用了滚子滑槽的双浮动盘即滚动摩擦的十字滑块机构。

韩国也已经推出一种SEJIN高精度机器人用减速器，并占有一定的市场。其结构传动原理与RV相似，是采用了渐开线齿廓的一种2K-V型行星机构。

我国对摆线行星传动减速器的研究较晚，大概是从20世纪60年代初开始，几大减速器厂引进并研究了摆线行星传动减速器的运动学、几何学及动力学等方面的基本知识。在“九五”期间，摆线行星传动减速器受到了政府部门的高度重视，被列为关键技术攻关项目。

目前，在国家的大力倡导下，国内众多高校和相关企业合作，共同研发出摆线行星传动减速器。2001年，大连交通大学和秦川机床厂合作研制出减速器样机，经过试验测试，主要技术指标达到20世纪90年代国际同类产品水平，但是质量稳定性差。2014年，南通振康机械有限公司成功研制出摆线行星传动减速器，并小批量投入市场，传动精度与国外产品有一定的差距，适用于精度要求不高的工业机器人。我国台湾机器人减速器有村田RV减速器、富宝TTRV机器人减速器和TR减速器等，与日本RV减速器有一定的差距，但价格相对较低。

五、国内研究进展情况

国内许多高校、科研院所与企业进行了摆线行星传动减速器相关的研究与开发，如大连交通大学、重庆大学、北京工业大学、郑州机械研究所、秦川机床厂、南通振康机械有限公司、浙江恒丰泰减速机制造有限公司、广州数控设备有限公司和昆山华恒焊接股份有限公司等单位。主要研究成果和方向包括：

（1）摆线齿轮的修形研究。为了补偿尺寸链误差，保持合理侧隙便于润滑，保证装拆方便，改善传动的啮合性能，加工时常对齿廓进行修形。齿形修形方式为等距修形法、移距修形法和转角修形法三种基本修形的组合。

大连铁道学院的李力行教授根据对摆线针轮行星传动特性分析，创新提出了能概括各种齿形修形的通用的摆线轮齿形方程式，为摆线轮的优化设计、准确受力分析及摆线轮齿形精确测量等提供了重要的理论基础。同时，他还利用这一通用的摆齿形方程式，根据精确测出的齿形坐标对摆线轮齿形修形方式与修形量也进行了搜寻与分析。何卫东等人对摆线行星传动减速器作了详细的研究，其中包括受力分析、效率计算以及运动学分析；首次创新提出了对摆线轮进行“负等距＋负移距”优化组合的修形方法，并以此为基础提出了摆线齿廓优化设计数学模型。关天民、张东生通过其所提出的“反弓”齿廓理论对齿廓优化，以此来提升摆线轮齿面性能。

（2）摆线行星传动受力分析。受力分析是机械设计的基础，只有清楚各构件的受力情况，才能设计出满足强度、刚度、寿命的结构，因此，受力分析是摆线行星传动的关键问题之一。何卫东等在考虑变形协调条件下对摆线行星齿轮进行了受力分析，为我国摆线行星传动减速器提供了理论依据。董向阳、邓建等分析了摆线行星传动的力学性能，并针对摆线针轮的薄弱环节，如转臂轴承和输出机构等，从理论上分析了摆线行星的结构优缺点，并给出了改进方案。单丽君等研究了处于负载状态下的针摆行星传动机构，分析了摆线轮和针齿、柱销和柱销孔由于传动中受力所产生的变形对回转误差的影响，并最终获得了针摆传动的动态回转精度。

（3）传动精度研究。目前，国内对摆线行星传动部分精度的研究，主要有大连铁道学院和西北工业大学。西北工业大学的董海军教授针对减速器机构回转精度的研究，以减速器系统输入和输出转角的差距为目标值，利用建立质量弹簧“等价模型”的方法对系统精度进行了定性和定量的分析，为后面研究系统传动精度提供了理论和技术支持。大连铁道学院的吴永宽教授利用几何建模的方法对摆线针轮行星传动系统的精度进行分析，提出了回差的概念，找出系统传动中零部件之间由于加工和装配误差所带来的间隙之间的数学关系，为计算传动精度提供了理论基础和实际指导意义。李新年通过结构工艺分析，介绍了影响传动回差的一般因素和主要因素，提出了要保证包括偏心轴误差、齿轮误差、轴承误差在内的综合齿轮间隙的概念，着重研究了不同工艺方案对控制传动回差的具体影响，并对高精度少齿差减速器研制工艺方案、工艺要点及装配调整作了较为详细的介绍。韩林山、沈允文、董海军、王高峰等人利用“等价模型”建立了2K-V传动系统的非线性动态传动精度的动力学计算模型，并对其传动精度进行了研究与仿真分析，目的是实现误差的合理分配，降低生产成本。

（4）减速机传动效率和精度试验台研究。我国对摆线针轮减速器性能试验研究最早的团队是大连铁道学院，该团队研制了 1 台 4 000N·m 内斜齿液压加载机械封闭试验台，对摆线针轮行星减速器的传动效率和温升进行试验。吉林大学的高春甫设计了一套摆线行星传动减速器的测试系统，通过这个测试系统可以检测到输入速度、输出速度、输入力矩、输出力矩等一些参数。电子科技大学的范树迁团队研制了一套精密行星伺服减速器静态测试系统，采用虚拟仪器，结合计算机和硬件设备设计了一套精密行星伺服减速器静态测试系统，用于检测减速器的滞回曲线、扭转刚度、空程回差、扭转曲线和极限力矩等参数。天津职业技术师范大学的李充宁等人研制了 1 台 2K-V 型减速机回差与刚度试验检测装置，在该试验台上采用动滑轮组和螺旋机构对被测减速机均匀地施加载荷。重庆大学机械传动国家重点实验室搭建了摆线针轮啮合特性试验台，研究摆线针轮的啮合特性。

（5）减速机动力学特性分析。大连交通大学的姜振波对机器人用摆线行星减速器进行动力学特性研究，分别对曲柄轴和行星架可能引起整机共振的本身的固有频率范围提出了改进意见，此外，也对整机的动力学特性进行了分析，为结构的性能优化、振动和噪声及寿命的分析提供了重要依据。天津大学的张洁基于作用线增量原理，分析了机构各构件的集合原始误差对输出轴回转精度的影响规律，机构的模态分析和动态仿真与理论计算值吻合较好。天津大学机构理论与装备设计重点实验室的杨玉虎，考虑轴承刚度、轮齿的啮合刚度及各构件弹性的有限元模型，对曲柄轴自转一周中整机的扭转刚度进行了分析，分析结果是，轴承刚度是影响整机扭转刚度变化的主要因素。

六、结束语

摆线行星传动减速器具有传动比大、输出扭矩大、传动精度高等特点广泛应用在工业机器人行业。目前，我国工业正处于转型升级的关键阶段，《中国制造 2025》的出台，加快了我国工业机器人及数字化制造的进程，因此，工业机器人需求剧增，将推动我国摆线行星传动减速器的发展。国内学者和科研人员在摆线行星传动减速器的传动精度、传动效率、动态特性等方面进行了大量探索和研究，并取得了一些成果，但国内精密摆线行星减速器产品的精度和稳定性与国外还有一定差距，为更好地实现摆线行星传动减速器的产业化发展，还需解决薄壁轴承、摆线齿轮精密制造及精度稳定性等问题。

〔撰稿人：郑州高端装备与信息产业技术研究院有限公司黄首峰、张立勇、周红凯等〕

齿轮减速电动机发展概况

减速电动机由减速器（机）和电动机（马达）组成，是减速器和电动机的集成体。这种集成体通常也可称为齿轮马达或齿轮电动机。通常由专业的减速机生产厂进行集成组装好后成套供货。减速电动机广泛应用于钢铁、机械等行业。使用减速电动机的优点是简化设计、节省空间。

减速电动机的制造技术要求高，具有很高的科技含量；空间利用合理，可靠性高，承载能力高，功率可达 95kW 以上；能耗低，性能优越，效率达 95% 以上；振动小，噪声低，精密加工，确保轴平行度和定位精度，构成了齿轮传动总成的齿轮减速电动机，形成了机电一体化，完全保证了产品使用质量特征；采用了系列化、模块化的设计思想，适应性强，具有许多的电动机组合、安装位置和结构方案，可按实际需要选择任意转速和各种结构形式。

一、减速电动机的分类

减速电动机可分为大功率齿轮减速电动机、同轴式斜齿轮减速电动机、平行轴斜齿轮减速电动机、弧齿锥齿轮减速电动机、YCJ 系列齿轮减速电动机、直流减速电动机、摆线针轮减速电动机、谐波齿轮减速电动机和三环减速电动机 9 类。

近些年，机电行业发展迅猛，电动机市场也有不俗的表现。国内外知名减速器企业有：西门子弗兰德、德国 SEW、日本东方、日本松下、日本 DDK、日本雨田、韩国三洋（SYAMYANG）、韩国 SPG、韩国 MNI、意大利史泰克（STK）、台湾品宏（PHT）、台湾万鑫（豪鑫）、台湾晟邦、台湾利茗、沈矿集团减速机制造总公司、速博雷尔传动机械有限公司、青岛减速机厂和无锡华达电动机有限公司等。

在国内减速电动机市场中，发展规模较大的有：宁波东力传动设备有限公司、咸宁三合一减速机厂、山东博山电动机厂等厂家，估计这些企业的年产值在 50 亿元以上。国外的传统传动设备制造大鳄，如德国 FLENDER、SEW、NORD 纷纷在国内设置独资企业，2015 年产值超过 90 亿元。

齿轮减速电动机由于在国内发展时间较短，在制造水平与加工工艺上，与国外企业存在较大的差距，主要体现在设计水平、工艺水平、原材料制造水平上。因此，高端市场基本被国外企业所垄断，即使在中端市场，也仅有少数几家上规模的专业制造厂家能够与国外企业抗衡。国内企业存在规模小、制造水平及管理水平低下、低端市场恶性竞争等问题。

中低端齿轮减速电动机的主要配套物资为低碳合金钢钢材、灰铸铁或球墨铸铁铸件、国产轴承、骨架油封，这些物资在国内有比较完善的供应体系。但在中高端齿轮减速电动机上，配套能力严重不足，这也是我国普遍存在的一种现象，比如高寿命、高承载力轴承，高耐磨密封件，高性能锻钢甚至高强度连接件在国内都很难采购，这也极大地制约了齿轮减速电动机在国内的发展。

二、产品水平分析

国内外齿轮减速电动机的技术水平差异，主要体现在以下几个方面：

（1）模块化设计技术差异。国外的专业制造厂家已经能够把减速机、电动机、联轴器等所有的驱动、传动甚至控制零部件和系统进行全面的模块化设计、整合，而且均基于大批量定制的方式进行，这需要巨大的销量和长期的技术经验积累，目前国内还没有在模块化设计程度上能够与国外企业抗衡的企业和产品。

（2）原材料和关键配套件的质量差异。因齿轮减速电动机对齿轮、轴承、连接件均提出了极高的要求。为了提高生产率，对小齿轮，国外普遍采用高质量低碳优质合金锻钢直接进行高速高精度机加工成形，而国内还没有钢厂生产此类钢材。轴承的质量差距更大。在高端产品市场，厂家普遍采用进口轴承，而原材料则需要专门开炉定做，极大地提高了国内轴承的制造成本。与国际先进产品相比，国内绝大多数企业采用普通原材料和配套件制造，整机的寿命、噪声、振动、外观等指标有明显的差距。

（3）制造水平差异。在整个模块化的制造水平上，就单机而言，国内外制造水平差距不大，如进行小批量控制，甚至在部分规格上，国内制造的同类产品综合性能比国外高。但在大批量定制方面，国外厂家已经完全采用大批量的生产设备，如加工中心、RESHAUER 的 CBN 蜗杆磨齿机，接近与汽车齿轮的生产方式。国内厂家在近几年也开始投入巨资进行设备和生产方式的更新，但规模上与国外大型企业相比还有一定差距。应该说，在设备上的差距并不大，关键差距在工装和生产设备的结合上，国外已经普遍采用全自动流水线、液压夹具、数字化管理等，而国内在这方面还有一定的差距。

（4）生产方式和规模。国外大型企业完全采用全球观念，采用全球制造，全球配送，全球组装的高度集成而又高度灵活组装的体系，具有较大的成本优势。特别是全球化发展的今天，机械制造、组装、使用已越来越全球化，国际大型齿轮电动机制造企业在近 100 年的制造历史中积累了丰富的设计、制造、销售、服务经验和人才，能够灵活地驾驭全球的制造服务模式。而国内齿轮减速电动机制造企业由于起步晚、规模小、经验欠缺，还处于成长阶段。

三、国内市场展望

减速电动机在我国的发展只有短短的几十年时间，发展势头良好。从企业数量上看，国内的减速电动机专业制造厂有 500 多家，但超亿元规模的只有几家。国际大型跨国公司在中国设立制造基地的有十几家。“十二五”期间，减速电动机的需求量增长 12% 左右，但减速电动机的制造能力增长约 40%，因此，减速电动机近期在中低端市场上的竞争形势相当严峻。预计在“十三五”期间将进入产业升级、结构调整、制造企业重新整合阶段。

同时，由于国内在材料、管理及制造工艺能力上的差异，减速电动机的高端市场将依然被国际跨国公司占领，国内企业需针对高端产品逐步突破，打破技术壁垒，才能在未来减速电动机市场中立于不败之地。

〔撰稿人：郑州机械研究所管洪杰　审稿人：郑州机械研究所张元国〕

齿轮行业市场分析

齿轮产品是机械装备的关键传动零部件，也是机械行业最重要的基础件行业之一。经过几十年的发展，目前，我国齿轮产品制造业已经成为门类齐全、拥有近 2 000 家规模企业、达到 2 200 亿元市场的一个大产业。

一、国内齿轮发展现状

近几年，我国齿轮行业保持迅猛的增长势头，国内销售从 2008 年的 850 亿元增长到 2015 年的 2 200 亿元。截至 2014 年，齿轮行业经历了由“十二五”初期的高速增长，到调结构保增长的产业升级阶段。齿轮应用行业分布状况见图 1。

由图 1 可知，车辆齿轮是目前我国齿轮市场中最重要的市场，总需求额达到 1 340 亿元， 2015 年进口 129.74 亿美元，同比下降 16.98%；出口 57.18 亿美元，同比下降 4.29%。近几年，齿轮产品进出口逆差居高不下，高端产品受制于人。造成逆差的根本原因在于行业自主创新能力薄弱，关键齿轮产品的设计制造技术不过关，产品的可靠性较低等，而且齿轮产品存在着中低端产品产能过剩、竞争激烈、效益低的状况，使得国内汽车、工程机械、重型机械和重点工程的配套用齿轮减（变）速器大量依赖进口。

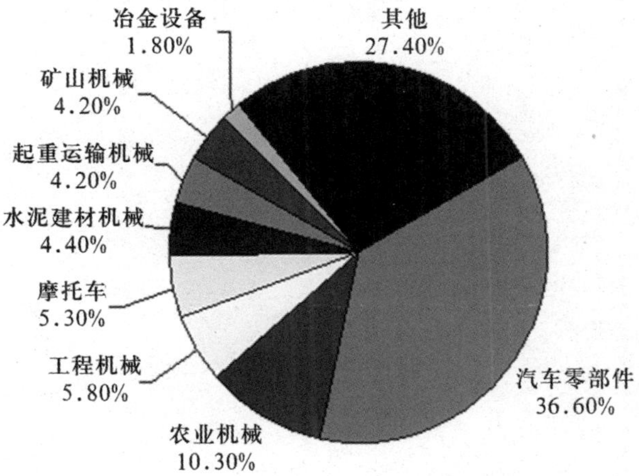

图 1　齿轮应用行业分布状况

二、制造商概况

（1）我国齿轮行业的基础是国有企业，这些企业经过股份制改造，近年来得到很大发展，如南京高精齿轮股份有限公司、重庆齿轮箱有限责任公司、杭州前进齿轮箱集团股份有限责任公司和陕西法士特齿轮有限公司等已经成为行业内的骨干企业，年销售额都达到20亿元以上。2014年，南京高精齿轮股份有限公司与陕西法士特齿轮有限公司产销双双突破100亿元。

（2）独资、合资企业迅速发展，如德国的SEW、FLENDER、ZF和日本的住友公司等。

（3）民营股份制企业迅速发展，其数量已达全行业的80%，资产总额占行业的近50%，销售收入占52%，利润占49%。部分民营企业规模尚小，但机制灵活，发展迅速，生产效率较高。如浙江双环、浙江中马、宁波东力、六安江淮和杭州万杰等一大批民营企业在行业中也具有举足轻重的地位。

三、进出口概况

我国齿轮行业进出口的总体情况是有进有出，进口额远多于出口额。2015年齿轮产品进出口情况见表1。可以看出，我国齿轮行业存在严重的贸易逆差。

表1　2015年齿轮产品进出口情况

指　标	金额（亿美元）
进口额	129.74
出口额	57.18
逆差额	72.56

1．进口特点

从2015年进口的齿轮产品来看，进口额最大的是轿车用自动变速器，达到70亿美元，占我国齿轮进口总额的54.0%。各种车辆齿轮进口合计占到我国齿轮进口总额的70%。

从进口国别上来看，2015年我国从70多个国家进口了齿轮产品，国别分布相当广泛。主要国家包括日本、德国、韩国和美国等。

2．出口特点

从产品上看，我国齿轮的出口仍然以工业齿轮为主，各种车辆齿轮产品仅占很小的比例。

从出口企业类别来看，外企出口比例最大，占31%；国企占28.7%；民企占21.4%；中外合资企业为12.7%；其他约占6.2%。

从产品出口国别看，绝大多数产品出口到发达国家或地区。其中，23.6%出口到美国，15.6%出口到日本，7.9%出口到意大利。一些发达国家从我国进口低端产品，而复杂高端产品则自己生产，他们利用我国的廉价劳动力和资源，把我国当作其加工厂。

从生产区域来看，华东地区齿轮业发展最快，其出口额占到出口总量的50%以上。

四、市场发展展望

根据齿轮行业一些专家对我国齿轮行业的预测：在影响因素预期不会逆转的条件下，未来5年我国齿轮工业将逐步实现去库存、去产能、提质增效的转型升级。2016—2020年，我国齿轮制造企业将逐渐实现由集约化管理向信息化精益制造的转变，齿轮产品的市场将超过2 500亿元，我国将成为齿轮出口大国，在世界同行业中处于领头羊位置。我国齿轮产品市场将走向成熟，逼近世界齿轮强国。同时，行业内部通过市场竞争与整合，行业集中度将进一步提高，形成一批拥有百亿元、几十亿元、5亿元、1亿元的特大、大、中、小规模企业。通过技术改造，建成一个车辆齿轮（变速器、驱动桥总成）、通用工业齿轮、重型齿轮制造体系，基本上可满足我国各行业主机配套的需要。

〔撰稿人：郑州机械研究所管洪杰〕

大 事 记

2013—2015 年齿轮行业大事记

2013 年

4 月

27 日　齿轮分会会长办公会议在北京召开，中国机械工业联合会杨学桐执行副会长、中国机械通用零部件工业协会（以下简称总会）王长明常务副理事长兼秘书长等领导参加会议并作了重要讲话，此次会议为分会以后的发展，指明了正确的道路。

7 月

13 日　齿轮分会在郑州召开了2013 年齿轮产业链发展研讨会。中国机械工业联合会蔡惟慈执行副会长、总会王长明常务副会长兼秘书长、河南省及郑州市相关领导、理事会成员单位以及其他齿轮行业与相关行业的企业、院所、高校等的170 多名代表参会。本次会议围绕两化融合、产业升级的主题，展开了深入细致的讨论。

9 月

13—15 日　齿轮分会在浙江省杭州市召开了齿轮分会2013年年会，中国机械工业联合会杨学桐执行副会长、工信部装备司王卫明副司长、萧山区委常委赵立明副区长、总会王长明常务副会长兼秘书长等领导及来自全国齿轮与相关行业的企业、院所、高校等近 200 名企业家、专家、学者和代表参会。会议审议通过了《中国机械通用零部件工业协会齿轮分会理事会工作条例》，审议通过了理事、常务理事、副会长、会长候选人名单，审议通过了名誉会长、秘书长、副秘书长候选人名单。会议还讨论了分会独立注册一事，认为，在国家政策放开后，应积极准备注册，秘书处将密切关注发展动向。

14 日　由郑州机械研究所牵头，协同南京高精传动设备制造集团有限公司、杭州前进齿轮箱集团有限公司、重庆齿轮箱有限责任公司、宁波东力传动设备股份有限公司等单位发起，首批由16家国内齿轮行业科研院所、骨干企业和高校组成的精密重载齿轮产业技术创新战略联盟成立。

12 月

21 日　齿轮分会会长办公会议在北京召开，中国机械工业联合会执行副会长杨学桐到会并作重要讲话。会议总结过去展望未来，参会领导一致认为协会要加强团结与合作，解决行业分裂现状，整合行业资源，规避恶性竞争，尽早实现中国齿轮“大而强”的发展目标。

2014 年

8 月

18 日　齿轮分会在上海召开了“中国齿轮钢采购联盟研讨会”，目的是通过搭建平台集中联合采购，降低企业材料采购成本，以及大额订单给钢企带来的规模化生产从而降低成本。同时，以联盟为纽带的钢企合作，为下一步修订齿轮钢标准打好基础，最终提高我国齿轮钢材料的整体水平。

月内　齿轮分会注册了齿轮行业网站“中国齿轮行业网”（www.cgma.cc/www.cgma.net.cn）。

月内　《中国齿轮工业年鉴》(2014年卷）出版发行，原机械电子工业部陆燕荪副部长为本书作了序，中国机械工业联合会王瑞祥会长为本书题词“坚持科技创新　推动齿轮产业发

展 为建设机械强国多做贡献”。

10月

27—29日 齿轮分会在上海召开“2014中国国际齿轮产业大会”。来自海内外的300多名齿轮及上下游产业的企业家、专家、学者齐聚一堂，共商齿轮行业发展大计。本次大会的主题是合作、机遇、创新、发展。大会以搭建合作交流平台，助推产业转型升级为使命，为参会领导及代表准备了一场齿轮行业的盛宴。

27日 齿轮分会在上海光大国际大酒店召开了理事会（扩大）会议，各会员单位的领导（或代表）共200余人参加了会议。会议由分会冯光会长主持。王长路副会长兼秘书长向各位参会代表汇报了秘书处2014年的主要工作、会费收入及使用情况、2015年将要开展的重点工作以及关于独立注册“中国齿轮工业协会”的情况说明。邓效忠副秘书长向全体参会代表报告了“中国齿轮工业协会章程（草案）”的有关内容。大家原则同意“中国齿轮工业协会章程（草案）”，经秘书处修改后最终形成正式稿上报。会议最后，举行了申请注册“中国齿轮工业协会”签字仪式，各参会代表积极响应，大家一致认为，齿轮行业成立一级协会能够更好地反映行业诉求，推动行业发展。

2015年

5月

8—10日 由齿轮分会主办，北京世纪唯众文化传播有限公司承办，郑州机械研究所、杭州齿轮箱集团股份有限公司、厦门厦工机械股份有限公司等单位协办的“汽车、工程机械及农机用配套齿轮产品供需对接会”在厦门召开。国家信息中心经济预测部首席经济师王远鸿主任，中国汽车工程学会张宁副秘书长，中国工程机械工业协会王金星副秘书长，齿轮分会王长路、石照耀、王凤波、陈德木副会长，齿轮分会王声堂名誉会长以及来自齿轮行业的100多名代表参会。

10月

26—28日 由齿轮分会主办，汉诺威米兰展览（上海）有限公司、郑州机械研究所、杭州前进齿轮箱集团股份有限公司等单位承办的“2015中国国际齿轮产业技术大会暨CGMA年会”在上海新国际博览中心召开。来自海内外的200多名齿轮及上下游产业的企业家、专家、学者齐聚一堂，共同探讨齿轮产业发展的机遇和路径。

〔供稿单位：郑州机械研究所〕

中国机械通用零部件工业年鉴 2016

Ⅳ 弹簧行业卷

回顾总结我国弹簧行业近年发展情况，记录行业生产、技术和新产品发展情况；分析国内外市场动向， 提出行业“十三五”期间发展的总体思路、发展目标及政策建议；弹簧行业重点企业介绍；弹簧行业大事记

中国机械通用零部件工业年鉴 2016

Ⅳ 弹簧行业卷

综述

行业概况

企业概况

大事记

综　述

弹簧行业“十三五”发展规划（建议稿）

一、“十二五”期间发展的回顾

1. 弹簧行业的总体概况

弹簧作为通用基础零部件功能件涵盖了减振、储能、控制、维持张力等诸多方面，应用领域涉及国民经济各个领域，从航空航天、电力及核电装备、高速铁路、汽车到医疗器械、日用五金、玩具等产品都可以找到它的踪迹。从20世纪30年代中期开始，经过近百年的演变，如今，我国弹簧制造业，已经拥有七八千家企业，从业人员有10万多人。由于弹簧制造的特殊性，绝大部分都是几十人或上百人的中小型、小微型企业。经过多年的发展，我国弹簧工业已成为国民经济发展不可缺失的重要行业。特别是在“十五”“十一五”“十二五”期间，随着我国经济的高速发展，连续多年以每年15%左右的速度增长，2015年弹簧行业销售额达到220亿元，其中出口额4亿元，国内市场占有率达到98%。弹簧制造业的发展促进了上游和横向产业的联动发展。近年来，以弹簧为纽带，拉动了弹簧钢生产和弹簧生产与测试设备以及一些辅料生产等相关产业，形成了比较完整的产业链。

2. 弹簧行业的基本特点

由于弹簧的用途千差万别，导致弹簧材料、形状、技术、工艺各不相同，弹簧产品千姿百态。整个行业归纳起来有如下的共同特点：

（1）以中小型企业为主要架构的行业。弹簧行业总的定位与属性为中小型企业，10%的企业员工总数在500人以上，40%以上企业的员工为100～500人，半数企业100人以下。为数不少的企业只有10～20人。

（2）行业内整体差异巨大。生产手段、质量与工艺、管理水平差异巨大，少数与汽车OEM配套企业的工艺水平、产品质量和劳动生产率明显高于其他企业。

（3）企业分布有明显的地域性。沿海经济发达地区几乎集中了近80%的弹簧生产企业，仅浙江诸暨和温州地区、广东东莞等地区就分别聚集了上百家弹簧制造企业。

（4）民营企业占到绝对多数。2000年以后，行业内多数国有企业和集体企业改制成为民营企业，起步较早的民营企业经过二三十年的艰苦经营，原始积累基本完成，但小生产经营理念和家族式管理方式的痕迹十分明显，近年来虽有所改观，但企业定位和水平依然偏低，产品开发及创新能力不高。

（5）技术进步明显，但劳动密集型的特征依然明显。近年来，行业技术装备水平进步明显，表现为骨干企业装备基本接近国际水平。弹簧生产大部分设备被CNC多工位卷簧机所取代，但全行业总体上还未能摆脱劳动密集型的生产模式，尤其是生产过程中的物料输送还是靠人工搬运，制约了产品质量和劳动生产率的提升。

（6）企业之间的竞争依然表现为价格竞争，其态势有增无减，尽管专业协会以及业内人士一再呼吁，但收效甚微。恶性竞争的结果导致行业平均利润下滑，行业利润水平总体处于微利状态。

（7）国际著名弹簧制造企业越来越认识到中国市场争夺的重要性，它们依靠着原配套企业的优势，依靠着它们垄断的配套认可权，纷纷抢占中国市场，在主机厂的附近设厂，并以低价位与国内企业进行竞争。

（8）人才缺乏和开发能力薄弱是行业的软肋。单就数量而言，我国的弹簧生产总量已可进入生产大国之列，但技术水平，特别是技术开发能力与国外同行相比差距颇大，大多停留在来图加工或工艺开发的层面，同步开发目前只是在个别企业中能够进行。

3. 行业“十二五”期间的进步

（1）在引进和消化吸收国外先进设备的前提下，结合弹簧生产制造的特色，研制和开发了弹簧专业制造设备、检测设备、辅助设备，绝大部分企业弹簧生产的自动化程度提高。

（2）弹簧行业完成了23项国家标准和行业标准的制修订工作，及时将最新的研究成果及技术设备进步体现在标准中，参与了国际标准的制定或修订工作。

（3）行业企业的生产规模和经营业绩都有了快速的提增长，出现了20亿元级的弹簧制造企业，亿元级的也达到了20多个，绝大部分骨干企业都在力争进入亿元俱乐部。

（4）一大批替代进口的高精尖弹簧产品研发成功，如达到国际先进水平的高端汽车、铁路（动车、高铁）、核工业、航天工业、海洋工程和装备制造业用弹簧等。

（5）弹簧行业产品出口有了提升，数量、质量都不断提高，为国际著名品牌出口配套可以在世界上进行有力的竞争，有的还进入了世界主要主机厂的开发平台。

（6）高端弹簧材料不断被开发出来，材料应用强度普遍达到1 800～2 000 MPa。无论在冷成形和热成形弹簧工艺流程上，材料的抗拉强度及弹簧的工作应力得到了提升。

（7）设计计算上，主流弹簧企业已开始掌握应用有限元计算分析能力，能解决一般性的非线性特性的弹簧设计计算。

（8）企业的质量意识不断加强，重要用途的弹簧的特性要求和生产过程质量管理要求不断提高，少部分企业开始具备与主机共同开发新产品的能力。

(9)完成了行业弹簧工、弹簧检查工的《国家职业标准》以及培训纲要、培训资料和培训题库，实施了职业技能应知、应会培训和考核，拥有了一批高技能人才队伍。

（10）涌现了一批省、市、行业获奖项目，其中包括国家级的品牌、技术专利和省市级的高新技术企业、技术研发中心、检测中心和专精特企业和创新产品等。

二、与国际同行差距的主要表现

（1）高端动力总成系统的高应力弹簧原材料，如高应力气门弹簧、离合器及变速器弹簧等需要的超纯净高强度线材目前仍依赖进口。

（2）特殊制造工艺上，大功率弹簧冷成形机、高速多工位弹簧成型机等国内还是空白，强化喷丸机（特别是高品质的高铬精铸件）、工模具件等质量上差距较大。

（3）基础研究不够。如淬透性、硬度和Rm、Rs关系，疲劳寿命研究、新材料的各种性能研究、陶瓷弹簧的研究，有的虽有专利、论文，但未能进入实用推广阶段。

（4）在线检测设备，如弹簧负荷测试分类机、数码光学测试仪等质量不如进口设备。

（5）企业中技术人员、企业管理人员、生产线操作人员等的受教育程度和技能水平、职业素养以及职业培训不如国际先进企业。

（6）企业自主的科技研发投入太少，国内企业通常小于销售的2%。

（7）劳动生产率偏低。国际同行一般先进的经营规模为10亿美元以上，国内尚无1家达到；国际同行一般先进的劳动生产率高于25万美元／人，国内最先进仅为100万元／人（约为先进国家的60%）。

（8）缺乏基础技术研究，基础数据匮乏，在国际标准、学术平台上难以与国外专家交流。

（9）弹簧行业绝大部分企业缺乏研发能力，缺少与国际一流主机厂长期合作经验和有效的沟通。中低端弹簧产品产能过剩，市场竞争激烈，效益一般，发展不快。

（10）员工职业道德、敬业精神、技术素质远不如发达国家。

三、当前形势和要求

（一）经济新常态的趋势

我国国民经济的发展进入了一个新常态的发展时期，而且是一个相当长的时期，新常态是今后经济发展的主旋律。其主要表现：

（1）从消费需求看，过去相当长时期的现在模仿型排浪式消费阶段基本结束，个性化、多样化消费渐成主流，保证产品质量安全、通过创新供给激活需求的重要性显著上升。

（2）从投资需求看，传统产业相对饱和，但基础设施互联互通和一些新技术、新产品、新业态、新商业模式的投资机会大量涌现，对创新投融资方式提出了新要求。

（3）从出口和国际收支看，我国低成本比较优势也发生了转化，同时，我国出口竞争优势依然存在，高水平引进来、大规模走出去正在同步发生，必须加紧培育新的比较优势。

（4）从生产能力和产业组织方式看，产业结构必须优化升级，新兴产业、服务业、小微企业作用更加凸显，生产小型化、智能化、专业化将成为产业组织的新特征。

（5）从生产要素相对优势看，过去劳动力成本低是最大优势，现在经济增长将更多依靠人力资本质量和技术进步，必须让创新成为驱动发展的新引擎。

（6）从市场竞争特点看，过去主要是数量扩张和价格竞争，现在正逐步转向质量型、差异化为主的竞争，提高资源配置效率成为经济发展的内生性要求。

（7）从资源环境约束看，过去环境承载能力已经达到或接近上限，必须顺应人民群众对良好生态环境的期待，推动形成绿色低碳循环发展新方式。

这些趋势性变化说明，我国经济正在向形态更高级、分工更复杂、结构更合理的阶段演化，经济发展进入新常态，正从高速增长转向中高速增长，经济发展方式正从规模速度型粗放增长转向质量效率型集约增长，经济结构正从增量扩能为主转向调整存量、做优增量并存的深度调整，经济发展动力正从传统增长点转向新的增长点。认识新常态，适应新常态，引领新常态，是当前和今后一个时期我国经济发展的大逻辑。

（二）新常态经济的特征

（1）从高速增长转为中高速增长，中国经济的质量更加优化，结构更加优化，效益更加优化，中高端制造势在必行，中高速发展需要中高端制造。中高速发展是稳增长，中高端制造是上档次。如果不能实现上档次，则增长稳不住，会陷入中低速发展。

（2）经济结构不断优化升级，第三产业消费需求逐步成为主体，城乡区域差距逐步缩小，居民收入占比上升，发展成果惠及更广大民众。

（3）从要素驱动、投资驱动转向创新驱动，政府大力推动大众创业、万众创业的平台的建立，以打造经济发展的新发动机，人人创业以此协同推进新型工业化、城镇化、信息化和农业现代化。

（4）“互联网+”发展的新业态，将互联网的创新成果深度融合于经济、社会各领域之中，利用信息通信技术以及互联网平台，让互联网与传统行业进行深度融合，创造新的发展生态，推进传统产业，转换经营机制和方式，促进发展。

（5）政府大力简政放权，市场活力进一步释放，把该放的权放到位，让市场主体真正放开手脚。

（6）绿色制造将成为企业发展的新态势；装备制造业将向专业化、模块化、个性化和跨界整合集成的两极方向发展，网络化、智能化将推动制造业新的革命性的转变飞跃。

（三）行业面临的形势和机遇

（1）“一带一路”的对外经济发展战略，长江经济带战略，京津冀一体化战略，蕴藏着巨大的市场商机有待深入挖掘。

（2）《中国制造 2025》“强基工程”及国家出台了首台套重大技术装备保险补偿机制的优惠政策，为核心零部件进入高端市场开启新的前景。

（3）在新的经济发展形势下，弹簧作为不可缺少的重要的基础件和安全件，其需求量越来越大，而且，不少重要的配套产品是不可能进口的，这急需我们下大力量研发制造。

（4）市场需求结构出现新变化，投资类需求比重下降，民生消费类需求比重上升，新建工程带来的增量需求下降，在役设备维修保养的存量需求上升。

（5） 国际化经营渐成大趋势。企业国际化经营理念不断增强，面向两个市场，用好两种资源，发展外向型经济、实现国际化经营成为行业新一轮发展的大趋势。

（四）弹簧市场的简要分析

（1）汽车、内燃机和摩托车制造业是弹簧最大的用户，除了新车制造配套以外，维修件的市场也相当大，其总量约占弹簧销售总额的一半。今后的汽车市场井喷不再，但仍然会维持 10% 左右的增长幅度，必须注意，跨国公司已进入我国市场，他们依靠着成熟的技术和原配套供货商、全球采购等纷纷在整车厂周边安营扎寨，争夺份额。

（2）铁路系统也是弹簧产品的重要用户，尤其是国内高速铁路和城市轨道交通建设规模空前，在今后十年，高铁将会快速发展。还有，高铁已作为我国的成熟技术走出国门，对弹簧的需求更趋旺盛，这个庞大的市场，我们应当努力争取。目前大量的高铁用弹簧还是依靠进口，要进入该市场也实属不易。

（3）随着国家加大基础建设，改善民生，工程机械等行业的市场需求量将有一个快速增长，而这些产品的附加值也在不断提升，低端弹簧的加工工艺已不适应或者逐渐被淘汰，必须采用新的工艺，在提高材料利用率、降低能耗上下功夫，绿色制造、产品质量、企业盈利能力和竞争力将会大大提升。

（4）核电、风电、航空航天（如大飞机、支线飞机）、舰船、军工等所需的配套弹簧急待研究，而且这个领域是不可能从国外进口的，大力开发这些领域、填补空白是我国弹簧企业义不容辞的职责，同时也是一个经济效益回报较为丰厚的市场。

（5）医疗器具、仪表仪器、电子类制品（如计算机、手机、电脑）、玩具和医疗器械等所需要的大量异形弹簧和片弹簧市场也有着巨大的潜在市场，上述市场所需弹簧目前大部分为国外企业或其在国内的独资企业所垄断，加快这方面的开发和研制，逐步取代进口，扩大市场份额也是我们弹簧企业必须思考和进入的。

四、弹簧行业“十三五”发展目标

（1）销售收入。2015 年预计 300 亿元，2020 年预计 450 亿元。年增长 12%。

（2）国内市场占有率。2010 年 50%，2015 年达到 70%，2020 年达到 75%。

（3）产业出口额。2009 年 3 亿元，2015 年预计 4 亿元，2020 年 6 亿元 。

（4）技术研发费用投入占销售额比重。2009 年为 1%，2015 年为 2.5%，2020 年为 3.5% ～ 4%。

（5）新产品产值。2009 年 80 亿元，2015 年 100 亿元，2020 年 150 亿元。

（6）销售额 20 亿元以上企业：2015 年 1 家 ，2020 年 3 家。销售额 10 亿元以上企业：2015 年 4 ～ 5 家。

（7）原材料利用率。2009 年 90%，2015 年 92%，2020 年达到 94% 。

（8）能耗降低率。2015 年比 2010 年降低 15%，2020 年预计比 2015 年降低 5%。

（9）国家认定的技术研发中心。2015 年，行业有研发中心 1 个，产品检测中心 1 个。2020 年研发中心达到 2 ～ 3 个，产品检测中心达到 2 ～ 3 个。

（10）工程技术人员占全员比例。2015 年达到 15%，2020 年达到 25%。 高技能人才占全员比例：2015 年达到 10%，2020 年达到 15%。

五、“十三五”期间发展重点

1. 重点开发高应力、抗疲劳弹簧

高应力、抗疲劳弹簧包括：轨道交通用转向架弹簧，汽车稳定杆总成，汽车高应力、高可靠性悬架弹簧，汽车高应力、高可靠性气门弹簧，医用血管支架精密弹簧。

2. 重点攻克弹簧设计技术

弹簧设计技术包括：更高功能的弹簧、非线性特征的各类弹簧、变刚度弹簧、复杂异形弹簧、不同材料组合弹簧、半主动式悬架弹簧、主动式变扭矩稳定杆、S 型偏心力弹簧和高压气动模具弹簧等。

3. 弹簧和总成部件的结构和功能分析技术

主要是发展 CAE 技术在汽车悬架、动力总成、疲劳寿命、工艺分析等方面的应用。

4. 检测技术设备

检测向影像检测、自动化检测、仿真检测和智能化检测方向发展；检测设备成套化、组合化，基本实现在线检测；零缺陷检测和控制装置等。

5. 模拟疲劳试验技术设备

模拟、疲劳试验技术设备包括弹簧服役工况的模拟疲劳试验机和产品性能验证设备，包括汽车底盘、动力总成、发动机台架，高速列车转向架、座椅总成等方面的专用设备。

六、“十三五”期间行业迫切要解决的问题

（1）研制高端动力总成系统的高应力弹簧原材料，如高应力气门弹簧、离合器及变速器弹簧等需要的超纯净、高强度线材目前仍依赖进口。

（2）解决特殊制造工艺上，大功率弹簧冷成形机、高速多工位弹簧成型机等设备在国内还是空白的问题，解决强化喷丸机（特别是高品质的高铬精铸件）、工模具件等质量上差距较大。

（3）改变在线检测设备跟不上制造企业发展步伐的状况，如弹簧负荷测试分类机、数码光学测试仪等质量上都不如进口设备，企业不得不花大钱去进口国外的试验检测设备。

（4）重视企业自主的科技研发投入太少。国内企业通常小于销售额的2%，要加大投资建设国家级的技术研发中心和检测中心的建设和投入，要着手弹簧企业技术研发体系的完善和改进的研究。

（5）国内弹簧材料厂家要协力解决：高端弹簧材料国产化，降低材料成本，通过市场经济机制进一步提高弹簧行业集中度；进一步提高自动化水平，通过集约化生产降低人工成本。

（6）解决人才的培养与储备。弹簧作为机械工业的基础零部件且属于动载荷零部件，在可靠性失效案例上往往起到举足轻重的作用。但据了解，没有大学设立和招收相应的弹簧专业高级人才。专业人员存在断层，高等级技能人才稀缺，培训和培养紧缺人才、留住和激励人才是行业及企业面临的迫切任务。

（7）解决行业的制造能力提升问题，重点在生产装备智能化，对生产流程进行再优化，提高生产流程的自动化程度，以达到减人的目标。在节能环保方面，全面改造升级有污染的装备，如清洗、喷漆、喷粉、磷化等。

七、“十三五”期间对技术研究课题的建议

（1）现代弹簧设计技术的研究。如疲劳强度的可靠性研究。此方法考虑了工作应力和强度数据的分散性，能将弹簧工作过程的破坏概率限制在规定的范围内，亦可实现弹簧重量减轻（所谓最佳设计法）。

（2）积极开展现弹簧设计方法研究。由于计算机技术的发展，弹簧设计手段发生了根本性的变化，弹簧设计的新方法、新技术不断出现，如A弹簧“模糊设计”是21世纪“带头且核心”的理论。B弹簧的稳健设计（Vobustness）亦称为“鲁棒”性设计，是既提高产品质量又降低成本的工程设计方法等。

（3）开展耐低温（-200～273℃）弹簧的研究。开展非金属（陶瓷、FRP等）材料弹簧研究，各种碳纤维、聚酯纤维、玻璃纤维等增强型复合材料的开发和应用，以及非金属复合材料的弹簧制造工艺的研发和应用。

（4）开展对疲劳和松弛寿命的研究。对弹簧计算机程序的研发和应用，计算机辅助工程（CAE）的精确计算和分析方法能力有待进一步提高。

（5）围绕技术含金量高、产品附加值大、有竞争优势的主打产品构建产品研发体系。同时，主打产品为核心，开展产品的转型升级，向汽车零部件子系统的集成化、专业化、系统化方向发展；高强度材料开发、喷丸设备的研发等急需要行业合力攻关。

（6）加强对是高应力弹簧用的高强度（Rm2 000～2 500MPa等级）材料的开发和批量应用。

（7）各种形变热处理、化学热处理（低温氮化，纳米技术）、表面保护（复合涂、无铬涂层）等的研发和应用。

（8）在碟形弹簧方面建议开展制造$t>100$mm碟形弹簧材料的淬透性研究、强韧化陶瓷碟形弹簧的研究；$t>14$mm碟形弹簧疲劳试验的回归数学模型的研究，以及碟形弹簧硬度与寿命关系的研究。

（9）协力开展1级稳压器CAP1400安全阀弹簧的研制和小批量生产和具有自主知识产权的高铁标准型动车组转向架轴箱弹簧，二系高圆弹簧的研发和批量生产，大型、超大型挖掘机涨紧机构总成中高应力弹簧的研发，常规挖掘机涨紧机构弹簧轻量化设计，最大工作应力≤1 600MPa，压并应力≤2 000MPa,弹簧总圈数-工作圈数为1.0～1.2圈弹簧的研发，耐零度至-20℃严冬条件和-20～-40℃高纬度极地地区弹簧的研发，大截面特殊弹簧的研发，如要求耐560℃，设计选用lnconelX-750，ϕ50～70mm的材料。

（10）组织行业企业的专家和技术人员或者采用产学研的方式，合力攻关或者实行产学研予以解决，可以将下列六大问题作为现阶段重点研发的课题。①高精度卷簧设备及影像反馈设备研发；②精密弹簧尺寸在线分选设备研发；③弹簧疲劳可靠性及寿命预测；④弹簧材料扭转疲劳可靠性研究；⑤高效环保磨簧机开发与示范应用；⑥稳定杆等特殊弹簧试验方法与设备研发。

八、“十三五”部分企业的目标和攻关项目

在撰写本规划期间，部分弹簧制造企业提供了他们在“十三五”期间的一些目标和攻关项目，反映了行业在发展中共同需要努力解决的问题。

1.大连弹簧有限公司

目标：满足超超临界及以上参数全量型安全阀弹簧的几何精度和负荷精度的要求，满足核电稳压器安全阀弹簧的要求，满足高应力工程机械弹簧的要求，满足高铁弹簧的要求，提高生产设备、检测设备、试验设备智能化和自动化水平。

攻关项目：核电稳压器安全阀弹簧拟采用InconelX750材料，料径初步选86mm，这种大规格弹簧的生产工艺将是急切需要解决和攻关的项目。

2.广州华德汽车弹簧有限公司

目标：

（1）以汽车弹性部件为主，其他弹性部件为辅。

（2）以技术优势、市场优势的产品为主，以技术优势换取市场优势；以五大类产品为主，其他产品为辅 。

（3）立足广州基地，以华南地区为大本营；依托郑州基地，大力拓展华中地区及北方地区市场。

（4）以国内市场为主，积极拓展国际市场。

攻关项目：着力进行高强度材料开发、喷丸设备的研发等的攻关，也需要行业合力。

3. 杭州弹簧有限公司

目标：

（1）加大投入，更新设备，提高产品生产经营规模，力争达到主业营业收入2亿元。

（2）瞄准国家重点鼓励发展的战略性新兴产业及“一带一路”战略，大力研发各类新产品，提高产品技术质量水平。

（3）大力发展工业生产性服务业，办好科创园，发展智慧经济、总部经济、电商经济，力争用服务业收入（年均1 000万元）反哺主业（制造业），促进企业发展。

攻关项目：

（1）高端弹簧钢材料的研发（含新钢种及异型截面钢丝）。

（2）高难度弹簧产品的研发及工艺攻关（如残余应力、喷丸效应、表面热涂覆技术等）。

（3）生产线自动化智能化的改造，大力降低人工成本。

（4）高精度弹簧产品在线检测设备及装置的研发（如影像检测、智能检测等）

4. 山东联美弹簧有限公司

目标：加强技改，解决生产过程中自动化检测、分选问题；加强同国内高等院校、研究院所合作，组织项目攻关；练内功，提高企业研发能力，提高员工素质。

攻关项目：

（1）轻量化、高应力悬架弹簧、稳定杆研究。

（2）人力资源方面的培训体系。

（3）与高等院校的合作，建立实验室体系。

5. 扬州核威碟形弹簧制造有限公司

重点攻关项目：碟簧厚度$t>14$mm的疲劳寿命预测曲线，$t\leqslant14$mm已见国际标准，正与北京科技大学商谈合作事宜。

6. 湘潭市弹簧厂有限公司

重点项目：进入高铁弹簧市场，开发橡胶缓冲装置。

7. 厦门立洲五金弹簧有限公司

目标：“互联思维、跨界创新”，继续企业升级转型，用互联网思维导入传统制造业。

（1）整合集团资源，配套高端产业。

（2）打造专业化、综合型人才团队。

（3）升级服务，从前端技术研发等领域为客户提供解决方案，做到一站式增值服务。

重点攻关：淬火、模具设计等问题。

8. 浙江美力科技股份有限公司

目标：“十三五”期间，公司将继续加大技术创新投入，重视领先设备与自主开发相结合，加强成熟工艺的再变革，努力实践管理精细化，打破国外技术垄断与市场的壁垒。努力提高技术创新能力，努力促进成熟工艺升级，努力持续提高产品质量与竞争力，努力拓展销售渠道；重点突出精益生产及企业管理。

9. 扬州弹簧有限公司

目标：国内依托轨道交通、高端装备的发展，加强配套弹簧的品牌建设；国外依托“一带一路”建设，跟随主机厂将公司产品推向世界。

（1）做大做强热卷圆柱螺旋弹簧、碟形弹簧两大主产品，并为之提供一切可以利用的企业资源，包括外部资源。

（2）根据市场情况，继续提供其他弹簧相关产品的供货。

（3）加强网络营销的平台建设，充分利用互联网资源。

（4）针对企业自身情况，开发适销对路的新产品。

（5）重点解决产能瓶颈问题和加快设备的更新换代问题。

10. 上海中国弹簧制造有限公司

目标：

（1）在原材料开发利用方面：联合原材料制造企业开发低成本的原材料，并进行材料的国产化工作，同时开发新型材料。

（2）在新工艺开发方面：联合高校、设备制造企业研发新型工艺，满足顾客要求。

（3）国际化经营：利用全球化平台机会，促进国际化经营。

重点解决：国际化经营人才的培养，技术研发能力的开发及经验总结以及扶持本地化原材料供应商制造、质量能力的提升。

九、“十三五”期间应对措施

（1）广泛开展和国内外同行的对标找差距。各企业根据自己的实际，选择国际同行的先进企业，也可以选择和国内行业中的先进企业为对标企业，找出技术上、管理上的差距，制定赶超目标和行之有效的学习、改进和攻关措施，列出赶超规划，每年落实3～4项，切实取得实效，以提升企业和行业的综合竞争力。

（2）根据行业实际，组织落实行业关键共性技术的攻关，或者产学研的方法破解一批制约行业、企业发展的技术、工艺基础理论难点问题，以及国际同行的先进技术成果的研究。重点：高应力弹簧用的高强度（Rm2 000～2 500MPa等级）材料的研发，高精度卷簧设备及影像反馈设备研发；形变热处理、化学热处理（低温氮化，纳米技术）、表面保护（复合涂、无铬涂层）喷丸强化处理等的工艺研究以及非金属复合材料的弹簧制造工艺的研发和应用、高效环保磨簧机研发等。

（3）加强行业的标准化工作，提高标准的水准。协同国家有关部门，抓紧行业标准的立项、制定、修改、更新、发布、废除；对高速铁路转向架弹簧技术标准、航空飞行器、模具行业等以及城市轻轨制动器弹簧（非线性中凸形弹簧）等技术标准进行调查、酝酿，起草、修改审定；积极关注并参与国际标准制定修改，力求接轨；力争每年能制定5～7项新标准，要加强标准的更新修改，每年不少于7项标准，对照国际标准，提高标准的技术含量，体现先进性、前瞻性和操作性，修改5～7项已更新标准。

（4）重视装备制造的研发，迅速改变我国生产的弹簧制造设备和试验设备低水平、质量差、重复制造、无竞争力的落后状况。采用使用单位和设备制造企业引进吸收、联合研究、联合开发、整机开发、关键部件开发和模块开发等多种途径加快提升设备制造水准，重点在数控专用设备，其中包括高速CNC的热卷卷簧机、高精度的CNC冷卷机、在线负荷测试和分选机、弹簧智能热压机、高频疲劳试验机等，以及自动化、信息化的制造生产线和连线装置等。

（5）协同主机，无缝对接。弹簧制造的零部件企业主动参与整机的总体设计，协同主机，无缝对接，充分发挥整机的牵引作用，减少首台产品的市场阻力，形成同心协力、创新共赢的利益机制，加快创新发展速度；在全球化采购的大趋势下，要积极参与国际著名品牌的配套，力争进入他们的采购平台。

（6）推进现代化的企业管理，重视和加强管理是提高企业核心竞争力的必由之路。要从提升行业总体管理水平着手，改善企业的现场管理，建设清洁化工厂、改善劳动管理和成本管理，提高劳动生产率；要深化推进质量品牌战略，强化质量品牌的理念，提倡精益求精、精雕细刻的敬业精神，引导员工立足企业，勤奋工作，争取有更多的企业拥有产品名牌；要加强企业对社会作用的发挥，承担必要的社会责任，力争对社会作出更大的贡献；加强企业文化建设，用先进的、开放的企业文化理念引领、渗透到企业管理的方方面面。

（7）要结合本企业的特点，重在两化融合与创新上下功夫。要顺应互联网经济发展的需要，开拓“互联网＋”的模式。从技术改造入手，促进企业核心业务与信息化的深度融合；从技术创新、经营模式创新、资源整合创新的信息化入手，促进企业向高端发展；从加强制造服务业与网络化的融合入手，促进制造服务业的发展。

（8）按照结构合理、布局合理、资源优化、形成合力的要求，推动鼓励行业内企业以多种形式的合作、重组以及兼并，进行结构调整，创新经营模式，要大力进行产品的升级换代，逐步淘汰投入多、消耗大、成本高、劳动密集的产品。效益低下甚至亏损的企业要及时进行转移；劣势企业要审时度势有步骤、有计划地进行经营方式的转变，从生产型向服务型转变。

（9）贯彻以人为本，提升员工队伍的素质。按照需求、突出重点，建立规划、多途径、多形式地吸收、培训、培养的方式，加强人才队伍建设。①重点培养和塑造一支懂管理、会经营、开拓型的企业经营管理人才队伍。②重点培养和塑造一支懂开发、肯学习、创新型的企业技术开发人才队伍。③重点培养和塑造一支懂技术、肯钻研、智能型的企业操作技能人才队伍。要采用吸收招聘、定向指导、深造培养的方式培养企业的高端人才，要重视全员的职业培训和技能提高，发挥行业分会培训委员会和职业技能鉴定分中心的作用，在广泛进行行业初、中级工培训鉴定的基础上，加强行业高技能人才的培养，筹建行业的员工培训基地，要开展多种形式的职业技能比武技术竞赛，培养选拔优秀人才，发挥行业政研会和企业文化研讨会的作用。

十、对实施行业“十三五”规划的几点建议

（1）国家和有关部门应出台相应的政策和措施，建立基础件及关键零部件发展基金等，扶持和鼓励弹簧行业的发展，有关部门可结合国家一个时期重点产业的需要，给以相应措施，以促进弹簧制造企业突破关键技术，攻克高端领域。

（2）制定相应的税收政策，鼓励弹簧企业积极出口或者为主机厂配套的关键零部件的替代进口。同时，鼓励建立主机厂和零部件企业的同步设计、同步开发的战略研发同盟，支持企业自主研发，以缩小行业中的相关企业和国际先进企业的差距。

（3）支持和鼓励材料生产企业对高端材料、紧缺材料的研发，重点发展高应力、高精度的材料，为核电、大飞机以及国防科技项目等配套弹簧所需的高温合金材料、耐腐蚀合金材料以及医用弹簧所需的材料等，并形成批量生产的能力。

（4）重点关注试验鉴定、检查测量设备及仪器的研制和发展，支持相关企业、大专院校、研究院所及认证机构联合筹建国家级的试验室、测试中心，以增强国内弹簧产品试验认可的自主性和权威性。

（5）企业、院校联合办学，培养企业所急需的技术人员和操作技能人员，开设弹簧专业的课程，增加和弹簧等相关的学科知识和基础理论，包括力学、材料、热处理、应力强化和腐蚀等多门学习科目的设置。

中国机械通用零部件工业协会弹簧分会

二〇一六年三月二十日

〔供稿单位：中国机械通用零部件工业协会弹簧分会〕

行业概况

弹簧轻量化的技术发展方向

一、轻量化产品设计的材料选用

1. 高强度原材料的优先应用

好产品肯定要有好品质的、最适合的材料，高应力产品少不了高强度材料。在冶炼工艺方面，各类弹簧用料总的趋势是从普通冶炼轧制材料不断优化提升到连铸、精炼、大方胚轧制和高速轧制线材等，以进一步提高钢铁材料的内在品质和表面质量。在材料的化学成分方面，从碳素钢向合金钢、锰钢、硅锰钢、铬钒钢和铬锰钢等发展，再向更高强度的硅铬钢发展。高应力弹簧普遍应用的材料有 55SiCr、55SiCrV、60Si2Cr、60Si2CrV、65SiCrV，当然，也有多合金元素的高强度材料，如 Si-Cr-V-Mo-Ni-Re 系列特种材料。弹簧主要有冷成形和热成形两大基本制造工艺。在冷成形制造工艺上，弹簧成品的强度主要基于原材料的强度，形状复杂的异形弹簧更趋于采用更高抗拉强度的韧化处理钢丝（Patent Heat Treatment Wire），目前这类异形弹簧采用的非合金钢韧化处理钢丝其抗拉强度 *R*m 约为 1 300MPa。甚至也采用 VD 等级的油淬火回火线材（GB/T18983）。常用的高应力气门弹簧、离合器弹簧、悬架弹簧和机械弹簧等采用更高抗拉强度的油淬火回火线材（OTW、ITW）。目前，气门弹簧和离合器弹簧已用到 *R*m 约为 2 200MPa 等级线材，悬架弹簧已用到 *R*m 约为 2 000MPa 等级及以上的线材。

高强度的 Si-Cr-V-Mo-Ni-Re 系列特种材料，由于其成本昂贵而不适合于大批量生产。钛合金材料也因其成本太贵且强度有限，虽然轻质但也不适合批量生产。

2. 非金属新型轻质材料的应用

产品轻量化的另一个重要途径是采用全新的非金属轻质材料，目前主要趋势是碳纤维或纤维增强型材料的运用。碳纤维、玻璃纤维、芳纶纤维和超高分子量聚乙烯纤维等纤维增强型材料的不断创新，使得弹簧在强度提升和弹簧制造工艺方面不断进步，现在不仅在片型弹簧上得到应用，而且在螺旋弹簧方面也已有突破，其制造成本也得到控制。如汽车悬架用螺旋弹簧，随着车辆主机厂商的认可和应用，纤维增强型材料螺旋弹簧由于其优异的轻质和不腐蚀特性，可能是未来轻量化弹簧的重要发展方向。

二、产品紧凑性设计开发

弹簧产品紧凑设计（Compacted Design）开发是基于对产品的功能和形状的精细设计，基于充分用足材料等工作应力的精细设计。

1. 产品功能设计上更加完美和简练

在产品形状上更加紧凑，不仅体现在弹簧产品本身功能和形状上，而且也体现在弹簧及其相关零部件总成及系统的功能和形状上实施优化合成，如变刚度弹簧、组合弹簧、主动式或被动式的弹性部件总成、储能部件总成、减震部件总成等，以达到整个功能系统的轻量化。现已涌现出变刚度弹簧、偏心力弹簧、弧形力弹簧和变扭矩弹簧等。当然，这些弹簧设计也必须要考虑产品实现的制造工艺和成本。

2. 设计弹簧产品充分用足材料应力

现在，弹簧专业设计和制造企业基本上都具备较强的计算机辅助设计（CAD）能力，有些弹簧企业具有较强的计算机辅助工程 (CAE) 能力，从而能够从事更精细的有限元计算设计验算，在产品设计上尽量消除应力集中，消除多余的结构用料，充分用足材料，从而实现产品的轻量化。如变径线材鼓型悬架弹簧（Mini-Block Spring）、卵型截面钢丝气门弹簧和变厚薄壁空心稳定杆等。

三、制造过程中强化工艺的优化和提高

弹簧制造过程中的各种强化工艺对实现产品轻量化和维持高品质起到关键的作用。常用的强化工艺主要在热处理、热强压、喷丸强化等方面。

1. 热处理的强化工艺

弹簧热处理是一个发挥材料特性的基本强化工艺，无论是热成形还是冷成形弹簧制造工艺，都需要热处理工序，只不过是在线材上进行还是在弹簧上进行而已。

（1）基础热处理趋向获得更高强度和韧性的金相结构组织、更细化的晶粒、无氧化脱碳的表面质量、杜绝回火脆等。如形变热处理、快速加热感应热处理等。

（2）基于弹簧服役载荷方式和失效模式的特殊热处理强化工艺。若弹簧受高频动载荷，疲劳寿命主要依靠其裂纹萌生寿命的弹簧，就要采用特殊的表面强化热处理，如高频感应加热淬火热处理，表面氮化热处理等；若弹簧受非高频载荷的交变或脉动载荷，表现为疲劳或应力腐蚀疲劳失效模式，就要采用均匀化基体、细化晶粒、针对性的组织形貌等来提高弹簧基体的韧性，提高抗疲劳裂纹扩展能力。如超高温加热热处理、中频感应热处理、回火后的

快速冷却等。

（3）消除制造工序中产生缺陷的热处理。消除弹簧上的缺陷也是提高产品品质的重要工艺。弹簧冷成形工序后存在极其有害的残余拉应力，必须有效、精准地进行去应力回火，包括利用SOF工艺技术等，防止应力腐蚀开裂，稳定产品形状，提高疲劳寿命。

2. 热强压方面的强化工艺

通过热强压可在弹簧基体上产生密集位错，在温度的作用下，时效攀移形成亚晶结构，细化晶粒和组织，从而提高弹簧基体的抗疲劳强度和抗松弛能力。这是一个生产率高的强化工艺。目前高应力悬架弹簧、气门弹簧、离合器弹簧等均采用热强压工艺，对于高应力、高精度弹簧则采用更为先进的全自动智能热强压工艺。

3. 喷丸方面的强化工艺

弹簧产品是典型受循环载荷的功能件，主要失效模式是疲劳。喷丸强化对这类产品的疲劳寿命及可靠性影响甚大。为此，弹簧专业设计和制造厂家都非常重视。

喷丸工艺的强化机理主要有两大方面。首先，是通过喷丸工序获得了针对载荷应力的有益残余压应力及分布（或称最佳残余应力场），常用的评价指标是最大载荷应力方向上的表面压应力值、残余压应力峰值和深度以及残余压应力的最大深度。有了最佳的残余应力场，就能够有效提高疲劳裂纹萌生需要的能量，阻止疲劳裂纹的产生，降低疲劳裂纹的扩展速度，从而高效地提高疲劳寿命。目前，高应力弹簧产品都有其喷丸工艺技术指标，弹簧产品喷丸强化技术指标见表1。所有技术指标均要求在产品上测试其残余压应力值及分布。其次，近年来对喷丸强化的研究表明，通过对弹簧表面的强力喷丸，使表层材料结构组织发生变化，这种致密变异的组织结构同样起到了阻止疲劳裂纹的产生和扩展的作用，从而也提高了弹簧的疲劳寿命。

表1 弹簧产品喷丸强化技术指标

弹簧类别	表层深度	残余应力值
常规工作应力汽车悬架弹簧（P_{swtk} 690～760 MPa）	1～5 μm	≤ -400 MPa
	（100 + 20） μm	≤ -500 MPa
	（200 + 30） μm	≤ -100 MPa
常规轮轨高铁转向架悬架弹簧（TB/T 2211, EN 13298）	—	—
	200 μm	≤ -500 MPa
	500 μm	≤ -100 MPa
车辆发动机气门弹簧及离合器弹簧（τ_{max}800～900 MPa）	1～3 μm	≤ -500 MPa
	50 μm	≤ -700 MPa
	100 μm	≤ - 500 MPa

（续）

弹簧类别	表层深度	残余应力值
高应力汽车稳定杆（τ_{max} ≥ 800 MPa）	1～5 μm	≤ -400 MPa
	（100 + 20） μm	≤ -600 MPa
	（200 + 30） μm	≤ -300 MPa
高应力汽车悬架弹簧（P_{swtk} 760～820 MPa）	1～5 μm	≤ -700 MPa
	（100 + 20） μm	≤ -1000 MPa
	（200 + 30） μm	≤ -300 MPa
高应力气门弹簧（τ_{max} ≥ 900 MPa）	1～3 μm	≤ -600 MPa
	50 μm	≤ -800 MPa
	100 μm	≤ - 600 MPa
	200 μm	≤ - 100 MPa
	300 μm	≤ - 50 MPa

注：1. $P_{swt} = [0.5 * \tau_{max} * (\tau_{max} - \tau_{min})]^{0.5}$。

2. k 是螺旋弹簧曲率修正系数。

3. 由于不同弹簧企业的制造工艺各异，而且对高应力的定义各不相同，上述技术指标仅供参考。

喷丸工序实施的好坏评价，主要通过阿尔门试片的弧高值（喷丸强度）及表面覆盖率来评定。

四、产品使用状态的保护

弹簧的正常失效模式是疲劳，轻量化高应力弹簧的正常失效模式更多为应力腐蚀疲劳。为此，除了材料内在品质抵抗应力腐蚀外，弹簧表面的保护尤为重要。目前比较好的表面保护有热镀锌、锌镍合金、锌铝合金、双粉末涂层等。高应力异形弹簧或夹箍类等产品倾向于热镀锌、水基／乙醇基锌铝合金镀层，达克罗（Dacromet 或 Deltatone）等。高应力悬架弹簧和稳定杆则倾向于采用双粉末涂层，其主要目的是针对弹簧的服役环境，如动力总成系统中弹簧的受湿热腐蚀，汽车底盘弹簧稳定杆受盐碱泥沙冲击、气候温差湿热腐蚀等，采用不同镀层和涂层技术可有效防止氢脆、防止在使用过程中弹簧基体受到腐蚀。同时，这些镀层或涂层方法的技术创新也包括在绿色环保材料的应用和安全生产实施上，如消除有毒有害的材料，高低阶游离铬元素、重金属废酸、有毒粉末和乙醇基安全生产环境等方面。

五、结论

综合高应力弹簧产品服役要求以及制造工艺的实现，本文揭示了我们技术研发重点可以在产品设计开发中的精心设计、制造过程中强化工艺的不断创新、使用状态的更完美保护等作为主要方向来实现弹簧产品轻量化，从而实现节能减排的绿色环保生活理念。

〔撰稿人：上海中国弹簧制造有限公司张俊〕

汽车弹簧典型产品的现状和发展趋势

弹簧作为通用性基础零件，在汽车上应用十分普遍，品种涉及压缩弹簧、拉伸弹簧、扭转弹簧、涡卷弹簧、板弹簧、扭杆类弹簧和空气弹簧等。下面列举其中作用重要的典型产品——悬架弹簧、气门弹簧、离合器减振弹簧和喷油器调压弹簧、稳定杆，对其现状和未来发展趋势进行探讨。

一、悬架弹簧

1．悬架弹簧形状和安装方式

悬架弹簧是汽车底盘减振系统最常用的弹簧，主要起到减振、承重和维持轮胎与地面张力的作用。麦弗逊式独立悬架、弹簧与减振器组装在一起；多连杆独立悬架和扭转梁式半独立悬架，弹簧与减振器分开安装；高档豪华型轿车用电伺服控制的空气弹簧减振，不使用螺旋悬架弹簧，数量不多。

悬架弹簧形状多样，按大类分，属于螺旋压缩弹簧类。悬架弹簧一般与汽车减振器配套使用，组成减振系统。目前大多数汽车前悬架采用麦弗逊式悬架，弹簧与减振器一体化，“S”型弹簧用量增多，普通圆柱形弹簧用量减少。根据汽车市场定位，后悬架可分为独立悬架、半独立悬架和非独立悬架3种类型，形式上有多连杆式、扭转梁式和拖曳臂式，弹簧与减振器通常分开安装，形状以MINIBLOCK型和普通螺旋弹簧居多，采用“S”形设计较少。各种形状的悬架弹簧及其安装示意图见图1。

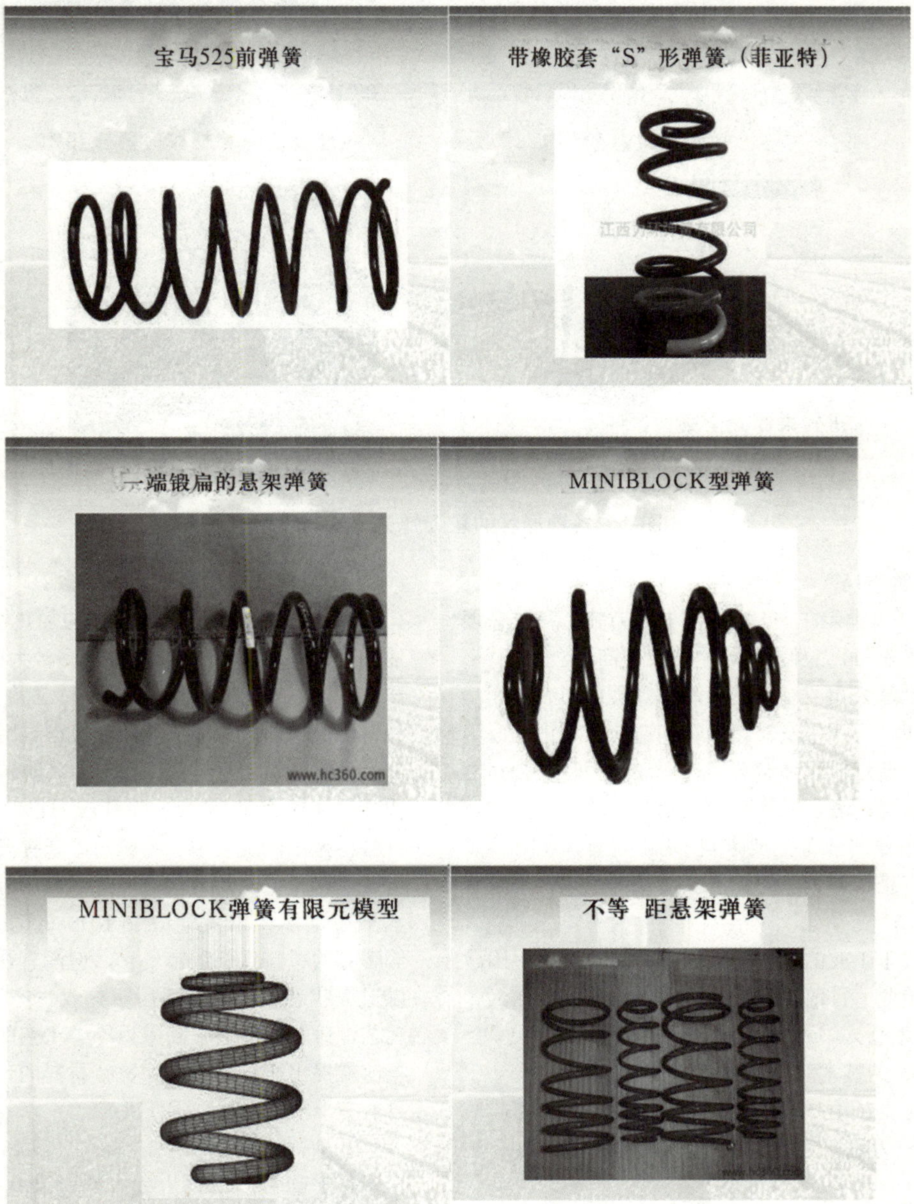

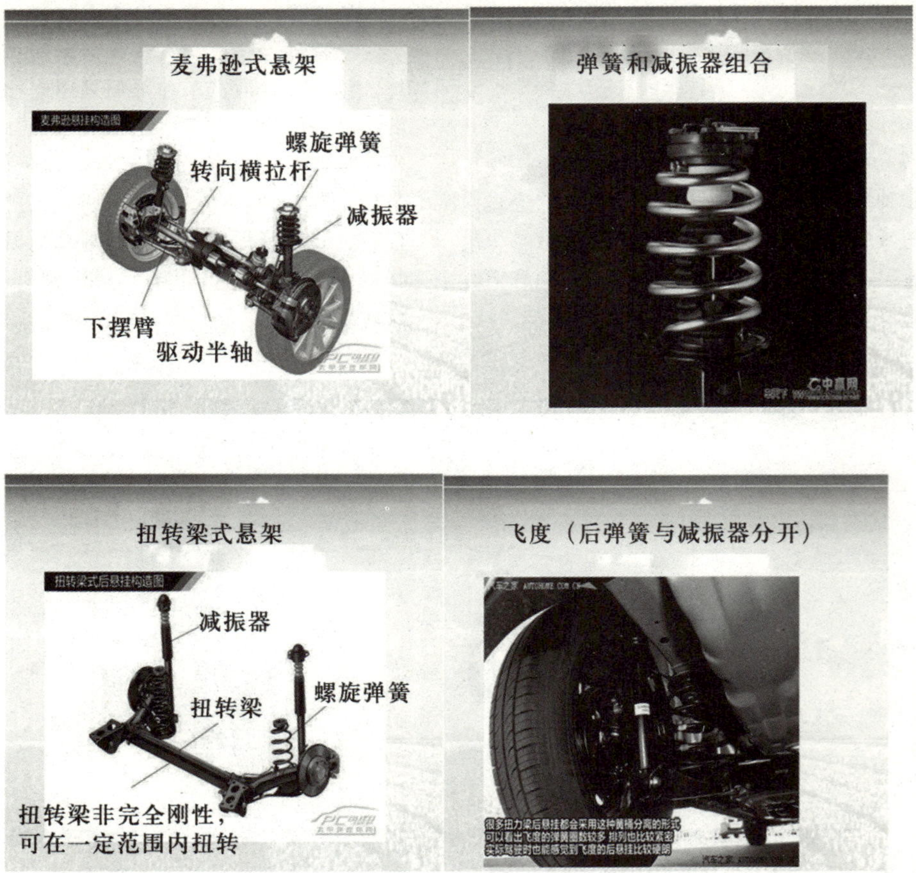

图 1　各种形状的悬架弹簧及其安装示意图

2. 悬架弹簧市场

2012 年，国内乘用车产量达到 1 500 万辆，每年需要悬架弹簧数量在 6 000 万件左右，主要生产商（含合资）：上海中国弹簧制造公司、辽阳克索汽车弹簧公司、广州华德汽车弹簧公司、天津中发富奥弹簧制造公司、山东联美汽车弹簧公司、浙江钱江弹簧公司、浙江美力科技公司、诸暨金昌弹簧公司、诸暨三 A 弹簧公司和湖北鑫宝马弹簧公司等，这些企业的业务主要来自 OEM 配套。还有不少弹簧企业也生产悬架弹簧，但业务主要是为低端汽车配套和生产配件。

随着我国汽车工业的快速发展，外商纷纷进入中国建立自己的独资企业，目前主要生产企业：日正（广州）、德国 MUBEA（太仓）、菱钢（宁波）和大圆（北京）。

3. 悬架弹簧的技术总趋势

（1）轻量化。每 10 年应力提高 100MPa，重量相应减轻 10%，目前应力水平已经达到 1 200MPa，1 300MPa 正在试制（MQB 平台）。

（2）高可靠性。对疲劳寿命、腐蚀疲劳和抗松弛性的要求提高。

（3）负荷公差下降。从 ±4% → ±2% ～ 3%。

（4）“S” 形弹簧增多，偏心距要求增大。开始为 31mm，目前最大已达到 41mm。悬架弹簧的技术进步，使悬架弹簧的材料、制造工艺都发生了深刻的变化。

4. 悬架弹簧材料

Si-Cr 钢成为主流，冷卷感应加热材料受到欢迎，传统油淬火材料趋于淘汰，目前主流钢种为 55SiCr55（SAE9254）和 SiCr+V（SAE9254+V）的抗拉强度 σ_b=2 000MPa 级的材料用量增加，σ_b=1 800MPa 级材料用量减少。

目前使用的材料，许用应力只能满足 1 200MPa，下一代产品（如 MQB 平台）设计应力已经达到 1 300MPa，现有材料无法满足要求。为应对不断提升的使用应力，需要研发新材料，在新材料研发方面，国外早有应对预案。日本早在十多年前就研发出 UHS1900、UHS2000、ND250S 等牌号的材料且已经市场化，但没有在华销售，这类材料以退火状态供货，只适用于热卷生产。MUBEA 针对冷卷工艺，研发出适用于高应力冷卷工艺的材料，国内学者十年前就提出研发高应力弹簧新材料的设想，但应者寥寥，目前举步维艰未有实质性进展。

5. 悬架弹簧成形

悬架弹簧的成形方式有冷卷和热卷两种，两种方式各有优缺点，将同时存在。就产品适应性而言，冷卷适宜卷 “S” 形弹簧和线径小于 15mm 的弹簧，热卷更适宜卷 MINIBLOCK 和粗线径弹簧。从材料成本考虑，热卷材料成本低于冷卷。从工艺的便捷性考虑，冷卷工装少，试样工作量大，热卷工装多，可以做到快速换模和基本不试样。从场地、项目投资和能耗考虑，冷卷成本低于热卷。在弹簧尺寸稳定性方面，热卷变化量少，与材料关系小；冷卷变化量大，与材料关系大。

在弹簧成形工艺方面，冷卷弹簧普遍使用CNC控制卷簧机，送料长度控制达毫米级；可实现对弹簧长度、外径、圈数、节距在线自动检测，不存在脱碳风险。热卷存在脱碳风险，产品质量取决于工装、加热方法和热处理过程。现在热卷使用中频加热增多，基本不存在脱碳风险，并且晶粒细，卷簧过程有形变强化作用，成为热卷的首选加热手段。

在卷簧残余应力方面比较，冷卷成形后存在残余拉应力（达900MPa），回火不能完全消除（还有200～300MPa）。热卷回火后基本无残留拉应力。热卷存在热处理开裂风险，但工艺得当此风险可以忽略。国外将弹簧探伤作为抽检项目，国内顾客要求全检，并且要求使用复合磁化（周向+纵向）工艺，这种方法对自动化和生产效率均不利。

6. 悬架弹簧喷丸强化

两次喷丸成为标准配置，热喷丸和应力喷丸进入应用领域，热喷丸和应力喷丸可以获得更高的压应力。在喷丸强化机理方面，国内学者通过研究，传统强化理论认为喷丸所产生的压应力是提高疲劳寿命唯一途径。近来，有学者认为喷丸所产生的压应力，对45°和135°方向的正应力有直接的抵消作用，对来自0°和90°方向的切应力没有作用，喷丸对切应力的强化作用在于使材料表面产生冷作硬化效应，致使材料表面强度（硬度）提高，形成类似复合材料结构，起到对切应力的强化作用。因此，单纯追求高压应力的观念不全面，恰当地使用提高表面强度（硬度）和降低表面粗糙度（减小缺口敏感性）的喷丸工艺，对提高弹簧疲劳性能更为有效。生产实践中，可以获得高压应力的应力喷丸，效果不一定好于多次（小丸粒）喷丸，前者着眼于高压应力，后者可以获得更高的表面强度和更低的表面粗糙度。

7. 悬架弹簧的表面涂装

随着悬架弹簧应力的提高，腐蚀疲劳成为弹簧失效的重要模式，通过表面涂装有效抑制腐蚀疲劳是涂装的首要任务。目前，静电喷涂已经取代阴极电泳，涂层粉末主要有聚氨酯和环氧树脂两大类，亦有企业使用两种成分的混合粉末。作为防止腐蚀疲劳的重要手段，各主机厂对弹簧的涂装质量十分重视，对弹簧涂装质量和试验方法都有一系列的验收标准。其中以美国通用公司针对高应力悬架弹簧（硬度≥52HRC）的验收标准最有代表性，只有使用两次喷涂工艺，才能满足其要求。两次喷涂的工艺难度大、成本高、耐腐蚀性好于一次涂装是毋庸置疑的，目前欧洲和日韩企业还未提出悬架弹簧必须使用两次表面涂装的要求。

8. 悬架弹簧检验与试验要求

要求弹簧负荷公差从±4%降低到±2%～3%。

偏心力弹簧的偏心距增大，检测须使用六分力测力机，测量弹簧合力矢量与轴心线的偏离度。

各主机厂对弹簧疲劳寿命的要求差距很大，德国大众要求100万次，美国通用要求25万次，多数企业要求40万次。

各主机厂对弹簧疲劳后有松弛性考核指标的要求不同，一般负荷损失要求低于3%～5%。

腐蚀试验项目种类繁多，美国通用GM9984164标准最严，含13个子标准，做完全套试验的周期达到70天。三循环试验（盐雾+湿热+常温）多数主机厂要求1 000h，除此之外，还有划痕试验、石击试验、盐雾疲劳（包括石击之后做盐雾疲劳试验）、冷冻冲击等各种要求。

9. 悬架弹簧未来发展趋势

（1）高应力趋势不会发生变化，应力要求高达1 300MPa的悬架弹簧于2014年进入应用领域。

（2）随着汽车向多元化、个性化方向发展，整车产品更新换代加快，作为承重构件的悬架弹簧必须与整车实现同步开发，配套企业须建立自身的研发系统，加快响应速度，跟上主机厂前进的步伐。

（3）综观国内悬架的生产方式，目前还停留在以廉价劳动力为基础的低成本竞争阶段，自动化程度普遍不高。随着国内劳动力价格的不断攀升和同工同酬政策的实施，粗放型生产方式必然被淘汰，各企业有必要对悬架弹簧自动化连线生产技术早作规划，物流顺畅不仅有利于人工成本降低，更有利于产品质量提升和生产效率提高。

（4）国内钢铁企业正面临产品升级和转型的尴尬，但对有高附加值的高应力弹簧新材料开发积极性仍然不足，缺乏长期打算，制约了国内弹簧生产企业的前进步伐。

（5）喷丸依然是高应力弹簧最重要的强化手段，国外推介的陶瓷丸粒有很多优点，但价格过高，且主要成分除ZrO外还含SiO_2，粉尘对健康安全性评价方面缺少权威性资料，在悬架弹簧制造中应用前景不明朗。

二、气门弹簧

气门弹簧是发动机配气机构中的核心零件。在气门关闭时，弹簧利用张力（F_1）使气门保持气密性，在开始工作的凸轮升程段，气门打开，弹簧受到压缩变形储存变形能，在凸轮回程段弹簧释放变形能，弹簧在储能阶段得到的回弹力（F_2）开始释放。一方面，用于克服气门运动件（气门、气门盖、挺柱、锁扣等）在升程段所产生的惯性力，另一方面，提供运动件回程所必需的负加速度。在气门开启到关闭整个运动阶段，弹簧得用它的变形能，保证无论在升程段还是回程段，气门运动状态始终受到凸轮（或者通过摇臂）的控制。

1. 气门弹簧的基本要求

（1）高可靠度。弹簧不能发生疲劳断裂。

（2）弹簧负荷满足气门预紧力和回程准时复位要求，并且有足够的负荷储备。

（3）弹簧的弹性减退、弹性松弛在受控范围。

（4）弹簧不能发生共振。

（5）弹簧工作圈在运动时不接触。特别是采用可变凸轮设计，在高转速时，凸轮升程加大，弹簧振幅增加的情况下，仍要保持工作圈不接触。

2. 气门弹簧工作特点

（1）振动频率高。次数达到发动机转速的 1/2，如发动机转速为 6 000r/min 时，气门弹簧的振动频率为 3 000 次 /min。

（2）正时系统不变的气门（弹簧），开启到关闭时间：

进气门（弹簧）：曲轴转过 180° $+ \alpha + \beta$

排气门（弹簧）：曲轴转过 180° $+ \gamma + \delta$

式中：α、β 为进气门的提前角与迟关角；γ、δ 为排气门的提前角与迟关角，采用可变正时设计时，重叠角（重叠部分 $\alpha + \delta$）根据转速可变。

3. 气门弹簧市场与主要生产企业

（1）市场。全年需求量 3 亿件以上。

（2）国内气门弹簧主要生产企业。气门弹簧生产集中度一向不高，主要生产商有上海中国弹簧制造有限公司、杭州弹簧制造公司、天津中发富奥弹簧公司、广州华德汽车弹簧公司、山东联美汽车弹簧公司、浙江美力科技公司、浙江钱江弹簧制造公司、佛山名奥弹簧公司、长春京滨弹簧制造公司、无锡威孚精机公司、无锡泽根弹簧公司等。在诸暨有很多弹簧企业生产气门弹簧，其他地方也有不少企业生产气门弹簧，数量难以估计。

（3）国外独资企业。德国 SCHERDEL 公司（安庆）、MUBEA（太仓）和大圆（北京）已经进入我国，并已经生产或准备生产气门弹簧，是国内企业的有力竞争者。

4. 气门弹簧的发展趋势

（1）内外双弹簧结构被单弹簧结构取代。

（2）高应力。从 20 世纪 60 年代到目前，应力从 $0.3\sigma_b$ 提高到 $0.45\sigma_b$，以前广泛使用的退火或油淬火 55CrVA（强度约 1 600MPa）阀门弹簧钢丝，被强度更高的硅铬系列油淬火钢丝取代（强度≥ 2 000MPa）。

（3）阀门专用钢丝截面形状从圆形发展到椭圆形、卵形等多种截面，材料达到超纯净级，钢丝经过剥皮和两次涡流探伤（贯通式 + 旋转式）。国产阀门弹簧钢丝（盘条）质量与国外差距甚大，牌号不多，质量不佳，高端气门弹簧所用的钢丝几乎都是进口材料（盘条）的天下，国产材料（盘条）只用于中低应力的气门弹簧制造。

（4）两次喷丸强化、热压和 100% 负荷分选普及，国外低温渗氮工艺在生产上广泛使用，国内还未用于生产领域（SOF 工艺，通过再加热并淬火作用消除卷簧残留应力，并非氮化）。在测试手段上，适用于弹簧的专用标准，如氮化层深度和氮化层相结构和脆性检查方法还有待于制订。

（5）现代电子和影像的技术进步，可以实现卷簧过程弹簧自由长度、外径、节距在线检测，国内已有相关检测设备，有待推广。

（6）某些主机厂要求磁力探伤，对于物流连线生产不利。

（7）气门弹簧要求无限疲劳寿命，服役期不能发生疲劳失效。2.3×10^7 次的弹簧行业标准不作为主机厂的认可标准，主机厂只认可以台阶试验为准的标准。疲劳的影响因素众多，与材料的冶金水平、钢丝加工、弹簧生产工艺都有关系，早期失效不能完全避免。一般来说，失效率在 0.1 ～ 0.5ppm 应该属于较好水平。

（8）主机厂对气门弹簧的清洁度普遍提出要求（要求 0.9 ～ 1.1mg）。

（9）气门弹簧生产过程腐蚀疲劳问题将提到议事日程。目前大多数生产企业在弹簧负荷分选之后，上水膜防锈油防锈，但水膜防锈油不能达到完全脱水，弹簧出厂之后在保质期限内锈蚀现象时有发生，且这种防锈措施还存在清洁度隐患。比较好的解决方案是弹簧在负荷分选之后，弹簧经过清洗、烘干工序之后再上油。此工艺可以根本上解决弹簧锈蚀问题，同时提高了弹簧的清洁度。

5. 气门弹簧生产技术的最新进展

（1）气门弹簧生产线取得突破性进展。上海效高公司在消化吸收国外生产线的基础上自主创新，取得了不俗的成绩，目前已经在多家气门弹簧生产企业投入使用。据反馈的信息，使用最好的单位，1 条生产线月产量（26 个工作日，三班制）已经达到 100 万件。

（2）弹簧卷簧尺寸多重控制。利用电子影像和其他传感技术对弹簧的外径、圈数、螺旋角进行控制，自由长度分选。

（3）截锥形弹簧自动认头和倒角。

（4）弹簧热压前自动点漆，具有自动排队认头功能，可以在弹簧任何位置（包括端头）打印标识。

（5）弹簧缺陷自动分析。可以识别混入产品中的其他产品和生产过程中碰伤的弹簧，将其自动剔除。

（6）对弹簧低温氮化技术作了一些探索，国内还未进入实际应用阶段。

三、离合器弹簧和调压弹簧

离合器弹簧和喷油嘴调压弹簧都属于精密弹簧，其共同特点是弹簧的旋绕比小，几何尺寸精度要求高，如离合器弹簧后自由长度公差为 0.25 ～ 0.30，调压弹簧要求垂直度为 0.2，平行度为 0.1，这些苛刻的要求给弹簧制造工艺特别是卷簧、磨簧、热压都有相当难度。

1. 离合器弹簧和调压弹簧市场

离合器减振弹簧在离合器贴合瞬间起到减振作用，每台离合器有 4 ～ 6 件，商用车 9 ～ 12 件，离合器摩擦片属于易损件，一般车辆行驶 5 万～ 6 万 km 后需要更换。因此，离合器弹簧的售后市场相当可观。同样，喷油嘴属于喷油器偶件，更换频率较高，弹簧配件同样有较大的需求，两类弹簧相加，市场需求基本接近气门弹簧需求量。

传统柱塞喷油泵每缸需要对应的喷油嘴向缸内喷油，调压弹簧的尺寸稳定性决定了柴油在缸内的雾化和燃烧情况，作用重要。随着新一代共轨喷射技术的出现，未来机械式喷油嘴将被压电式喷油嘴所取代。喷油嘴调压弹簧市场与技术要求与共轨喷油技术在我国推广应用进度密切相关，我国现有油品质量严重阻碍了共轨喷射技术在国内的应用，在可见的将来，传统的喷油泵和调压弹簧不会退出历史舞台。

离合器弹簧和调压弹簧的生产集中度较高，主要生产商有以下厂家：

(1)离合器弹簧生产商有鑫宝马弹簧公司(湖北江陵)、伊思灵双弟弹簧公司（浙江诸暨中德合资）和富春公司（浙江富阳）。

(2)调压弹簧生产商有威孚精机公司（无锡弹簧厂）、泽根弹簧公司（无锡）。

2．发展方向

(1)离合器弹簧和调压弹簧的旋绕比为3～4，卷簧和落料比其他弹簧困难。为了保证弹簧两端面磨面角度和两端磨面角度的一致性，对卷簧自由长度和螺旋角控制有较高的要求。因此，引入电子影像技术，加强卷簧在线检测和长度分类很有必要。

(2)磨簧是生产离合器弹簧和调压弹簧的关键工序，一件弹簧需要磨削2～3次，磨面角度300°～330°，对磨簧机的性能、砂轮和磨盘与弹簧匹配有较高要求。目前普遍使用的自动进给式磨床需要人工上料，劳动强度大，环境恶劣，使用自动上料是未来的发展方向。

(3)离合器减振弹簧在离合器贴合瞬间承受冲击载荷，产品向高应力方向发展，有些产品设计应力达到1 200MPa（如DQ200离合器中的弹簧），对疲劳寿命的要求越来越高，已经从3×10^6提高到1×10^7次。

(4)弹簧的几何尺寸方面，离合器弹簧的长度公差范围越来越小，大部分产品长度公差为0.25～0.30。调压弹簧对垂直度要求达到0.2以下，平行度要求0.1以下。

(5)离合器弹簧要求倒外角，调压弹簧更是要求同时倒内角和外角。

(6)这两类弹簧都要求在使用过程中不能变形，对弹簧抗松弛有较高的要求，工艺上普遍使用热压保证弹簧的松弛性符合要求。

(7)离合器弹簧服役过程中承受冲击载荷，调压弹簧不仅高应力，而且弹簧刚度对材料尺寸公差极敏感，所以，这两类弹簧都要用阀门弹簧专用钢丝制造。同样，离合器弹簧用的钢丝截面从圆形发展到椭圆形和卵形。国内在气门弹簧上尚未使用的材料OTEVA90SC在离合器弹簧上已经进入实际应用阶段。

(8)主机厂已经对某些离合提出表面氮化要求，此项技术在离合器弹簧生产企业中尚处于摸索阶段，其中湖北鑫宝马公司引进了日本的氮化炉，对离合器弹簧氮化工艺进行了研究，已经取得了成效。其他公司(如富春弹簧公司)目前还处于委外加工状态，氮化层的稳定性有诸多不如意之处，研发和掌握氮化核心技术，应是离合器弹簧生产企业今后技术发展的方向。

(9)调压弹簧有非常高的清洁要求，要求弹簧后期精整处理（抛光）的比例会越来越多。

(10)鉴于上述两类弹簧对几何尺寸的要求非常高，推荐生产企业在卷簧过程中应用自动影像技术和长度分选，产品的后期检验使用长度自动检测和缺陷自动分析技术，希望这些新技术尽早用于实际生产。

四、稳定杆

稳定杆是利用自身扭转变形产生的扭矩，用以抵消和减少车辆转弯所产生的车身侧倾，保持车身平衡的弹性件。稳定杆的两端分别固定在左右悬架上，当汽车转弯时，外侧悬挂会压向稳定杆，稳定杆发生扭转变形，利用稳定杆变形产生的弹力防止车轮抬起，从而使车身保持平衡。

稳定杆的使用量，每辆乘用车至少需要一根前稳定杆。A级车及A级以下车辆，后悬架采用独立悬架设计的，一般会同时配置一根后稳定杆；采用扭力梁式半独立悬架设计的，有的也会考虑配置后稳定杆（如速腾）；拖曳式后悬架一般不带后稳定杆。B级以上车辆后悬架基本都采用独立悬架设计，均配备后稳定杆。

1．市场与生产企业

2012年，我国稳定杆市场需求量在2 000万根左右。稳定杆的主要生产商（含合资）有中国弹簧制造有限公司（含天津与CHKK合资公司）和辽阳克索汽车弹簧公司。由于稳定杆的利润率高于悬架弹簧，近年来，有不少弹簧企业都在上稳定杆项目，上马生产稳定杆的企业有浙江的钱江弹簧公司、美力科技公司、三A弹簧公司（宿迁）等。这些公司已经完成项目投资，进入生产阶段。

国外独资企业如日正公司（广州）、MUBEA（太仓）公司、菱钢（宁波三菱独资）公司和大圆公司（北京）都将稳定杆列入本公司的生产目标。日本中央发条除在天津和中国弹簧制造有限公司合资生产稳定杆之外，又在湖北孝感合作建设新厂，先期产品以稳定杆为主。

2．稳定杆的生产工艺

(1)稳定杆成形有热成形和冷成形两种工艺。热成形主要用在实心杆生产，材料先进行端头加工（一般用中频C型线圈加热，进行压扁、冲孔、切边），杆身用中频或天然气炉加热，到温后保温，在专用成型机上成形之后利用余热直接淬火。冷成形主要用于空心杆生产，小规格实心稳定杆也可以在弯管机上冷弯成形。冷成形的材料经过下料之后，同样需要在热态下进行端头加工，然后在CNC弯管机上冷弯成形，成形之后用直接通电法将稳定杆短路加热，到温后淬火。淬火剂用水基淬火剂，低碳马氏体钢材料也可以用水作为淬火剂。

(2)稳定杆淬火后的工艺路途，实心稳定杆和空心稳杆基本相同，回火（低碳马氏体空心杆可不回火，国内企业一般均回火）→校正（校正后不进行回火消除应力。实际上，应该通过回火消除应力，尤其是高应力稳定杆和校正位置在压圈最大应力部位的更应当回火）→（探伤）→喷丸→涂装。带套圈的稳定杆须在端头加工前将套圈预先套入杆中，喷丸后套圈用工装定位后压紧。

3．技术发展趋势

(1)应力提高。20世纪80年代至今，应力水平从400～500MPa提升到700～800MPa。

(2)材料。早期的实心稳定杆多数使用55Cr3（55CrMn），热处理后硬度在45HRC左右。随着材料的高应力趋势，强度更高的54SiCr6（55SiCr）使用越来越多，热处理后硬度提高到48～52HRC；空心稳定杆材料进口管材26MnB5（成份近似于国内牌号25MnB）居多，热处理后硬度为42～45HRC。从成本和供货便捷性出发，国内生产企业希望用国产材料取代进口，替代的常用材料是30CrMo和30CrMoA无缝管。从取代效果来看，国产材料性能与进口材料还有差距，进口管使用精拉、压光的有缝焊管，国产材料用无缝管，但是管子内壁粗糙度差，稳定杆常常从内表面首先产生疲劳源，疲劳寿命差一些。

（3）早期，各种车型的稳定杆端头形状不同，现逐渐趋向以锻扁冲孔为主，球状和螺纹状端头淡出。

（4）目前，稳定杆的定位套圈以铁圈＋定位压紧为主，需要在端头加工完成之前预先套入，喷丸后用专用设备压紧，工艺复杂，现趋向用工艺更简单，效果更好的硫化橡胶＋黏结工艺。

（5）相比于实心稳定杆，空心稳定杆轻量化优势明显，因而，空心杆的使用是逐渐增加，但最终实心稳定杆是否会让位于空心稳定杆，暂无定论。

（6）稳定杆喷丸强化和表面涂装要求低于悬架弹簧，基本上经过一次喷丸和一次喷涂即可满足要求。

（7）空心稳定杆的内壁是疲劳源经常产生的部位，有些主机厂已经对高应力空心稳定杆提出内壁喷丸的要求，我国生产企业尚不掌握此项技术。

（8）稳定杆与左右悬架连接方法，有固定连接和通过连接杆连接两种。使用连接杆连接的，稳定杆涂装后须将连接杆和橡胶件进行组装，以总成形式供货。

（9）稳定杆本身和成形机、量规（用以现场校验稳定杆尺寸）均属于三维尺寸，需要用三维坐标测量仪测量。

（10）稳定杆疲劳要求10万～15万次，需在专用试验台上试验。

五、结语

（1）弹簧企业以中小型企业为主，充分竞争的行业特性不会变化。

（2）弹簧属于微利产品，从业人员薪酬水平普遍低，高端人才匮乏成为制约汽车弹簧研发的瓶颈。迄今为止，国内弹簧企业中，没有一家被合资主机厂列为一级供应商，被授予设计权。新产品研发基本属于工艺开发性质，在产品设计方面没有话语权、定价权。外资企业利用技术优势设置技术壁垒，使国内企业处于被动状态。要扭转这种不利局面，国内有条件的企业应加大技术研发的投入，在硬件和软件（包括技术人员的薪酬）方面有所突破，才能跻身于国际一流企业行列。

（3）国内企业目前的经营战略是以低价、低劳动力成本争取市场，不少企业热衷于招收没有任何技能的临时性工人充实一线工作，数量大于有经验的工人。这些人质量意识、安全意识差，流动性大，以致造成职工队伍不稳定。高技能工人极端缺少，直接后果是设备故障和安全事故频发，产品质量不稳定。这种杀鸡取卵的短视经营模式，必然给企业带来负面影响。着力打造一支稳定的、有技能、高素质的一线员工队伍，才是弹簧经营者应对未来竞争的不二选择。

（4）弹簧生产必须走规模化、集约化道路才能获取较好的利润空间，这方面比以前有所进步，但离理想状态还很远，加快企业转型的路还很长。

（5）人工成本攀升，法律上同工同酬规定的实施，客观上压缩了用低工资取得竞争力的空间，有远见的弹簧企业经营者应未雨绸缪，及早做出走自动化连线生产的安排，在气门弹簧生产领域已经开始尝试。

（6）弹簧企业布局主要集中在东部地区，随着主机厂向内地（如武汉、长沙、成都、乌鲁木齐）扩展建厂，部分弹簧企业会随之在内地建厂就地供货，以减少人工成本、物流成本，提高准时供货能力。

（7）近年来，国产弹簧生产与测试设备取得了长足的进步，形成了服务于弹簧生产的产业群，电子控制技术在弹簧生产过程应用日益普遍，国产设备与进口设备差距缩小。

〔撰稿人：弹簧标准化委员会与弹簧失效委员会孙云秋〕

国产汽车用低合金弹簧钢线材的现状与对策

低合金弹簧钢线材主要用于制造汽车发动机的气门弹簧、减振螺旋悬架弹簧、制动器弹簧和离合器弹簧、减少汽车行驶转弯过程侧倾并保持横向稳定的稳定杆和控制汽车行李箱开闭的扭杆。近年来，我国汽车工业发展十分迅猛，产销两旺，仅仅用了10年的时间就走完了西方发达国家用几十年才走过的路，早已超过美国成为全球第一汽车消费大国。自2009年以来，年产销量已连续4年蝉联全球第一。汽车产销量从1999年的185万辆和183万辆发展至2012年1 927.18万辆和1 930.64万辆。从理论上来讲，汽车工业的强劲发展必然带动我国低合金弹簧钢线材产业的大力发展，但遗憾的是，由于历史和现实两方面的原因，我国钢厂生产的低合金弹簧钢线材无论质量还是品种都远远不能满足汽车工业之需求。

1.品种

迄今为止，已经批量生产并用于汽车制造领域的国产低合金弹簧钢线材品种主要有60Si2MnA、55SiCrA、55CrMnA和50CrVA。此外，还有少量处于研发、试生产中的55SiCrVA、60Si2CrA、60Si2CrVA等。其中50CrVA因无法满足弹簧轻量化和小型化的要求，现已基本不生产；60Si2MnA和55SiCrA产量最大，年产量超过10万t，直径范围为5.5～15mm。

2. 生产厂家

目前，国内能够生产 60Si2MnA、55SiCrA、55CrMnA 和 50CrVA 热轧线材中的 1 种或全部厂商主要有宝钢集团有限公司、沙钢集团、武汉钢铁(集团)公司、鞍钢集团公司、大钢集团、江苏兴澄特种钢铁有限公司、南钢集团、杭州钢铁股份有限公司、马鞍山钢铁股份有限公司、天津钢铁集团有限公司、邢台钢铁有限责任公司、湘潭钢铁集团有限公司和鄂城钢铁有限责任公司等。

3. 实物质量

（1）非金属夹杂物。超纯净度低合金弹簧钢中夹杂物的大小、数量和分布等控制十分严格，必须呈细小、弥散状态分布。除了允许大量无害的 5μm 以下和少量 5～15μm 夹杂物存在之外，不允许出现 15μm 以上的较大颗粒夹杂物。从炼钢装备水平的角度来看，国内外钢厂基本相当，关键问题是国内钢厂由于起步较晚，尚未完全掌握夹杂物变性生产工艺，使其成品夹杂物控制水平忽高忽低。此外，以从社会上回收的废钢为原料的特钢厂，在生产合金弹簧钢时，其有害成分也不易控制。基于这两种原因，国产低合金弹簧钢的纯净度控制水平参差不齐，大钢厂要好一些，但其稳定性和国外先进水平相比仍相差甚远，更不用说研发实力较弱的小钢厂了。

（2）表面全脱碳缺陷。因加热炉的装备水平、研发能力以及管理上的原因，国内钢厂生产的低合金弹簧钢线材表层全脱碳现象难以完全避免，时有出现，有时还很严重。而国外有些公司均能够将线材表面的全脱碳稳定控制在零的水平，部分脱碳层深度也仅有线材直径的 1.0% 以下。

（3）表面缺陷。为了提高低合金弹簧钢线材的表面质量，国内钢厂一般对轧制线材前坯料进行了全扒皮，部分钢厂因采用短流程技术或无扒皮设备，生产低合金弹簧钢线材时表面质量无法得到有效保证。即便对轧制线材前坯料进行了全扒皮，其表面缺陷仍然较多，有时甚至很严重。

（4）偏析。受装备水平所限，国内钢厂在铸造时一般采用 160 mm^2 或 150 mm^2 小方坯连铸或模铸，而国外钢厂则采用 300 mm×400mm 以上的大方坯连铸，并在拉坯过程中增加了热火焰清理工序，以减少连铸坯的表面缺陷。小方坯连铸生产工艺的优势是节能，如果采用短流程技术则更节能，但对表面质量要求很高的低合金弹簧钢线材来说是不合适的；劣势是成分偏析和组织偏析问题难以有效解决。模铸已是落后工艺，其头、尾段料的偏析更严重，为了彻底解决偏析问题，上海宝钢已引进了 320 mm×425mm 大方坯连铸装备。尽管如此，其低合金弹簧钢线材偏析问题仍没有完全解决。就其实物质量中的偏析水平而言，与日本的神户制钢和新日铁相比仍有较大差距。总体而言，55SiCrA 的偏析明显优于 60Si2MnA。偏析的典型特征就是钢丝拉拔断口、油淬火、回火钢丝卷簧断口和弹簧的疲劳断口呈笔尖状。偏析严重时，钢丝无法正常拉拔，断成一节一节的，只能当废钢处理。偏析的概念是相对的，钢中成分和组织绝对均匀是不存在的，只要不影响正常的拉拔和弹簧的疲劳寿命就行。偏析鉴别最简单的方法就是将沿线材轴心剖开形成的纵断面制成镜面，用 2% 硝酸酒精腐蚀后观察，纵断面的颜色越一致说明偏析越轻，反之，偏析严重时，线材轴心或其附近会出现一条或多条黑带。

4. 差距成因及对策

目前，全世界能够生产超纯净气门弹簧钢线材的一流厂商主要是日本的神户制钢和新日铁，二流厂商主要是德国的撒斯特和欧洲的安塞乐米塔尔，三流厂商主要是韩国的浦项制铁，中国的主流冶金企业只能算四流厂商。其中以日本神户制钢的超纯净气门弹簧钢线材产量最大，其份额约占全世界的 50%。日本神户制钢和新日铁生产的超纯净优质气门弹簧钢热轧线材之所以质量最好、品种最全，主要有以下几方面的原因：一是起步早，20 世纪 80 年代就开始从事超纯净气门弹簧钢线材的研究与生产；二是科学技术发达、冶金水平较高；三是雄厚的经济基础确保有足够的研发经费；四是具有良好的研发机制，一般来说，在新车型开发过程中，基于成果共享、风险共担之原则，产业链上的汽车制造厂、弹簧厂、钢丝厂和钢厂就会主动团结起来组成了一个完整的研究链，根据工作的需要，有时也会邀请相关大学的教授或科研院所的研究人员加入到这一研究链中，这样新钢种的开发效率和成功率无疑会大大提高。从某种意义上来讲，这也和日本大和民族的性格特质密不可分，即良好的团队合作精神。

由于我国汽车工业起步较晚，现在虽然是汽车生产大国，但离强国还有很长的路要走，现有的汽车厂主要是日资、法资、德资、美资和韩资在中国的合资或独资企业，如广州丰田、广州本田、东风日产、东风标致、一汽大众、上海大众、上海通用、长安福特和北京现代等。自主研发能力较差，以引进国外成熟的车型为主，故所用弹簧钢材料往往由外资方直接指定进口厂商。自主品牌比亚迪、奇瑞和吉利最近几年的产量虽然增长很快，但主要是价廉物美的低档轿车，所用弹簧钢材料由于受价格所限，除了气门弹簧钢采用进口材料之外，其他基本都是国产 60Si2MnA、55SiCrA 和 55CrMnA，用不起价格昂贵的进口优质弹簧钢。此外，近些年，我国的经济处于高速发展阶段，对钢材的需求量很大，如 2009 年我国粗钢产量为 5.68 亿 t，占全世界钢产量的 47.37%，各钢厂原有的老产品经济效益很好，对技术难度很大的新钢种研发积极性并不高。目前，国产 55SiCrA 气门弹簧钢仍处于仿制阶段，尚无法用于制造汽车发动机的气门弹簧。其他设计应力更高的气门弹簧钢品种 OTEVA75SC、OTEVA76SC、OTEVA90SC、OTEVA91SC、OTEVA100SC、OTEVA101SC、SWOSC-VH、SWOSC-VHV、SWOSC-VHS 和 SWOSC-VHR 国产化进入商用更是无从谈起。

国产低合金弹簧钢线材无论是实物质量，还是品种要想赶上发达国家的先进水平还有很漫长的路要走，但也并非高不可攀。钢厂可从 55SiCrA 超纯净线材的研发和生产开始，这样做的目的有两点：一是进可攻退可守，即55SiCrA线材的研发和生产并非从零开始，已经积累了一定的实际生产经验，即使工业化生产的55SiCrA线材达不到超纯净水平，也可以降级使用，不致于造成浪费；二是从日本的研究经验来看，设计应力更高的新型弹簧钢基本上都是在Cr-Si弹簧钢(55SiCrA)化学成分的基础上改变C、Si、Mn和Cr的含量，添加少量V、Ni、Mo、Co和W等元素进行成分优化而研发成功的。研发机制上，应学习日本的先进经验，联合产业链上的钢丝厂、弹簧厂和汽车制造厂组成一个完整的研究链，必要时也可请相关大学的教授或科研院所的研究人员加盟这一研究链。这样，55SiCrA超纯净优质气门弹簧钢热轧线材的开发效率和成功率必然会大大提高。此研发机制成败的关键是利益共享、风险共担。研发过程中，产业链上的钢厂、钢丝厂、弹簧厂和汽车制造厂千万不要再有以前"事不关己，高高挂起"，各扫门前雪的痼疾，应本着"一荣俱荣，一损俱损"的精神，精诚合作，各尽天职，孜孜以求，从点滴做起，不断积累经验，厚积薄发；不要相互掣肘，那样的博弈无疑是饮鸩止渴。用国产低合金弹簧钢替代进口同类材料在汽车试用时，汽车制造厂风险最大，原因是汽车行业实行苛刻的招回制度。一旦因弹簧钢质量问题实行批量招回，经济损失将是惊人的。如2010年7月5日，丰田公司向日本国土交通省提交报告计划在全球范围内召回27万辆轿车，包括雷克萨斯、皇冠等豪华车型。原因是丰田共接到没有引发事故的220起问题报告，问题为汽车发动机气门弹簧材料中混进了杂物导致弹簧强度降低，致使发动机在空转和低速行驶时转速不稳，可能会导致汽车在行驶过程中突然熄火，致使引擎出现安全隐患。本次召回预计费用总共将达200亿日元(约合人民币15.4亿元)。因此，国产高端低合金弹簧钢线材的产业化切不可急功近利，而必须持之以恒地自主创新，在掌握核心技术后遵循稳扎稳打、循序渐进、小步快跑的科学方法，才有可能披荆斩棘，到达胜利的彼岸。

5. 结束语

（1）国产汽车用低合金弹簧钢线材的品种有60Si2MnA、55SiCrA、55CrMnA和50CrVA。60Si2MnA除了用于制造设计应力为882MPa以下的低档乘用车悬架弹簧和质量要求相对不高的离合器弹簧和稳定杆之外，还广泛用于制造中档摩托车的减振簧和一般用途的机械簧；55SiCrA、SAE9254除了用于制造设计应力为980MPa以下的中档乘用车悬架弹簧和质量要求相对较高的离合器弹簧、制动器弹簧、稳定杆和扭杆之外，还广泛用于制造中低档摩托车的气门簧、高档摩托车的减振簧和重要用途的机械簧；55CrMnA仅用于制造稳定杆。

（2）国产汽车用低合金弹簧钢线材实物质量和国外先进水平相比，主要存在的差距：①钢的纯净度不够，时常有大颗粒难变形非金属夹杂存在。②表面全脱碳层难以完全避免。③是表面缺陷较多。④心部成分偏析和组织偏析有时较为严重，不稳定。

（3）良好的研发机制，稳扎稳打、循序渐进、小步快跑的科学方法是国产高端低合金弹簧钢线材产业化的必要条件。

〔撰稿人：中钢集团郑州金属制品研究院科技有限公司邢献强〕

企业概况

弹簧行业重点企业介绍

扬州核威碟形弹簧制造有限公司

2013年6月11日，地动山摇般的轰鸣声中，托举“神十”飞船的长征二号F火箭腾空而起。搭载着3名航天员的神舟十号飞船在酒泉卫星发射中心成功发射，这标志着中国从“试验性”向“应用性”太空飞行的转变。这一刻，举国欢庆，全球瞩目。这一代表着当前航天领域最顶尖水平的科技成果凝聚着全国多个领域、无数精英的心血。这其中，确保飞船安全、平稳运行过程中不可或缺的精密弹簧，正是来自扬州核威碟形弹簧制造有限公司（以下简称核威）。许多人或许不知道，从2004年神舟六号起，该公司在俞明华等领导团队的带领下，已连续5次助力载人航天工程，为中华飞天壮举默默地奉献力量。

1. 蜕变——从村办小厂到行业先锋

古城扬州风景秀美、人杰地灵。走进位于扬州市维扬经济开发区双塘西路9号的核威，宽敞明亮的办公大楼、整洁优美的厂区环境、设施齐全的科研中心……这一切很难让人想象。多年以前，核威的当家人俞明华，是怎样将企业从一个默默无闻的村办小厂逐步发展起来的。

时光追溯到20世纪70年代末，改革开放的春风沐浴神州大地，俞明华所在的扬州市西湖镇西庄村（现金槐村）也办起了村办厂。几间小厂房，几台机器，一群干劲十足的村民，这就是核威的前身。

1986年，俞明华当选为西庄村党支部书记，带领全村致富、搞好村办厂成为第一要务。但当时的西庄村，“工业产值过10万元”的口号就喊了10年。因为资金短缺、技术落后、市场难以开拓，企业连发放工人工资都成了难题。

困境之中，俞明华高瞻远瞩，从引进技术人才和寻找合作对象两方面入手。一方面，他找到了在以后企业发展之路上的一位重要合作伙伴——郭斌。身为高级工程师、中国机械工程学会高级会员、全国弹簧标准化技术委员会顾问等多个要职的高工，是全国碟形弹簧行业的权威，由他参与编撰的《弹簧手册》成为全国同行业的教科书。俞明华将重视人才视为企业发展的核心战略，他将企业技术发展、创新及培养技术团队的重任交给郭斌。为此，他专门为郭斌配备专车及专职司机与助理。郭斌每年都在全国各地讲学，俞明华更是主动承担了郭斌的全部差旅费，用真情打动了这位高层技术人才。另一方面，企业与中国核工业总公司华南地质勘探局294大队合作，以61万元资金各半合资办厂，将294大队的资金、设备与企业的技术、产品紧密结合。

企业发展的同时，核威品牌影响力也与日俱增。1996年，全国弹簧学术研讨会在核威召开，公司也成为唯一一家召开两届大会的企业。

核威弹簧的性能指标领先国内，达到国际先进水平，顾客满意率100%，质量损失率≤0.5%。近乎苛刻的企业质量目标既是压力更是动力。

2000年，企业进行股权转让，俞明华独自筹款200万元，以5年为还款期限，正式接过企业发展的舵盘，核威进一步迈入正轨。

2. 升华——弹簧助力“太空之吻”

进入21世纪以来，核威进入快速发展期。公司为国内外用户设计、制造了上万吨碟形弹簧、开槽形碟簧、碟形垫圈、波形弹簧、膜片弹簧和环形弹簧及其缓冲器。产品遍及全国各地，并随主机漂洋过海。产品质量符合GB/T1972及DIN2092、2093、6796等标准，国家抽检年年合格，被多家用户评为“优秀供应商”。早在1999年，公司就通过了ISO9002质量保证体系认证，公司还拥有十余项专利发明，可为高端用户制造高精尖碟形弹簧。

2006年，正值我国航天航空事业如火如荼的时期。航天工程牵涉的系统浩瀚如海，需要各个领域的顶尖部门通力协作。上级部门组织了由全国专家组成的考察团前往全国各地进行实地调查，为神州系列飞船的部件寻找供货商。这其中，飞船舱门部分需要的精密弹簧因要求极为严苛，成为考察团重点调研项目。

已在业内成绩斐然的核威在接到考察团的洽谈信息时，并不知道更深层次的内容，他们把考察团仅仅当作普通的客商，用他们一如既往的优秀技术与过硬的产品打动了考察团。

小小弹簧，在中国航天工程中能发挥多大作用？以“神十”为例，神舟十号飞船和天宫一号对接、分离，都依靠弹簧助力。在神舟十号与天宫一号成功对接后，宇航员打开舱门，然后又关闭舱门，这一个看似简单的动作，其实对舱门的技术要求相当高，飞船的舱门上的弹簧结构要求非常高，飞船舱门开启弹簧误差范围在±0.01mm。

高难度、高要求的生产指标已定，俞明华、郭斌、谢浙生、俞吉山及整个核威设计和研发团队紧锣密鼓地忙碌起来。从原材料到生产工序的每一步都有专人把关，对每一道工序都做好原始记录，这些数据对日后神州飞船的成功发射起到了重要作用。

无数个日日夜夜的科研攻关，无数次克服技术难关，当俞明华和他的团队交出一份满意的答卷后，成功的喜悦仅仅是个开始。不久，中国航天科技集团发来贺电，感谢核威为祖国航空航天事业做出的巨大贡献，巨大的自豪感与万分激动的心情让俞明华和全体员工彻底沸腾了。

从“不知情”的“新生”到独当一面的强者，从神舟六号到如今的神州十号，核威一直负责并承担着飞船高应力弹簧的制造与供应，为中华飞天征程做出了卓越贡献。

俞明华表示，核威取得的成就离不开党和政府的政策引导，离不开社会各界的大力支持。特别是参与神州飞船项目，更是让公司得到跨越式发展。科学技术是第一生产力。核威建立了博士站，拥有自己的科研团队。未来，企业在自身发展的同时，将一如既往地培养高科技人才，用更高的标准与要求带领团队更好地服务祖国的航空航天事业。

〔供稿单位：中国机械通用零部件工业协会弹簧分会〕

浙江美力科技股份有限公司

浙江美力科技股份有限公司是一家集高端弹簧研发、生产、营销于一体的高新技术企业。公司自创立以来，始终把技术创新作为公司的核心主打工作，同时狠抓清洁生产与节能降耗减排工作，加速企业技术改造转型升级步伐，使企业获得了长足的、可持续的良性发展。经过近几年的发展，公司的综合竞争实力脱颖而出显著提高，获得了2014年度中国机械工业联合会科学技术奖一等奖、中国机械工程学会科学技术奖一等奖，先后被评为高新技术企业、中国机械通用零部件工业协会专特精示范企业、中国弹簧行业重点骨干企业等称号。

（一）坚持技术创新引领企业发展，加大科技创新投入，打造创新能力一流的企业技术研发能力

根据公司的发展规划，到2020年，公司将成为世界级弹簧供应商的一流品牌，建成具备世界一流的弹簧研发、生产制造技术的综合竞争能力企业。要实现这一目标，就必须进一步提升自身的技术创新能力。

（1）坚持以人为本，引进高端创新型人才，以人才促转型。针对国内汽车零部件行业的市场竞争激烈、产品同质化以及创新能力不强等诸多实际状况，公司审时度势，坚持走高端化差异化的良性竞争，坚持以人为本，不拘一格地大胆引进、选拔各类专业技术人才、管理人才引领公司创新发展。公司研发中心拥有教授级高级工程师、全国弹簧标准化技术委员会委员、弹簧失效分析专家、金属材料分析专家等优秀人才40多人。在科技创新活动中，相继获得了20多项国家专利及软件著作权的授权，先后被授予2009年度全国弹簧标准化工作先进单位、浙江省标准创新型企业、浙江省成长型企业、国家火炬计划重点高新技术企业等荣誉称号。

（2）开展与大专院校及科研机构的科技交流合作，增强企业的创新能力。近几年，公司与各大专院校加强合作，取得了一系列创新成果。公司与合肥工业大学、上海交通大学等高校及中国机械工程学会弹性装置委员会、弹簧失效及预防专业委员会（简称“两委”）等科研院所展开联合攻关，对一批行业共性关键技术及新产品进行了重点研究。3年来，公司共投入研发经费近3 000万元，申请专利20多项，研发项目近26项，其中转化成功并产生显著效益的有14项，每年为公司创造了近8 500万元的销售收入，占年销售额的1/3以上。

鉴于公司在技术创新能力方面的突出优势，2011年，两委在公司设立了全国第一家“两委”专家工作站，并获得科技部“国家火炬计划重点高新技术企业”的称号。上述工作的开展，为促进科技成果产业化、创新人才队伍的培养、增强自主创新能力和市场竞争力提供了有力支撑。

（二）加大技术改造项目的推进力度，优化产品结构，推进节能降耗工作，走绿色制造的发展道路

由于汽车行业处于快速发展期，公司每年对年度经营计划进行细化，确保技术改造投资增长幅度和销售比例同步增长，并加快重大项目的推进力度。

（1）根据公司研发的新产品，引进国内外先进的工艺技术和设备，对原有生产线进行技术改造升级，优化产品结构，高新产品占比快速上升。

3年来，公司实施了多项技术改造及新产品产业化项目，共投入技术改造资金近亿元，其中多个项目被列入国家和省级重点项目。经过3年新产品产业化和技术改造建设，公司高新技术产品收入占公司年销售额的65%以上，新产品产值每年占比达到35%左右。

（2）大力推进节能降耗减排及清洁生产。公司每年投入500多万元技改资金对生产线工艺及回火炉、吸尘器、老旧设备进行节能改造，并于2009年投资百万元建造了污水处理站，既实现了公司产能的重大突破，又使单位工业增加值能耗在原来的基础上有明显的下降。2012—2014年，公司销售收入年增长30%左右，每万元工业增加值消耗标准煤由2012年的2t下降为2014年的0.15t。由于公

司持续地推行节能降耗工作，浙江省经信委于2011年通过了公司清洁生产项目的验收，较好地实现了《国民经济和社会发展第十一个五年规划纲要》中提出的“要落实节约资源和保护环境的基本国策，建设低投入、高产出、低消耗、少排放、能循环、可持续的国民经济体系和资源节约型、环境友好型社会”的要求，真正做到了企业发展和环境保护的双赢，奠定了企业走可持续化发展的基础。

〔供稿单位：中国机械通用零部件工业协会弹簧分会〕

广州华德汽车弹簧有限公司

一、企业概况

广州华德汽车弹簧有限公司（以下简称广州华德）前身是广州弹簧厂，是一个有50多年生产弹簧经验的国有企业。1993年12月27日，由广州汽车集团零部件有限公司与原香港骏威汽车有限公司（华刚发展有限公司）共同组建了广州华德，公司位于广州增城市永和镇广州汽车城，厂区占地面积39 558m^2，主生产场地建筑面积18 406.5 m^2。2012年，广州华德进行股权转让，从中外合资企业转为内资企业，成为广州汽车集团零部件有限公司唯一独资控股的子公司。

广州华德至今已经运行了20多年，企业已从建厂初期的营业额200余万元/a逐步发展成为现在的营业额3.5亿/年，从当初的50多人发展成为现在700多人的现代化弹簧企业，产品结构从单一的气门弹簧逐渐扩展到悬架弹簧、气门弹簧座椅线成形和稳定杆等四大系列产品。从2000年开始，企业规模已经跻身于竞争激烈的国内弹簧行业前列。公司产品结构主要以汽车行业为主，摩托车和其他机械行业为辅，包括发动机气门弹簧、汽车底盘悬架弹簧、稳定杆、汽车座椅弯管、组合线件和焊接骨架、车身引擎支撑杆和尾箱扭杆、摩托车减振弹簧和异型弹簧等超过1 000多个品种。

二、企业现状

1. 生产装备能力

20多年来，广州华德不断从意大利、德国、瑞士、日本、美国和中国台湾等国家和地区引入关键生产设备和检测仪器，辅助以国内较好的装备，目前总共拥有14条生产线，覆盖气门弹簧、悬架弹簧、稳定杆和座椅线成型等四大系列产品，装备水平位居国内同行业较为先进水平。年产能达到气门弹簧5 000万件，悬架弹簧360万件、稳定杆100万件、扭杆250万件及线成形15 000万件的能力。

2. 研发技术能力

广州华德拥有二维、三维、有限元分析等CAE分析软件、自主研发了工艺设计和产品设计等PLM管理软件。可以自主快速地完成稳定杆、气门弹簧、悬架弹簧和扭杆产品的应力分析等设计需求。在产品研发和检测方面，具备各类产品的性能检测和测试能力。同时，通过内外部培训、自主培养，建立了多层次人才梯队，营造了一个能吸引人才、充分展示人才能力的平台，形成拥有自主知识产权的汽车弹性部件研发平台。公司有专职研发人员49人，检测试验人员40多人；具有高级职称人员5人，中级职称15人；硕士3人，本科生37人。

3. 产品质量水平

广州华德秉承质量第一的理念，获得行业内外顾客的一致好评。个别产品，如气门弹簧早在1995年就获得法国标致汽车质量鉴定认可，悬架弹簧在1998年已经配套广州昭和98雅阁车型，部分产品曾多次获得机械工业部优秀创新产品奖。目前，各类产品的供货不良率较低，气门弹簧不良率为零，悬架弹簧不良率保持在百万分之一以下，扭杆不良率保持在百万分之二以下，稳定杆不良率为零。公司于1998年通过ISO 9002：1994认证，2000年通过QS 9000：1998认证，2005年通过ISO/TS 16949：2002认证，2008年通过ISO 14001：2004认证。

三、未来发展规划

按照广州汽车集团零部件有限公司的发展规划，广州华德于2013年初开始在华中地区（郑州市）建立了另一个汽车部件生产基地，主要生产悬架弹簧和稳定杆产品，2014年初正式批量生产，全部工程共4条生产线2015年投入使用。逐步形成华南、华中两大生产基地。

伴随着现有生产场地的政府规划，广州华德预计在2015—2016年搬迁至新厂区，新的规划厂房面积将达到10万m^2，为公司发展提供了更大的发展空间。

四、推进文化创新，增强企业凝聚力

先进的企业文化是企业持续发展的精神支柱和动力源泉，是企业核心竞争力的重要组成部分。广州华德已经形成了具有自己特色的企业文化。公司建立了“诚信、进取、共赢”的经营理念，以及“以服务求生存，以创新求发展”的经营方针。

为了实现员工与企业的利益共享，公司制定了较完善的福利制度，每年定期举办各种文体活动，如职工运动会、迎春晚会等，丰富了员工的业务生活，增强了团队的凝聚力和集体荣誉感。

五、承担社会责任，提升企业声誉

公司坚持遵守法律、行政法规，遵守社会公德、商业道德，合法诚信经营，接受政府和社会公众的监督，诚信对待客户和供应商，积极从事环境保护，热心参与公益事业，积极承担社会责任，促进公司与社会的协调、和谐发展。

作为广州华德的一分子，与很多老员工一样，亲眼看着公司一步一步地向前发展，经历了很多的曲折和艰难，但在华德人坚强的毅力和聪明的指挥下，走出了属于广州华德的天地，并谱写了今后华德未来发展规划，

我们衷心地祝愿广州华德今后能发展得更加美好，更加辉煌，与行业兄弟单位同行一起，共同致力于中国汽车工业的发展！

六、企业获得的荣誉（顾客授予的除外）

（1）1997 年，公司被列入国家双加工程单位。

（2）2006 年，公司被广东省信息产业厅授予信息化示范单位。

（3）2007 年，公司被广东省安全生产监督管理局授予二级安全质量标准化企业。

（4）2008 年，公司被增城市企业促进会授予诚信企业。

（5）2009 年，公司被广州市劳动和社会保障局、广州市总工会授予广州市劳动关系和谐企业 AA 级。

（6）2009 年，公司被全国弹簧标准化技术委员会授予全国弹簧标准化工作先进单位。

（7）2010 年，公司被广东省科学技术厅、广东省财政厅、广东省国家税务局、广东省地方税务局授予高新技术企业。

〔供稿单位：中国机械通用零部件工业协会弹簧分会〕

厦门立洲五金弹簧有限公司

走进厦门立洲五金弹簧有限公司（以下简称立洲弹簧）的产品展示区，有数十个类别、上千种弹簧产品，其中许多是“奇形怪状”的异形弹簧。平时隐藏在机器、家电、各类器材等内部的小零件，第一次这么清晰地显现在我们面前。

公司总经理王亮介绍说，人们在日常的工业产品上一般看不到弹簧，但弹簧在工业产品乃至整个工业体系中却是必不可少的，弹簧的质量水平影响着乃至决定着工业产品的质量水平，体现着现代工业的发展水平，小小弹簧可谓是现代工业体系的“幕后英雄”。

20 年前创立的立洲弹簧的发展史，可以说是一部浓缩的国内弹簧业发展历史。从简易的厂房、单一的产品开始，立洲弹簧滚动着自己的雪球。如今的立洲弹簧，已经发展成为一家以弹簧研发、设计和制造为主的集团企业，产品广泛应用在医疗、汽车、电子、航空、民用和工业用五金器具、家用电器、仪器装备和通信等领域，产品畅销国内外。

20 年的创业历程，立洲弹簧已经成长为厦门乃至福建弹簧行业的龙头企业。立洲弹簧研发中心大楼的落成，标志着立洲弹簧开始把目光放在创建国内领先地位的企业上。

一、品质卓越为名企提供解决方案

20 年的历程，立洲弹簧早已脱离了手工作坊的概念，在激烈的行业竞争中演变成现代化的企业。立洲弹簧不仅拥有现代化的办公大楼和标准化厂房，拥有一流的生产设备，更拥有行业内尖端的产品。如今的立洲弹簧拥有行业最先进的电脑控制成形机和气门弹簧生产线。在“为客户提供一流的产品”的口号背后，是立洲弹簧 20 年来对产品质量的坚持，高素质、专业化的技术与管理团队，尖端的产品研发设计能力、产品成形技术、全面的质量检测和市场服务体系。

机械行业内最高的准则就是高品质的产品，立洲弹簧在不断攻克技术高点的同时，也完成了自己高品质的积累。先后通过了 ISO9001 质量管理体系、ISO14001 环境管理体系、TS16949 国际汽车行业质量管理规范和中国弹簧质量检测中心的质量合格检测；收获了一系列代表业内高水准的荣誉：中国机械通用零部件工业协会理事单位、弹簧分会理事单位、中国弹性装置委员会副主任单位、中国弹簧失效委及全国弹簧标准化委员会副主任单位、中国弹簧行业技能等级考核评定单位之一，并参与多个国家行业标准及专业教材的制定工作。此外，立洲商标也被评为“厦门市著名商标”和“福建省著名商标”。

立洲弹簧提供专业化的解决方案和服务，以满足客户和相关行业的需求。在占据发达城市先进行业的市场后，立洲弹簧的市场份额不断增长，很多知名的大企业都成为立洲弹簧的客户：ABB、博世、艾默生、西门子、一汽丰田、伊莱克斯、松下、索尼和比亚迪等。立洲弹簧不断发展壮大，旗下现有多家工厂，分别设在厦门、福州、青岛和合肥等地方，形成各具产品特色又相互兼容的格局。

本着“诚信、服务、质量、创新”的企业精神和“品质追求卓越，永续服务工业”的发展理念，立洲弹簧不仅是高质量的产品和全方位的服务的提供者，而且也是弹簧行业的传道者。

二、技术领先走进汽车高端市场

弹簧作为竞争十分激烈的产品，在市场上，低端产品，国内企业有成本优势，价格上有一定的竞争力；高端产品，外资和合资企业技术占有优势，如用于治疗心血管疾病的弹性支架，几乎全为国外医疗巨头垄断。汽车行业是弹簧行业的最大市场之一，接近行业工业总产值的 1/3。汽车行业尤其是轿车产销量增长极快，对高档弹簧的需求量增大。

弹簧行业在整个制造业中虽然是一个小行业，但其所起到的作用不可低估。工业要加快发展，而作为基础零部件之一的弹簧行业就更加需要有一个发展的超前期，才能适应国家工业的快速发展。另外，弹簧产销规模的扩大、品种的增加、质量水平的提高也是机械设备更新换代的需要和配套主机性能提高的需要。因此，弹簧产品对于整个国家工业的发展起到了重要的作用。

立洲弹簧研发技术中心成为福建省规模大、种类全、实力强的弹簧力学检测、金属材料金相分析、疲劳试验、盐雾试验、ROSH 检测、镀层分析等综合性试验室。强大的技术后盾保证了立洲弹簧的产品在行业内的领先地位，这也是为什么ABB、西门子、伊莱克斯、松下都成为立洲弹簧的客户的原因。

三、重视研发，新产品国内领先

经过多年的积累，立洲弹簧已由传统的弹簧制造过渡到新型高端弹簧与精密冲压件的设计与制造。在采用新材料、新产品的研发方面已经达到国内领先水平。比如，在汽车ESP马达、汽车发动机气门簧等领域都已经采用立洲弹簧的产品。

更值得一提的是，立洲弹簧自行研发的“双质量飞轮弧形弹簧”获得国家知识产权局颁发的实用新型专利证书。该专利的应用，有效地提高了汽车的减振性能，大大改善了车辆传动系统的舒适性和传动效率。目前已与国内众多知名汽车制造厂商成功配套。

不仅在技术前沿的汽车行业，立洲弹簧开发的产品已经成功介入更为高端的医疗器械领域，产品应用于人造骨骼、伤骨固定加压器、各类腔内支架、栓塞器、心脏修补器、血栓过滤器和介入导丝等。

历经20年的创业历程，立洲弹簧许多方面都达到了国内领先水平，而立洲研发中心大楼的落成意味着公司研发设计能力大步提升，将促进立洲弹簧产品从单一的传统弹簧制造向弹性元件、弹性装置系统等多元化的产品开发与生产延伸扩展，提升企业的竞争能力，并使立洲弹簧在弹簧行业技术创新中处于领先地位，为提升我国现代工业制造水平做出贡献。

〔供稿单位：中国机械通用零部件工业协会弹簧分会〕

大事记

2013—2015年弹簧行业大事记

2013年

2月

19—21日 由杭州弹簧有限公司承办的中国机械通用零部件工业协会弹簧分会技术标准化委员会、行业培训委员会和职业技能鉴定分中心联席工作会议在杭州召开。

月内 弹簧分会理事长、上海中国弹簧制造有限公司总经理邹定伟先生由于工作调动不再担任上海中国弹簧制造有限公司总经理职务，由上汽集团委派的陈麟先生接任。

3月

24日 弹簧分会南京弹簧有限公司等在中国机械通用零部件工业协会五届四次理事扩大会议上作典型交流。

4月

22日 由南京弹簧有限公司主办的弹簧分会六届九次理事会在南京举行，来自弹簧行业的32家理事单位的领导及业界代表共计48人参会。会议推荐上海中国弹簧制造有限公司总经理陈麟为理事长人选，将提请上级协会讨论决定。会议讨论了筹备召开弹簧分会第七次会员大会等事项。

6月

12日 2013’全国弹簧行业新产品、新技术及科技信息交流、展示会在广东省东莞市举行。来自行业的300名代表参会，有不少单位在展会上展示了新产品和新技术。会议由弹簧标委会、检测中心和弹簧学会“两委”会联合举办。弹簧分会大力支持并积极联动的组织方式，体现了行业活动协调互动与服务的发展模式，扩大了会议的影响力，受到国内外弹簧组织、参展商和参会代表的欢迎。

月内 中国机械通用零部件工业协会常务副理事长王长明先后考察了弹簧行业的东莞市开创精密机械有限公司、东莞永腾弹簧机械公司、广州华德汽车弹簧有限公司、广州自强弹簧五金制品有限公司、广州卫亚汽车零部件有限公司、浙江万能弹簧机械有限公司以及上海中国弹簧有限公司。

8月

10日 弹簧行业首期弹簧工技师考核鉴定工作会议在浙江省杭州市花家山庄举行。本次会议的主题是落实和部署行业开展的首批弹簧工技师考评鉴定工作，来自弹簧行业的13家企业共计18位领导和专家出席。

25—30日 由弹簧行业职业技能鉴定分中心会同弹簧分会培训委员会举办、济南时代试金仪器公司承办、山东联美协办的第二期弹簧检查工（中级）考前培训班于在山东济南举办，来自行业34家企业的55名弹簧检查工参加了培训和考核。

9月

19—21日 由欧洲弹簧工业协会及德国弹簧工业协会（ESF/VDFI）主办的第七届世界弹簧（弹簧制造者、供应商和用户）工业大会在德国柏林举办，继参加2012年第六届大会后，由上海中国弹簧制造有限公司、中机生产力促进中心、上海兴科机械设备有限公司、杭州兴发弹簧有限公司等组成的中国弹簧团队参会，上海中国弹簧制造有限公司总工程师张俊代表中国弹簧行业介绍了中国弹簧工业的现状。

10月

11—12日 由扬州核威碟形弹簧制造有限公司组办的弹簧行业第二十二届政研会暨企业文化研讨会在江苏扬州举办，来自行业的34家企业的领导和有关负责人50人参会。此次会议是行业历届政研会中参会企业和人数最多的一次。

22日 由常州市铭锦弹簧有限公司承办的全国弹簧标准化技术委员会三届三次会议在无锡召开。标委会委员42人，单位委员、观察员及特邀代表9人，共计51人参会。会议对国标《弹簧喷丸 第1部分：通则》送审稿进行了审查。

11月

4—9日 全国弹簧标准化技术委员会秘书长姜膺率领国内9家单位的12名专家参加了在美国华盛顿召开的ISO/TC227第九次国际弹簧会议，并在会前参观了2013年美国汽车零部件展览会。

24—29日 由弹簧行业职业技能鉴定分中心和弹簧分会行业培训委员会主办、洛阳机床有限责任公司和三分钟弹簧网承办、洛阳鑫富润弹簧机械有限公司赞助的第三期全国弹簧中级工培训班在洛阳机床有限责任公司举办，来自全国各地20多家企业的40余人参加培训。

12月

21日 中国机械通用零部件工业协会弹簧分会第三次理事长会议在大连举行。弹簧分会理事长和副理事长出席会议，中国机械通用零部件工业协会常务副理事长、秘书长王长明和副秘书长姚海光应邀参会。会议同意弹簧分会参加总会第六次会员代表大会的20个会员暨理事推荐名单、6个常务理事推荐名单以及1个副理事长的推荐名单，会议确定了七届理事会由43个会员单位组成方案和选举办法。

2014年

1月

14日 中国机械通用零部件工业协会秘书长工作会议在北京召开，协会及各分会秘书长等18人参会。各分会总结了2013年工作，安排了2014年协会的换届工作，推举了先进分会和协会优秀工作者，其中弹簧分会程建中在列。

15日 机械工业职业技能鉴定指导中心在山西省太原市召开2013年度机械工业职业技能鉴定工作总结及表彰大会。大会表彰了先进集体和先进工作者，其中弹簧分中心连续5次获得先进集体称号，无锡泽根弹簧有限公司副总经理曹辉荣获得“先进工作者”称号。

4月

26日 中国机械通用零部件工业协会第六届会员代表大会在山东威海电子宾馆召开，180余人参会，其中弹簧分会有19人。大会选举了新一届理事会成员，弹簧分会上海中国弹簧制造有限公司、上海杭弹紧固件有限公司、大连弹簧有限公司等6家企业当选为常务理事，上海中国弹簧制造有限公司总经理陈麟当选为副理事长。

21—22日 弹簧标委会秘书处分别在江苏张家港、山东淄博、浙江杭州召开了2014年弹簧标准制订修订工作组扩大会议，分别就有关国际标准的制定，行标和国标的制、修订工作进行了讨论。

5月

27日 弹簧分会第七次会员大会在上海举行， 行业132家单位的近200人参会。大会选出了由43家会员单位组成的弹簧分会第七届理事会，上海中国弹簧制造有限公司总经理陈麟当选为理事长，大连弹簧有限公司李本和、杭州弹簧有限公司李和平等10家企业的董事长或总经理当选为副理事长。上海中国弹簧制造有限公司副总经理潘宏担任秘书长。

25日 由中钢郑州研究院毛海波等5位专家发起的中国金属学会金属材料深度加工分会成立大会暨第一届委员会工作会议在天津召开。

6月

30日 中国机械通用零部件工业协会秘书长姚海光在弹簧分会秘书处负责人的陪同下，到山东走访弹簧企业，聆听企业的诉求，以便更好地为企业更好地服务。

7月

16日 弹簧行业职业技能分中心和弹簧分会行业培训委员会、技术标准化委员会联合在杭州弹簧有限公司召开国家职业技能（弹簧工技师）鉴定考试工作会议。

8月

25—30日 由机械工业职业技能鉴定指导中心弹簧行业分中心和弹簧分会行业培训委员会联合主办、杭州弹簧有限公司承办的国家职业技能鉴定弹簧工技师、高级工考前培训班在杭州弹簧有限公司桐乡分公司举办。来自上海中国弹簧制造有限公司、杭州弹簧有限公司、广州华德汽车弹簧有限公司、天津隆星国际贸易有限公司和无锡泽根弹簧有限公司等 6 家单位的41 名员工（其中参加技师考试的有23 名，参加高级工考试的有18 名）参加了与之配套的应知理论考试和部分企业参加的应会实操考核以及论文答辩，取得了较好的成绩。

9月

13 日 第三次全国弹簧标准化工作组会议在无锡召开，会议对国家标准《热卷圆柱螺旋压缩弹簧 技术条件》（20130145—T—469）和5 项行业标准进行了逐条讨论、处理。涉及各工作组的29 个单位的30 余位代表出席了会议。

14—16 日 由弹簧学会两委主办的螺旋弹簧制造工艺、设计、材料、影像检测培训交流会在江苏无锡举办，此次培训主要内容有：弹簧设计计算、弹簧制造工艺、高等级弹簧钢丝和优质油回火钢丝的制造与应用、螺旋弹簧影像检测技术等，来自行业的多位专家授课。

18 日 弹簧分会七届一次理事长会议在贵州省贵阳市举行，会议审议并原则通过了弹簧分会加强理事会自身建设的意见和七届一次理事会的有关事项。

19—20 日 弹簧行业第二十三届职工政治思想工作研究会暨企业文化研讨会在贵阳市南方汇通股份有限公司举行，来自行业33 家企业的40 多名代表参会，会议就发扬弹簧精神进行了讨论。会议还进行了弹簧行业思想政治工作研究委员会会长的换届工作，上海中国弹簧制造有限公司党委书记吴正萍担任会长，全体代表参观了汇通公司弹簧事业部以及部分厂区。

12月

12 日 弹簧行业首批技师评审专家会议在上海召开，会议对技师考核鉴定申报工作进行了总结，对报送的22 位申报者进行评审、投票，同意予以推荐晋升，机械工业职业技能鉴定指导中心于12 月30 日批复予以批准。弹簧行业拥有了首批高技能人才队伍。

2015 年

3月

月内 《弹簧工程》第100 期出版发行。

4月

28 日 全国机械工业品牌战略推进工作会议在北京召开，会议授予相关企业“中国机械工业优质品牌”称号，弹簧分会的上海中国弹簧制造有限公司、时代试金集团、扬州核威碟形弹簧制造有限公司和杭州弹簧有限公司4 家企业入选。

月内 机械工业职业技能鉴定指导中心发文，表彰职业技能鉴定工作先进集体和个人，其中弹簧分中心第六次被评为先进集体，上海中国弹簧制造有限公司杨白华被评为先进工作者，程建中被授予特别成就奖。

5月

8 日 中国机械通用零部件工业协会第六届二次理事扩大会议在江苏镇江召开，会议表彰了行业“重点骨干企业”（弹簧分会7 家）、“出口基地企业”“专、精、特示范企业”（弹簧分会6 家），颁发了“科技创新特等奖（弹簧分会10 项）”和“创新奖”（弹簧分会22 项）。会议还表彰了优秀分会和优秀协会工作者（弹簧分会程建中获得优秀协会工作者称号）。

8 日 弹簧分会七届二次理事长会议在江苏镇江召开。会议根据上汽集团关于汪磊先生出任上海中国弹簧制造有限公司总经理，陈麟先生不再担任上海中国弹簧制造有限公司总经理另行安排工作的决定，会议提议，陈麟先生不再担任弹簧分会理事长职务，根据上海中国弹簧制造有限公司推荐，提议潘宏先生任代理理事长。会议还讨论了其他事项。

26 日 中国机械通用零部件工业协会弹簧分会七届一次理事会在江苏省无锡市召开。会议同意根据理事长会议的提议，推荐上海中国弹簧制造有限公司副总经理、弹簧分会秘书长潘宏先生担任代理理事长，同意推荐张俊先生任弹簧分会代理秘书长，郑志成先生任代理常务副秘书长，提交七届二次理事会和会员大会通过；会议听取了弹簧行业“十三五”规划的编制过程和规划提纲，建议进一步听取意见进行修改。会议确定了弹簧分会七届二次会员大会的召开时间和地点。

27—28 日 第十一届（2015）全国弹簧行业新产品、新技术及科技信息交流、展示会在无锡召开，会议由全国弹簧标准化技术委员会、机械工业通用零部件产品质量监督中心、中国机械工程学会机械设计分会弹性装置专业委员会、中国机械工程学会失效分析分会弹簧失效分析与预防专业委员会联合主办。会议的主题是“创新推动升级，智能提高效益”。来自国内外的弹簧企业、装备制造企业及材料供应商等256名代表参会。德国瓦非奥斯公司等国内外近20个单位做了弹簧制造、在线检测等技术的专题报告。有近40家与弹簧相关的设备、材料、磨料等企业展示了他们的新装备、新产品，签署了近1 200万元的销售合同。会上，还进行了《弹簧工程》创刊30周年、出版100期的集中回顾。

9月

24—25日 由欧洲弹簧联合工业协会（European Spring Federation）主办的第8届世界弹簧工业联合大会在捷克首都布拉格市召开，来自世界各地的行业专家共商弹簧行业的经济形势和发展趋势、交流技术创新的最新研究和成果。弹簧分会由上海中国弹簧制造有限公司、新科弹簧机械设备厂、山东联美汽车弹簧有限公司、杭州富春弹簧有限公司和嵊州市金狮弹簧机械有限公司组团出席。上海中国弹簧制造有限公司总工程师、弹簧分会秘书长张俊在会上介绍了我国弹簧行业的情况。

中旬 由弹簧行业职业技能鉴定分中心主办、济南时代试金承办的第三期全国弹簧中级检查工培训班在济南举办，来自全国各地近20家弹簧生产及使用企业的近40人参加了应知应会的培训及中级检查工资格的考核。

10月

10—13日 弹簧行业装备委员会会议在洛阳机床有限责任公司举办。会上介绍了《弹簧行业“十三五”规划》，着重讨论和分析了我国弹簧装备与国外同行的差距，商定编制数控卷簧机、磨簧机的使用、保养指南，决心抓紧研发、缩小差距，努力提升弹簧行业的整体装备水平。

11日 全国弹簧行业职工思想研究会第24届年会暨企业文化研讨会在洛阳机床有限责任公司召开，来自全国各地28家弹簧会员单位的36人参会。会议就新形势下，企业文化面临的新特点、新问题进行了交流和讨论。

11日 在三分钟弹簧（世界）网的大力支持下，在参加第二十四届弹簧行业政研会暨企业文化研讨会和弹簧协会装备委员会与会领导和代表的见证下，中国机械通用零部件工业协会弹簧分会网站正式恢复开通。

11—17日 以数控卷簧工、磨簧工、无凸轮弹簧机操作工为主体的第五期弹簧中级工考前培训班在洛阳市举办。培训班按照职业技能鉴定的要求，进行了弹簧中级工的应会知识考试，通过了逐人单机的实际操作培训和考核，取得了较好的效果。

27—30日 以“智能制造、节能环保”为主题的亚洲国际动力传动与控制技术展览会(PTC ASIA)在上海新国际博览中心举办。弹簧行业的上海中国弹簧制造有限公司、扬州核威碟形弹簧制造有限公司、上海核工碟形弹簧制造有限公司、钱江弹簧有限公司、嵊州市金狮弹簧机械有限公司、温州市精益弹簧机械厂和天津元象国际贸易有限公司等企业参展。

11月

12—13日 弹簧标委会碟簧和弹簧喷丸国际标准工作组中国专家参加了在马来西亚吉隆坡举行的第十一届弹簧国际标准化（ISO/TC227）年会和ISO/CD 19690-1《碟形弹簧 设计计算》和ISO/CD 19690-2《碟形弹簧 技术要求》两个国际标准项目组会议。

15—21日 由弹簧学会两委、标委会秘书处率国内15家企业的21名代表赴日本东京参加了第一届弹簧国际学术交流会。中方作为会议理事国参加了主席团会议，代表团参加了全部学术研讨会和展会参观，并就关心的技术问题与国外专家进行了技术交流。

12月

19日 由杭州弹簧有限公司承办的中国机械通用零部件工业协会弹簧分会七届三次理事长会议在上海举办，会议的主题是“新常态、新思路、新举措”，会议为召开弹簧分会七届二次理事会和七届二次会员大会做了准备。按照总会的部署，会议对20家企业上报的30个创新产品项目进行了审定，同意推荐上报，并推荐特等奖8个产品，会议还审议了其他事项。

“HY-VO”已作为一种齿形链的名称为相关公众所识别和对待，已成为链条行业特定种类齿形链商品约定俗成的通用名称。鉴于齿形链属于传动链的一种形式，争议商标“HY-VO”注册使用在陆地车辆传动链商品上，缺乏商标应有的显著性，已构成不得作为商标注册的情形。综上所述，申请人撤销理由部分成立。国家工商总局商标评审委员会裁定如下：争议商标在陆地车辆传动链一项商品上予以无效宣告，在其余商品上予以维持。

3月

31日 江苏省委书记罗志军、泰州市委书记蓝绍敏、市长陆志鹏在兴化市委书记陆晓声、副市长李斌的陪同下，到兴化东华齿轮有限公司调研。罗志军书记在听取兴化东华公司总经理蒋亚龙汇报“东华集团延伸产业链，在兴化经济开发区加大投资，在兴化建立传动件及桥箱制造基地”的情况后，指出，推动产业向中高端迈进是企业经济结构调整的重中之重，要积极调整结构，实施技术改造，以产业转型升级来培育企业新的经济增长点。调研考察中，罗志军书记一行对东华兴化带钢、线材在全行业率先采用环保生产新工艺等给予好评。

5月

9日 在中国机械通用零部件工业协会六届二次理事扩大会议上，链传动分会获先进分会荣誉称号。

6月

24日 分会名誉理事长朱善祥带领秘书处一行，到德清华宇链传动有限公司车间现场以及企业测试中心等参观，并与公司总经理孙金水进行了友好的洽谈。看到生产现场整洁明亮，道路畅通，先进高效设备多，作业自动化程度高，生产环境宜人后，十分赞赏。朱善祥称赞：华宇经过二十多年发展，产品非常有特色，企业在“腾笼换鸟、机器换人”方面走在行业发展的前列。

8月

18日 分会名誉理事长朱善祥、秘书长鲁小林率秘书处一行到金华走访了浙江巴斯曼机械有限公司，受到吕响阳董事长的接待。参观交流后，朱善祥称赞：“你们坚持以人为本善待员工构建和谐企业的做法很好，很值得业内企业学习。”他又说，“你们吕家几个兄弟，创业有成，事业搞得红红火火，特别是在经济不景气的情况下企业发展势头不减势，很不容易。”鲁小林秘书长说，诚信经营理论支撑推动公司持续健康发展，企业的前景将会更美好。

9月

3日 在中国人民抗日战争暨世界反法西斯战争胜利70周年纪念阅兵盛典上，由东华链条集团SC1252分动箱链条配套的东风猛士军用越野车和配备东华航空链条的承担空中梯队领航任务的空警2000预警机隆重亮相，彰显行业链传动技术达到国际先进水平。

17—19日 分会与链传动专业学会在浙江德清县举办了行业科技创新交流会。朱善祥作了题为“认清新形势，进一步增强科技创新紧迫感，为行业创新驱动发展做出新贡献”的报告，吉林大学孟繁忠教授作了“我国链传动行业的技术研究现状与展望”的报告，许树新教授讲授了“链传动产品质量检测技术”的专题课程，杭州东华集团有限公司高级（正高）工程师叶斌结合实践介绍了链传动产品制造新工艺和实用新技术，浙江金盾副总经理卢建设富作了“链式智能化电石输送线”，苏州环球集团总工程师许惠康作了企业“技术创新汇报”，浙江恒久设备公司技术部经理王洪锋作了“两化融合，推动制链专机开发”，安徽黄山恒久技术处长邵坚作了“依靠科技创新，实现稳健发展”的交流发言。另外，技术专家刘承绩、沈新星介绍了相关设备及企业发展的交流发言。

10月

月初 链传动行业“十三五”规划审议稿完成。

23—25日 分会在浙江金华豪森假日花园大酒店召开八届三次会员大会。总会名誉理事长刘元杰，分会理事长宣碧华、名誉理事长朱善祥，副理事长、理事单位、会员单位及特邀单位代表共计125名出席会议。宣碧华主持会议并作了重要讲话。会上，秘书长鲁小林作了“2015年工作总结和2016年工作思路”的报告，办公室主任李树立汇报了“十三五”行业发展规划和“十三五”行业发展规划起草的说明。大会审议并通过工作报告和“十三五”行业发展规划。会议进行了交流发言。刘元杰作了重要讲话，他分析了通用零部件行业经济运行形势后指出，企业发展要走专精特发展之路，产品要精品化、个性化、专业化。“十三五”行业发展规划提供了发展思路，企业决策者要规划五年、十年企业的发展，要有战略决策、战略思维、战略眼光。工业4.0是一场新的革命，要有新的思想、新的组织方式和生产方式。

11月

25日 浙江建宏链传动材料股份有限公司新三板挂牌，11月26日起在全国股转系统挂牌公开转让。证券简称：建宏股份，证券代码：834479 转让方式：协议转让。该公司股票挂牌转让为链传动行业第一家。

〔供稿单位：中国机械通用零部件工业协会弹簧分会秘书处〕

中国机械通用零部件工业年鉴 2016

V 紧固件行业卷

回顾总结我国紧固件行业近年发展情况，记录行业生产、技术和新产品发展情况；分析国内外市场动向，提出行业发展的总体思路、发展目标及政策建议；紧固件行业大事记

中国机械通用零部件工业年鉴 2016

V 紧固件行业卷

综　述

2011—2015 年中国紧固件行业发展综述

紧固件“十二五”规划是稳健发展之举，也是深化改革创新调整之实。我国经济受 2008 年世界金融危机带来的冲击，同时，经过十多年超高速增长，产业结构和区域经济不平衡的矛盾突现，尤其是 4 万亿元投入带来的滞后影响，我国经济步入新常态，经济下行压力加大。同时，世界经济复苏缓慢，以及汇率变化，导致国内外市场需求不旺，给我国紧固件行业带来了很大困难，紧固件市场增长速度放慢。要加快结构调整步伐，促进全行业实现三个转变，即要从片面追求产量产值向提高品质和品牌效益上转变；要从片面追求大而全向专、精、特、新上转变；要从片面生产型向生产服务型转变。要紧紧依靠汽车、新能源、高铁、城市交通、电子电器、航空航天和建筑维修等产业，加快全行业产品结构调整，促进全行业增长方式的转变。

“十二五”期间，紧固件行业在 2013 年度获得国家重点新产品计划列项的有：①宁波思进机械股份有限公司的“环保型多工位高速 全自动冷镦机（SJBF 系列）”项目。②安徽巢湖铸造厂有限责任公司的“高速铁路扣件系统——WJ-8 型扣件”项目。③贵州航天精工制造有限公司“双向螺栓和浮动螺母组件”。

另外，紧固件行业有两家企业的发展项目纳入了国家强基工程序列：①浙江明泰标准件有限公司的“轿车用高强度铝合金螺栓生产技术的开发及产业化”项目。②浙江西子航空紧固件公司的“航空抽芯铆钉开发及产业化”项目。

此外，“高强度紧固件高速精密镦锻成形技术”列入了工信部《产业关键共性技术发展指南（2013）》。高强度紧固件高速精密镦锻工艺研究主要是汽车高强度紧固件高速精密镦锻模具技术研究与开发及汽车高强度紧固件产品性能研究。包括提高典型汽车高强度螺栓（10.9 级法兰面螺栓）制造的精密镦锻工艺规范（经过 CAD，经过批产验证）；10.9 级法兰面螺栓模具寿命，从现在的 10 万件 / 套，提高到 20 万件 / 套以上；10.9 级以上的法兰面螺栓和轮毂螺栓等。

宁波思进机械股份有限公司的“高速精密多工位冷镦成形成套装备”课题也获得工信部批准，列为“高档数控机床与基础制造装备”科技重大专题。课题年限为 2013 年 1 月至 2015 年 12 月。总体目标是研发汽车、航空领域高强度螺栓和异形件的多工位冷镦机成套装备。课题总经费为 3 858 万元，其中中央财政经费拨款 1 286 万元。同时，2013 年 10 月 29 日，宁波思进机械股份有限公司接到上海机电设备招标有限公司中标通知书——上海申光高强度螺栓有限公司采购 305L 多工位冷镦机成功中标，中标金额为 588 万元。该机型为该公司研制的新产品，成形力达 5 880kN，可制造直径 36mm 的螺栓，为国内大型冷镦机之一。

在“十二五”期间，新产品有所突破，有许多新的亮点填补了空白。如 2014 年 4 月，中航工业航标公司的钛合金高锁螺栓，有 4 个产品、18 个规格通过验收转入批量生产。2014 年 3 月，航天精工河南公司研制成功某型号伺服机构用紧固件，该系列产品全部使用低磁新型材料，包括 05Cr17Ni4Cu4Nb、3JI、高温合金 GI41 和 GH696 等，与普通合金钢相比，该类材料的抗腐蚀性更强。

技术的进步也带动了产品质量的提高。2012 年度中国机械工业联合会对中国机械工业优质品牌企业进行表彰，被授予中国机械工业优质品牌的有常熟市标准件厂、晋亿实业股份有限公司、宁波金鼎紧固件有限公司、东风汽车紧固件有限公司和浙江乍浦实业股份有限公司 5 家企业。

从“十二五”期间的技术成果可以看出，紧固件行业要发展必须技术领先，以质量求发展，要从低强度转向高强度，从标准件转向非标异形，从低附加值转向高附加值。“十二五”期间取得了许多技术攻关的重要突破，主要有：

（1） 生产高强度紧固件的两个关键技术点：材料与热处理技术攻关取得了突破，并日趋成熟。一批 10.9 级高强度紧固件开发成功，并广泛应用于汽车、柴油机、压缩机等行业，为今后批量生产 12.9 级高强度紧固件提供技术支持。

（2）一批耐高温紧固件和大规格（M30 ～ M56）10.9 级高强度紧固件研发成功表明企业在耐高温材料、热镦及热处理工艺方面取得突破。大规格 10.9 级高强度紧固件按国外标准在材料选用、热镦、热处理及表面处理等技术攻关方面取得进展。重庆标准件工业公司、上海高强度螺栓厂有限公司、上海申光高强度螺栓有限公司、常熟市标准件厂等企业已成功开发出 M30 ～ M56 大六角螺栓、10.9 级双头螺杆等高强度紧固件。

（3）五工位、六工位冷镦机的研发和运用，使一些异形、制造工艺复杂的紧固件攻克冷镦变形大、模具寿命短的技术难关，得到开发。

2011年以来，我国紧固件行业的自主创新研发新产品不断增加。2011—2015年自主创新研发的优秀新产品见表1。

表1 2011—2015年自主创新研发的优秀新产品

年份	总计	特等奖	优秀奖
2011	14	7	7
2012	5	-	5
2013	19	7	12
2014	14	7	7
2015	31	19	12
合计	83	40	43

“十二五”期间，紧固件行业的资本投入与运作以及技术改造更加理性，动作更大，许多项目都是大手笔的，将对紧固件行业今后的发展产生深远的影响。

（1）2014年，上海集优机械股份有限公司成功竞投收购全球最大的紧固件公司之一——荷兰耐德史洛夫公司（Nedschroef）。该公司成立于1894年，是欧洲领先的汽车和航空紧固件生产商之一，目前年销售额5.4亿欧元，企业市值3.25亿欧元，雇员1 700人。这次收购项目将进一步巩固上海集优机械股份有限公司在我国以及全球高端紧固件市场的强势地位。这个项目开启了紧固件行业海外收购兼并的先例。

（2）2013年11月，东风汽车紧固件有限公司开始新建武汉工厂，总投资1.93亿元，占地面积7.66万m^2，2015年底已建成投产，达纲年将生产2万t乘用车高强度紧固件。

（3）2014年11月13日，中航国际珠海公司航空标准件保税仓储基地正式开建，未来将建成亚洲地区最大规模的航空标准件保税仓储集成供应基地。该项目填补了中国航空制造产业链的空白，将有力地推动中国航空制造尤其是民机制造走向世界的进程。项目一期工程总投资5亿元，建设规划用地33 000m^2，2015年底完工，2016年上半年正式投入运营。未来将形成年销售收入10亿美元、利税1亿美元的规模，为珠海航空产业的发展打造了新的增长点。

（4）株洲市中航标准件项目的建立系航空产业发展关键性项目之一，占地面积6.67万m^2，规划生产面积约22 000m^2，辅助面积11 000m^2，主要生产航空发动机标准件、钢制件，将建成国内一流的航空零部件专业化生产基地。

（5）许多企业在提高环保意识的基础上，加大了环保投入。如浙江宇星螺母有限公司引进了意大利EJP-TOSCA抛丸机，用离心抛丸方法机械清除线材表面的氧化铁皮，达到了理想的环保效果。永年县投资2 000多万元，建立了污水处理系统，规范电镀企业统一进园区，实现了监管治理一体化，解决了年需电镀50万t紧固件的环保问题。

（6）许多企业重视检测试验的意识提高，花力气，下本钱，纷纷建立了国家认可或省级紧固件实验室。如江苏海门标准件产品质量监督检测中心成为省级实验室，浙江高强度紧固件有限公司建成了国家认可重点实验室，春雨（东莞）五金制品有限公司获得了国家实验室认可证书等。永年县和汉光重工有限公司共建紧固件上档升级试验基地，预计投资5亿元，占地面积6.67万m^2；永年县正在筹建“永年县标准件研究院”。航天精工河南公司组建了“河南航空航天紧固件工程技术研究中心”，致力于航空航天紧固件的检测技术研究。“宁波思进冷镦成形装备研发中心”也被认定为浙江省级高新技术企业工程技术中心等。

2010年前，我国紧固件行业呈国有、民营、合资三足鼎立的格局。目前，这种局面已改变，民营企业已占80%，国有和合资企业各占10%。但我国紧固件行业的装备水平仍处于中等水平，除合资企业使用较多国外设备外，一般企业仍优先选用国产设备，国内生产设备的市场占有率达到90%以上，国产设备中的国产化率达到95%以上。以本行业最主要的冷镦机为例，全行业拥有约10万多台，进口设备占8%，国产台资品牌占15%，国产外资品牌占5%，其余为国内自有品牌的设备。国内自有品牌的部分设备还出口到东欧、东南亚、中东、南非和中亚一带。

2011年以来，为加强紧固件行业的技术装备改进工作，行业还重点做了以下工作：

（1）加强与钢铁企业合作，已开发出高纯精度、高性能、高质量的冷镦钢，尤其是不锈钢、特种钢（耐腐蚀、耐高温、抗疲劳）、非调质钢和工艺精线。

（2）大力推进非调质钢及低温快速球化新工艺和免退火新技术，提高了冷镦用原材料加工水平。

（3）加强和提高工模具制造技术水平，采取超高硬度和超韧性的新型材料，推广真空热处理、新型表面镀覆工艺，提高了工模具的精度和寿命。

（4）借鉴日本、欧美及我国台湾的冷镦机制造先进技术，用信息技术促进升级换代，提高了精度及整机的稳定性和生产效率。

（5）紧固件行业面对国内外市场需求，注重发展了热处理（包括渗碳）产品，使之达到总量的50%以上，重点是10.9级以上高强度紧固件及各类非标异形件；重点发展组合螺钉及组合件、不锈钢紧固件、IT产业微型螺钉、自锁类紧固件、钛合金紧固件、汽车专用紧固件及各种表面处理、化学涂料类紧固件，不断提高全行业的产品档次和水平。

20世纪80年代，我国紧固件行业形成过以十大紧固件企业为首的布局状态，其中沈阳、上海、北京、西安、广州和重庆等地的企业都有相当的规模，但在市场经济的激烈竞争面前，这些企业或破产，或转产，或兼并，或萎缩，都经历了剧烈的企业资源重组。目前，我国紧固件行业通过近 40 年的发展，已形成了一个崭新的结构布局。

现在，全国紧固件生产企业超过 8 000 家，其中规模以上企业近 2 000 多家。在过去的 5 年，江、浙、沪、冀、粤等地区的紧固件企业相对集中。

目前，全行业超亿元以上的企业有 200 多家，销售收入为 400 多亿元，约占全国销售收入的 60%，出口创汇千万美元以上企业有 60 多家，占全行业出口创汇的 80% 左右。这些企业抓住改革开发的机遇，坚持走技术创新之路，学习国外先进技术和经验，提高劳动密集型产品的技术含量，不断改变紧固件行业经济增长方式，使企业得到飞速发展，成为紧固件行业各具特色的大集团。其中主要有上海标五高强度紧固件有限公司、浙江晋亿实业股份有限公司、常熟标准件厂、宁波金鼎高强度紧固件有限公司、浙江乍浦实业股份有限公司、海盐宇新螺母总厂、上海申光高强度螺栓有限公司、东风汽车紧固件有限公司、一汽富奥汽车零部件有限公司紧固件分公司、山东高强紧固件有限公司和浙江明泰标准件有限公司等。

宁波金鼎高强度紧固件有限公司面对国内外高强度紧固件产品的需求，主动调整产品结构，加大 8.8 级以上，尤其是 10.9 级、12.9 级高强度螺栓的生产力度。先后投入 1 亿多元，进行技术改造，对冷镦设备，关键热处理生产线和在线检测设备等进行专项改造，全公司实现 ERP 电子化管理，生产和质量水平大大提高，高强度产品内外销售保持较快增长的势头，年销售额达 7 亿～ 8 亿元。

温州明泰标准件有限公司投资 3 亿多元，征地 13.3 万 m^2，购进数十台较先进冷镦和螺纹加工设备，进口日本清永热处理生产线，生产在线检测，实行“零缺陷”质量控制，其产品已批量供应上海大众汽车有限公司和上海通用汽车有限公司，2014 年销售收入突破 10 亿元，成为乘用车紧固件生产的排头兵。

海盐宇新螺母总厂面对低性能产品过剩，竞争加剧的局面，主动调整产品结构，大力发展 8 级以上各种螺母和非标螺母，并投入 5 000 万元新建生产车间，调整全厂布局和工艺流程，以适应高端螺母要求，从而使企业仍保持平稳增长，并成为螺母行业最具活力和竞争力的企业。

上海申光高强度螺栓有限公司、上海金马高强度紧固件有限公司、上海高强度螺栓厂有限公司、宁波九龙高强度紧固件有限公司和宁波中京紧固件有限公司等一批原生产钢结构高强度螺栓的企业，加大了投资力度，加强冷、温成形装备更新改造。以适应风电、水电等新能源及高铁和城市交通等行业对大型高强度紧固件的需求，使企业生产仍保持较强的生产能力，从而生产效能和生产效益有较大增长。

中航科技总公司与海盐地区紧固件企业联手，投入数亿元，加大钛合金和高低温合金钢、韧性钢及航空航天紧固件的生产技术和装备输入，力争打造航空紧固件生产基地。

浙江乍浦实业有限公司与西安飞机集团公司合作，投入 1 亿多元，形成钛合金螺钉及航空专用件生产能力，为国产飞机提供服务。

杭州西子集团和烟台正大集团公司先后投资近 10 亿元，采购国内外一流生产设备，建成钛合金等航空航天紧固件生产基地。

进入 21 世纪，市场竞争进一步加剧，为了保持紧固件行业的持续稳定地发展，紧固件行业在“发展中调整，在调整中提升”的新思路指导下，坚持以市场结构、产品结构为抓手，推进企业重组和产业集聚，促进全行业增长方式的转变。

紧固件产品量大面广，最适宜组织专业化生产，在“十二五”期间，我国紧固件产业进入了一个成长期，同时也进入一个集中期。

目前，企业的发展遇到了能源、原材料、反倾销等一系列问题，加上土地、人力资源的紧张，行业急于寻找新的出路。因此，行业确立的战略转移，一是以港口为中心，在周边建成若干个出口型的紧固件基地，可以减少物流成本，运输更加便利。上海标五高强度紧固件有限公司就是一个典型的成功范例。 上海标五高强度紧固件有限公司投资 1 亿元，搬迁到上海宝山杨行工业区后，再投资 2.3 亿元，在物流装备上，引进了 2 套全自动立体仓库，库位达 27 000 个，可存放 2 万 t 紧固件。其中 1 个立体仓库就长 100m，宽 45m，上下 19 层，全自动堆垛机负责全部产成品的存储。该公司智能化管理在国内紧固件行业处于领先水平，建立了规模化的以物流配送为主的服务体系，体现了现代生产服务业的先进性。在变化的市场环境中，提升了竞争能力和盈利能力。

二是以钢厂为中心（钢厂的合理物流距离应为 300km 的半径范围内），周边建成若干个大的紧固件生产基地，这样可以提升产业集中度，降低成本，形成产业链，提高行业的核心竞争力。邢台紧固件有限公司就是这方面的典型，公司现为邢钢的全资子公司，占地面积 66.67 万 m^2，投资 3 亿多元，建成十几万平方米的厂房，主要生产高强度紧固件，日产能为 200t 紧固件。这种方式形成了上游有邢钢的年产 300 万 t 优质高速线材，中间是紧固件制造，下游则是已经形成的永年紧固件市场和占地面积 24.67 万 m^2、建筑面积 70 万 m^2 的沙河机械通用零部件市场，构成了产供销的产业链。这个产业链优化了物流低成本优势，又具有上下游产业信息互动、快速反馈的优势。这是一个政府、协会、企业合力推动产业结构调整的成功示范。目前，永年县的紧固件企业已达 3 000 多家，号称“三十万人搞生产，十万大军出永年，千辆大车搞物流，家家户户出老板”。 2014 年，紧固件产量达 281 万 t，产值 183 亿元。同时，在建的标准件产业城，预计总投资 32.5 亿元。另外，浙江海盐已建成的中国国际紧固件五金城投资 11 亿元，占地面积 22.33 万 m^2，建筑面积 50 万 m^2，可容纳 1 000 多家紧固件企业进场经营。

2011 年以来，除已有的紧固件集聚地日趋成熟外，又有一些省份筹建新的紧固件工业园区。如 2014 年 6 月 23 日，安徽联华紧固件产业园项目签约，该项目位于合肥长丰县，计划占地面积333.35万m^2（5 000亩）。又如，2013年，韶关紧固件产业园由广东省科学技术厅和韶关市科学技术局倡导、广东省部分紧固件骨干企业和科技金融机构发起、科研技术服务机构参与建立。首期占地面积25.8万m^2（387亩），将依托粤科集团强大的资金支持作后盾，打造符合本产业特点的产业金融模式，以全新的产业链合作模式推动广东紧固件行业发展。2011—2015年我国紧固件行业主要经济指标见表2。

表2　2011—2015年我国紧固件行业主要经济指标

年份	总产量（万t）	销售额（亿元）	出口		进口	
			总量（万t）	金额（亿美元）	总量（万t）	金额（亿美元）
2011	680	660	258.92	46.64	26.40	29.38
2012	660	650	246.40	45.12	25.15	28.73
2013	680	685	255.86	46.04	27.32	29.99
2014	720	710	280.00	52.40	30.80	34.50
2015	730	710	280.70	52.00	27.00	28.60

目前，我国是全球紧固件制造第一大国，也是紧固件进出口大国，出口额大于进口额，处于贸易顺差状态。据中国机械通用零部件工业协会紧固件分会统计，2015年全国紧固件产量达730万t，占世界紧固件总产量的43%左右；销售收入710亿元，占世界总销售额的13%左右，真正成为世界紧固件制造大国。2015年，我国紧固件出口量280.7万t，出口额52.0亿美元，主要出口国家前10位的是美国、俄罗斯、日本、德国、土耳其、阿拉伯联合酋长国、巴西、韩国、印度和澳大利亚。2015年进口至我国的紧固件为27.0万t，进口额28.6亿美元，主要进口国家或地区前10位的是日本、德国、韩国、中国台湾、美国、意大利、法国、西班牙、捷克和荷兰。

紧固件虽小，但具有广泛的通用性和互换性，世界经济发展离不开它，因而市场巨大。在党的改革开放方针指引下，紧固件产品国际化步伐加快。随着世界经济的复苏，各国家和地区对紧固件的需求也不断增长，同时，我国紧固件产品具有质量好、服务优、诚信度高、价格有竞争性的优势，自1962年开始进入东南亚市场，直至进入欧美等国家。20世纪90年代，我国紧固件制造技术的进一步提升，制造能力也得到较快发展，促进了紧固件产品出口的快速增长，紧固件产品分别出口到欧洲、北美洲、亚洲和非洲等100多个国家和地区。2014年，出口总量达到280万t，出口创汇52.40亿美元，出口总量和出口创汇分别比1992年的19.33万t、1.77亿美元增加14.48倍和29.60倍，平均增幅达15%以上，成为世界上紧固件出口第一大国。因此，紧固件产品也成为中国机电产品出口关键拳头产品之一。2011—2015年我国紧固件（钢制品）出口产品见表3。

表3　2011—2015年我国紧固件（钢制品）出口产品

产品品种	2011年		2012年		2013年		2014年		2015年	
	出口量（万t）	出口额（亿美元）	出口量（万t）	出口额（亿美元）	出口量（万t）	出口额（亿美元）	出口量（万t）	出口额（亿美元）	出口量（万t）	出口额（亿美元）
方头螺钉	1.79	0.25	1.97	0.32	2.19	0.45	1.96	0.41	1.44	0.31
其他木螺钉	7.08	1.09	7.56	1.12	8.16	1.13	9.15	1.27	8.01	1.02
钩头螺钉及环头螺钉	1.06	0.22	1.27	0.30	1.79	0.41	1.25	0.31	1.11	0.29
自攻螺钉	16.47	3.05	18.49	3.49	19.80	3.64	22.85	4.17	22.57	4.26
其他螺钉及螺栓，不论是否带有螺母或垫圈	124.89	21.92	113.37	20.40	118.33	21.11	124.85	23.10	126.43	23.05
螺母	49.89	8.99	46.10	8.33	47.35	8.34	52.61	9.40	48.84	8.71
其他钢铁制螺纹制品	30.75	5.07	32.95	5.16	33.16	4.92	38.56	5.61	38.84	5.24
弹簧垫圈及其他防松垫圈	2.94	0.57	2.91	0.56	3.09	0.59	2.75	0.54	2.24	0.46
其他垫圈	13.92	2.57	13.26	2.52	14.33	2.66	16.22	3.03	14.61	2.77
铆钉	3.98	1.05	2.73	0.94	2.21	0.85	1.56	0.56	1.37	0.52
销及开尾销	3.15	0.99	2.96	1.12	3.05	1.16	3.26	1.29	3.28	1.29
其他钢铁制无螺纹制品	3.02	0.86	2.83	0.86	2.40	0.80	2.88	0.93	2.90	0.99
总　计	258.92	46.64	246.40	45.12	255.86	46.04	277.90	50.63	271.62	48.63

注：表中为钢制品紧固件。

我国紧固件进出口贸易额的不断上升，也推动着我国紧固件行业对外交往的不断增加，特别是1984年8月，中国紧固件工业协会的成立，促进了我国紧固件制造业和国外同业的联系和交往，全国平均每年有30～40批经济、贸易、技术代表团赴欧洲、日本及东南亚、北美、非洲等国家和地区考察访问和洽谈贸易与合作。协会每年组织2～3次专业性技术交流，邀请国外专家和学者进行辅导和交流，大大推动了全行业经济贸易和技术的进步。

至今，我国紧固件行业已与世界上主要紧固件生产企业建立了关系，同时也与美国、英国、意大利、德国、日本、韩国等国家及中国香港、中国台湾地区的紧固件协会建立了交往机制。亚洲五地域紧固件交流会每年轮流在中国大陆、日本、韩国及中国台湾和中国香港地区举行。通过这一系列交流活动，扩大了交流，增进了友谊，促进了紧固件业的共同发展。

同时，我国作为一个紧固件出口大国，在国际贸易中，也屡遭反倾销冲击。其中，欧盟和美国的紧固件反倾销案件在我国国际贸易摩擦中受到广泛关注。

时间最长、影响最大的案件是欧盟对原产于我国的钢铁紧固件进行的反倾销案。2007年11月，欧盟对原产于我国的钢铁紧固件进行反倾销立案调查。2009年1月，欧盟对此案作出反倾销肯定性终裁，对我国钢铁紧固件产品征收高达85%的反倾销税。自此，我国紧固件在欧洲市场的份额从26%大幅下滑至0.5%，使我国紧固件企业遭受到重大损失。自欧盟对我国紧固件反倾销以来，我国出口到欧盟地区的紧固件总量大减，出口金额从2008年10.8亿美元降到了2014年0.89亿美元，下降了90%以上，1 000多家企业遭受损害，导致10多万人失业，许多企业已经倒闭或濒于破产。

2009年7月，我国就欧盟对我国紧固件反倾销措施诉诸世贸组织争端解决机制。2011年7月，世贸组织上诉机构裁定，欧委会在本案程序和实体诸多方面违反世贸规则，此后中方一直密切关注欧委会对上述机构裁决的执行情况。2013年10月，我国政府再次利用世贸组织争端解决机制提起执行之诉，要求欧委会彻底纠正本案中的所有违规做法。2016年1月18日，世贸组织就我国诉欧盟对我国钢铁紧固件的最终反倾销措施案（DS397）发布执行异议程序上诉机构报告。全面支持了中方的立场和主张，再次裁定欧方对我国产品维持至今的反倾销措施违反世贸规则。

2016年2月27日，欧盟委员会发布公告称，根据WTO争端解决机构的相关裁决，决定自公告发布次日正式取消对原产于我国钢铁紧固件的反倾销措施，同时，取消对自马来西亚转口紧固件的反规避措施。

欧盟对我国紧固件产品反倾销案，是我国通过世界贸易组织首次状告欧盟并终裁获胜的第一案，也是我国就贸易摩擦走完WTO争端机制、专家组原审、上诉程序及提起执行之诉的全部程序的第一案，更是我国获得“报复权”之案的第一案。

另一起是美国的案件。2009年9月23日，美国纽科公司（Nucor Fastener Division）向美国国际贸易委员会（ITC）和美国商务部（DOC）递交申请书，要求对我国出口的碳钢紧固件发起反倾销反补贴“双反”调查。2009年11月6日，在中国机械通用零部件工业协会紧固件分会和紧固件企业积极应对和强烈要求下，美国国际贸易委员会以6∶0投票结果拒绝了对中国大陆和中国台湾公司在美国市场倾销某种标准钢紧固件的投诉展开调查。认定中国大陆和中国台湾省的部分输美碳钢紧固件不存在补贴或倾销，并终止调查。

由于受到倾销进口紧固件的影响，国内同类产品的销售价格受到抑制，国内产业无法承受不断增长的成本压力，导致利润率下滑甚至亏损，进而导致国内产业无法实现投资回报，现金流恶化，生产经营活动受到严重影响。具体而言，在国内市场需求总量基本保持不变的情况下，国内产业出现开工率下降、库存大幅增长。国内产业开工率从77%下降到调查期内的72%；抽样企业的库存从2.4万t增加到调查期内的3.8万t，增长幅度高达58%。同时，国内产业出现亏损，导致投资回报率和现金流恶化。表明国内产业由于欧盟的反倾销，未能从产销量和收入的增长中获益，而是遭受了实质性损害。

因此，2010年6月28日，商务部发布对欧盟碳钢紧固件反倾销调查终裁，裁定卡马克斯工厂鲁道夫·凯乐曼有限公司反倾销税率6.1%，所有其他欧盟公司反倾销税率26%。

调整推动了行业企业间兼并重组的步伐。上海集优机械股份有限公司在兼并上海高强度螺栓厂、上海市紧固件和焊接材料技术研究所的基础上，又收购了荷兰百年老企业纳特史洛夫公司，2014年销售收入大大增加，成为全行业第一个突破50亿元销售额的龙头企业，开启了资本运作，收购国外著名企业的先河。浙江君浩紧固件有限公司兼并上海哈迪威公司；浙江瑞安标准件有限公司兼并重庆市两个地方紧固件企业，开拓汽车和摩托车配件市场；深圳航空标准件有限公司兼并上海卓越汽车零部件有限公司；浙江万丰奥特控股集团公司收购上海达克罗涂复有限公司等。由于国内外市场竞争的加剧，必然推动企业向外发展，如常熟标准件厂、宁波金鼎紧固件有限公司、浙江乍浦科技有限责任公司等10多家紧固件企业，分别到匈牙利、马来西亚、印度尼西亚等国家和地区投资建厂，开启了外向型经济的步伐。这些成功的兼并重组和海外投资，充分说明行业中的龙头骨干企业要保持稳步发展，都在积极寻找着自己发展的空间。全行业80%的骨干企业仍保持增长势头。

调整是动员会，调整是及时雨，调整更是企业生存发展的强大动力，早调整，早得益。全行业面向市场，面向先进制造业和高端客户，坚持创新驱动，加快结构调整和转型升级，推动全行业健康发展。通过近5年的努力，紧固件行业已基本能满足汽车、新能源、高铁和航空航天高端产业的需求，全行业仍保持较平稳的增速，2014 年产量达 720 万 t，销售收入为 710 亿元，比 2010 年分别增长 16.13% 和 18.33%。出口总量创历史新高，达 280 万 t，出口创汇 52.4 亿美元，比 2010 年分别增长 25% 和 15.13%；质量水平大大提高，经济效益有所提高。

同时，涌现出如浙江明泰标准件有限公司、江苏常熟标准件厂、上海标五高强度紧固件有限公司为代表的龙头企业和年销售收入超亿元的 200 多家骨干企业，这些企业年销售收入总额达 400 多亿元，占全国紧固件销售收入的 60%；年出口创汇 1 000 万美元以上的 60 多家企业，占全国紧固件出口创汇的 80%；全行业规模以上企业达 2 000 多家，累计销售收入占全国紧固件销售收入的 75% ～ 80%。由此可见，改革调整，使全行业集中度有了很大的提高。

截至 2015 年 3 月，已批准发布的紧固件现行国家标准 435 项，其中基础标准 80 项，产品标准 355 项；机械行业标准 35 项，其中基础标准 25 项，产品标准 10 项。截至 2014 年 12 月，ISO/TC2 共制定现行国际标准 186 项。目前，已被等同和修改（等效）采用的 ISO 标准 183 项，国家标准转化率达 98.4%。采用国外先进标准的现行国家标准有 11 项，列入计划 13 项。全国紧固件标准化技术委员会在采用国际标准方面处于国内领先地位。

综观过去，我国紧固件持续 20 多年高速增长后，市场需求、生产能力、产业组织方式、生产要素、相对优势、市场竞争特点、资源环境约束、经济风险、资源配置模式和宏观调控方式、融资投资格局等已发生了趋势性的变化。随着我国经济发展进入新常态，紧固件增长的速度必将从高速转向中速；发展方式从规模速度粗放型转向质量效益集约型；结构调整从增量扩能为主转向存量和增量并存升级的深度调整；发展动力从传统增长点转向技术创新增长点；新常态、中国制造 2025、一带一路的国家战略将给我国紧固件业带来新的发展机遇。

〔供稿单位：中国机械通用零部件工业协会紧固件分会秘书处〕

大 事 记

2013—2015年紧固件行业大事记

2013年

1月

24日　紧固件分会组织召开了行业迎新团拜会，分会领导和各地会员代表、港台和国外同行欢聚一堂，大家回顾和分析了行业的发展趋势，鼓舞了士气，坚定了信心，增进了友谊，增加了凝聚力，取得了较好的效果。

4月

8日　中国机械工业联合会、中国机械工业品牌战略推进委员会对中国机械工业优质品牌企业进行表彰。紧固件行业中，常熟市标准件厂的大力牌、晋亿实业股份有限公司的“CYI牌”、宁波金鼎紧固件有限公司的“JDJ牌”、东风汽车紧固件有限公司的“东风牌”、浙江乍浦实业股份有限公司的“瓦标牌”5家企业的品牌上榜。

18日　全国紧固件标准化技术委员会（SAC/TC85）发布《经确认的紧固件制造者识别标志公告2号》。

6月

3日　紧固件分会在浙江海盐召开了紧固件出口研讨会。24家出口重点企业的30多位代表一起分析了紧固件行业出口现状和趋势、影响出口的深层次原因并探讨了走出困境的措施和对策。

19—20日　紧固件分会在上海成功举行了五地域紧固件协会交流大会，中国、韩国、日本及中国台湾、中国香港地区的代表共180多人围绕2012年各地区紧固件产业的发展情况进行了交流。会议期间，代表们参观了宝钢高线厂和上海紧固件专业展。

20日　紧固件分会在上海召开了各地方协会会长会议，布置了相关工作并听取了各地方协会的汇报。会议要求各地方协会加强调研，深入了解企业现状，分析行业面临的困难，与企业共同探讨对策。同时，希望各地区面对当前形势，要坚持依靠科学发展观解决前进中的问题。

20日　“全球紧固件产业CEO大会”在上海成功举办。全球紧固件主要企业CEO会师上海，7位世界紧固件行业重量级人物就“建立紧固件世界新秩序”这一主题发表见解，共同探讨国际紧固件行业的发展前景。

27日　国家质量监督检验检疫总局公布了高强度紧固件产品质量国家监督抽查结果。2013年第二季度共抽查了河北、辽宁、上海、江苏、浙江、安徽、山东、河南、湖北、重庆和四川11个省、直辖市40家企业生产的40批次高强度紧固件产品，有6批次产品不符合标准的规定。

月内　四川省质量技术监督局2013年二季度对省内生产的机械零部件产品质量进行了专项监督抽查。其中紧固件抽查10家企业10批次产品全部合格。

月内　根据人社部《中华人民共和国职业分类大典》修订工作的整体部署，紧固件分会完成制定了其中的“紧固件职业分类”工作。在国家修典的同时，分会受人力资源和社会保障部机械工业职业技能鉴定中心的委托，主持编制了《紧固件制造工国家职业标准》。

7月

26日　紧固件分会发出《关于应对欧盟反倾销日落复审调查的通知》。欧盟委员会2013年5月28日发布公告称，对原产于中国的钢铁制紧固件的反倾销措施即将于2014年2月正式到期，成员国内企业须在本公告发布之日，至正式到期日3个月前的时间内向欧盟委员会提交反倾销日落申请。

欧盟的反倾销案是我国紧固件行业涉案企业最多、案值最大、影响最深远的案件。分会希望各涉案单位高度重视与认真对待这次日落复审调查与裁决，积极通过有效途径或原诉讼渠道，努力正面反映我们的正当诉求，以期取得最大利益。

10月

11日 鉴于欧盟对原产于中国的钢铁制紧固件的反倾销措施即将于2014年2月正式到期，冯金尧会长致函欧盟主席SCHAPS先生，代表中国紧固件广大出口企业希望欧盟能认真面对现实，聆听欧洲和中国企业家的正当呼吁与诉求，以欧共体的长远利益为出发点，考虑和权衡社会产业、工业用户、进口商、分销商和最终消费者各方面的利益，从而在此案日落时终止征税。并希望今后加强中欧紧固件行业的对话和交流，加深彼此的理解，促进双方的经贸关系保持在健康的、互惠互利、合作双赢的轨道上。

28日 紧固件分会在上海举行了“高强度紧固件行业准入条件”研讨会。与会代表对该准入条件的草稿进行了热烈的讨论，提出了许多建设性的建议与设想。此前，为引导高强度紧固件产业健康、有序和可持续发展，促进高强度紧固件行业产业结构优化升级，遏制低水平重复建设和产能盲目扩张，保护生态环境，推进节能减排，提高资源和能源利用水平，提升我国装备制造业整体实力，根据有关法律法规和产业政策，分会起草了《高强度紧固件行业准入条件（草案）》。

29日 宁波思进机械股份有限公司接到上海机电设备招标有限公司中标通知书——上海申光高强度螺栓厂采购305L多工位冷镦机成功中标，中标金额为588万元。该机型为该厂研制的新产品，成形力5 880kN，可制螺栓直径36mm，为目前国产最大的冷镦机。

11月

月内 东风汽车紧固件有限公司武汉工厂正式投产，总投资1.93亿元，占地面积7.66万m^2，达纲年产2万t乘用车高强度紧固件。

12月

13日 第二十六届全国经济贸易与技术交流会在上海举行。会上，分析总结了行业情况，工信部有关领导、著名经济学家分别介绍了国内外经济形势和中共十八届三中全会的有关政策。报告会使大家受到启发和教育，对行业和企业的发展具有指导意义。

年内 紧固件重点项目成功立项。

（1）“高强度紧固件高速精密镦锻成形技术”项目列入工信部《产业关键共性技术发展指南》。

（2）科技部2013年度国家重点新产品计划颁布，紧固件行业3个项目获得立项：①宁波思进机械股份有限公司的“高速精密多工位冷镦成形成套装备”课题获得工信部批准，列为“高档数控机床与基础制造装备”科技重大专题。课题年限为2013年1月至2015年12月。②安徽巢湖铸造厂有限责任公司的“高速铁路扣件系统—— WJ-8型扣件”。③贵州航天精工制造有限公司的“双线螺栓和浮动螺母组件”。

年内 评选出2013年度中国机械通用零部件紧固件新产品项目特等奖7项，优秀奖12项。

2014年

1月

16日 紧固件分会就欧盟紧固件日落复审调查商协会召开预警电话会议，要求企业积极配合抱团应诉，同时，行业协会要组织企业开展行业无损害抗辩。并提出3项建议，着手准备。一是收集并整理好企业2013年的出口数据，二是就行业无损害抗辩律师选聘，三是要与当地商务主管部门和行业协会及时联系。

20日 紧固件分会组织召开行业迎新茶话团拜会，邀请了各地方协会领导和部分中外企业代表近30人汇聚一堂，根据中央有关精神，会场气氛简朴热烈，大家畅所欲言，回顾了2013年的艰辛，表达了对新一年的期待。大家表示，要以积极主动的姿态面对环保、能耗、搬迁、用工、信贷和汇率等压力，力争在新的一年中把握机遇，改革重组，稳中求进。

21日 紧固件分会向全行业发布《关于积极应对欧盟紧固件反倾销案的通告》要求企业积极参与和支持机电商会与分会提出的无损害抗辩及应诉工作，加强与商会和协会的联系。希望大家同心协力，表现出灵活务实的态度和解决问题的智慧，使本案取得最好的结果。

月底 在中国机电产品进出口商会和分会的组织下，有16家紧固件骨干企业聘请了以傅锦辉律师为首的锦天诚律师事务所，向欧盟再次发起无损害抗辩。

2月

4日 永年县一年一度的标准件厂商联谊暨产品展示会举行。2014年的标准件厂商联谊暨展示会共达成供货协议2 300余份，成交金额18亿元，创历年之最。

14日 中国机电产品进出口商会就欧盟紧固件日落复审召开应诉工作电话会。会议通报了前期情况，部署了后续工作。要求企业应当抓住此次日落复审和政府之诉的契机，积极应诉。

欧盟对中国产碳钢紧固件的反倾销案是我国紧固件行业历年来涉案金额最大、涉案单位最多、影响最深远的案件。

3 月

12 日 紧固件分会在合肥召开紧固件分会七届三次常务理事会。冯金尧会长主持会议，66 位常务理事和列席代表参会。冯金尧会长代表分会向大会作了工作报告。部分企业就改革发展的经验作了交流发言。会议介绍了大家关注的欧盟对中国产碳钢紧固件反倾销案新的进展情况。中国机电产品进出口商会和律师事务所的同志对此案作了分析与指导。代表们实地考察了安徽紧固件产业园项目，了解了紧固件工业园投资环境及相关政策。

12 日 紧固件分会在合肥再次举行了“高强度紧固件行业准入条件”研讨会。工信部装备司机械处、协会领导和全国 50 多位有关企业的领导和专家对新版本准入条件又进行了一次热烈的讨论，大家提出了许多建设性的建议与意见。与会代表认为，应该慎重、科学地制订该准入条件，切实为紧固件行业发展创造条件。希望组织有关专家对相关企业作深入调研，广泛征集民意，以便对草案作进一步补充修改与完善。

月内 航天精工河南公司研制成功某型号伺服机构用紧固件，该系列产品全部使用低磁新型材料，包括 05Cr17Ni4Cu4Nb、3JI、高温合金 GI41、GH696 等，与普通合金钢相比，该类材料的耐蚀性更强。

4 月

13 日 五地域紧固件协会交流大会在中国台湾高雄举办，大陆代表团 52 人参加会议。各地代表围绕过去一年本区域内紧固件业的发展情况进行了交流。代表团还参观了中国台湾螺丝展览会、中国台湾紧固件企业和中国台湾螺丝博物馆等。

5 月

月内 经有关专家多次讨论和修正，并经工信部审核，《高强度紧固件行业准入条件》征求意见稿予以公示。

6 月

19 日 紧固件分会在上海召开了各地方协会会长会议，布置了相关工作并听取了各协会的汇报。会上，各地会长汇报了本地区上半年的经济状况和协会工作，并就下半年工作提出了建议。

23 日 安徽联华紧固件产业园项目签约，该项目位于合肥长丰县，计划占地面积 333.4 万 m^2。

月内 上海集优机械股份有限公司成功竞投收购全球最大的紧固件公司之一——荷兰耐德史洛夫公司（Nedschroef），该公司成立于 1894 年，是欧洲领先的汽车和航空紧固件生产商之一，目前年销售 10 亿欧元，企业市值 3.25 亿欧元，雇员 1 500 人。这次收购项目将进一步巩固上海集优机械股份有限公司在我国以及全球高端紧固件市场的强势地位。这个项目开启了紧固件行业海外收购兼并的先例。

7 月

22 日 美国国际贸易委员会发布公告，对原产于中国的钢制螺杆作出反倾销日落复审产业损害肯定性裁决，美国将继续对原产于中国的钢制螺杆征收反倾销税（征收 55.16% ～ 206.00% 的反倾销税）。

8 月

21 日 加拿大决定维持对原产于或进口自中国和中国台湾的碳钢紧固件产品的反倾销措施，并且维持对原产于中国的碳钢紧固件的反补贴措施（对于合作的出口企业，其涉案产品将获得正常价值；对于不合作的出口企业，其涉案产品将按照出口价格的 170% 征收反倾销税）。

月内 浙江省最大的紧固件生产基地——宁波镇海生产的紧固件日前被浙江名牌战略推进委员会认定为该行业全省唯一的区域名牌。

9 月

4 日 国家工商行政管理总局商标局发文，认定济南实达紧固件有限公司“平标及图”商标为驰名商标。

12 日 为进一步加强行业环保节能工作，交流先进环保经验和技术，紧固件分会在浙江海盐召开了“全国紧固件行业环保节能现场交流会”。各地方协会会长和骨干企业负责人 40 多人参会。期间，参会代表到海盐宇星螺帽有限公司实地参观了公司引进的德国设计意大利制造的抛丸机，该机利用离心抛丸方法机械清除线材表面的氧化铁皮，是一种保护环境的新技术（无酸洗污染）。

月内 航天精工某航空型号用 TC16 钛合金紧固件制造工艺创新项目取得重大突破。在原 TC16 钛合金紧固件热镦成形制造工艺的基础上，航天精工通过技术升级，成功实现了某航空型号用 TC16 钛合金紧固件连续冷镦成形，这在国内尚属首次。

12 月

10—12 日 紧固件分会在成都召开第 27 届紧固件经贸和技术洽谈会，来自全国各地的 500 多位行业代表参会。工信部运行监测协调局、中国机械工业联合会领导等出席大会并讲话。冯金尧会长以“新常态下中国紧固件业发展的思考”为题作了主旨演讲报告。会上，上海标五高强度紧固件有限公司专题介绍了公司在结合行业经验及自身优势成功地推出了电商平台的做法，并率先成功地将无线射频RFID物联网技术应用于客户看板管理，并注册发明专利。上海标五高强度紧固件有限公司“以电商为抓手，做大做强销售”，为行业树立了一个现代化物流的典范。其他5家中外企业也分别对各自的新技术和新设备做了交流介绍。

月内 贵州省质监局官网发布2014年4季度紧固件产品质量监督抽查结果公告。公告称，为加大贵州省工业产品质量监督，保障工农业生产安全和广大消费者人身财产安全，近期该局组织对全省部分紧固件生产企业产品质量进行了监督抽查。本次抽查涉及贵阳和遵义2个地区5家企业生产的紧固件产品13批次，1家企业的1个批次的产品检验不合格，问题产品检出率为7.7%，问题企业发现率为20%。

月内 浙江省发改委和省国土厅联合下发了《关于印发2014年浙江省重大产业项目名单的通知》（浙发改投资〔2014〕904号），2014年全省共安排135个项目纳入省重大产业项目库，其中，浙江明泰标准件有限公司年产6万t汽车高强度紧固件项目成功列入。

年内 在经济下行的压力下，紧固件行业积极努力，实现了稳中有进，取得了令人瞩目的好成绩。全年生产量达720万t，销售金额达到710亿元。出口量达到280万t，金额52.4亿美元，同比增长分别为9.4%和13%，内外销均创历史新高。

年内 紧固件行业2家企业发展项目纳入国家强基工程序列：①浙江明泰标准件有限公司的轿车用高强度铝合金螺栓生产技术的开发及产业化项目。②浙江西子航空紧固件公司的航空抽芯铆钉开发及产业化项目。

2015年

1月

18日 中国航天标准化研究所紧固件检测试验室暨航天标准紧固件研究与检测中心检测试验室华东分部揭牌仪式在浙江大潮航天科技有限公司隆重举行。这标志着杭州拥有了第一家具有航天标准紧固件力学性能、理化及综合检测资质的第三方检测服务机构。

2月

15日 邯郸市立功高强度紧固件有限公司收到国家工商行政管理总局商标评审委员会的裁定书，该公司的“李立功LiLiGong”商标被认定为“中国驰名商标”。

7日 紧固件分会组织召开行业迎新茶话团拜会，邀请了各地方协会的领导和部分中外企业代表近30人汇聚一堂，大家总结交流，谋划发展。会议气氛喜庆祥和、热烈简朴。

9日 航天精工贵州公司研制的“锯齿环锁紧双头螺柱组件”被贵州省人民政府授予贵州省科技进步三等奖。该项目成功解决了锯齿环推齿成形技术以及螺柱外齿与锯齿环内齿的配合精度难题，组件产品装配性能好、可靠性高，在国内处于领先水平，具有良好的市场前景和经济社会效益。

27日 山西省质监局发布高强螺栓质量监督抽查结果，本次共对全省1家企业生产的1个批次以及太原市市场上经销的由省外企业生产的14个批次，共计15个批次的高强螺栓质量进行了监督抽查，合格13个批次，不合格品检出率为13.3%。

3月

11日 冯金尧会长率团访问欧洲，与欧洲紧固件制造业协会代表团就欧盟对华紧固件反倾销日落复审案件进行了坦诚的交流，并达成共识：“双方应团结一致，共同致力于欧盟消除误解和误判，双方对抗且不交流是没有出路的，借日落复审之时，顺应发展潮流，排除一切干扰，增进双方交流和互信。共同建立一个交流平台和工作平台，以利于中欧紧固件业回到正常轨道上来，推进双方的合作，共同发展。”

26日 浙江省紧固件行业协会二届二次会员代表大会召开。

26日 宁波市紧固件工业协会举行第四届会员代表大会。大会选举樊玉龙为会长，徐鹏飞为秘书长。宁波紧固件工业协会成立于2000年10月，现有会员114家，其中规模以上企业占95%。有33家会员企业的年销售额超亿元。

分会会员企业目前获得中国驰名商标的有5家，省名牌6家，省市出口名牌产品3家，浙江省著名商标8家，浙江省知名商号1家，浙江省工程技术中心6家，国家高新技术企业8家，国家级实验室3家，院士工作站1家。

27日 欧盟对原产于中国的钢铁制紧固件作出反倾销日落复审终裁：对中国涉案产品继续采取反倾销措施。随即，中国商务部在召开的例行新闻发布会上表示，延长对中国企业的征税决定并非明智之举，中方希望欧委会客观审视欧盟产业状况，克制使用贸易保护措施。中国机电产品进出口商会发表声明称，中国紧固件产业对此裁决结果表示强烈反对。

紧固件分会发表中英文声明，表示坚决反对，强烈要求欧盟对华碳钢紧固件日落复审进行重新裁决。声明发往中外有关媒体网站和欧盟总部。

27日 广东省紧固件行业协会2015春节联谊会在东莞帝豪花园酒

店举行。

27日 河北省质量技术监督局在其官网通报2014年河北省标准件等4类产品专项监督抽查情况，其中，标准件方面，抽查了邯郸、沧州两市56家生产企业的100批次产品，经检验，44家生产企业的86批次产品合格，12家企业的14批次产品不合格，抽查不合格率为14.0%。

4月

27日 紧固件分会七届四次常务理事会在河北黄骅召开。冯金尧会长主持会议，50多位常务理事和列席代表参会。中国机械通用零部件工业协会王长明常务副理事长作重要讲话。冯金尧会长在会上作了主题发言，总结和布置了协会的工作，并详细解读了行业"十三五"发展规划。通报了大家关注的欧盟对中国产碳钢紧固件反倾销案的进展情况。中国国际贸易促进委员会领导也在会上对此案作了分析与指导。代表还实地考察了黄骅工业园项目，并与黄骅市领导举行交流座谈会。

5月

22日 上海市紧固件工业协会举行电商平台建设专题报告会。

6月

28日 商务部发布2015年第18号公告，决定对原产于欧盟的进口碳钢紧固件所适用的反倾销措施进行期终复审调查。此前，紧固件分会和部分企业向政府提出诉求，协助律师向政府和有关部门提供大量材料，并得到了中国贸促会的大力支持。

月内 河南济源钢铁集团成功试生产出汽车轮毂螺栓紧固件用钢SCM435，直径24mm的大盘卷，标志着济钢的汽车紧固件用钢开发取得新进展。

7月

2日 冯金尧会长率紧固件分会代表与欧洲协会代表在上海进行交流工作组预备会。会上，双方对日落复审结果阐述了各自的立场。

3日 西子航空紧固件有限公司与法国空中客车公司签署航空紧固件标准件设计、开发、制造和供应的采购框架协议。该协议的签署，代表着空中客车公司将发展西子航空紧固件公司为其一级供应商，并纳入其2016—2020年采购计划。西子航空紧固件公司承担了工信部"工业强基"项目和浙江省重大科技攻关项目，研制成功的抽芯铆钉和抽芯螺栓，填补了国内产业空白，已经成为中航工业与中国商飞公司的合格供应商。

22日 工信部"高强度紧固件准入条件"正式发布，本规范条件自2015年9月1日起正式实施。

8月

7日 WTO争端解决机构公布了我国诉欧盟紧固件反倾销措施案执行之诉专家组报告，裁决欧盟执行世贸裁决的措施依然违反世贸规则，中方胜诉。专家组报告裁定欧盟在国内产业界定、倾销幅度计算及替代国企业信息披露等核心问题上违反世贸规则，这意味着欧方在反倾销调查中，对中方使用的替代国作法在很多方面是违反世贸规则的，欧方对此应做出根本改变。

9月

26日 永年县公布2015年以来的重要任务，从原料酸的经营、运输、使用及废酸回收等环节入手，重拳整治标准件行业废酸污染。并实施了"利剑斩污""零点行动"等环保专项行动。永年县施重拳整治标准件行业，8家酸洗厂关停。

10月

12日 紧固件分会组团参加每年一届的五地域紧固件协会交流大会。2015年会议在中国香港举办，中国大陆、中国台湾、中国香港、韩国和日本协会共191家企业参会。以总会杨学桐理事长为团长的大陆紧固件代表团39人参会。各地代表围绕2014年本区域内紧固件业的发展情况及进出口数据展开交流，并听取德国专家关于"工业4.0"的专题演讲和5个协会专家的专题报告。

12—16日 ISO/TC2国际标准化组织紧固件技术委员会在美国新奥尔良召开。我国作为ISO/TC2的P成员国一直积极参加国际标准化活动，反映我国紧固件产业诉求和意见，还与各国专家充分交流。自2005年以来，已连续9次（除2010年美国会议因签证原因缺席）参加ISO/TC2国际会议。

20日 温州市紧固件行业协会举行成立十周年暨三届三次会员大会。该协会成立十年间，温州市紧固件工业总产值以年均9.8%的速度增长。拥有国家驰名商标8件，省市著名、知名商标13件，并有6家企业参与国家标准制定。温州拥有"中国紧固件之城"称号。十年中，温州市紧固件整个地区亿元产值以上的生产型企业从5家增长到31家，规模企业从不到100家增长到460余家，5亿元以上企业实现了"零"的突破。

月内 国网浙江省电力公司起草的机械行业标准《紧固件拉－扭复合试验机》通过工信部批准并颁布。该行业标准是公司首次以第一起草单位编制的跨行业技术标准。标准详细规定了紧固件螺纹紧固特性用拉－扭复合试验机的技术要求、检验方法、检验规则、标志和包装等，适用于电力施工、机械制造、建筑工程等研究和应用领域。

11月

9日 贵州省质量技术监督局在其官网公布了2015年金属紧固件、金属钉产品质量监督抽查结果。本次抽查涉及贵阳市、遵义市3家企业生产的金属紧固件、金属钉产品4个批次。未检出问题产品。

12月

10—12日 紧固件分会在南昌召开第28届紧固件经贸和技术洽谈会。全国各地500多位行业代表齐聚南昌，总会领导和中国贸促会有关领导出席会议并讲话。冯金尧会长作了题为“坚持党的发展新理念 再创中国紧固件业新辉煌”的长篇报告。报告分析现状、发展方向，结合行业十三五规划，展望实现紧固件强国梦之路。会上，5家中外企业分别对各自的新技术和新设备作了介绍。

年内 有3个项目列入工信部工业强基专项，在“十三五”期间实施，它们是：①浙江乍浦实业公司所属浙江高端紧固件有限公司的“航空航天紧固件高效生产关键技术及产业化示范”专项。②上海上标汽车紧固件有限公司的“研发轿车高性能异形紧固件系列产品”专项。③中国紧固件行业技术服务平台建设方案。

年内 在全行业的共同努力下，紧固件分会编制了紧固件行业“十三五”发展规划。

年内 全行业有9家企业获专精特示范企业称号。获中国机械通用零部件行业自主创新优秀新产品特等奖的有12家企业的14个产品。获优秀奖的有15家企业的19个产品。有11家企业被认定为行业重点骨干企业，4家企业被认定为重点出口基地。

年内 申报工信部技术改造和强基项目共4项。其中强基项目2项：汽车高性能异形紧固件系列产品精密成形研发及产业化和航空航天紧固件高效生产关键技术及产业化示范项目。技改项目1项：350km/h高速铁路配套扣件系统。

另外，根据实施共性技术、短板设备（装备）攻关的专项计划，已申报六模六冲智能冷成形机关键技术的研究及产业化项目。

〔供稿单位：中国机械通用零部件工业协会紧固件分会秘书处〕

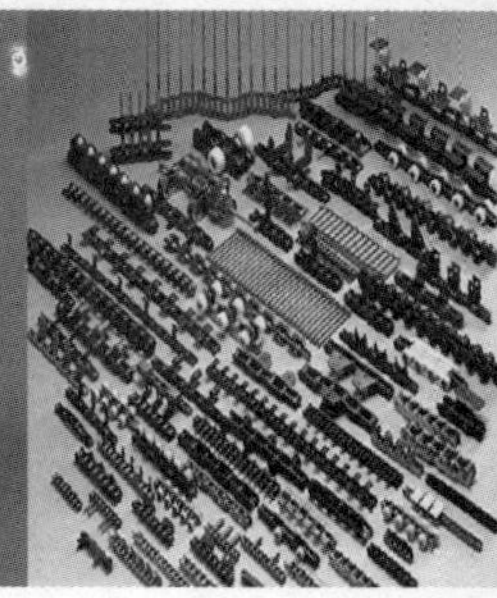

中国机械通用零部件工业年鉴 2016

Ⅵ 粉末冶金行业卷

回顾总结我国粉末冶金行业近年的经济运行状况，记录行业生产、技术和新产品发展情况；分析国内外市场动向，提出行业“十三五”期间发展的总体思路、发展目标及政策建议；粉末冶金行业大事记

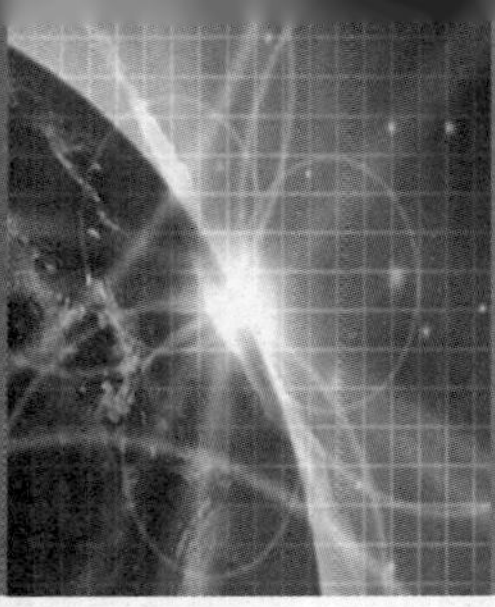

中国机械通用零部件工业总览

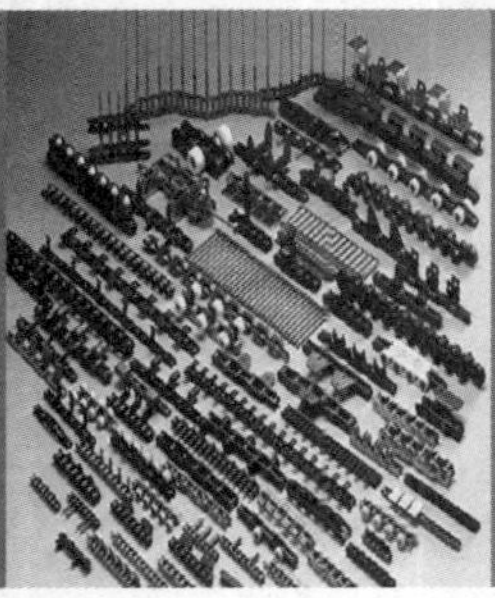

链传动行业卷

齿轮行业卷

弹簧行业卷

紧固件行业卷

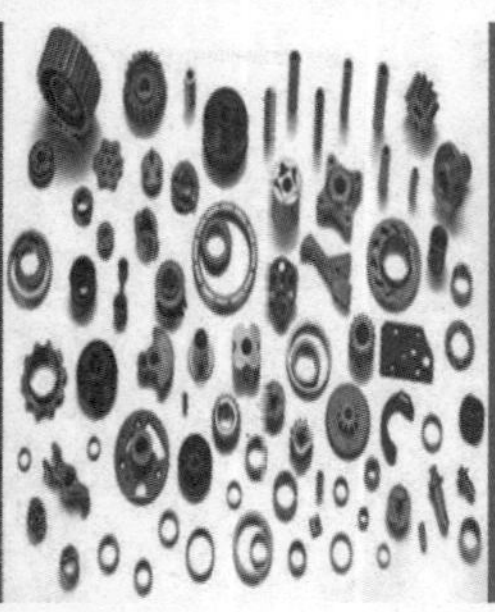

粉末冶金行业卷

传动联结件行业卷

中国机械通用零部件工业年鉴 2016

Ⅵ 粉末冶金行业卷

综　述

粉末冶金零件行业“十三五”发展规划（摘选）

一、发展现状与面临的形势

（一）发展现状

1. 粉末冶金行业产业规模、产业结构

粉末冶金工艺具有节能、节材以及工艺流程短的特点，是典型的绿色制造技术，也是许多特殊高性能新材料制备的核心技术。粉末冶金制造工艺广泛应用于制造汽车零件、摩托车零件、家电零件、五金工具和产业机械零件，粉末冶金产品广泛应用于IT产业、航空航天、船舶工业等领域的铁基和铜基结构零件、减摩自润滑零件以及摩擦零件。

粉末冶金技术工艺与其他金属加工工艺（如机械加工、铸造、锻造等）相比，具有材料利用率更高、能耗更低和更适于大批量规模生产的特点。

粉末冶金零件主要包括：铁基或铜基粉末冶金结构零件、粉末冶金含油轴承、粉末冶金摩擦材料和摩擦片、粉末冶金多孔材料及过滤元件等。

（1）产业规模情况。根据中国机械通用零部件工业协会粉末冶金分会的统计，2011—2015年粉末冶金行业主要经济指标见表1。

表1　2011—2015年粉末冶金行业主要经济指标

名　称	2011年		2012年		2013年		2014年		2015年	
	数值	同比增长（%）	数值	同比增长（%）	数值	同比增长（%）	数值	同比增长（%）	数值	同比增长（%）
销售量（t）	161 297	-0.3	158 032	-2.0	175 232	10.9	191 849	9.5	174 682	-8.9
销售额（万元）	525 198	5.6	532 234	1.3	588 632	10.6	619 208	7.4	606 949	-2.0
利税总额（万元）	63 695	-16.5	47 854	-24.9	61 418	28.3	71 712	16.8	74 550	4.0
出口交货值（万元）	56 867	-9.4	62 426	9.8	60 617	-2.9	64 67	6.2	72 132	12.1

注：以上数据源自中国机械通用零部件工业协会粉末冶金分会53个粉末冶金机械零件企业统计，约占全国总量的60%。

“九五”至“十二五”期间，我国粉末冶金行业发展持续呈现良好发展态势，粉末冶金零件销售额的复合增长率最高达到13.92%，粉末冶金零件产量的复合增长率最高达到12.83%。1996—2015年粉末冶金行业销量及销售额见图1。

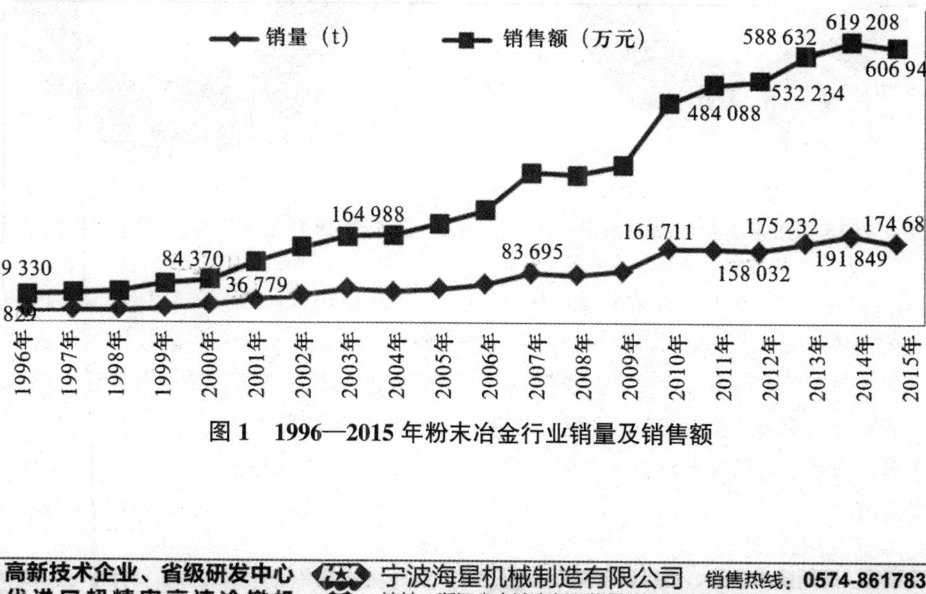

图1　1996—2015年粉末冶金行业销量及销售额

（2）产业结构情况。“九五”至“十二五”期间，我国粉末冶金零件产业的产量从1996年的21 829t、销售额59 330万元，增长至2015年产量的174 682t、销售额606 949万元，而其中2014年更是达到了产量的191 849t、销售额619 208万元的同时，粉末冶金的产品结构也发生了很大的变化。其中，按粉末冶金零件产量的5年平均占比统计，汽车零件由“九五”期间的21.6%持续增长至“十二五”期间的48.9%；摩托车零件从“九五”期间的9.1%持续增长至“十一五”期间的18.1%后，快速回落至“十二五”期间的9.7%；家电零件从“九五”期间的28.9%迅速增长至“十五”期间的38.2%后，逐渐回落至“十二五”期间的21.9%；农机零件从“九五”期间的11.4%逐渐下降至“十二五”期间的2.2%。

“九五”期间，粉末冶金产品的销量占比见图2。“十二五”期间粉末冶金产品的销售额占比见图3。

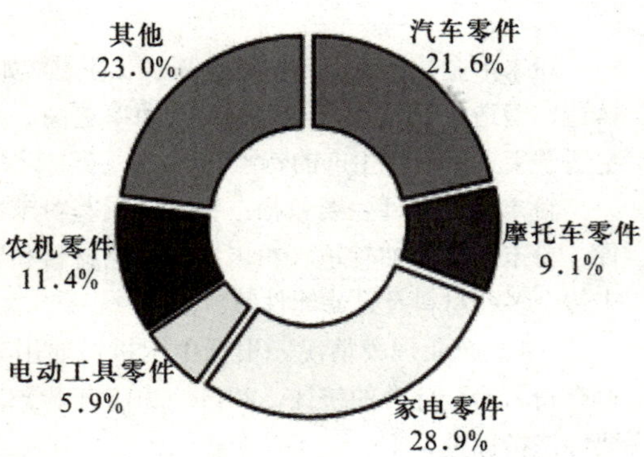

图2 “九五”期间粉末冶金产品的销量占比

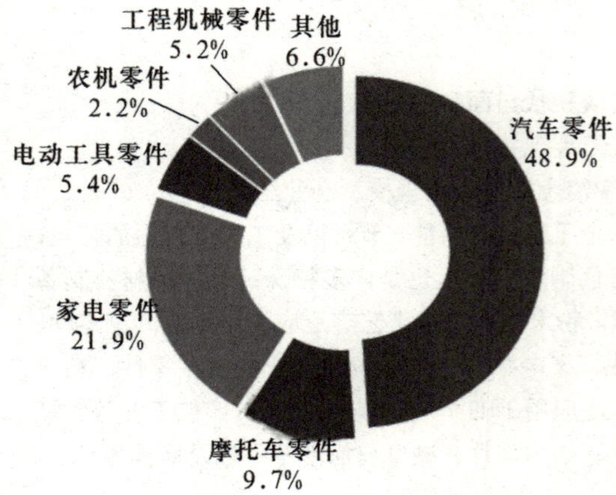

图3 “十二五”期间粉末冶金产品的销售额占比

2015年度汽车零件的产量占比达到了54.0%，而销售额占比更是达到60.7%。我国粉末冶金汽车零件市场需求增长，使得粉末冶金汽车零件市场占比稳步增长；家电零件的市场需求逐渐趋稳，占比也略有下降；粉末冶金摩托车零件的市场则在“十一五”后下降幅度更为明显，也反映出我国粉末冶金零件市场变化的一个特点；农机零件从“九五”期间的11.4%逐渐下降至“十二五”期间的2.2%。2015年粉末冶金产品的销量占比见图4。2015年粉末冶金产品的销售额占比见图5。

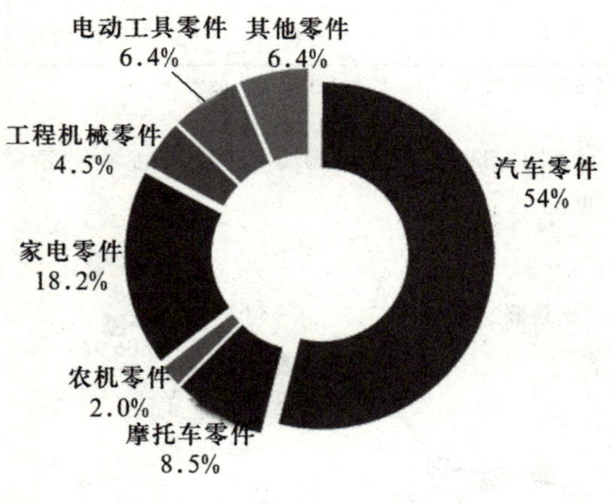

图4 2015年粉末冶金产品的销量占比

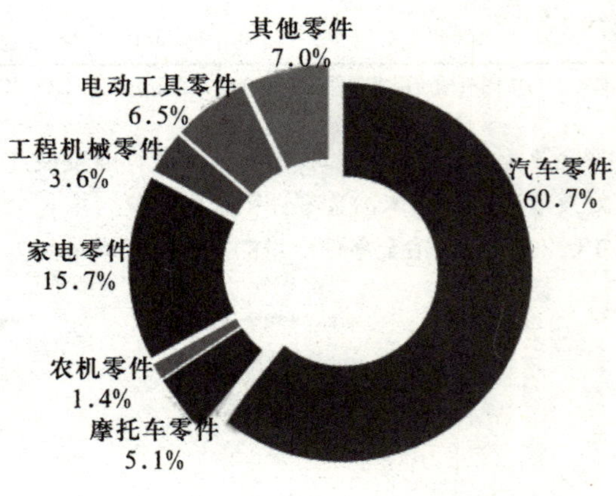

图5 2015年粉末冶金产品的销售额占比

2．粉末冶金行业产品质量及为重大装备配套能力

从粉末冶金结构零件的配套市场来看，相对于家电、摩托车等产业，汽车产业对粉末冶金零件质量要求更高。从“九五”至今，我国粉末冶金产业为汽车工业配套的粉末冶金零件不断提升，表明了我国粉末冶金零件的产品质量总体是在不断提高的。

另一方面，根据发达国家和地区的统计，平均每辆轿车使用粉末冶金零件的数量在10kg以上。中国机械通用零件工业协会粉末冶金分会统计的我国粉末冶金零件企业2014年度生产的粉末冶金汽车零件为96 706t，以我国2014年度乘用车产量1 991.98万辆计算，平均每辆轿车仅使用了国产粉末冶金零件约4.8kg，即尚有约50%的粉末冶金汽车零件仍由汽车制造商直接进口，或随高端部件直接进口，或由国外粉末冶金企业在我国的独资企业直接供应。可以看出，我国本土的粉末冶金企业在提供粉末冶金高端汽车零件方面尚有很大的发展空间，也体现出我国粉末冶金企业从整体水平上与国际水平尚存在较大差距。

此外，国内尽管有许多生产粉末冶金含油轴承的企业，但高质量的粉末冶金含油轴承生产企业很少。高端粉末冶金含油轴承包括用于汽车的ABS系统、尾气调节系统/ETC电子节气门、汽车空调冷却/加热系统、座椅电动机/天窗电动机/车窗电动机等，以及刮水器；电子产品主要用于手机振动电动机等。

重大装备方面包括商业飞机、高速火车等的制动盘、风力发电制动系统和船舶制动系统用的摩擦材料（片）等。

3．我国粉末冶金零件产业技术基础和综合能力效率状况

相对于发达国家和地区，不仅我国的粉末冶金零件产业起步较晚，与粉末冶金零件产业相关的产业，包括原材料、专用设备，甚至粉末冶金零件应用领域的汽车、家电等行业发展也较晚。因此，我国粉末冶金零件产业的技术基础较低，行业内企业技术基础差距很大，行业的综合能力以及企业效率等相对较低，且企业间生产能力和效率差距很大，呈现出高度的不平衡状态，产能构成也不尽合理，相对低端产品的产能较大，而高端产品的产能却严重不足。

（二）我国粉末冶金零件产业存在的差距和问题

纵观我国粉末冶金产业的发展历程，随着我国经济的高速发展，粉末冶金产业的规模及技术水平也不断发展，我国的粉末冶金零件产业也在国际粉末冶金产业界享有了一定的地位，但与发达国家和地区的粉末冶金产业仍存在一定的差距，主要表现在以下3个方面。

1.高端粉末冶金零部件仍大量进口

由于汽车零件的质量要求较高，对粉末冶金零件供应商的质量可控性要求甚严，国内多数粉末冶金零件企业尚不能获得高端汽车部件企业，特别是国际汽车部件企业的供货认可。高端粉末冶金汽车零件，如汽车VVT/VCT用粉末冶金零件、汽车变量泵、真空泵用粉末冶金零件仍有相当数量或直接进口，或是与部件一同进口。

工程机械中的高端液压元器件，包括高端的粉末冶金液压零件也尚不能满足客户的质量认可，仍有相当数量的相关粉末冶金零件依赖进口。

2.粉末冶金产业结构不甚合理，产品品质差距明显，生产综合收益低

粉末冶金产业的发展依赖于企业的技术提升。我国粉末冶金产业经历了30年的发展，特别是近20年的快速发展后，产业格局基本明朗。一些具有核心技术的企业发展迅速，并继续保持着良好的发展态势，另一部分企业则开始面临较为严峻的考验。究其原因是缺乏核心竞争力，同质化发展趋势明显，造成了在中低端粉末冶金领域价格竞争激烈，而参与中高端零件生产的企业不多，仍有相当的市场需求通过进口来满足。因此，我国粉末冶金零件产业结构不甚合理。

经过近年来的发展，行业内企业技术发展差距拉大，一些规模较小的企业技术改造的投入明显不足，不仅与国外企业相比，其产品质量差距明显，即使与国内较好企业的产品相比，质量差距也在扩大。同质化竞争也造成一些中小企业的收益明显下降。

3.我国粉末冶金装备信息智能化水平有待进一步提高

我国的粉末冶金产业过去20年的快速发展，依赖于粉末冶金装备和原材料的国产化。但是，随着产业的发展，特别是汽车工业对粉末冶金零件的需求的增长，对我国粉末冶金产业的装备及原材料的要求进一步提高。近十几年，高端粉末冶金汽车零件的生产对高端专用装备的依赖度越来越高，包括全数控的成形压力机、可控气氛的烧结设备和数控的模具制造设备等。尽管不少专用设备企业正在努力提升国产化装备的信息化、智能化水平，但从现状看，我国粉末冶金产业要全盘追赶国际先进水平，其装备信息智能化水平还有待进一步提高。

（三）我国粉末冶金零件产业面临的形势：机遇与挑战

1.我国粉末冶金零件产业发展的新常态、新特征

中国机械通用零部件工业协会粉末冶金分会统计的我国粉末冶金行业1996—2014年的销售额复合增长率为13.92%，其中，“十一五”期间（2006—2010年）销售额的复合增长率高达17.45%，而“十二五”期间的前4年（2011—2014年）销售额的复合增长率已降至6.35%；另一方面，“十二五”期间的前4年（2011—2014年）行业的工资总额的复合增长率则达到了11.18%。

我国粉末冶金零件行业的增长速度下降的同时，人工成本却在以较高的速度增长，企业正面临更大的挑战，这也将成为行业未来几年发展的新特征。

2.我国的产业转型升级大形势要求粉末冶金零件走向高端

（1）我国汽车产业的升级要求要求促使粉末冶金零件走向高端。随着我国汽车保有量的增加，以及汽车排放对环境影响的加深，汽车的轻量化和采用节能减排技术等，为粉末冶金产业带来新的发展机遇，特别是高端的VVT/VCT用粉末冶金零件以及变量泵粉末冶金零件等，对粉末

冶金技术提出了更高的要求，带来了对高端粉末冶金零件的需求。

（2）我国装备制造业转型升级为粉末冶金产业带来了新的需求。对于粉末冶金机械零件来说，解决液压元器件等高端粉末冶金零件依赖进口的现状，对粉末冶金产业提出了新要求。

另外，我国的高铁、风电、商用飞机等的发展，也对粉末冶金摩擦材料的发展提出了新的要求。

3. 国际经济格局的压力倒逼粉末冶金零件产业创新发展

经济的全球化和美、日及欧洲工业发达国家和地区发展速度的减缓，以及我国经济的快速发展，特别是近年来我国汽车工业的高速增长，使得以汽车零件为代表的主流粉末冶金零件制造企业快速向我国集聚，使我国本土的粉末冶金零件企业受到了前所未有的市场挤压，尤其是我国高端粉末冶金汽车零件市场被工业发达国家和地区的粉末冶金零件企业所占据，我国的中低端粉末冶金零件市场已经出现激烈的价格竞争，我国粉末冶金零件企业的发展空间受到挤压，倒逼中国企业只有通过产业技术创新，提升技术来促进产业发展。

4. 重大配套领域市场需求预测

（1）高端粉末冶金汽车零件。随着我国环保形势的严峻，汽车工业也积极采取各种节能减排技术，减少汽车使用对环境的负面影响，如汽车中开始广泛采用 VVT/VCT 部件等。VVT/VCT 部件中的核心零件为粉末冶金链轮、定子和转子。

另外，汽车的真空泵和变量泵也将新增高端的粉末冶金零件。

目前，这些高端粉末冶金零件主要由国外粉末冶金零件企业直接提供或与部件一同进口。

根据我国汽车工业发展规模的初步预测，这些高端粉末冶金汽车零件的国产化进度在逐渐加快，预计在未来 5 年的年市场需求量约为 25 亿元，年新增粉末冶金产量约 4 万 t。

（2）高精度粉末冶金含油轴承 。随着各大汽车主机厂的成本压力越来越大，越来越多的粉末冶金含油轴承替代了原先其他种类的轴承，应用于汽车的各类电动机之中。比如汽车 ABS、ETC、EGR、EPB 等。而客户端对噪声、耐磨性、耐高低温和耐强振性的要求越来越高，这就要求生产者能制造出更加高精度的粉末冶金含油轴承。

同时，由于汽车部件对使用环境的高低温要求不断提高，使得含油轴承对润滑油的高低温性能有了更高的要求。如何选择性能优秀且价格合适的润滑油，对我们来说意义重大。另外，使用固体润滑剂的粉末冶金轴承也会更多地用于汽车上一些特殊的工作环境（如尾气调节系统）。

在移动电子设备方面，应用于智能手机振动电动机中的极小含油轴承的市场需求逐渐加大（ϕ0.7mm×ϕ1.4mm× 0.6mm、单重 0.005g），这类极小含油轴承在振动电动机中工作方式是线性滑动的，对含油轴承的材质性能和润滑油性能有很高的要求。

这些高精度、高性能的粉末冶金含油轴承需求预计未来 5 年每年将有 5 亿元。

（3）高端粉末冶金摩擦材料。随着人类社会和经济的迅猛发展，特种车辆及工程机械的负载不断增加，车辆速度之大幅提高，原有摩擦材料已不能满足现有工况，主要表现为摩擦材料在高温下的摩擦因数的稳定性不能满足主机的要求，使材料表面发生烧损、过铜、热变形，究其原因，主要是因为材料的热负荷能力低。为解决这一问题，采用纳米增强高性能铜基摩擦材料或粉末冶金金属材料与非金属材料复合或陶瓷化可较好地解决重载使用中的问题。

这类技术的应用，可显著提高铜基摩擦片的耐热性能和耐磨性能，增加摩擦片的使用寿命和性能稳定性，在特种重载车辆上有广泛的应用前景。

高能量负荷喷撒摩擦材料与传统的压烧摩擦材料相比，其特点是密度轻、孔隙率高、耐热性好、噪声小、摩擦性能稳定，尤其是在生产过程中采用无磨削和无切削加工工艺既大幅提高了材料的利用率又提高了生产效率，且降低了生产成本，因此，其应用前景十分广阔。

二、编制粉末冶金零件产业“十三五”发展规划的指导思想与发展目标

（一）指导思想

编制中国粉末冶金零件行业“十三五”发展规划，旨在从行业管理层面提升国家支柱产业自主、健康发展，提高我国高端制造业自主配套能力，实现制造业的转型升级。加强我国的工业基础材料、核心基础零部件、先进基础工艺和产业技术基础，是我国产业发展的核心所在，也是促进我国粉末冶金零件转型升级的基本保障。

粉末冶金零件行业是核心基础零部件和现今基础工艺的重要组成部分。

编制中国粉末冶金零件产业“十三五”发展规划的指导思想：着眼战略全局，适应经济发展新常态，以提高粉末冶金产业的核心创新能力和提高发展质量效益为中心，以粉末冶金产业的结构调整转型方式为重点，以信息智能化制造技术为发展的主线，突破一批核心技术，提升粉末冶金产品的质量效益，破解重大装备“空壳化”问题，加快实现基础件制造强国目标。

（二）发展目标

（1）满足我国汽车产业对高端粉末冶金零件的需求，逐步实现高端粉末冶金汽车零件的进口。

（2）提升我国粉末冶金行业企业的自主研发能力，逐步实现高端粉末冶金零件与主机的同步设计、同步开发和同步生产。

（3）通过市场化手段形成我国粉末冶金产业内部的差异化发展和良性竞争的良好生态，实现资源的有效配置。

（4）通过培育一批粉末冶金行业内的“专、精、特”企业，逐步培育出3~5家具有国际知名度的粉末冶金专业企业，其生产规模、品牌影响力和技术水平能够与国际著名的粉末冶金专业企业（集团）比肩，并成为国际知名汽车、重大装备的粉末冶金核心供应商。

三、加强粉末冶金核心产品研究开发，提高自主创新能力

（一）粉末冶金零件产业发展路线图

根据我国粉末冶金零件产业现状及技术发展方向，确定我国粉末冶金零件产业发展愿景为：具有更高精度、性能更优越、质量更稳定，成本更可控的粉末冶金零件产业。

我国粉末冶金零件产业技术发展路线图见图5。

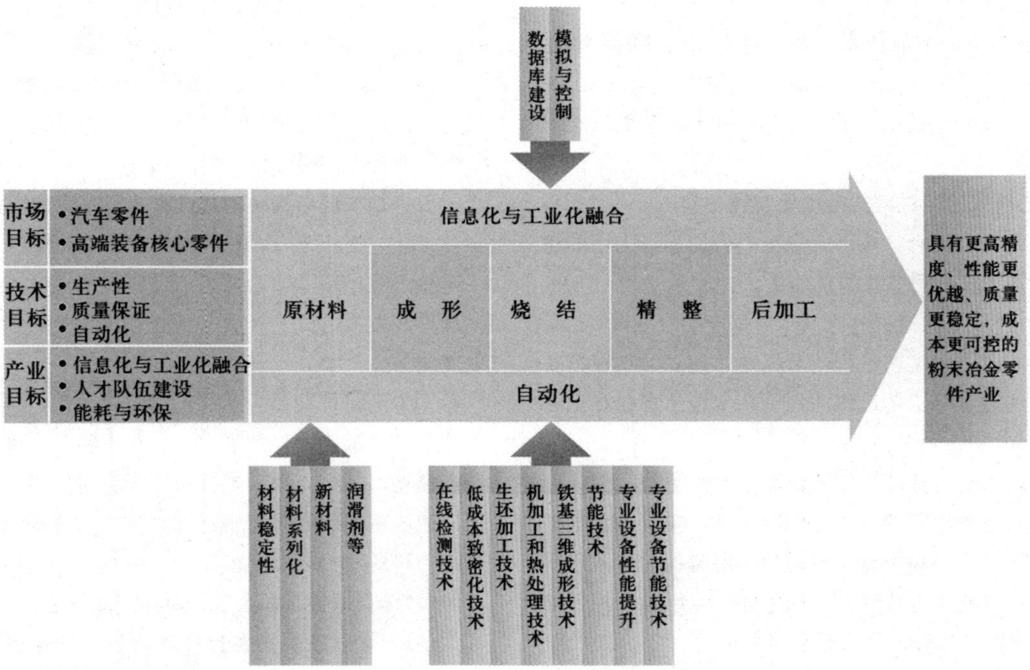

图5 我国粉末冶金零件产业技术发展路线图

我国粉末冶金零件产业发展分3个层次的目标：市场目标、技术目标和产业目标。

1．第一层次目标：市场目标

（1）汽车零件。突破高端粉末冶金汽车零件市场，改变高端汽车粉末冶金零件进口的现状，包括直接进口和与部件一同进口的现状。

（2）高端装备核心零件。满足我国装备制造业发展对高端粉末冶金零件，特别是核心零件的需求。

2．第二层次目标：技术目标

（1）生产性。提高粉末冶金零件的生产性，特别是批量生产的能力。

（2）质量保证。满足高端粉末冶金零件市场对质量的要求，特别是汽车工业对零部件“零缺陷”的要求。

（3）自动化。出于劳动力成本上升的刚性压力，以及为减少因人工带来的制造过程的不确定性，自动化是技术目标的层次要求。

3．第三层次目标：产业目标

产业目标是实现产业发展愿景的最终保障。主要包括：

（1）信息化和工业化融合。这是实现产业发展模式升级的标志。

（2）人才队伍建设。产业的健康发展需要有一支有持续技术支撑的人才队伍，人才队伍必须呈现出层次性。

（3）能耗与环保。为保证社会的可持续发展，塑造现代文明生产和现代文明消费将成为新理念。

我国粉末冶金零件产业制造过程的“三线”推进

1．粉末冶金零件产业核心技术工艺过程的技术发展

主要包括：

（1）原材料。解决原材料的质量稳定性（满足质量要求和自动化需求）、材料的系列化（针对解决不同产品的特定需求）、新材料（解决新的市场需求），以及润滑

剂等添加辅料（解决成形的工艺需求）等。

（2）与核心技术工艺相关的问题：

1）在线检测技术。针对不同工序的在线无损检测。

2）低成本致密化技术。与原材料、成形和烧结等工序相关。

3）生坯加工技术。与原材料及加工工艺相关，降低加工成本和道具损耗。

4）机加工和热处理技术。后加工所包含的各种工艺技术，保证粉末冶金零件的精度和性能。

5）节能技术。贯穿于整个核心技术工艺的节能。

6）专业设备的性能提升。以获得更高精度、更好性能的硬件保证。

7）专业设备的节能技术。减少对资源消耗的重要环节之一。

8）铁基三维成形技术。“量大面广”的铁基零件的“3D”成形技术。

2．核心技术工艺过程的自动化发展

实现从配料、混合、成形、烧结、后加工等工序的自动化，以及各工序之间串联的自动化。

3．核心技术工艺过程的“两化”深度融合发展

首先，通过创建工艺过程的数据库，建立数字模拟系统，进而实现对整个工艺过程的控制，实现信息化和工业化的深度融合。

（二）高端专用材料和专用装备的跨界合作开发

基于粉末冶金工艺的少／无切屑特点，粉末冶金零件产业技术水平提升与高端专用材料和专用装备的技术水平关系密切，材料的基本特性及其稳定性、专用装备的精度等对高端粉末冶金零件的制造影响很大。

粉末冶金零件产业使用的高端专用材料和专用装备的质量、性能提升，已不是粉末冶金材料厂家或专用装备厂家独家可以解决的问题，粉末冶金零件制造企业须与材料生产企业、专用装备制造企业深度合作，并需要其他专业人士，如数字模拟技术专家、有机化学专家、电子专家的跨界合作开发。

建立以粉末冶金零件企业为核心的，兼容各类专家的跨界合作平台，是未来提升粉末冶金零件产业技术水平的重要环节。

（三）节能环保专用装备开发

尽管粉末冶金工艺被公认为节能、环保的技术工艺，但减少粉末冶金产业对环境的影响仍然是未来产业发展的重要环节。其中，降低粉末成形压机和烧结设备的使用能耗，不仅能降低粉末冶金零件企业的日常生产成本，提高产业的竞争能力，同时也将提升粉末冶金产业的整体技术水平。

节能环保专用装备的开发也将是“十三五”粉末冶金相关产业的重要课题之一。

四、推进质量品牌战略，切实加强质量控制薄弱环节

通过市场的公平竞争，发挥市场在配置资源中的决定性作用，淘汰质量低劣、经营不善、污染环境的落后企业，在竞争中以质量取胜，创造出知名品牌。

（一）加强粉末冶金零件制造过程质量的有效控制

注重粉末冶金零件质量的提升，不仅要控制粉末冶金零件原材料的质量，也要严格控制制造过程的质量，包括操作人员的工作质量。

随着粉末冶金汽车零件需求的增长，对粉末冶金零件的质量控制要求更高，在提高工作质量和管理质量的同时，企业应着手研究生产过程的自动化，以及以数字化和信息技术相结合，提高质量控制的水平。

（二）重视推进标准的国际化工作

随着经济全球化，应注重推进行业现行标准与国际“接轨”，提高执行标准的先进性，并逐渐推进我国粉末冶金零件行业标准的国际化工作。

五、加快调结构转方式进程，提高企业综合竞争力

（一）培育“专、精、特”企业，加快产业结构调整

鉴于我国粉末冶金零件产业结构的现状，加快产业结构调整和发展方式的转变是促进粉末冶金产业健康、稳定发展的前提。

一方面，行业内企业应通过技术改造，逐渐形成各自的核心竞争能力，以发展“专、精、特”实现企业的产品结构调整。另一方面，发挥市场在资源配置中的决定性作用，通过市场的公平竞争，优胜劣汰，逐渐形成行业的合理结构和良好发展“生态”。

1．选择世界对标企业、对标产品赶超

（1）企业应根据各自技术特色，选择更适合于自身发展的方向和路线，选择确定世界对标目标企业。行业内规模较大的企业可以以国际粉末冶金行业的知名企业为对标企业，较小规模企业可以选择国外相当规模但更具独特技术特点的企业为对标企业，明确自身发展目标和方向。

（2）根据各企业选择对标企业的不同，明确对标的产品，如高强度粉末冶金汽车零件、高精度粉末冶金含油轴承、高性能粉末冶金摩擦材料等。

2．开展“专、精、特”企业培育工程

继续开展粉末冶金产业的“专、精、特”企业培育工程。进一步量化“专、精、特”的具体指标，并建议政府相关部门基于国家“强基”战略的一个重要组成部分，将粉末冶金零件产业的培育“专、精、特”企业培育工程列入国家“强基”发展战略的“五年”或“十年”计划之中，利用政府引导资金的示范作用和杠杆效应，切实从政策及服务方面给予支持。

3．支持大型企业集团发展

积极支持粉末冶金零件产业的大型企业集团的发展，

对带动中国粉末冶金零件产业发展，提升中国在国际粉末冶金产业界的地位十分重要，是中国由目前的粉末冶金零件生产大国向粉末冶金零件产业生产强国发展的标志，符合国家强基发展战略。

通过给予大型粉末冶金零件企业更合理政策环境、更公平的竞争环境，才能有助于大型粉末冶金零件企业积极参与国际化竞争，实施国际化战略布局，并进入世界粉末冶金零件顶级企业行列。

（二）以信息智能化技术改造为主导提高企业制造能力

以智能制造为主攻方向，推进互联信息化在企业的生产、物流、经营、管理系统中的应用，大力推动信息化与工业化在更大的范围、更细的行业、更广的领域、更高的层次、更深的应用、更多的智能方面实现彼此交融，促进粉末冶金零件行业结构优化升级，着眼战略发展，中期瞄准“工业 4.0”，近期加速推进“工业 3.0”，规划五步走实现我国的“工业 4.0”战略，提高中国粉末冶金零件产业信息智能化水平。

以“十三五”发展规划为重要节点，抓住以数字化、网络化、智能化制造为主要特征的工业技术革命，实现粉末冶金产业的结构性变革。以前瞻性的眼光、战略性的布局、针对性的措施，落实粉末冶金零件产业“十三五”规划，并为今后的几个五年规划奠定发展基础，实现中国产业发展的 2025 战略。

其中，粉末冶金零件产业分阶段完成信息智能化的技术变革主要包括：

（1）实现粉末冶金零件生产主要生产工艺过程的自动化。

（2）实现粉末冶金零件生产过程在线检测自动化。

（3）实现粉末冶金零件生产主要生产过程的全部自动化。

（4）实现粉末冶金零件生产主要生产过程在线信息采集。

（5）建立粉末冶金零件生产数据库。

（6）建立粉末冶金零件生产主要过程的智能化模拟系统。

（7）实现粉末冶金零件产业的数字化、网络化、智能化制造。

（三）培育企业软实力，增强企业核心竞争力

在鼓励企业实施技术改造的同时，积极培育粉末冶金零件企业的软实力，通过企业的差异化技术发展和良性竞争，增强粉末冶金零件企业的核心竞争力。

（四）坚持绿色环保低碳制造，履行社会责任

（1）提升粉末冶金零件企业环保责任意识。强化粉末冶金零件企业绿色环保意识和企业的社会责任，树立粉末冶金零件企业的环保理念，鼓励行业内企业在环保方面进行投资改造的积极性。

（2）明确粉末冶金零件企业的环保自律准则。明确以《环保法》为企业生存的“红线”意识，制订粉末冶金零件产业的环保自律准则。

（3）提升粉末冶金相关产业企业的环保意识。对粉末冶金零件制造相关行业的企业制订环保准则，对粉末冶金零件产业的原材料的生产、使用提出环保要求，对粉末冶金专用设备的使用过程提出节能、环保的要求。

六、构建粉末冶金零件行业技术支撑和公共服务体系

（一）加强粉末冶金零件产业共性技术研究和服务

建立国家级粉末冶金零件产业的网络化技术研发与服务中心，加强粉末冶金零件产业共性技术研究和服务平台建设。

（1）以行业协会牵头建立粉末冶金零件产业共性技术研究和服务的网络平台，建立粉末冶金基础材料的试验研究平台，积累建成主要粉末冶金零件原材料基础数据库。

（2）积极鼓励行业内大型企业和“专、精、特”企业建立国家粉末冶金基础产品综合实验室。

（3）积极鼓励行业内企业牵头，与国内外相关高校、科研院所共同进行共性设计工艺技术研究。

（4）积极鼓励以粉末冶金零件企业为核心进行高端粉末冶金零件和产品的开发。

（5）注重相关技术研究的知识产权保护，保护知识产权所有者的利益。

（二）建立健全行业服务平台

加强粉末冶金零件产业集聚地检测、试验、标准公共服务平台建设，提升量大面广主流产品的可靠性和稳定性指标。以粉末冶金零件产业集聚地核心企业和相关高校、研究机构为基础，建设粉末冶金零件检测、试验、标准等的公共服务平台，实现粉末冶金零件产业集聚地公共服务平台的有偿资源共享，建立对量大面广的主流粉末冶金产品的可靠性评价系统，提升粉末冶金产品的质量稳定性。

（三）申请国家级技术实验室和企业技术中心

积极鼓励粉末冶金零件企业建立企业技术实验室和企业技术中心，鼓励有条件的企业申请国家级技术实验室和企业技术中心，提升企业技术实验室和企业技术中心的技术研发水平和科学管理水平。

积极鼓励粉末冶金零件企业建立行业公共台架试验平台。

〔供稿单位：中国机械通用零部件工业协会粉末冶金分会〕

粉末冶金行业

序号	专业	重点工程	重点技术方向	项目名称	提出的依据、必要性	关键技术指标
1	粉末冶金	汽车发动机、变速器零部件	高密度、高强度、高精度粉末冶金零件制造技术，包含：①表面致密化技术。②粉末冶金零件的加工性。③高压缩性、尺寸稳定原材料的开发	发动机、变速器齿轮、链轮、凸轮开发与研究	（1）汽车高端粉末冶金零件尚有相当比例的未实现国产化 （2）高精度零件难以实现大批量生产 （3）国产原材料与国际先进水平相比存在较大的差距，需要进一步提升国产原料的技术水平和稳定性 （4）汽车零部件轻量化是汽车发展的重要趋势 （5）粉末冶金零件性能尚难以达到钢锻件水平，需要提升整个行业的技术水平和竞争优势 （6）粉末冶金零件制造工艺的整体能耗和原料消耗少，属于节能节材的绿色工艺，需进一步推广	（1）密度大于 7.25g/cm^3 (2) 烧结态强度大于600MPa，热处理态强度大于1 000MPa （3）经加工后产品的圆度误差小于 0.05mm，高度误差小于 0.02mm
2	粉末冶金	汽车自动变速器零件	烧结焊接	9F 自动变速器支架及离合器组件	（1）国内目前自动变速器大部分在6AT 水平 （2）随着主机厂对于汽车油耗及舒适性的要求提升，发展 9AT 成为趋势 （3）国内 9AT 关键零部件目前几乎全部依赖进口 （4）高密度成形、高强度烧结焊接、机械加工精密度问题未解决 （5）关键工艺技术和专有设备等问题需要解决 （6）未能真正形成批量化、产业化生产	（1）高密度，密度 7.0g/cm^3 以上 （2）铜熔浸材料屈服强度 500MPa 以上 (3) 烧结焊支架分离力10 000N 以上 （4）烧结焊支架扭矩4 000N·m 以上 （5）平均疲劳试验无故障寿命 100 万次以上
3	汽车装备	汽车装备	纸质摩擦材料	轿车自动变速器用纸质摩擦材料	（1）代替进口，国内轿车自动变速器原装配套全部进口 （2）国内生产的纸质摩擦材料的摩擦因数波动性较大，特别是长期使用后，摩擦性能恢复较差，使为主机配套受到限制 （3）不同批次性能稳定性与国外相比有差距	（1）$\mu_{动}$：0.11 ～ 0.14，$\mu_{静}$：0.13 ～ 0.16 （2）磨损率：＜ 1×10^{-8} cm^3/（N·m） （3）使用寿命 30 万 km
4	粉末冶金	汽车发动机 VVT 零部件	高精度成形、整形、机械加工	VVT 零件、链轮、定子、转子	（1）随着主机厂对于汽车油耗及排放要求提升，生产配置 VVT 的发动机成为趋势 （2）国内 VVT 关键零部件目前几乎全部依赖进口 （3）高紧密度成形、整形、机械加工去毛刺问题未解决 （4）关键工艺技术和专有设备等问题需要解决	（1）高密度，密度 7.0g/cm^3 以上 （2）产品全长公差 15 μm 以下 (3) 产品工作面位置度0.05mm 以下 （4）产品毛刺高度 -0.10 mm 以内 (5) 链轮高频处理齿部硬度 65HRA 以上

“十三五”技术发展路径

设计工艺技术难点	重要材料及热处理	实施目标（替代进口百分比）	市场需求（产值或台套数）	对标国际企业及产品指标	资金规模建议	支持年度建议	项目提供单位	备注
（1）原材料的压缩性与批量稳定性 （2）高精度粉末冶金模具的设计与制造技术 （3）高密度零件成形技术 （4）高精度粉末冶金零件制造工艺 （5）零件在线检测和监控系统，包括尺寸、外观、硬度等 （6）低成本高强度材料的研究与开发	（1）高压缩性原材料的开发 （2）高稳定性混粉工艺的研发 （3）粉末冶金微孔的局部热处理 （4）粉末冶金零件产品批量稳定性热处理工艺开发	2020年由目前5kg/辆的用量提高50%，到2025年每辆车的用量提升100%	每年汽车高端齿轮、链轮用量在5亿只以上，每辆车凸轮使用在10件以上，国内凸轮数亿个。市场需求超过30亿元	英国GKN公司、欧洲PMG公司、日本住友电工、日立粉末等，此项目系与国际同行同步开发	总投资15亿元	2015-2017年	中国机械通用零部件工业协会	东睦新材料集团股份有限公司
（1）10 000kN大型成形机台模具及配件优化设计 （2）烧结焊接构造设计 （3）成形品裂纹检测技术 （4）机器人自动机械加工生产线技术 （5）质量稳定性工艺、在线检测技术	需制粉企业研发生产优质专用粉末冶金铁粉、铜熔浸材料、焊接粉末材料	实现为国产合资汽车主机厂配套高精度变速器支架及离合器组件。2018年达到年产1 000万台。2020年替代进口50%，2025年替代进口90%	年需求额30亿元	美国GKN、加拿大STACKPOLE	总投资10亿元	2015年	中国机械通用零部件工业协会	扬州保来得粉末冶金有限公司
（1）材料配方优化 （2）纤维和粉末分布均匀性好 （3）孔隙率一致性好 （4）关键工序要实现工业化控制	（1）选用高温性能较好的热固性树脂 （2）研发特殊添加剂	为中高档轿车配套，代替进口，2017年实现10万辆车配套，2018年实现30万辆车配套	年销售3 000万元	达到日本达耐时水平	1 000万元	2016—2018年	黄石赛福摩擦材料公司、吉利变速器公司	
（1）5 000kN大型成形机台模具及配件优化设计 （2）成形品裂纹检测技术 （3）3 500kN大型整形机台模具及配件优化设计 （4）机器人自动机械加工生产线技术 （5）质量稳定性工艺、在线检测技术	需制粉企业研发生产优质专用粉末冶金低合金铁粉	实现为国产合资汽车主机厂配套高精度VVT零件。2018年达到年产1 000万台。2020年替代进口60%，2025年替代进口100%	年需求额30亿元	德国GKN、奥地利MIBA	总投资10亿元	2015年	中国机械通用零部件工业协会	扬州保来得粉末冶金有限公司

序号	专业	重点工程	重点技术方向	项目名称	提出的依据、必要性	关键技术指标
5	粉末冶金	汽车装备	粉末冶金铜基摩擦材料	重型载货汽车离合器用铜基摩擦材料	（1）国内重型载货汽车离合器铜基摩擦材料摩擦因数偏低，磨损率大，易伤对偶 （2）寿命较低 （3）关键材料配方及制造工艺需解决	（1）主机功率：145～220kW （2）转速：1 400～2 200 r/min （3）比压：0.66MPa （4）摩擦因数：0.5～0.7 （5）磨损率：$<0.4\times10^{-7}$ $cm^3/N\cdot m$
6	汽车装备	汽车助力真空泵零件及不锈钢制品	高强度、高精度汽车粉末冶金制品	高强度、高精度汽车粉末冶金制品	（1）目前国内汽车助力真空泵，几乎全部依赖进口 （2）汽车市场需求猛增 （3）汽车助力真空泵体积小、重量轻、符合汽车轻量化的要求，采用粉末冶金不锈钢制品更能满足工作环境的特殊性 （4）关键工艺技术和专有设备等问题需要解决 （5）目前未能真正形成产业化生产	（1）不锈钢材料（相当SS434L），硬度要求32～42HRC （2）密度≥$7.0g/cm^3$ （3）表面粗糙度≤$Ra0.2$ μm （4）平面度≤0.005mm （5）平行度≤0.005mm
7	粉末冶金	冰箱压缩机粉末冶金件	连杆、阀板	免加工连杆、阀板	（1）现有冰箱压缩机连杆、阀板需机加工，费用高，一致性差 （2）无切屑零件表面致密，耐磨性好 （3）国外无加工的粉末冶金件应用广，国内需求量逐年递增	（1）连杆内孔圆柱度：0.002 5mm；两孔平行度：0.08/127；内孔直径公差：±0.002；内孔表面粗糙度：0.4μm （2）阀板厚度公差：±0.005mm；阀线高度差公差：±0.005mm；阀板平行度：0.005mm；阀板平面度：0.005mm

（续）

设计工艺技术难点	重要材料及热处理	实施目标（替代进口百分比）	市场需求（产值或台套数）	对标国际企业及产品指标	资金规模建议	支持年度建议	项目提供单位	备注
（1）材料配方优化 （2）混合均匀技术 （3）非金属组元与基体结合牢固 （4）制造工艺参数 （5）芯板与材料结合技术	需研制高性能摩擦添加剂	实现重型载货汽车离合器铜基摩擦材料国产化，2018年实现年产50万片	年销售额1 000万元	达到美国DANA公司水平	总投资200万元	2015年	中国机械通用零部件工业协会	杭州粉末冶金研究所
（1）粉末冶金不锈钢零件的热处理工艺 （2）高精密粉末冶金不锈钢零件的精密加工技术 （3）质量稳定性检测技术工艺	需配套企业研发生产优质不锈钢粉	实现为汽车助力真空泵配套国产化，建成专业化粉末冶金不锈钢零件规模化生产线。2020年实现全部替代进口	年销售额1.5亿元	韩国 / 日本	总投资8 000万元	2016年	中国机械通用零部件工业协会	海安鹰球粉末冶金集团公司
（1）成形、整形模具设计优化 （2）烧结变形的控制 （3）过程和成品的检测技术 （4）质量稳定性工艺技术	铁粉生产企业生产稳定，变化轻微的优质铁粉	实现为国内压缩机公司配套的无切屑连杆、阀板。2017年500万套，2019年1 500万套	年销售额6 000万元	日本住友电工	总投资1 000万元	2016年	黄石东贝机电集团有限责任公司、安徽美芝制冷设备有限公司	

〔供稿单位：中国机械通用零部件工业协会粉末冶金分会〕

大 事 记

2013—2015年粉末冶金行业大事记

2013年

3月

6日 在中国机械通用零部件工业协会（以下简称总会）网站上公示了关于行业“专精特企业”的初选结果。粉末冶金零件行业中，东睦新材料集团股份有限公司、扬州保来得科技实业有限公司、重庆华孚工业股份有限公司3家企业上榜。

4月

1—2日 粉末冶金分会在江门市召开七届二次常务理事会（扩大）会议。分会常务理事、理事单位的代表共45人参会。总会常务副会长王长明应邀出席会议。会议由分会芦德宝会长主持。王长明分析了当前机械零部件行业面临的严峻形势并对行业发展进行了预测。江粉磁材股份有限公司董事长汪南东介绍了公司近几年取得的成绩。华南理工大学肖志瑜教授、东睦新材料集团股份有限公司副总经理曹阳先生分别作了题为“从2012世界PM大会和PM路线图看新技术的发展及几点思考”和“粉末冶金零件行业2012年发展情况”的专题报告。讨论通过了增补魁北克金属粉末（苏州）有限公司为七届理事会理事单位。最后，芦德宝作了会议总结：同意王长明提出的企业要用好政府和协会两个平台，特别要重视技术改造项目，积极申请争取政府资金支持。同时，芦德宝提出，常规性产品生存和赚钱唯一的办法就是进行专业化改造，降低成本，走自动化、高效化、低成本的道路。会议还安排参观了江粉磁材股份有限公司、东睦江门公司和大长江摩托车公司。

5月

16—19日 粉末冶金分会2013年统计信息工作会议在湖北省宜昌市召开。会议由杭州粉末冶金研究所的叶如炯主任代主持。参会代表一致认为，统计工作是协会的一项重要的基础性工作，做好统计工作便于协会及时掌握行业企业的生产经营情况和存在的问题，为政府有关部门和行业企业提供参考。

7月

6—8日 由粉末冶金分会与中国金属学会粉末冶金分会联合举办的“2013粉末冶金温压技术与汽车变速器同步器齿毂研讨会”在北京召开。来自全国各地粉末冶金分会的会员单位、大学、研究院等65家单位的110多位代表参会。

10月

28—31日 2013亚洲国际动力传动与控制技术展览会在上海新国际博览中心举办，东睦新材料集团股份有限公司和黄石赛福摩擦材料公司参展。

11月

3—6日 由粉末冶金产业技术创新联盟主办的APMA2013亚洲第二届粉末冶金大会是我国首次举办的粉末冶金国际会议，会议围绕粉末冶金新材料、新技术、新工艺和新产品展开了广泛深入的交流，探讨了粉末冶金领域所面临的挑战与发展机遇，

2014年

3月

23—25日 由粉末冶金分会与江西省萍乡市科技局、上栗县人民政府共同主办的粉末冶金分会第七届常务理事会第三次会议在萍乡市召开，粉末冶金分会理事长、副理事长，萍乡市、上栗县有关领导及特邀嘉宾共50余人参会。会议由芦德宝理事长主持，总会王长明常务副会长致辞。

4月

25—27日 中国机械通用零部件工业协会第六届会员代表大会在山东威海召开。会议聆听了工信部装备司机械处王建宇处长所作的“机械装备升级发展和对强基工程工作要求”的报告，王长明常务副会长作了“第五届理事会的工作总结”报告。会议进行了协会换届，完成了第六届理事会、副理事长、理事长选举工作，以及秘书长和秘书处相关人员的聘任工作。会议还对2013年获选的行业“创新优秀新产品”特等奖和“先进分会”“优秀协会工作者”进行了表彰颁奖。

5月

14日 粉末冶金分会王莹秘书长等一行4人，访问了北京粉末冶金有限公司旗下的北京北硬硬质合金有限公司。公司董事长王小香带领参观了压制、烧结车间、磨具加工、机械加工、检测和库房等现场并介绍了公司的历史变迁、管理理念及经营思路。

18—22 PM2014世界粉末冶金大会在美国佛罗里达州奥兰多召开，中国粉末冶金产业技术创新战略联盟（SATI-PM CPMA）理事长、中国钢研科技集团公司董事长才让率中国代表团出席PM2014世界粉末冶金大会。才让作为中国大陆唯一的本次世界大会国际指导委员会委员参会，并参加了在当地举办的APMA亚洲粉末冶金协会理事会和MPIF美国金属粉末工业联合会/EPMA欧洲粉末冶金协会/JPMA日本粉末冶金工业会三团体联合理事会。

27—28日 粉末冶金分会秘书处一行4人，走访了唐山亨旺投资有限公司。公司行政总监赵明瑞和副总经理周雨胜详细介绍了公司的基本情况和未来发展规划，并带领秘书处参观了正在建设中的唐山亨旺粉末冶金公司建设现场。

6月

3日 魁北克金属粉末（苏州）公司金属粉末退火工厂正式在中国苏州开业。这座总投资达500万美元的工厂将为魁北克金属粉末（苏州）公司的金属粉末业务增加8 000t的年生产能力，从而更好地供应快速增长的中国市场。

12日 粉末冶金分会秘书长王莹、顾问陈越等一行4人访问了天通吉成机器技术有限公司。

8月

28日 粉末冶金分会在浙江宁波举办了“2014中国机协粉末冶金行业年会暨汽车粉末冶金零件技术研讨会”。来自全国各地的会员单位代表、企事业单位代表200余人参加了会议。会议邀请了总会、中国汽车工程学会等单位领导出席会议。大会由分会芦德宝理事长、徐同副理事长共同主持。

9月

1—2日 “2014中国新材料产业发展高层论坛”在黑龙江省哈尔滨市举行。本次大会由工业与信息化部和黑龙江省人民政府主办，由粉末冶金产业技术创新战略联盟、非晶节能材料产业技术创新战略联盟、汽车轻量化技术创新战略联盟、海洋工程用钢产业技术创新战略联盟、中国五金产业技术创新战略联盟联合承办。中国工程院院士干勇担任论坛主席，工业与信息化部周长益司长、粉末冶金产业技术创新战略联盟才让理事长担任执行主席，粉末冶金产业技术创新战略联盟秘书长韩伟担任论坛秘书长。来自全国新材料行业的高等院校、科研院所、企事业单位的专家、教授、学者和企业家共400余人参加了论坛。粉末冶金产业联盟秘书处5人参会。论坛紧密围绕我国新材料产业的形势，深入探讨了新材料领域面临的挑战与发展机遇，并就结构材料、功能材料的新理论、新技术、新工艺、新产品的现状与应用前景，以及创新联盟发展规划与展望进行了交流研讨。会议同期，由工业和信息化部、黑龙江省人民政府共同主办，中国科学院、中国工程院共同支持的“第三届中国国际新材料产业博览会－新材料引领新生活” 在哈尔滨国际会展中心举办。

12月

5日 粉末冶金产业技术创新战略联盟第一届第四次理事会议在中国钢研科技集团有限公司召开。会议由才让理事长主持。

2015年

2月

4日 莱芜粉末冶金公司总经理李普明、副总经理袁勇到粉末冶金分会秘书处拜访。大家一起交流了2014年粉末冶金行业的经济运行形势。认为，企业在面临国家整体经济下行的大环境下，克服困难，同舟共济，虽取得了一定增长，但效益降低。总会与中国钢铁工业协会将继续加强合作，增进友谊，为我国粉末冶金工业的持续发展做出贡献。

14—16日 由粉末冶金分会与杭州粉末冶金研究所联合主办的粉末冶金分会统计工作会议在杭州萧山召开，会员单位代表25人参会。会议由杭州粉末研究所副所长陆晓霞主持。粉末冶金分会王莹秘书长介绍了协会的工作和设想。杭州粉末冶金研究所所长赵继华致辞并介绍杭州前进齿轮箱股份公司和杭州粉末冶金研究所的科技与经济发展情况。会上对优秀统计单位和优秀统计工作者颁发了奖状。与会代表参观了杭州粉末冶金研究所。

26—28日 粉末冶金分会七届理事会二次会议暨七届常务理事会四次会议在四川攀枝花市召开。会议由粉末冶金分会与四川省攀枝花市政府联合承办，60余人参会。会议由分会芦德宝理事长主持。会议介绍了攀枝花市的科技与经济发展情况、中国机械通用零部件工业发展概况、中国粉末冶金及日本粉末冶金行业发展运行情况。七届常务理事会四次会议审议通过了2014年度财务执行情况、审议通过了增补副理事长单位、理事单位的提案、审议通过了修改分会会费收取标准的提案、讨论通过粉末冶金分会编制的《中国机械粉末冶金零件行业‘十三五’规划》提纲。与会代表参观了攀钢海绵钛厂及当地的农业科技园区。

27日 粉末冶金分会王莹秘书长、刘惠明、刘珊林与中国钢铁工业协会的金成海、张志恒、席庆和等人参观了霸州宏升实业有限公司。

6月

4日 粉末冶金分会王莹秘书长、陈越、刘惠明、刘珊林参观了东睦（天津）粉末冶金有限公司。

12日 粉末冶金分会会长芦德宝到粉末冶金分会检查工作。秘书长王莹汇报了秘书处的工作，重点强调了2015行业年会（海宁）的筹备情况。芦会长对秘书处的工作提出了具体要求和希望。分会陈越、刘惠明、刘珊林也参与讨论了分会的工作。

8月

5日 朝阳金河粉末冶金材料有限公司、天通吉成机器技术有限公司主动提出进入常务理事会的意愿，后经秘书处认真考察，并征求部分会员及理事意见。经通信方式表决，19名副会长全部表示同意。就此，朝阳金河粉末冶金材料有限公司和天通吉成机器技术有限公司成为粉末冶金分会第七届理事会副会长单位。

13—15日 粉末冶金分会在浙江海宁成功举办了“2015中国机械通用零部件工业协会粉末冶金行业年会暨粉末冶金零件技术研讨会”，150余人参会。会议由分会芦德宝理事长、李庆安副理事长共同主持。总会常务副会长王长明从当前国家经济形势，谈到粉末冶金行业在国家装备制造业中的重要作用，建议分会与企业在当前经济形势下抓住机遇有所作为。粉末冶金产业技术创新战略联盟秘书长韩伟发来贺词。芦德宝理事长作了“经济新常态下的粉末冶金协会的工作”的报告，中国家电协会咨询部胡晓红部长，北京科技大学新材料技术研究院曲选辉院长，粉末冶金分会徐同副理事长、倪冠曹名誉理事长分别作了行业综述报告。

19日 粉末冶金联盟秘书处召开工作会议，讨论确定了2015年9月9日在武汉召开的海峡两岸粉末冶金研讨会期间同期召开“PM2018世界粉末冶金大会启动会议”“粉末冶金技术发展路线图工作会议”的议案。

9月

10—11日 由中国粉末冶金学会（筹）、粉末冶金产业技术创新战略联盟、台湾粉末冶金协会以及中国粉末冶金学会联合主办的2015年全国粉末冶金学术会议暨海峡两岸粉末冶金技术研讨会在武汉召开。来自全国粉末冶金界的300余名专家、学者参会。粉末冶金分会秘书长王莹和顾问陈越参会。期间，举办了“海峡两岸粉末冶金交流杰出贡献奖”颁奖暨《海峡两岸粉末冶金技术交流20年纪念文集》发布仪式。

12—14日 总会常务副会长王长明、秘书长姚海光，粉末冶金分会秘书长王莹等专程访问了兴城市粉末冶金有限公司。公司介绍了新产品研制和生产情况。协会领导对该公司大力开发汽车用粉末冶金零件并取得广州比亚迪等汽车公司装机试用并认可给予赞赏。

10月

22日 粉末冶金战略联盟秘书处、粉末冶金分会秘书处、中国钢铁工业协会粉末冶金分会秘书处联合组织2015重阳节联谊会，参会的10人畅谈了十几年在行业协会工作、生活、交往的体会和收获。大家颇感欣慰和高兴，活动增强了协会的和谐和凝聚力。

〔供稿单位：中国机械通用零部件工业协会粉末冶金分会〕

中国机械通用零部件工业年鉴 2016

Ⅶ 传动联结件行业卷

回顾总结我国传动联结件行业近年发展情况，记录行业生产、技术和新产品发展情况；分析国内外市场动向，提出行业发展的总体思路、发展目标及政策建议；传动联结件行业重点企业介绍；传动联结件行业大事记

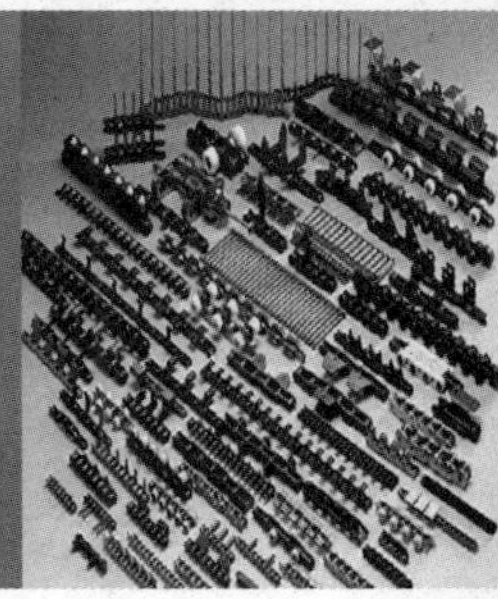

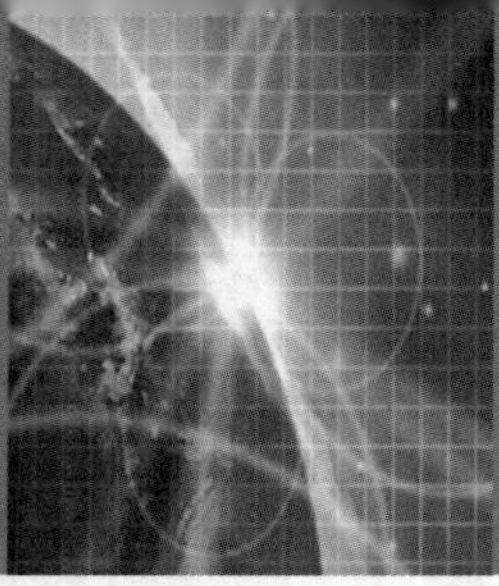

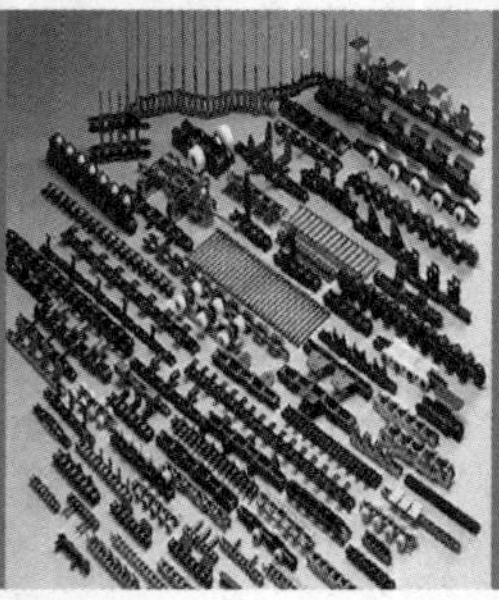

中国机械通用零部件工业年鉴 2016

Ⅶ 传动联结件行业卷

综　述

传动联结件行业发展综述

传动联结件是一类广泛应用于各种机械传动中不可缺少的基础零部件，目前，部分实现了专业化生产。机械产品都需要有各种形式的动力输入装置和运动及作用力输出装置，而现代机械的动力输入大多通过电动机的旋转来实现，因此，出现了适应各种功能需求的多样化的传动结构和传动元件。传动联结件通常是指联轴器、离合器、制动器、涨紧联结套、带传动副、凸轮传动机构、缓冲装置和键联结8类。

1. 传动联结件行业发展要求

（1）创新驱动。以自主创新为驱动力，把加强自主创新作为转变发展方式的中心环节，提升基础零部件的服役寿命、可靠性、精度的一致性和稳定性。要创新研发模式，加强共性技术服务平台建设，加强人才培养，提高基础技术水平和创新服务能力等。

结合国家重大装备项目，突破关键技术瓶颈，拥有一批自主知识产权的核心技术，实现从“中国制造”到“中国创造”的新跨越，在某些细分市场中拥有国际先进技术。

（2）调整转型。把产业组织结构和产品技术结构作为结构调整的主攻方向。加强产品结构、产业结构、商业模式的结构调整，坚持绿色发展，积极推进企业由生产制造型向现代制造服务型的转变调整，加快制造业服务化。

（3）提质增效。切实提高增长的质量、效益和效率，实现高质、高效的发展目标。力争销售额增速高于产值增速，利润增速高于销售额增速。提高发展质量、效益的基础是创新跨越、调整转型。

2. 传动联结件产品统计研究

传动联结件属于机械通用的基础零部件，它是机械传动中不可缺少的联结件，广泛用于轨道交通、风力发电、汽车、航空、航天、纺织、印刷、机床、船舶、冶金、矿山、包装和汽轮机等行业。我国传动联结件生产起步较晚，20世纪80年代前，主要是由主机厂自行生产配套，没有专业生产传动联结件的厂家。80年代后期，传动联结件的生产逐步走向市场化，并且以每年30%的速度增长，现在已有大小规模的专业生产厂家300多家。

随着我国工业技术水平的提高，对传动联结件的技术含量要求也越来越高，其高精度、高速度、大扭矩、小体积、低噪声、高性能(多种控制)、安全和高寿命的产品，成为市场急需的产品。

近年来，全社会固定资产投资中设备投资的2/3依赖进口。光纤制造装备的100%，集成电路芯片制造装备的85%，石油化工装备的80%，轿车工业装备、数控机床、纺织机械和胶印设备的70%被进口产品占领。传动联结件是各主机设备中不可缺少的关键部件，随之带来大量的进口传动联结件产品。目前，高性能、高可靠性、高寿命的联结件进口产品占份额2/3还多。

近年来，传动联结件行业快速成长，无论是产值、产量或企业数量等都以每年30%的速度在增长。其中私营、民营、合资企业增长速度更快，国有企业相对平稳。由于传动联结件行业市场空间比较大，其产品技术含量较高（与其他零部件产品相比），利润率自然要高些，使有见识的企业家纷纷投入该行业。

3. 产品进出口情况

传动联结件是各主机设备中不可缺少的关键部件，产品需要大量进口。目前，高性能、高可靠性、高寿命的联结件进口产品约占国内市场的2/3以上。据海关统计，近几年，出口显示出强劲的增长，而进口逐渐下降，符合我们国内企业调研的现状，越来越多的企业参与国际代加工，进行产品出口。但进口依旧围绕高端产品，出口围绕低端产品。

4. 存在的主要问题及差距

联结件是用来传递转矩或运动的基础传动件，它在传动系中占有很重要的地位，一旦联轴器失效，所有动力和运动全部切断，整个传动系统将无法运行。联轴器又是一个安全装置，由于它的价格远比原动机、减速器、主机低，往往在传动系统超载时设置联轴器断开或失效，否则，会损坏更重要的零部件。联轴器应补偿由各种因素造成的径向误差、轴向误差和角向误差，不同工况需要使用不同形式的联轴器来满足工作需要。现在市场生产的联轴器一般用于常规工况，联轴器制造质量不高、使用寿命短为普遍现象。高精度、高可靠性及高承载能力的联轴器相对较少，制造质量也与发达国家同类产品有一定的差距，市场上这种高端产品几乎100%是进口的。

如何开发、生产高精度、高质量、高可靠性的联结件（如高铁、风电等行业使用的联轴器）适用我国高智能装备的需要成为迫切需要解决的问题。从制造手段方面来讲，硬件已不是问题，关键是没有开展高精度、高质量联轴器的开发，对使用工况、使用要求非常了解，技术上要求非常成熟（从材料选用、热处理、加工和装配精度、结构形式和参数、试验手段等方面入手），在“十三五”期间，从全方位赶超世界同类产品，为发展我国高端智能装备提供性能优良的动力传动件。

5. 重点发展方向

（1）高端重型载货汽车传动轴智能制造关键技术研究。

1）市场需求。项目针对高端重型载货汽车传动轴生产技术的瓶颈和难题，深入研究高端重型载货汽车传动轴智能制造关键技术，特别是通过对高端重型载货汽车传动轴生产线及设备的智能化管理，借助信息化的帮助，建立高度灵活的个性化和数字化生产模式。目前，已研制生产出高端重型载货汽车传动轴系列产品，形成具有自主知识产权的科技成果，通过传动轴关键零部件加工工艺创新、加工信息数据流整理和互联网 + 传动轴模式的创新等技术创新工作的开展，使产品在加工精度、生产效率、产品合格率和生产成本等关键技术参数方面都有大幅度提高。因此，产品在国内外市场具有相当强的竞争能力。

2）主要技术参数。动平衡精度等级为 G16，轴管径向圆跳动量≤ 0.6mm/m，生产效率提升 20%，产品合格率 98%，生产成本降低 35%。

（2）XD 系列永磁电动机用行星齿轮减速器。

1）市场需求。据不完全统计，2010 年我国减速器的市场需求在 200 亿元左右，且每年以 15% 的速度增长，由此可见，未来几年，我国减速器市场规模将达到 600 亿元以上，而国际减速器市场规模巨大，每年大约有 160 亿美元的市场。

2）主要技术参数。转矩系数为 574×10^{-9}（kN·m）/ mm^3；单向传动的传动比为 16 ～ 71 000；噪声≤ 85dB(A)，单向振幅≤ 0.02mm；传动效率（单级）≥ 98%、两级≥ 96%、三级≥ 94%、四级≥ 92%。

（3）轨道交通用鼓形齿联轴器。

1）市场需求。2015 年，我国轨道交通建设里程增加 2 400km，总投资超过 8 000 亿元，轨道交通车辆的齿轮传动装置市场需求约 50 亿元，其中鼓形齿式联轴器每年将有 18 000 套的市场需求，价值 1.8 亿元。其中地铁联轴器 5 年的定时维修业务。一直被国外厂家或国内代理商以高额的维修费用垄断占领，全国的地铁公司只此一项也要多支出数亿元。

2）主要技术参数。内齿套、鼓形齿满足结构尺寸要求；转速 6 000r/min，传递扭矩 1 550N·m，轴向补偿 ±15mm，径向补偿 16mm；内外轮齿精度分别满足 ISO8 级和 ISO7 级要求；材料表面硬度达 600 ～ 750HV，渗氮深度大于 0.5mm。

（4）新能源汽车能量回馈式制动防抱死系统。

1）市场需求。在国内，如北京新能源汽车股份有限公司作为项目参与单位，将在其新能源车上进行实车集成量产。电动汽车联盟内有一汽、吉利、奇瑞、江淮等汽车厂签订了匹配协议在新能源车上进行整车集成和开发。

2）技术参数。制动能量回收效率：制动能量回收对整车经济性改善幅度在 23% 以上（测试条件：ECE15 驾驶循环）。

（5）电力装备用永磁涡流柔性传动装置。

1）市场需求。大型电力装备主机功率越来越大，推进强度不断增加，对轴系设备的工作强度、承载能力及传递动力的要求也在不断提高。同时，冶金行业需要高性能大扭矩传动装置，此装置可以满足大功率 (200kW ～ 10MW)，中、高电压（3 300V 以上）的电动机的工况和节能需求。同时，由于电动机与负载之间无刚性连接，实现了能量在气隙中的传递，解决了旋转负载系统的对中、起动、减振、调速及过载保护等问题，有利于实现电动机缓冲起动，尤其适合在高温、易燃易爆、电压不稳及高原缺氧等恶劣环境下工作，对大型工业装备和大功率工业传动系统的安全、高效运行，提高系统整体能效将起到巨大推动作用，有很高的推广和应用价值。项目完成后，将实现年产 500 台的生产能力，实现产值 20 亿元。对我国大型装备、磁力传动、节能等产业的发展起着重要作用。

2）主要技术参数。①大功率：适配电动机功率 4kW ～ 4MW。②高转速：适用电动机的最高转速为 1 480r/min。③高扭矩：最高传递扭矩 35 000N·m。④调速范围宽：调速范围 30% ～ 98%。⑤滑差率小：滑差率小于 4%。⑥工作温度低于 70℃。⑦振动位移小：振动位移值小于 0.04mm。⑧使用寿命长：可达 25 年。⑨节能率高：达 30% 以上。

6. 基础部件智能装备研究方向

（1）超大扭矩风电联轴器。针对我国海上风电的特点，5MW、7.5MW、10MW，甚至试验阶段的 15MW、17MW 风电机组，在传递超大扭矩时，需要新的联轴器。现行的标准无法满足要求，急需开展相关方面的研究，以期实现自主设计，产品的国产化。

（2）风电联轴器试验平台。随着风电的快速发展，我国风机的自主设计能力进一步发展。针对风机传递的扭矩越来越大，而要求的质量越来越轻这一趋势，急需相关试验平台来满足联轴器的扭矩、振动等方面的测试。

（3）大功率风电机组制动器。风电机组在偏航的时候，需要制动器来保证偏航。大功率风电机组制动器急需开展研究，以期实现自主设计，产品的国产化。

（4）高铁制动系统。当前高铁、地铁等轨道交通的制动系统，主要被德国科诺尔、法国阿尔斯通等公司所垄断。制动盘的碳纤维涂层需要技术上进一步突破。智能控制系统是我们的薄弱环节，需要加强研究，实现自主化。

（5）安全传动联结在线测量系统。针对船舶、冶金、港机等重大装备中，传动系统存在振动幅度、传递扭矩限值需要在一定范围内的要求，需要建立可靠的在线测量系统。目前，此类设备多为国外进口，我国需要实现自主的高精尖测量系统。

〔撰稿人：传动联结件分会明翠新〕

高性能联轴器产业发展规划

一、现状和问题

联轴器是用来传递转矩或运动的基础传动件，它在传动系中占有很重要的位置，一旦联轴器失效，所有动力和运动全部切断，整个传动系统将无法运行。联轴器又是一个安全装置，由于它的价格远比原动机、减速器、主机低，往往在传动系统超载时设置联轴器断开或失效，否则，会损坏更重要的零部件。联轴器应补偿由各种因素造成的径向误差、轴向误差和角向误差，不同工况需要使用不同形式的联轴器来满足工作需要。现在市场生产的联轴器一般用于常规工况，联轴器制造质量不高，使用寿命短为普遍现象。高精度、高可靠性及高承载能力的联轴器相对少，制造质量也与发达国家同类产品有一定的差距，市场上，这种高端产品几乎100%是进口。如何开发、生产高精度、高质量、高可靠性的联轴器（如高铁、风电等行业使用的联轴器）适用我国高智能装备的需要确实成为迫切需要解决的问题。从制造手段来讲，硬件已不是问题，关键是没有开展高精度、高质量联轴器的开发，对使用工况、使用要求非常了解，技术上要求非常成熟（从材料选用、热处理、加工和装配精度、结构形式和参数、试验手段等方面入手），在“十三五”期间，要全方位赶超世界同类产品，为发展我国高端智能装备提供性能优良的动力传动件。

二、市场需求和产业化前景分析

1. 高速铁路和城市轨道交通车辆高性能联轴器

我国没有真正开发与生产该类联轴器，没有形成产业化市场，大多数都需要进口。国外有不少专业生产厂家制造这种产品，已形成规模产业化市场。我国应大力研究和开发该类联轴器，需要进行大量的计算分析和试验，尤其是弹性套、连杆等方面的分析研究工作。一旦开发成功，其用量大、备件多，能替代国外进口，形成专业生产的产业化市场，可节约大量外汇，市场容量估计在100亿元以上，市场前景好。该产品属于关键基础零部件，非常有必要开发。

2. 风电装备高性能限矩安全联轴器

随着我国风电行业的快速发展，高性能限矩安全联轴器也提到议程上来，目前大部分联轴器还依赖进口。由于该联轴器使用量大，附加值高，一旦开发成功，很快就可以形成专业化的产业化市场，市场容量估计在100亿元。其技术主要在于精确的限矩、可靠的零部件运行和长寿命。因此，该联轴器市场属于朝阳产业，国家应大力鼓励发展。

3. 智能装备用高性能安全联轴器

随着市场对产品质量要求的提高，许多装备向自动、精确控制方向发展，其中要用到很多安全联轴器，有的是需要精确限矩，有的是在精确限矩的基础上加传感器，有效地进行设备自动化控制。该联轴器的适用范围广、用量大，市场容量约8 000万元，已具备专业化生产的条件。

4. 大型露天矿自动化成套设备用联轴器

该类联轴器使用工况恶劣、振动冲击大、转矩要求大、可靠性要求高。过去，有许多常规联轴器由于不能满足这种工况，因而寿命短，维修工作量大。对于该类联轴器，根据不同工况使用不同的结构、参数，满足振动冲击、转矩大、寿命长的要求。露天矿自动化成套设备量大、备件多，市场容量估计在6 000万元，足可以形成产业化生产，为市场提供高性能、长寿命的基础传动件。

5. 船用高性能安全联轴器

我国造船业以造船接单量和完成量计算，已占居全球最大份额，船用配套零部件将会拥有非常广阔的市场空间。我国自主生产的船用高性能联轴器已经具有一定的技术水平，在广阔市场的驱动下，必将拥有光明的前景。

三、重点领域及任务

本行业发展需重点解决以下重大问题：

1. 夯实产业发展基础

传动联结件属于机械通用基础零部件，它是机械传动中不可缺少的联结件，广泛用于轨道交通、风力发电、汽车、航空、航天、纺织、印刷、机床、船舶、冶金、矿山、包装和汽轮机等行业。大型传动联结件主要指给重大装备配套的联结件，如轧钢流水线上用的十字轴式万向联轴器，大型汽轮机、船舶、核电站、风力发电、矿山机械、轨道交通等装备上用的各种联轴器。由于国内产品的质量、可靠性、寿命等问题，90%的市场份额被进口产品占据，国内生产企业只是停留在初级阶段。

目前，急需研究基于高精度、高速度、大扭矩、小体积、低噪声、高性能、高可靠性和高寿命的关键基础件，以产品性能要求、试验方法、技术规范等关键技术为创新点。

2. 推进重大装备自主化

目前，我国传动联结件行业制造技术水平较低，制造工艺和工艺装备技术发展缓慢，加工设备数控率低，缺乏专用设备，磨削加工自动化水平低，大多数企业中作为生产主力的仍是传统设备。对传动联结件寿命和可靠性至关重要的先进热处理工艺和装备，如控制保护加热、渗碳渗氮、贝氏体淬火等覆盖率低，许多技术难题攻关未能取得突破。钢材质量的提高，润滑、冷却、磨料磨具等相关技术的研发尚不能适应传动联结件产品水平和质量提高的要求。因而，造成工序能力指数低，一致性差，产品加工尺寸离散度大，产品内在质量不稳定而影响传动联结件的精度、性能、寿命和可靠性。

3. 产业发展模式

在“十二五”期间，我国传动联结件行业要实施新兴产业集群发展战略，推进研发创新能力和设计制造技术升级，提高生产集中度，提高核心竞争力，企业实现生产专业化、系列化、规模化、标准化。

4. 产业化技术途径

（1）推进创新能力建设。

1）以科技为先导，树立科学发展观。在产品设计、制造中，积极推动对电子产品、计算机、信息、新工艺、新材料及新能源等高新技术的应用。把集成创新与关键技术的突破结合起来，不断促进行业技术进步，改变行业内缺少自主知识产权的高性能液气密产品，高档、高水平产品主要依赖进口的现状。

2）坚持可持续发展，做好节能、环保文章。以抓产品及系统的节能降耗、降低噪声、解决系统渗漏及水介质应用等问题为重点，围绕产品开发、设计、制造、包装、运输、售前、售后服务及废旧产品回收、再制造等产品全生命周期的各个环节，充分考虑资源和环境因素，最大限度地优化利用资源和减少环境污染。

3）坚持引进消化与自主创新相结合。我国多数企业产品技术主要源于引进，缺乏创新，而且自身科技开发大都投入不足，缺少必要的研发、试验装备，人才流失，后继乏人，致使企业技术进步缓慢。对此，要充分利用发达国家产业转移的机遇，努力做好引进先进技术与在消化吸收基础上的创新工作，大幅度提高行业产品设计与制造水平。同时，积极推动产学研结合，创造条件加大对自主创新的投入，更快、更多地研制开发一批具有自主知识产权的新产品。

（2）重视装备基础制造工艺的投入。装备基础制造工艺是指在生产过程中，按一定顺序逐渐改变生产对象的形状（铸造、锻造）、尺寸（机械加工）、相对位置（装配）和性质（热处理），将各种原材料、半成品加工成产品与装备的技术与方法。装备基础制造工艺可划分为切削、成形和特种加工三大类。

长期以来，装备制造企业普遍存在重产品、轻工艺的倾向，先进的制造工艺研究开发和推广应用严重滞后，已成为影响装备制造业发展的主要制约因素之一。主要表现在：①基础制造工艺质量不高。②基础制造工艺能源、资源消耗大，污染严重。③工艺与装备结合不够紧密。④工艺环节专业化程度偏低。⑤工艺管理没有规范化、常态化。⑥基础数据积累不够，工艺研究严重弱化。

5. 产业发展关键共性技术

产业发展关键共性技术有高效清洁铸造工艺，先进锻压（塑性成形）工艺，先进高效焊接工艺，绿色节能热处理及表面处理工艺和高速、超高速切削／磨削等基础制造工艺。

6. 产业发展所需重大装备

产业发展所需重大装备有十字轴、叉头专用机床，数控加工中心，专用的磨削设备，内花键拉床（大功率），辊轧设备（十字轴、花键轴等）。

四、重大工程

依托客运专线和城市轨道交通、风电等重点工程装备，大力发展轨道交通装备和风电装备高性能联轴器、制动器。

五、政策及措施建议

（1）加强对新型基础件及关键零部件制造技术与装备发展的支持。

（2）加强新型基础件及关键零部件技术创新体系的建设和创新人才的培养。

（3）建立国家“新型基础件及关键零部件发展基金”。

（4）通过税收等手段推进高端及核心关键零部件产业化和自主化发展进程。

〔供稿人：传动联结件分会明翠新〕

行 业 概 况

联轴器行业发展概况

联轴器是联接两轴或轴和回转件，在传递运动和转矩过程中一同回转而不脱开的一种机械装置。它是机械传动轴系中不可缺少的联接部件，其种类多、用量大，适用范围广，属通用基础传动件。

联轴器的种类很多，有刚性联轴器、挠性联轴器、弹性联轴器和安全联轴器等。它们的基本功能是传递运动和转矩。但不同类型的联轴器除基本功能外，还有其他辅助功能，如补偿轴向、径向、角向位移的功能及不同程度的减振、缓冲功能和过载安全保护功能等，以满足不同机械设备传动系统的需要。

一、生产发展情况

机械工业和科学技术的发展对联轴器的性能提出了更高的要求，它不但要满足高速、重载、高精度的要求，还应满足运转平稳、传动效率高、使用寿命长及维护简单等要求。为适应市场的需求，满足不同传动系统的需要，已研发出许多不同类型的新型联轴器来满足这种需要。

近年来，我国联轴器行业发展很快，而且标准化程度也很高，仅联轴器国家标准和行业标准就有140余项。这么多的标准，无疑将对联轴器的生产与应用起到很大的促进作用，也使市场提供技术先进、质量可靠的联轴器产品有了保证。

我国联轴器标准数量远远多于国外工业先进国家，因为他们多以生产厂家样本的形式出现，故较少制订国家或行业标准。而联轴器的技术水平，无论是结构形式还是技术参数及性能指标，绝大多数达到国外同类产品的水平。但从产品加工精度、质量及使用寿命方面相比，差距就很大，有的只能达到20世纪80年代水平。究其原因，一是与组织生产的形式、规模和管理水平有关，二是加工设备比较陈旧，生产效率低，加工精度差。

20世纪80年代以前，我国的联轴器生产都由主机厂自行生产配套，还没有形成专业制造联轴器的厂家。但80年代后，联轴器的生产逐步走向市场化，而且发展很快，已形成大小规模的专业生产厂家上百家，其年产值达到近百亿元。

二、产品技术水平

联轴器产品种类繁多，目前国内联轴器生产厂家上网的已有70余家，现将应用广泛和技术要求较高的几类产品的技术水平与现状作一介绍。

1. 万向联轴器

万向联轴器是应用极为广泛的联轴器之一，生产的专业厂家也较多，主要型号有SWP型、SWC型、SWZ型系列万向联轴器，公称扭矩范围1.25～85.00kN·m，回转直径80～1 100mm，轴线折角≤15°。

长春轿车消声器厂煤机分厂（万向联轴器专业生产厂）生产的“有滚动止推轴承的联轴器”SSWZ重型、SSWCZ超重型万向联轴器获2000年世界发明家国际协会发明金奖。SSWZ重型系列的公称回转直径为250～450mm，实际回转直径为225～420 mm，公称扭矩为45～450 kN·m，疲劳扭矩为22.5～225 kN·m，轴线折角≤15°。SSWCZ超重型系列的公称回转直径为500～1 000mm，实际回转直径为450～900mm，公称扭矩为450～4 500 kN·m，疲劳扭矩为225～2 250 kN·m，轴线折角≤15°。

浙江乐清市虹桥万向轴有限公司在SWZ型的基础上，研制开发出了SWH型万向联轴器，其承载能力较原标准提高25%。

万向集团的万向钱潮股份有限公司是国内生产万向联轴器规模较大的专业厂家，主要与汽车行业配套。该公司的设计开发、生产制造及试验测试手段先进，是美国通用、福特等汽车公司定点配套供应方之一，其产品为国家机械工业名牌产品，被外经贸部列为重点支持和发展的产品。年产万向联轴器300余万套。

2. 鼓形齿式联轴器

鼓形齿式联轴器是一种外齿轴套齿形呈鼓形的齿式联轴器，是发展较早、比较常用的联轴器之一。它一般使用在低速重载的机械装置上，目前国内生产的厂家也较多，如山东东益机械制造有限公司、扬中市金星联轴器制造有限公司、宁波勤县华实传动机械厂和河北省冀州市联轴器厂等。其主要特点是承载能力比一般的齿式联轴器传递扭矩高15%～20%，最高可达4 000 kN·m；传动效率高，可达98.7%～99.9%；传动平稳，在外径为103～1 664 mm时，转速为460～4 000r/min，扭矩为0.355～4 000 kN·m；装拆方便，鼓形齿两端的侧面间隙比中间部位大，它的轴向补偿值较大，径向为0.4～6.3mm，角向为1°30′，但角向补偿值在高速大功率时小，并需要对套齿进行较好的润滑，而且加在主从动机上的载荷及扭矩大，平衡困难，套齿易磨损，特别是在高速重载时使用受到限制。因此，它主要使用在低速重载的机械装置上。

南京高速齿轮箱厂生产转速达 8 500 r/min 的鼓形齿式联轴器，其扭矩为 0.15 kN·m，外径尺寸为 150 mm。

沈阳鼓风机厂生产转速达 20 000r/min 的鼓形齿式联轴器，其扭矩为 2.06 kN·m，外径尺寸为 154 mm。

3. 弹性阻尼联轴器

随着内燃机行业的发展，内燃机（如船舶推进装置）的扭转振动问题越来越受到重视。许多情况下，抑制扭转振动或将危险共振转移到内燃机工作转速范围之外是很有必要的。这便需要在动力装置中加入弹性阻尼联轴器，按弹性元件的材料分，弹性阻尼联轴器分为金属弹性阻尼联轴器和橡胶弹性阻尼联轴器。

重庆齿轮箱厂有限责任公司生产的永进－盖斯林格弹性阻尼联轴器是利用金属簧片的高弹性和通过油流动的理想黏性阻尼的组合来产生扭转弹性和阻尼的，它是一种金属弹性阻尼联轴器。通过对它的合适选用，能将扭转主临界转速移到内燃机工作转速范围之外，使得整个轴系能在内燃机工作转速范围之内安全运行。采用该联轴器通常还能降低内燃机曲轴、输出轴以及齿轮上的应力，若用一般无阻尼的简单的弹性联轴器，则不能获得这样好的效果。它具有高阻尼、高弹性、寿命长、不老化、磨损小和易维修等优点。

永进－盖斯林格弹性阻尼联轴器产品规格有两种类型，即不可逆转型 N 和可逆转型 U。不可逆转型配不可逆转的内燃机，可逆转型的联轴器具有相同的正、反向簧片，只是正、反向簧片的排列顺序相反，可传递 1.0 倍额定扭矩的反向扭矩。不可逆转型 N 的最大设计额定扭矩可达 6 520 kN·m，而可逆转型 U 的最大设计额定扭矩为 5 630 kN·m。每种类型有 3 个系列，即 55、85、140 系列。传递相同的扭矩，55 系列最硬，140 系列最软。

山东东益机械制造有限公司实施战略转型产品升级——联合南车戚墅堰机车车辆工艺研究所有限公司合作研制轨道交通用鼓形齿联轴器。将公司的专业生产制造能力和南车戚墅堰机车车辆工艺研究所有限公司的科研、技术、试验、检测和市场优势有机结合，在引进、消化、吸收的基础上，走出一条“产、学、研、用”一体的再创新研发之路。

南京泰克曼联轴器有限公司、上海大华联轴器厂和无锡船用减震器厂也生产橡胶高弹性联轴器。

4. 金属膜盘、叠片式挠性联轴器

金属膜盘、叠片式挠性联轴器是当今动力传输中最先进的机械基础件，目前国内能生产金属膜片挠性联轴器的厂家有 20 余家，如中国船舶工业总公司第 703 所、上海材料研究所、武汉正通传动器材有限责任公司、无锡创明传动工程有限公司等。

无锡创明传动工程有限公司（原中国航空工业总公司第 614 研究所传动公司）是生产金属膜片挠性联轴器的专业厂家，其普通型膜片联轴器技术上成熟，已达到国际同类产品的先进水平。产品的最大设计扭矩为 200 kN·m，最大使用功率为 25 000 kW，最高使用转速 24 000 r/min，最大线速度为 183.4 m/s，最大角向补偿能力 1°，最大轴向补偿能力 ±7.5mm。为了提高产品性能，降低成本，还开展了高速高性能金属膜片联轴器的开发研究。金属膜片挠性联轴器性能对比见表 1。

表 1　金属膜片挠性联轴器性能对比

技术性能指标	公司新产品	公司原产品	美国产品	英国产品	日本产品
扭矩 (N·m)	4 000	4 000	4 000	4 000	4 000
转速 (r/min)	22 000	15 000	22 000	23 000	22 500
重量 (kg)	21.8	40.3	17.15	21.7	16.13
外径 (mm)	179	238	173	172	170.9
角向补偿（°）	1/2	1/2	1/3	0.375	1/4
轴向补偿 (mm)	2.4	2.2	2	2.31	1.52
双路传动及防飞功能	有	无	无	无	无
参考价格（万元）	1.6	1.8	20	5	8

由表中数据可见，产品性能指标已达国际同类产品的水平，而且具有了独特的双路传动及防飞功能等保护装置。

无锡创明传动工程有限公司生产金属膜盘挠性联轴器已有近 20 年的历史，目前已生产外径为 101mm（4in）、127mm（5in）、152mm（6in）、203mm（8in）、254mm（10in）、305mm（12in）和 406mm（16in）的 7 个系列膜盘的产品，产品已普遍应用于化工流程泵、透平压缩机等机组上，已交用户使用的最大功率为 11 360 kW，最高转速为 13 531r/min。此外，公司还生产航空用金属膜盘挠性联轴器。

5. 蛇形弹簧联轴器

蛇形弹簧联轴器是一种金属弹性元件挠性联轴器，它靠蛇形弹簧来传递扭矩。该联轴器具有减振性好、使用寿命长、承受变动载荷范围大、起动安全、传动效率高、运行可靠、噪声低和润滑好等优点。但制造工艺性差、加工困难、成本高，因此，应用上受到限制，主要用于有严重冲击载荷的重型机械上。蛇形弹簧联轴器的生产厂家较多，如上海振华港机（集团）宁波传动机械有限公司、江阴市联轴器压铸厂、宁波华实传动机械厂等。其中上海振华港机（集团）宁波传动机械有限公司生产的品种较多较全，有 JS100、JS200、JS350、JS500、JS700 五个系列的产品，其最高许用转速为 6 000r/min，最大公称扭矩为 800 kN·m，外径尺寸可达 1 270mm。

6. MT 系列电磁推动器

无锡创明传动工程有限公司和中国航空动力控制系统研究所合作，开发了新型 MT 系列电磁推动器。它的主要特点是，在选择电磁驱动装置磁路系统的结构形式方面，传统的设计方法是根据电磁铁的工作边界条件，以静态吸力特性为基础，要求衔铁在全部行程范围内，静态吸力特性大于反力特性。因此，造成了现有各种现有传统电磁铁在实际使用中出现了能耗大、线圈温升高、易损坏等严重缺点。试验分析表明，实际电磁铁的接通过程并不决定于静态特性，而是动态特性。因此，以动态特性为基础来满足静态的要求并对此进行优化，是本产品基本设计方法和技术创新之一。其他方面的创新：①磁路材料选用一般的低碳钢，价廉易得。为了减少磁涡流，在导磁体中，增设了去涡流槽道，以减少损失和提高吸合后的释放速度。②采用金属线圈骨架，以利于散热，降低线圈温升。③巧妙地利用了起动瞬间的降值电磁能量，实现了大励磁电流起动，小电流励磁保持。④着重考虑电磁推动器吸合推动过程的动态特性要求。

MT 系列电磁推动器和其他形式的推动器相比，体积小、重量轻、操作频率高、节电、环保、维修方便，优点明显。安装尺寸与 ED 电力液压推动器一样，可完全互换。反应灵敏，操作频率高，操作频率可达 2 000 次 / h(一般电磁铁和液压推动器操作频率为 700 ～ 1 200 次 / h)，工作时无电磁噪声。其节电效果比 MZD、MZS 电磁铁节电 90%，比 YT、ED 液压推动器节电 30% 以上。

该产品的主要技术性能指标：①定推力分 300N、500N、800N 三档，工作行程 30 ～ 60mm。②动时间 0.25s，释放时间 0.35s，反应灵敏，操作频率高，操作频率可达 2 000 次 /h，通电持续率可达 100%。③起动时电流约 3 ～ 10A，维持电流为 0.1 ～ 0.4A，节电效果显著。④体积小、重量轻，使用寿命可提高 50 万～ 100 万次。

目前，多台样机已在钢厂生产线上进行三班制连续运行，情况良好，用户非常满意。

7．WGL 型鼓形齿式联轴器

机械传动用的联釉器应用最多的是齿式联轴器，它主要由两对内、外齿啮合联接而成，外齿轴向截面呈长方形者称直齿式，呈鼓形者称鼓形齿式，其传动性能取决于齿形参数的选取。通常直齿式的齿形参数，压力角 $\alpha=20°$，内齿齿顶高 $h_2=0.8m$（m 为模数），内齿齿根高 $h_1=1m$；外齿齿顶高 $h_1=1m$，外齿齿根高 $h_2=1.25m$。由于直齿式的齿形体较高、较瘦，弯曲应力较大，易磨损，因此，性能较差。后来，人们改用短齿加变位的鼓形齿式，使齿形体变矮变胖，其压力角 $\alpha=20°$，齿高及内、外齿厚比、齿间隙等参数各异，设计者各持己见，形成了很多项标准并存的现状，给专业生产厂家带来困难，制造成本增加。

WGL 型鼓形齿式联轴器，首先在概念上认为它不是传动齿轮的啮合原理，而是鼓形的渐开线花键齿的啮合，只不过是大圆定位，有较大的齿间隙和稍增加的齿高，并做成鼓形齿。其压力角 $\alpha=28°\sim30°$，内齿的齿顶高和齿根高相等，即 $h_1=h_2=0.8m$，外齿的齿顶高 $h_1=0.8m$，齿根高 $h_2=1.05m$。

WGL 型联轴器的特征：

（1）有渐开线花键副的自动定心性能，在传动中产生一个径向分力，使在高速转动时处于平稳状态。这是解决齿式联轴器有较大的齿间隙和高速传动要求 G16 级（或 G63 级）动平衡矛盾的最有效的办法。

（2）具有较大的压力角（$\alpha=28°\sim30°$），使齿形体变得矮胖，与现有齿形相比，齿的弯曲强度提高了 40%，并提高了耐磨性和抗胶合能力，使用寿命提高。

（3）齿向鼓形具有三段弧 $R_1>R_2$，一方面可以加强齿向强度，又可以有较大的联轴器角向补偿量。

（4）齿圈受扭转变形时有一薄壁处，利用弹性变形原理设计，使齿的啮合更为均匀，同时接触的齿数增多。

（5）用具有较大变形量的双道密封，外道防尘，内道防油。性能比一般 O 型密封好。

（6）用模块化设计，相同的零件不同的装配形式，可得到不同的联轴器总长（或不同的外齿轴套距离 $C1$，$C2$，$C3$）。这不仅可以简化设计、减少型号，更重要的是让专业生产厂降低成本。这是通用零部件设计的发展趋势，值得推广。

WGL 型鼓形齿式联轴器又称大压力角三段弧鼓形齿式联轴器，其优点是承载能力提高 30%，使用寿命长，特别适用于高速、重载的传动。

8．其他

弹性柱销联轴器和梅花型弹性联轴器等具有制造简单、成本低等优点，常常被使用在低速、轻载可以经常停车维护的场合，如农用清水泵上。此类联轴器需求量较大，生产厂家较多。如德阳立达基础件厂、扬中市金星联轴器制造有限公司、宁波勤县华实传动机械厂、河北省冀州市联轴器厂和江阴市联轴器压铸厂等。

三、国内外发展趋势

目前国内外主要开发高速及高性能的各类联轴器，如弹性阻尼联轴器、高弹性联轴器、金属盘和片式挠性联轴器等。其中金属盘、片式挠性联轴器与传统的齿式联轴器等相比，具有无泄漏、低能耗、高精度和长寿命等特点，是当今动力传输中最先进的机械基础件。它具有高速、高性能、重量轻、补偿量大、防微动磨损技术、径向预拉伸技术、双路传动技术和防飞结构等特点。

国内外联轴器发展趋势是小型化、轻重量化、高精度化、高弹性材料的研究开发、涂层新技术的应用，对强度的分析越来越精细准确，寿命长和专业化流水线生产将降低成本。

四、产销状况和市场预测

联轴器是机械工业中的一个基础件，主要为工作母机配套使用，它在机械行业中广泛应用。它的产销状况直接决定于国民经济的发展水平，随着国民经济的发展而稳步发展。

万向联轴器主要与汽车行业配套使用，它的产销量随着汽车工业的发展而增加，在未来 10 年期间，随着家庭用车消费的增加，我国的汽车工业将有广大的产销市场。

金属盘、片式挠性联轴器是用来联结驱动机和从动机，使它们一同旋转，以传递扭矩和运动并补偿两轴间的三向位移（不对中），同时有隔振和节能作用，已成为当今世界上动力传输装置中最先进的机械基础件。高速、高性能金属盘片式挠性联轴器更适合于高速大功率的关键大型旋转设备。产品不仅用于航空、坦克等军品上，而且用于国民经济各领域。如高速大功率的透平发电机组，200MW、300 MW、600 MW发电机组中的锅炉给水泵机组，各种离心、轴流压缩机组，工业燃机，螺杆压缩机，冷冻机，化工流程泵等配套。用于石化行业设备改造以及备件国产化，可完全替代进口。此外，尚有部分产品出口美国、印度、巴基斯坦、东南亚等地及中国台湾地区。产品已进入石油化工、钢铁、制冷、制药、船舶、印刷机械、纺织机械、有色金属、发电和核电等领域。

我国每年所需各种类型、大小规格的联轴器数量很大，再加上备品备件及产品出口量的逐年增加，其需求量将更大。因此，联轴器具有很广阔的市场。虽然联轴器的市场很大，而且专业化生产厂家也不少，年销售额10亿多元，但这也只能满足一般需求。而对技术含量高、制造难度大、使用寿命长的大型联轴器还是达不到要求，全国也只有极少数生产厂家可以制造。

我国的联轴器销售缺乏规范化，由于少数用户只重视价格，忽略了质量，形成互相压价的现象，其价格有的甚至还不到成本价，无法保证质量，扰乱了市场秩序。另外，还有少数专业生产厂家并没有形成一定的规模，技术落后、设备陈旧，很难制造出高质量的产品，也失去了部分市场。

五、产品进出口情况

从目前的情况看，联轴器产品的进口远远大于出口。但单独进口联轴器的情况并不多，绝大多数是随主机一起引进或者在与国外合作生产中由于外商要求而进口。这些联轴器都是设备的主传动，其技术水平高，制造难度大，要求使用寿命长，国内难以满足。另外，为保证设备的正常运转不影响生产，作为备品备件也进口了一部分联轴器。随着国产化水平的提高，备品备件的进口数量不断减少，大部分已实现了国产化。虽然国产化的产品质量还存在一定问题，使用寿命也只有进口产品的2/3，但其价格仅是进口产品的几分之一，可节约不少外汇，总的来说，从经济方面考虑还是可行的。联轴器的出口情况并不理想，还没有形成一定的批量，只有少量的产品出口到东南亚和其他非洲少数国家。其中一部分是随主机一起出口的，一部分则是单独出口的。随着我国联轴器技术水平和产品质量的不断提高以及存在价格上的优势，其出口量将肯定会逐年增加，达到一定的批量，获得很好的经济效益。

六、科技成果与新产品

自20世纪80年代以来，我国的联轴器产品快速发展，新产品不断出现，已逐步形成较完整的联轴器标准体系。近年来，不少企业为了获得更大的经济效益，越来越重视新技术，为此也投入了大量的人力和物力，取得了许多科技成果，开发出一些具有自主知识产权、技术含量高的新产品。如液压安全联轴器、贯通式鼓形齿联轴器、贯通式十字万向联轴器、硬齿面鼓形齿联轴器、高弹性橡胶块联轴器等。已获得科技成果20多项，申请专利10多项。

七、存在的主要问题及差距

我国的联轴器行业虽然发展速度很快，品种规格很多，而且技术水平也不低，可基本满足需要，但还缺乏技术含量高、适应特殊要求的联轴器。另外，按当前的生产条件，我们的加工设备普遍都显得比较陈旧，加工手段落后，很难达到精度和质量的要求，而且生产效率也比较低，绝大部分属于单件小批量生产。因此，在今后的工作中，除加大新产品开发外，还应从加工设备、工艺等方面采取措施以适应新产品的要求。

〔撰稿人：传动联结件分会明翠新〕

离合器和制动器行业发展概况

近几年，受全球经济大环境的影响，我国离合器、制动器的生产和销售处于低谷状态，出口受到较大影响，但整体形势还是乐观的。我国汽车产量持续增长、汽车保有量的增加、出口市场需求的扩张三大因素继续推动我国汽车离合器行业向前发展，尤其是DCT技术在我国的发展，将使我国摩擦片汽车离合器行业获得新的发展机遇。此外，船用离合器一般以船用齿轮箱部件的形式出现，离合器和制动器还广泛应用于轨道交通、风电、冶金、矿山、石油、化工、航天航空和医疗等行业的机械设备中。

我国进口的离合器和制动器产品，主要有德国科比、德国伦茨、日本三木、日本三菱的电磁离合器和制动器，英国多福大功率钳盘式制动器，意大利OMPI气动离合器和制动器，美国双环公司含滑差离合器的船用齿轮箱等。

浙江亚太机电股份有限公司不断扩充产能，占据了国内制动器行业的领先地位。近几年，公司又与欧洲斯洛文尼亚轮毂电机技术公司进行了合资合作签约，布局新能源汽车市场，为新能源汽车提供先进的驱动、制动技术，为国外知名企业配套。如一汽大众、一汽轿车、上海通用、上海大众、北京奔驰、奇瑞汽车、东风汽车、神龙富康、华晨金杯、长安汽车、上汽通用五菱、江铃汽车、郑州日产和江淮汽车等国内外各大知名整车企业，并自营出口北美、欧洲、澳大利亚等国家和地区。

液力变矩器的需求量随着我国自动档汽车数量的增加而加大。国内除上海萨克斯动力总成部件系统有限公司早已量产液力变矩器产品外，佛山优达佳汽配有限公司、上海达耐时汽车配件有限公司、南京法雷奥离合器有限公司等合资企业相继开始组装生产液力变矩器。

吉林东光集团有限公司隶属于中国兵器工业集团，目前已经形成以离合器、飞轮、飞轮齿环为核心的传动系产品，以制动器为核心的全制动系产品、照明灯具、汽车镜等四大系列近千余种产品，拥有全资公司吉林汽车制动器厂、吉林瑞宝车灯有限公司，控股上市公司长春一东离合器股份有限公司、控股公司吉林大华机械制造有限公司、吉林一汽实业东光汽车镜有限公司等5家汽车零部件专业制造公司。 年生产离合器总成200余万套，主要供应CA6DL、CA4160、SQR、DA471等车型，年生产液压制动总泵160余万套，主要供应JETTA、BORA、SQR、BYD等车型。

长春一东离合器股份有限公司的前身为一汽东光离合器厂，公司是国内汽车离合器制造行业龙头企业，产品主要为一汽集团、长安汽车提供整车配套，已形成75万套的生产能力，是国内规模最大、系列最宽的离合器生产厂家，行业地位较高。公司在主机配套市场取得了较好的成绩，实行品牌战略，面向全国64家主机厂供货，占领了国内中重型商用车市场的半壁江山。

过去几年，我国的离合器和制动器工业取得了长足进步，尤其是中国汽车工业的快速发展，带动了离合器的快速发展。但对比先进国家的技术水平和创新能力，仍然存在着一些问题和差距，主要表现在国内生产的基本是传统产品、低附加值产品，缺乏知名品牌，缺乏创新能力。生产企业数量众多，但大企业少，自主开发能力及创新能力仍比较薄弱，半数以上产品生产技术从国外引进，产品开发周期过长，难度大、使用场合重要、附加值高的产品仍依赖进口。因此，推动我国离合器和制动器工业的持续发展，仍须大力提高研发能力，从型号改进、型号扩展向高新技术应用、核心技术开发的方向发展，提高产品附加值和国际竞争能力。

〔撰稿人：传动联结件分会明翠新〕

超越离合器行业发展概况

超越离合器（又称逆止器或单向轴承）是机电一体化产品中机械传动基础件，主要用于原动机和工作机之间或机器内部主动轴与从动轴之间动力传递与分离功能的重要部件。它是利用主动、从动部分的速度变化或旋转方向的变换，具有自行离合器功能的一种自控离合器。

1. 超越离合器的发展

超越离合器是随着机电一体化产品的发展而产生的功能基础件。啮合式超越离合器使用的历史悠久，滚柱式超越离合器于1878年以“换向电动机”为题载入德国专利中，用于换向机构上，有100多年的发展历史。我国在20世纪五六十年代应用该柱式超越离合器的较多，但因工作可靠性差、承载能力低、星轮加工困难等原因，在某些工况下的应用范围不断减少。其优点是滚柱磨损后能自动补偿，不至于使离合器“反转”。因此，在某些行业还有一定的应用范围。楔块式超越离合器是德国人19世纪发明的，自问世以来，以承载能力大、自锁可靠、反向解脱轻便、结构紧凑、操作方便，在机械传动中得到广泛应用。首先，美国在飞机和兵器上推广使用，随后，德国、日本等在印刷包装机械，意大利在无氧化铜生产线上等广泛应用。国外有一些专门的研究机构和较大规模的专业生产工厂生产制造各种类型规格的超越离合器供应到世界各国。

我国对楔块式超越离合器的研制是20世纪70年代初开始的。北京新兴超越离合器有限公司总经理教授级高级工程师孔庆堂对楔块式超越离合器进行了较为系统的研究和试制，积累了丰富的经验，并有5项专利技术。1994年，他在北京中关村创建了高新技术企业，专门从事研制、生产和销售各类超越离合器。超越离合器技术含量较高，要求加工精度高，历经30多个春秋，技术趋于成熟，产品已开始走向标准化、系列化，生产的产品接近、甚至达到了国外水平。北京新兴超越离合器有限公司和机械科学研究院为了推进超越离合器的发展，2002年共同起草了JB/T9130《单向楔块超越离合器》标准，在该标准中，主要规定了4种型号（CKA型、CKB型、CKZ型和CKF型）的超越离合器。随着时间的推移，北京新兴超越离合器有限公司不断创新，注册了自己的品牌“KCK”和“新兴超越”。现有CKA型、CKB型、CKZ型、CKD型、NYD（NJ）型等接触式及CKF型、NF型等非接触式单向超越离合器，高精度、大转矩滚柱式超越离合器和CKS型双向超越离合器共10多种类型，600多个规格系列。同时，公司开拓新市场，开发研制出大转矩、特种需要的多功能的综合型离合器，满足市场需求。如CGK型可控滚柱式超越离合器是与普通单向超越离合器具有不同功能的一种新型离合器，在自由状态时，外环只能单向转动，不允许逆转。但是，当转动某一个零件到某一个位置时，则外环双向（顺时针或逆时针方向）均能自由转动，适合于一些电子设备、包装设备的要求。滚珠丝杠副在用于垂直方位传动时，如果部件重量没有平衡，不能自锁，当传动停止或电动机断电后，必须防止因部件自重而产生的逆转动，新研制开发的CGZS型是适合防止滚珠丝杠副逆转的自锁装置。同时，研究改变滚柱式超越离合器装的滚柱少、转矩小的缺点，改变了以往滚柱式超越离合器星轮的形状，增加滚柱数量的新型滚柱式超越离合器等，为适应国内外市场对离合器各种用途的要求，开拓新市场，必须将超越离合器的研究和生产提高到一个崭新的阶段。

咸阳超越离合器有限公司成立于1999年11月22日，是集研发、生产、销售为一体的机械传动联结件专业化制造企业，是陕西省认定的高新技术企业。公司主营产品以单向离合器为龙头，电磁离合器、胀紧联结套、安全离合器为主导，产品系列多达60多个，产品型号多达5 000多种。公司产品应用范围涵盖印刷包装、纺织、食品、矿山、工程机械、冶金、电力、农机和新能源等行业。目前，公司拥有专利14项，研发的产品被列入国家火炬计划项目，2项产品获得国家科技型中小企业技术创新基金扶持，多个项目荣获省市级科技进步奖。公司生产的单向离合器凭借优秀的产品技术，自2005年起持续获得“陕西省名牌产品”称号，具有较高的市场占有率。同时，“CHAOYUE”品牌产品以优良的品质、可靠的信誉、广泛的产品系列及周到的售后服务赢得了较高的知名度，深得客户的青睐。“CHAOYUE”注册商标自2006年起持续获得“陕西省著名商标”称号。

2. 超越离合器的应用

超越离合器由于其出色的性能和使用效果而得到广泛应用，作为防止逆转、精确定位及超越或传递转矩，用于各种机床、包装机械、印刷机械、轻工机械、食品机械、医疗机械、纺织机械、塑胶机械、造纸机械、石化机械、矿山机械、起重运输机械、电子设备、发电设备、减速机及各种试验台机械传动中。

3. 市场预测与竞争态势

制造业关系着国家的发展，没有强大的制造业，我国现代化就难以实现。制造业是一个国家的支柱产业，我国的机械制造业正逐步成为世界的机械加工基地。全面提升创新能力，开拓出一条制造强国之路。我国经济运行调控纲要显示出机械行业经济运行预期有较大幅度的增长，以重大技术装备为主要产品的重型矿山机械、石化通用机械以及以数控机床为代表的高技术装备制造业仍维持了一个比较高的增长速度。

由于国产机械设备技术的提升，设备更新改造，特别是高转速、大转矩、特殊功能需求范围的扩大，旺盛的食品、印刷和包装机械亟待开发，农业机械明显升温，新兴的电子产品，进口设备替代量增加及国外市场需求，给超越离合器行业带来激烈的竞争和良好的发展前景。市场需求量增加的同时，对其应用范围、品种、技术含量、生产周期，特别质量和寿命都提出了更高的要求。国内生产超越离合器的企业不断增加，德国、日本、美国等国家的企业也把目光瞄准中国大市场，加剧了国内外企业的竞争，使市场的供求关系发生变化。当“僧多粥少”时，部分企业因其自身的原因、技术工艺落后、品种单一、产品性能差、质量低下，而把精力放在降价去占领市场上，这样的企业会在市场竞争中逐步败下阵来，从竞争中退出。要改变经营理念，以人为本，用市场和用户需求来促进企业开拓创新，增强综合经济实力和技术实力。使产品质量好、信誉度高、企业形象好的名牌企业拥有更大的市场潜力和发展空间，使市场竞争走向有序化，促进行业的发展。“十二五”期间行业发展的重中之重，是要转变企业发展模式，从作坊式快速切入专业化、规模化生产，不断提高机械制造的品质。我国的离合器同行要联合起来，整合资源，优势互补，要积极参与国际市场竞争。大家既是竞争对手，更是合作伙伴，互利互惠，共同发展。每个企业应该发挥产能、突出优势，去做大做强，创品牌、爱护品牌、珍惜品牌的含金量，自觉地维护品牌的“尊严”，真正把“中国创造”这一品牌在世界上叫响。开拓市场，扩大市场，使中国逐步成为全世界机械基础件的生产基地。

〔撰稿人：传动联结件分会明翠新〕

企业概况

传动联结件行业重点企业介绍

泰尔重工股份有限公司

泰尔重工股份有限公司（以下简称泰尔重工）成立于2001年，位于国家级马鞍山经济技术开发区，公司注册资金18 720万元，占地面积22万m^2。公司主要从事工业万向轴、齿轮联轴器、剪刃、滑板、卷取轴、打捆机、汽车传动轴及汽车零部件等产品的设计、研发、制造、销售与服务。秉着“精勤冶业、追求卓越”的企业精神，经过快速成长和蕴积，泰尔重工实现了跨越式发展，并于2010年成功上市，成为冶金行业万向联轴器领域中的龙头企业。

泰尔重工竭诚为冶金、有色、风电、起重、水泥、矿山、电力和造纸等行业提供优质的产品和服务，以及整套解决问题的方案。公司非常注重技术开发质量控制，在技术上形成了自己的技术标准，主持起草标准10项，其中国家标准2项，行业标准8项；参与起草标准5项，其中国家标准3项，行业标准2项。建设有国家级博士后科研工作站和安徽省传动机械工程技术中心为一体的技术研发体系，目前拥有专利31项，其中发明专利6项。

2005年，“泰尔”商标被评为安徽省著名商标；2010年，被再次认定为安徽省著名商标；2010年，“泰尔”牌万向轴被认定为安徽省名牌；2012年，“泰尔”牌联轴器被认定为安徽省名牌；2014年2月，“泰尔TAIER及图”商标被国家工商行政管理总局商标局、商标评审委员会认定为中国驰名商标。

公司的中、宽厚板轧机辊端用交错式十字万向接轴和TJGZ热连轧精轧机组重载鼓形齿式接轴分别于2008年、2009年荣获省科技进步奖；中、宽厚板轧机辊端用交错式十字万向接轴、TJGZ热连轧精轧机组重载鼓形齿式接轴、冷轧主传动十字轴式万向联轴器分别于2008年、2010年、2011年被认定为国家重点新产品；冷轧主传动十字轴式万向联轴器研发及产业化被列为2013年度国家火炬计划项目。

公司建立了以4S服务为理念的销售服务网络模式，始终坚持“以市场为导向、以客户为中心、以品质为基础、以信誉为保证”的经营理念，倡导“客户优先、服务无限”的服务理念，高度重视对客户的服务。公司已形成了三位一体的三类客户资源和立体市场。第一类是大型钢铁企业，第二类是装备制造企业，第三类是专业设计院所。公司的销售渠道遍布全国，同时，公司还通过设计院、装备制造企业工程项目和代理商积极开拓国际市场，产品出口到德国、法国、美国、西班牙、新西兰和马来西亚等国家。公司与中国第一重型机械集团公司、首钢集团、中冶华天工程技术有限公司、达涅利冶金设备有限公司等多家重要企业签订了战略合作协议。

在企业管理方面，打造了具有核心价值观的企业文化，并建立了现代化管控体系。

公司是中国机械通用零部件工业协会副理事长单位、传动联结件分会理事长单位、中国钢铁工业协会理事单位、中国重型机械工业协会重型基础件分会副理事单位和全国轧钢信息网网员单位。

展望未来，泰尔重工任重而道远。公司将始终坚持“传动机械、冶金装备、高端智能装备”行业为发展方向，以“市场全球化、品牌国际化、管理集团化、运行信息化”为战略目标，坚持“以客户、员工为根本，以社会、股东为责任”的价值观，继续秉承“精勤冶业、追求卓越”的企业精神，锐意进取，不断创新，致力打造成“国际泰尔”“百年泰尔”。

石家庄凯普特动力传输机械有限责任公司

石家庄凯普特动力传输机械有限责任公司是集研发、生产及销售为一体的综合性传动产品的专业生产厂。产品种类有链轮、锥套、轮毂、带轮、同步带轮、齿轮、齿条、胀套、联轴器和驱动器等16大类型，45 000余种规格，年产各类机械传动零配件1 600万件，同时，拥有产品储备数量达150万件的中心成品仓库，可即时为全球用户提供各类机械传动件产品。

公司有员工 1 100 余人，工程技术人员 60 余名，现设有 10 个生产分厂。公司拥有自己的专业外贸公司，相关人员精通英语及国际贸易的相关流程，可为国外客户提供优质的服务。截至 2011 年，公司拥有净资产 2.38 亿元，年销售额 2.8 亿元，其中出口占 85%，约 4 000 万美元。“CAPT”品牌产品远销北美、日本、东南亚和欧洲，是我国目前机械传动产品综合生产厂之一。

公司拥有 2 万 t 优质铸件的生产能力，安装有美国亨特铸造生产线 1 条和 1 条机械自动造型线及配套熔炼设备，可生产 50kg 以下各类高标准铸件产品。

公司于 1996 年在同行业中率先通过 ISO9001：1994 质量体系认证，2002 年通过行业内唯一英国劳氏 ISO9001：2000 质量体系认证，2010 年通过劳氏 ISO9001：2008 质量体系换版认证。如今，凯普特动力传输机械有限公司产品畅销全球，成为日本、美洲及欧洲市场知名品牌。

浙江亚太机电股份有限公司

浙江亚太机电股份有限公司为亚太机电集团有限公司的控股子公司，于2009年8月28日在深圳证券交易所上市。公司致力于开发、生产、销售整套汽车制动系统，是国家重点高新技术企业、中国汽车零部件制动器行业重点企业、首批国家汽车零部件出口基地企业、国内率先自主研发生产汽车 ABS 的大型专业化一级汽车零部件供应商，设有国家认定企业技术中心、国家级实验室、院士工作站和博士后科研工作站。

公司主导产品汽车制动系统为中国名牌产品，注册商标“APG”为中国驰名商标、“湘湖”为浙江省著名商标。目前涵盖了 100 多个系列 500 多个品种的汽车基础制动系统、汽车电子辅助制动系统、汽车新材料应用制动部件产品，可以为各类轿车、轻微型汽车、中重型载货车和大中型客车等车型提供系统化和模块化的配套，产量、规模在国内同行中名列前茅。

公司的产品销售网络覆盖了国内各大知名的整车企业和国际著名的汽车跨国公司，并自营出口到北美、欧洲、澳大利亚等国家和地区。主要用户有一汽大众、一汽轿车、上海大众、上海通用、上汽通用五菱、东风汽车、神龙汽车、东风日产、郑州日产、北汽集团、江铃汽车、奇瑞汽车、长安汽车、江淮汽车和华晨金杯等。

公司将继续加大在汽车电子领域的投入力度，以成功开发并产业化的汽车防抱死制动系统 ABS 为基础，重点向汽车电子辅助制动系统产品的开发，诸如 ESC 汽车电子操纵稳定系统、EABS 制动能量回馈系统、EPB 驻车制动系统等。目前，公司已形成汽车电子控制系统 100 万套的年生产能力。

作为国内汽车制动系统行业的龙头企业，公司将始终秉承“诚信、务实、开拓、合力”的企业精神，以“制造精品部件，服务名优主机”为经营理念，以“建百年老厂，创世界品牌”为奋斗目标，继续坚持走自主创新之路，把产业做大做强，增强企业核心竞争力，争创国际一流企业，为弘扬民族精神，发展中国汽车工业做出应有的贡献！

德阳立达基础件有限公司

德阳立达基础件有限公司位于我国四川省德阳市，毗邻宝成铁路、108 国道、成绵高速公路，交通方便，是德阳立达机电设备有限公司下属企业，也是中国机械通用零部件工业协会传动联结件分会副理事长单位。近年来，公司通过全面机制改革，推动技术进步及创新，完善内部管理，并于 2002 年通过了 ISO9001：2000 版质量体系认证，建立了良好的市场运行机制。公司是我国传动类基础件研发基地，所开发研制的基础件产品在全国同行业中处于领先地位。

多年来，公司始终坚持技术创新、新产品开发，拥有一批专门从事基础件研发的专家，产品全部采用计算机 CAD 设计并进行计算机有限元强度分析及三维动作模拟检测。

重点产品有各种规格型号的 SWC、SWP、SWZ 十字轴式万向联轴器，高速、高精度主传动鼓形齿联轴器，液压安全联轴器，轴器，胀套，手动超高压油泵，液压螺栓预紧器及液力螺母等。

中国船舶重工集团公司第七一一研究所

传动技术是中国船舶重工集团公司第七一一研究所的主专业之一，该专业的研究和开发工作在国内处于领先水平，在行业中享有很高的声誉。

传动机械工程事业部拥有先进的研究手段和试验设施，在齿轮传动技术，离合器、联轴器、制动器技术/液力传动技术，复合传动技术方面颇具实力，形成了隔声减振抗冲击特色的传动技术。传动产品产业化具有一定的规模并拥有专业制造厂，已拥有变速齿轮箱、高弹性联轴器、高弹性摩擦离合器、调速液力耦合器和液力变矩器等产品系列。

主要产品：① LS 型高弹性联轴器、LC 型高弹性联轴器、LB 型高弹性联轴器、LR 型高弹性联轴器、XL 型高弹性联轴器、WL 系列万向联轴器。② LT 型高弹性摩擦离合器、LQ 型气压离合器、ZEA 系列电磁离合器。③ ZDK 系列电动遥控静态制动器、ZQQ 系列动态制动器。

无锡创明传动工程有限公司

无锡创明传动工程有限公司是由原中国航空工业第六一四研究所传动工程公司于 2001 年 5 月改制设立的股份制公司，专业从事挠性联轴器的研发、生产、销售和服务。公司注册地为江苏无锡国家高新技术开发区，注册资本 3 000 万元。公司占地面积 33 200m^2，建筑面积 17 500m^2。公司拥有专业加工设备 100 多台，各类检测设备 30 多台，已形成年产 80 000 套联轴器的生产规模。公司拥有较强的专业人才队伍，现有员工 170 多人，其中拥有中高级技术职称 35 人，技师和高级工 40 人。

公司主要产品有叠片（膜片）联轴器、膜盘联轴器、蛇簧联轴器、风电用挠性联轴器、刚性联轴器和梅花形弹性快联轴器等。其中叠片、膜盘联轴器研究成果于 1990 年获航空部科技进步二等奖，1999 年被认定为江苏省高新技术产品。截至 2013 年底，公司已累计获得国家专利 28 项，其中发明专利 5 项。

公司于 2003 年通过了 ISO9001 质量体系认证；2005 年通过了 GJB9001 质量体系认证；2012 年和 2013 年先后通过 ISO14001 环境管理体系认证和 GB/T28001 职业健康安全管理体系认证。自 2003 年起，公司连续被认定为江苏省高新技术企业。

公司是挠性联轴器专业企业、国内挠性联轴器产品和服务的主要供应商，年销售各类挠性联轴器产品 4 万多套，拥有较高的市场份额和良好的客户评价。产品设计、制造符合国家相关行业规范，可以完全满足美国石油学会 API610 和 API671 标准要求。公司现已成为国内外众多知名流程动力设备厂家优先选择的合作伙伴，是中国石化、中国石油、中国海油等大型炼化企业的资源市场成员单位。

公司的前身——第六一四研究所传动工程公司自 1982 年开始金属挠性联轴器的设计、试验和应用研究，是国内最早将挠性联轴器科研成果商品化的科研院所之一。公司在传承六一四研究所专有技术的基础上，进一步发展了对金属挠性联轴器的应用研究，拥有完整的设计计算方法和专业验证手段，在相关领域积累了丰富的设计和使用经验，可以为各种可能的工业应用提供挠性传动解决方案。

30 年多来，公司及其前身已经累计为各行业提供 30 多万套各类高品质的联轴器产品。已交付产品最大传递功率 110MW，最大传递扭矩 5MN·m，最高工作转速 60 000r/min，最大轴向补偿能力 ±14mm，最大角向补偿能力 4°，最大联轴器外径 1 450mm。目前，公司与国内外众多知名的流程动力设备厂家建立了稳定的配套合作关系，是国内新建大型工业流程装置联轴器产品和服务的指定供应商。

河南承信齿轮传动有限公司

河南承信齿轮传动有限公司是专业设计开发生产齿轮箱、联轴器及弯卷设备等产品的企业。公司技术力量雄厚，是全国齿轮标准化技术委员会委员单位（SAC/TC52）、全国机器轴与附件标准化技术委员会委员单位（SAC/TC109）、全国减速机标准化委员会委员单位（SAC/TC357）、中国机械通用零部件协会理事单位、齿轮分会专家委员会委员单位和传动联结件分会会员单位。

公司按照“专而强、强而大”的原则，专业发展齿轮传动领域中的特色齿轮产品，坚持依靠点点滴滴、锲而不舍的艰苦努力，不断增强顾客的信任和依赖程度，努力成为行业内知名的企业。公司从2006年成立至今，一直保持较好的发展势头，坚持以齿轮产品为核心的同心圆发展战略，目前已形成齿轮散件（汽车发动机及工程机械类齿轮）、工业用齿轮减速箱（搅拌用齿轮箱、行星齿轮箱及回转支承）、联轴器、弯卷设备四大系列产品为支撑的产品结构体系，技术水平在本行业居国内领先地位。

“诚信铸就信赖，创新赢得市场”。自公司成立以来，总经理杨勇波先生以企业家的智慧和见识为公司的发展壮大制定了详细计划，每个计划的实现加上开拓进取精神使公司走向辉煌。杨勇波先生带领研发团队进行多次科技攻关，为我国装备制造业提供新技术、新工艺和新产品。其中“重型运输车360° 蜗轮蜗杆转向器的研制”项目还曾获得科技部创新基金支持。目前，公司已具有发明专利1项，实用新型专利4项，形成了一批在市场上有显著竞争力的产品，为公司的长远发展打下了良好的基础。

公司在南阳和郑州设有分部。其中，南阳分部生产场地4 800余m^2，拥有5t、3t起重机各1台，磨齿机2台，YB3150E/PC滚齿机9台，3180及3125滚齿机4台，YWA4232剃齿机5台，BXQ2310龙门刨铣床、MA1432高精外圆磨床、坐标镗床各2台，插齿机6台。数控车床、钻床通用设备近230台，拥有完整的联轴器、齿轮箱及非标设备生产及装配线。公司以“信守承诺，技术先进，为客户创造价值”为质量方针，通过了ISO9000认证，具有完备的质量保证体系和强有力的配套制造能力。

许昌远东传动轴股份有限公司

许昌远东传动轴股份有限公司是国内规模大、品种多、规格全的非等速传动轴研发、生产和销售的知名企业，拥有专业化的生产和检测设备1 200台（套），U型数控化一个流生产线162条，具备年产360万套非等速传动轴的生产能力。产品涵盖轻型、中型、重型汽车和工程机械用非多速传动轴四大系列8 000多个品种，广泛应用于除轿车之外的所有汽车及工程机械。公司被授予中国汽车零部件传动轴行业龙头企业、中国机械500强——汽车零部件50强、最具竞争力汽车零部件百强企业和中国中小板上市公司价值50强。

迈格钠磁动力股份有限公司

迈格钠磁动力股份有限公司是全球领先的绿色传动技术——永磁涡流柔性传动装置研发、制造、服务的专业性、科技型企业，也是永磁传动系统整体解决方案的供应商。

2016年4月，迈格钠成功登陆新三板，股份代码：836901。

公司自主研发的永磁涡流柔性传动节能技术是应用永磁材料所产生的磁力作用，完成力或力矩无接触传递，实现能量的空中传递。核心价值就是让传动更安全、更简便、更高效、更环保。

永磁涡流柔性传动节能技术是继液力耦合技术、电力变频驱动技术后的又一个具有划时代的创新性技术，是动力传动技术的第三次革命。永磁涡流柔性传动装置是目前能够达到安全可靠与节能降耗双重指标的新兴技术与理想替代的绿色产品。

目前，永磁涡流柔性传动节能技术已列入国家发改委、工信部的节能技术推广目录。已在大庆油田、燕山石化、上海石化、广州石化，中电投、华能、大唐热电、田集电厂、粤电集团、首钢集团、鞍钢集团、宝钢集团、济南钢铁、华凌钢铁、昆明钢铁、石横特钢、金川集团、山东枣庄煤矿、晋煤集团、云南武定钛业、云磷集团、苹果铝业、遵义氧化铝和贵州瓮福集团等单位得到应用。

乐清市虹桥万向轴有限公司

乐清市虹桥万向轴有限公司从事十字形万向联轴器生产已有20多年的历史，年产各种联轴器5 000余套。

公司先后为国内重点工程配套生产十字形万向联轴器。主要产品有SWP、SWC、SWZ、SWL、LQA、LQB、ZK、SMF以及新推出的SWH等系列各种型号万向联轴器，规格为$\phi 20 \sim \phi 620$mm。多年来，公司为太原矿山机器厂、中国第二重型机械集团公司、陕西压延设备厂配套生产。产品如包头钢铁公司年产50万t高速线材轧机、武汉钢铁公司年产70万t高速线材轧机、杭州钢铁厂高速棒材轧机、攀钢公司1430大板坯连铸机、上钢三厂2000大板坯连铸机、酒钢公司连铸机以及无缝钢管穿孔机、轧管机、中小型轧机等冶金设备用万向联轴器。近年来，公司还出口马来西亚、菲律宾、澳大利亚等国家轧钢机上用的万向联轴器，公司主要产品还有造纸设备和木工设备。

公司制造的新式强力 SMF 型十字轴式万向联轴器集成现有标准 SWP 型与 SWC 型结构的优点，提高了整体结构强度和抗冲击能力，延长了使用寿命，特别适用于各类轧钢机、矫正机、起重机械以及各种重载频繁正反转的重型机械传动。

浙江西普力密封科技有限公司

浙江西普力密封科技有限公司长期致力于橡塑密封原材料性能配方、密封件结构原理及模具等技术工艺研发、生产及应用，拥有中国石化行业认证的 A 级质量检验机构西普力密封科技检测中心。公司是浙江省科技型中小企业、市级高新技术企业，拥有自主知识产权 30 多项，掌握世界聚氨酯密封件性能配方工艺生产技术。模拟试验证明，各项性能指标超过国外著名品牌密封件，是我国聚氨酯密封件行业领军企业。公司总占地面积 4 万 m^2，建筑面积 5 万多 m^2，主要生产各种以聚氨酯、橡胶、塑料、聚四氟乙烯和金属等为原料的密封件和弹性减震件。密封件在减压、气压、水压等方面的橡塑密封件、防尘圈、金属防尘圈、弹性减震件等都具有绝佳的抗张强度、耐压缩形变、耐高低温及耐压性，使用寿命长，适用于低、中及高压的液压缸。

唐山创德传动机械有限责任公司

唐山创德传动机械有限责任公司是专业生产新型机械基础件的专业厂家。主要产品有胀紧联结套、紧定套、退卸套、联轴器和超越离合器（逆止器）。该系列产品广泛应用于矿山机械、冶金机械、重型机械、纺织机械、轻工机械、包装机械、机床行业、印刷机械、加工中心、烟草机械和锻造机械等行业。目前已为国内纺织机械、印刷机械、食品机械、矿山机械和冶金机械等主机配套。有些主机配套已出口远销欧美、东南亚。

主要产品：JB/T 7934—2002 胀紧联结套、JB/T 7919.1—1999 退卸套、JB/T 7919.2—1999 紧定套、联轴器和超越离合器。

中国北方车辆研究所

中国北方车辆研究所（又名中国兵器工业集团第二〇一研究所）是中国兵器工业集团公司下属的综合性大型科研基地、特种车辆技术开发中心和试验检测中心，属于国有独资事业单位。主要从事特种车辆整车及部件的研究、设计、试验与试制，利用现代设计方法开发新型车辆，进行总体、新型动力、传动、行走、操纵、电子电气、自动控制等技术的研究和开发。

主要产品：①专用车整车：野外抢修车、飞机牵引车、带传送车。② 汽车零部件：车辆轮胎中央充放气系统、高效紧凑换热器、可调式油气悬挂系统 、车辆电子线束信息传输与控制系统、空气滤清器、特种车辆无刷电源系统、空气悬架系统、 自动熄火装置、玻璃升降器。③ 汽车应用技术：车辆智能化操作系统、双燃料汽车改装技术、控制器局域网络技术、机器人技术、牵引力控制系统。

浙江华泰联轴器有限公司

浙江华泰联轴器有限公司创办于 1998 年，是煤炭工业局机械装备集团公司定点生产单位，又是中国重型机械联轴器推荐生产厂家。公司是集铸钢、锻造、热处理、机械加工为一体的企业。 公司主要产品为联轴器，种类涵盖万向、鼓形齿、弹性等三大类联轴器 20 多个系列，广泛应用于冶金轧钢、矿山、工程、石油化工、起重、造纸机械等行业。目前主要产品销往国内外各大钢铁公司、冶金轧钢行业和整机生产厂家；年生产能力万余套。公司以国家标准的基础件为基准，以持续不断地向用户提供满意的产品和服务为目标，以“质量求生存，品种求发展”为质量方针，以先进合理的工艺指导生产，严格执行 ISO9001：2000 质量管理体系标准，公司以“质量第一、信誉至上、承诺经营、用户满意”为经营宗旨。

乐清市三丰传动有限公司

乐清市三丰传动有限公司创建于20世纪80年代中期，是研发、生产、销售十字轴式万向联轴器、卷筒联轴器和高性能鼓形齿式联轴器的专业厂家。其中，1992年开发生产的SWF型十字轴式万向联轴器和1996年开发生产的WZL型卷筒联轴器经过多年不断的技术和工艺改进，已拥有多项知识产权。根据市场需求和企业发展的需要，2013年开始高起点开发生产鼓形齿式联轴器，在充分分析了国内外产品的基础上，以全新的理念优化设计，使产品结构更加科学合理，性能更加安全可靠。

公司已通过ISO9001质量管理体系认证，与国内多家重点起重机制造厂家和各相关领域用户建立了长期的合作关系。产品广泛应用于国内各大重点工程项目，其优良品质获得了行业内专家和用户的一致好评。目前，公司的人均产值和占地亩产值指标上均排在全国同行最前列。

福建莆田智舟高新技术有限公司

福建莆田智舟高新技术有限公司主要生产经营以万向联轴器、三坐标测量机为主的光机电气各类机电产品，同时，承接机电一体化产品的更新、改造等服务，经营机电类相关产品技术贸易。

公司的产品有十字轴式万向联轴器、快速拆装联轴器、鼓形齿式联轴器、安全联轴器、弹性柱销联轴器和梅花弹性联轴器等，其产品通过国家级、省级鉴定，性能可靠，质量优良，被国内用户企业广泛采用。

山东东益机械制造有限公司

山东东益机械制造有限公司成立于2004年3月，是鼓型齿联轴器国内唯一专业生产厂家，注册资金1 000万元，年产量11 000套，产值4 600万元。公司有齐全的锻造、热处理、机械加工、检验和检测设备。公司可靠的质量、及时的服务赢得了太原重工股份有限公司、中国第一重型机械集团公司、大连重工起重集团有限公司、天津钢管集团股份有限公司等大型企业的认可和信任，被中国机械通用零部件工业协会命名为“中国齿轮行业协会五十强”“最具创新企业”称号。公司研制的轨道交通鼓形齿联轴器已进入中试阶段，可替代进口产品，其成果在国内具有先进水平。

昆山荣星动力传动有限公司

昆山荣星动力传动有限公司是我国著名的研发、生产和经营传动机械产品的专业公司，自1999年成立以来，先后通过“ISO9001：2000”认证、“中国船级社CCS质量管理体系”认证，获得“江苏省高新技术企业”“设计与制造工程技术研究中心”等荣誉。多年来，公司以其研发能力雄厚和产品品质精良广受国内外军品、民品客户和同行业界的尊重和认可。

公司占地面积38 700m^2、厂房面积24 000m^2，拥有各类数控机床、数控滚齿机、数控插齿机、加工中心、焊接设备等120多台（套）。检测中心拥有力学、化学、金相、表面粗糙度、硬度检查及各种无损探伤等分析仪器、三坐标检测仪、光学投影仪以及50～5 000kg 4个重量等级动平衡机、315kW功率试验台和5.5～22kW的冷磨台等试验装置。

公司主要产品有X型标准行星减速器及其派生专用系列行星减速器、S型十字轴式万向轴、C型鼓形齿联轴器及齿接轴，并拥有多项发明和实用新型专利。

上海柏森传动机械有限公司

上海柏森传动机械有限公司创建于2006年，是一家致力于机械传动件的现代化专业企业。公司通过了ISO9001质量管理体系的认证，并拥有独立的进出口权。公司创立了“BSN”品牌，并获得国家商标注册证书，在本行业被誉为知名商标。目前，公司的产品已覆盖全国各地，部分出口到日本、韩国及欧美等国，广泛应用于矿山、冶金、汽车、风电、航空、造纸、纺织、化工以及军工行业。公司依托上海的地理优势和众多优秀人才，以成熟的生产技术和销售渠道，凭借高品质和完善服务，使公司得以快速发展。卓越的品质、优异的性价比和完善的售后服务，赢得了市场的认可和信赖；产品的多样式、多种类、多品牌，为中外客户一站式采购提供便利。

乐清市联轴器厂

乐清市联轴器厂是乐清市二轻工业局所属集体所有制企业，也是煤炭工业局机械装备集团定点生产厂家，是温州市先进企业、市重点企业。

公司的主导产品为联轴器，种类涵盖万向、鼓形齿、弹性等三大类联轴器20多个系列，广泛应用于冶金轧钢、矿山、工程、石油化工、起重和造纸机械等行业。

联轴器品种：①万向联轴器：SWP型、SWC型、SWZ型以及厂标准SWF型、LQA轻型、WSHL型等。②齿式联轴器：G11CL型、G11CLZ型、WG型、WGT型、WGP型、G1CL型、G1CLZ型、CL型、CLZ型以及厂标准WGL型、WGLF型、WGLL型等。③非金属弹性元件联轴器：TL型、HL型、ZL型、ML型、KL型以及厂标准LZL型等。

咸阳超越离合器有限公司

咸阳超越离合器有限公司成立于1999年11月22日，是集研发、生产、销售为一体的机械传动联结件专业化制造企业，是陕西省认定的高新技术企业。

公司主营产品以单向离合器为龙头，电磁离合器、胀紧联结套、安全离合器为主导，产品系列多达60多个，产品型号多达5 000多种。公司产品应用范围涵盖印包、纺织、食品、矿山、工程机械、冶金、电力、农机和新能源等行业。公司拥有专利14项，研发的产品被列入国家火炬计划项目，两项产品获得国家科技型中小企业技术创新基金扶持，多个项目荣获省市级科技进步奖。公司生产的单向离合器凭借优秀的产品技术，较高的市场占有率，于2005年起持续获得“陕西省名牌产品”荣誉称号；同时，“CHAOYUE”品牌产品以优良的品质，可靠的信誉、广泛的产品系列及周到的售后服务赢得了较高的知名度，深得客户青睐，“CHAOYUE”注册商标于2006年起持续获得“陕西省著名商标”荣誉称号。

北京新兴超越离合器有限公司

北京新兴超越离合器有限公司（北京新兴超越科技开发有限公司）是北京市中关村高新技术企业，专门研制、生产和销售各种CK型楔块式超越离合器、逆止器和CG型滚柱式超越离合器、逆止器。CK型楔块式单向离合器是公司的专利产品，以优良的性能和良好的使用效果，多次获奖。

按JB/T9130-2002生产的主要产品有CKA型、CKB型（B200）、CKZ型、CKF型、单向接触式、单向非接触式楔块式超越离合器、CG型滚柱式超越离合器和CKS型双向楔块式超越离合器等10多种类型，共有500多个规格系列。其联接形式分为键联接、螺栓联接、齿轮联接、带轮联接和链轮联接等。根据用户要求，可以为其研制和生产非标准超越离合器。

河北北环机械通用零部件有限公司

河北北环机械通用零部件有限公司创建于1981年，是1997年企业改制后标准紧固件行业中成立的第一家股份合作制企业。公司位于京、津、保、沧四大城市交汇中心的胜芳古镇。这里商贾云集，交通便利。

公司是生产普通型平键、半圆键、吊环螺钉和键用型钢等键联结系列产品专业厂家，承接德标(DIN)、美标(ANS)及非标准紧固件生产业务。公司的设备精良，生产经验丰富，技术力量雄厚，具有自主研发新产品和设计、制造模具能力，诚实纳税，诚信经营。公司生产的“盛标”牌标准紧固件产品严格执行国家标准，质量可靠，价格合理，实行三包，代办托运。多年来，高品质的产品深受广大用户信赖。除内销全国各地以外还随机远销欧、美、亚等国家和地区。

浙江泰顺力达冶金机械配件厂

浙江泰顺力达冶金机械配件厂的技术力量雄厚、检测手段精良。多年来，企业已形成了较为完善的生产管理体系和营销网络，装备水平和生产能力有了长足发展，生产规模不断扩大。主要产品有ZK型、JXG型、SWL型、SWP型、SWC型标准及非标准十字轴式万向联轴器轴承、十字轴及十字包。产品具有承载能力大、转动灵活、寿命长、噪声低和装拆润滑方便等优点，广泛用于冶金、轧钢机械、矿山、起重机械、石油化工、水泥、电力、造纸及制药行业。产品覆盖了全国几十家十字轴式万向联轴器的生产厂家，还为全国20多个省、市的企业提供维修用轴承、十字轴和十字包。 企业的理念是顾客和世界先进水平是企业的导师，质量和效率是企业的灵魂。

镇江索达联轴器有限公司

镇江索达联轴器有限公司是原镇江索达传动机械有限责任公司(菲达集团分支机构)与美国合资成立的联轴器专业生产工厂。现有位于江苏省镇江市丹徒新区工业园(占地面积16 800 m^2，建筑面积6 983m^2）和五凤口（占地面积4 000 m^2，建筑面积1 390 m^2）的两个生产厂区。公司拥有员工138人，固定资产8 000万元。公司专业生产各种联轴器、万向联轴器、万向节、十字轴式万向联轴器、齿式联轴器、鼓形齿式联轴器、弹性联轴器、弹性柱销联轴器、梅花联轴器、膜片联轴器、轮胎联轴器和滚子链联轴器等共29个系列，580余种规格，广泛用于冶金、矿山、造船、造纸及重型机械行业。公司平均年产各类联轴器9 765套，年销售额450万元。

江苏二传机械有限公司

江苏二传机械有限公司是设计、制造机械传动联接部件联轴器类产品的企业，主要生产SWC系列十字万向联轴器、GSL型鼓形齿式万向联轴器、GICL系列鼓形齿式联轴器、GIICL系列鼓形齿式联轴器、CL系列齿式联轴器、ZL系列弹性柱销齿式联轴器、HL系列弹性柱销联轴器以及上述系列的派生联轴器。

邯郸市恒力传动机械有限公司

邯郸市恒力传动机械有限公司位于赵国古都、成语之乡的邯郸市高新技术开发区，与京珠高速相邻，交通十分便利。公司专业从事工业联轴器的设计和生产销售，自1986年建厂以来，其用户遍布全国，国内市场占有率名列前茅，国内市场逐年扩大。

公司拥有近百名敬业的员工，公司的宗旨是“以人为本、以质取信、服务至上、创新争先”，产品质量是公司对更高品质坚持不懈的追求。

公司具有专业的研发团队，设计和生产的联轴器共有30余种系列、上千种规格，广泛用于冶金、矿山、造纸、化工及重型机械行业，也可根据客户个性化需要设计和生产各种非标联轴器。公司技术先进、设备精良、检测手段齐全、质量保证体系完善，产品以优良的品质深受用户好评。

公司一贯以产品质量作为企业发展的生命，倡导“质量第一，顾客第一，敢为人先，争创一流”的精神，坚持开拓创新、精工细作、保证质量。2005年5月，公司被中国机械通用零部件工业协会吸收为会员单位；2005年10月，通过了GB/T19001—2000、ISO9001：2000质量管理体系认证；2006年3月，被邯郸市工商局评为守合同重信用企业；多次被河北省消费者协会及邯郸消费者协会评为“消费者信得过单位”等，这些标志着公司在管理和产品质量上步入一个新的阶段。

山西惠荣传动轴有限责任公司

山西惠荣传动轴有限责任公司位于平遥干坑村村南平沁公路南300m。公司的经营理念是“科学技术为先导，现代管理为核心，企业品牌为标志，创造效益为目的”。公司自成立以来，一直秉承“诚于心，信于行”的理念，奉行“创意”秉承“客户至上，以人为本”之精神，创意展翅之理想。

武汉正通传动技术有限公司

武汉正通传动技术有限公司注册资金3 352.6万元，专业研究生产各类联轴器、胀紧联结套、安全离合器、万向轴、阻尼器和湿式多片制动器等高新动力传动件。

新厂区占地面积34 826m^2，建筑面积14 000 m^2。建设完成后，设备能力增加到290台，生产能力由66 000套/年增加到250 000套/年，5年内年产值将增加到1.6亿～2.0亿元，给地方政府新增税收的能力将大大提升。

（1）设备能力。公司拥有较齐全的设备加工能力。现有各类设备163台，其中有M16模数数控滚齿机、Y51150/Y5180数控插齿机、24台从小到大不同规格的数控车床（CJK6130-CK61125）、8台线切割机床以及大工作台面数控钻床、L6120拉床等。公司设备数控化率达到32%。同时，有相应的检测测试手段，公司为国内同行业中最具设备优势的制造企业之一。

（2）技术能力。公司自1998年成立至今，技术人员紧跟国外技术动向，逐步形成以研究制造技术难度大、使用寿命长、满足特殊要求、保持国内行业领先的技术体系，配备满足生产规模及顾客要求的技术设备和人力资源。公司设立了由高工、工程师等组成的企业技术中心，运用CAD/CAM/CAPP手段，大力研发动力传动新产品，不断提升中国动力传动件研究与制造水平。公司技术人员成功开发了与在华外资企业配套的替换进口动力传动件，并已使用多年。

宁波伏龙同步带有限公司

宁波伏龙同步带有限公司是1984年成立的同步带专业生产厂家。1997年通过ISO9001质量体系认证；年产各类传动带800万条，带轮40万套；现有模具2 000多个，同步带最大周长38m。可为客户设计、定制各种型号同步带，按需求可提供产品成品全套测试报告。

主要产品：工业同步带、汽车同步带、双齿同步带、多楔带、切割V带、平带和同步带轮。

沧州天硕联轴器有限公司

沧州天硕联轴器有限公司是国内著名的机械非标件加工厂家，拥有15年汽车模具生产、联轴器、油泵和其他机械传动件加工的历史，注册资本3 000万元，拥有模具加工、传动件生产、油泵制造3个厂区，总占地面积2.27万m^2，员工230余人，销售服务人员26人，技术人员12人，其中高级工程师6人。公司拥有专业的汽车模具加工、螺杆泵、联轴器设计研发团队，在产品设计中全部采用SolidWorks、UG三维数字化设计，能够快速完成各种产品参数设计计算、三维建模、有限元素分析和二维工程制图的制作等。公司具有设计、生产、测绘各种机械非标件的丰富经验，可以自主研发各种高精联轴器、螺杆泵和汽车模具。公司自主研发的高速高性能联轴器处于行业领先地位。

公司拥有德国产大型五轴龙门加工中心1台，最大加工范围：6m×4.2m×1.9m，*C* 轴摆角度 ±200°、*AB* 轴摆动角度 ±120°。另外，还有中国台湾产数控龙门加工铣床 4 台、国产立式加工中心 4 台、数控车 25 台、数控滚齿机 5 台、数控插齿机 10 台、线切割机 20 台、动平衡机 4 台、花键铣、螺杆铣、内磨、外圆磨、平磨、大型摇臂钻床、大型插床、拉床等机械加工设备共计 100 余台，可以进行所有机械非标件的加工。

公司联轴器品种齐全，主要产品有高速膜片联轴器、膜盘联轴器、高弹性联轴器、十字轴式万向联轴器、弹性联轴器、膜片联轴器、鼓形齿式联轴器、刚性联轴器、精密联轴器和胀紧联结套十大类、199 种、2949 个型号联轴器，参数上万个规格的产品。

浙江省乐清市重型机械配件厂

浙江省乐清市重型机械配件厂是一家全民所有制企业，归口于省机械厅，是温州市机械工业总公司的重点企业。是国内最早生产十字轴式万向联轴器的专业厂家，一直致力于机械基础件的研究和开发联轴器的新产品，企业始终以科技求发展，以质量求生存为宗旨。1983 年 9 月，公司被冶金部、机械部定为定点生产十字轴万向联轴器的专业生产厂，现为中国重型机械工业协会会员，并担任重型基础件分会副理事。

主要产品：SWP 型万向联轴器、SWC 型万向联轴器、SWL－III 型联轴器、NGCLZ 带制动轮鼓形齿式联轴器、SWF 型万向联轴器、SWL－II 型联轴器、WGT 型接中间套鼓形齿式联轴器、WGP 型带制动盘鼓形齿式联轴器、CL 型齿式联轴器、GICL 型鼓形齿式联轴器、GIICL 型鼓形齿式联轴器、GIICLZ 型鼓形齿式联轴器、GCLD 型鼓形齿式联轴器和 ML 梅花弹性联轴器。

冀州市联轴器厂

冀州市联轴器厂是国内较早注册的专业厂，在 30 年的创业发展中，开发的产品有许多已制定成国内产品标准。曾获国家级新产品奖。企业是“国家机器轴与附件标准化技术委员会”理事成员，成为行业研究开发基地。2000 年，企业通过 ISO9000 质量体系认证，是国家重点工程单位如宝钢集团有限公司、武汉钢铁集团公司、中国第一重型机械集团公司和中国第二重型机械集团公司等的定点配套厂。

主要标准产品：高弹性联轴器（LA、LB、DL、UL 等）、弹性联轴器（HL、TL、LM、LX、LZ 等）、鼓型齿式联轴器（G1CL、G11CL、WG、TGL 等）、限矩联轴器（MAL、ANM 等）、气动制动器（QPZ、QBPZ、JP 等）、气动离合器（QPL）、带制动轮联轴器。有六大类，30 多个品种，上千种规格，在国内冶金、矿山、起重等行业广泛使用，并可接受非标设计及制造。

山西大新传动技术有限公司

山西大新传动技术有限公司是专业从事传动零部件研发、制造、销售、服务以及进口设备易损零部件进行国产化机件替代的企业。

公司成立于 1998 年 3 月，位于新绛县轻纺工业园，占地面积 2 万 m^2，现有职工 50 人，其中技术人员 5 人，有主要加工设备 40 余台。公司与有关院校合作，建立了山西省大新传动有限公司技术中心（省级），参加了《GB/T 28701—2012 胀紧联结套》国家标准和《JB/T 10466—2004 星形弹性联轴器》机械行业标准的起草、修订工作。公司全面通过了 ISO 9001：2008 质量、ISO 14001：2004 环境管理体系和 AQ/T 9006—2010 企业安全生产标准化认证。公司拥有对外贸易自主进出口经营权。“新大新 xindaxin”牌产品商标于 2001 年 3 月 14 日注册，2012 年 8 月被认定为“山西省著名商标”。

主要产品：胀紧联结套、刚性联轴器、弹性联轴器、重型锁紧盘、扭力限制器、工业机械手、注塑机专用钟罩 / 支架和为冶金行业节能降耗改造传统传动技术的新产品——自定心膜片联轴器等 30 余个系列 1 000 余种型号规格。产品结构、外形尺寸、安装方式均可与国外产品通用，技术指标、技术性能可以满足国内外机器的使用要求。产品为国内外机械行业百余家主机厂配套，并随主机出口欧美和东南亚国家和地区。

镇江恒宇传动机械有限责任公司

镇江恒宇传动机械有限责任公司位于江苏省镇江市丹徒区高资镇，公司资金实力雄厚，生产经营能力强大，已发展成为业内一家较具实力的生产型企业。公司是专业研发、生产、销售减变速机一体化的现代企业。主要产品有S系列斜齿轮蜗轮蜗杆减速机、R系列斜齿轮减速机、K系列螺旋锥齿轮减速机、F系列平行轴斜齿轮减速机、J系列大功率硬齿轮减速机、HD系列换向器等十大系列，上万种规格。产品广泛应用于钢铁冶金、矿山机械、啤酒饮料、食品包装、纺织印染、橡胶塑料、石油石化、起重运输、制药、制革、环保设备等轻工业和重工业的机械传动领域。

南京超春传动机械有限公司

南京超春传动机械有限公司拥有车、铣、刨、磨、插、滚等配套齐全的机械加工设备，热处理设备有井式回火炉、井式渗碳炉和箱式电阻炉。

公司自1994年以来，专业从事十字轴式万向联轴器的核心部件——十字包、十字轴和轴承的生产，技术水平在业内处于领先地位。产品配套后进入国内各大钢铁公司并出口东南亚、澳洲和拉美地区，赢得了良好的声誉。公司生产的鼓形齿联轴器进入冶金企业并大量应用。

成都蜀江轴承制造有限责任公司

成都蜀江轴承制造有限责任公司位于环境优美、交通便利的成都市温江区——“国家级生态示范区”内，在成温邛高速公路旁，紧邻温江国家级台商经济开发区，距成都市区和双流国际机场均为20km。

公司具有专业的滚动轴承设计开发、生产制造能力，拥有精良的检测手段和完善的质量保证体系。可设计开发、生产制造外径1 600mm以内的各类大型、特大型的标准、非标准和特殊型滚动轴承。SWC和SWP型十字轴式万向联轴器用组合轴承、SWC和SWP型十字轴式万向联轴器用十字包、剖分式（单、双列）圆柱滚子轴承、剖分式调心滚子轴承、超薄壁大型、特大型（球、滚子）轴承等系列产品为公司特色产品。

文成县力胜传动机械有限公司

文成县力胜传动机械有限公司由原文成县力生机械有限公司改制而来，创办于1993年，属民营股份制企业。公司专业从事十字轴式万向联轴器主要部件十字包、轴承等传动机械产品的技术开发、生产经营等。主要产品有SWP、SWC、SWL三大系列十字包及轴承。十字轴式万向联轴器是目前应用十分广泛的一种机械传动的重要基础件，主要用于冶金行业的轧钢主机及辅助传动，也可用于起重、运输、矿山、石油化工、橡胶以及船舶造纸等工业部门。

产品特点：

（1）可靠性高。由于采用了整体叉头结构，避免了因螺栓松动和断裂引起质量事故，因而具有冶金行业连续生产所需要的可靠性。

（2）承载能力大。主件采用优质合金钢制造，并经渗碳淬火或调质处理。具有承载能力强及使用寿命长等优势。

（3）效率高。采用滚动摩擦原理，其传动效率高、噪声低、倾角大。最大倾角可达15°，适用范围广。

乐清市重鑫机械制造有限公司

乐清市重鑫机械制造有限公司是一家专业设计、制造和经营传动基础件的高新技术企业。公司设有机械加工成套加工设施及计量、理化、动态试验等一系列的质量检测体系，具有较全面的机械加工能力。

公司主要生产各种齿式、弹性、高强度梅花联轴器、卷筒联轴器及十字万向联轴器等各种标准及非标联轴器，产品广泛用于冶金、矿山、起重运输、造纸、通用等机械的传动。多年来，公司引进和吸收国外先进技术，采用新工艺、新型材料上均有所改进。通过进口转换，在实际工作运行下，质量稳定可靠，可替代进口同类产品。

〔撰稿人：传动联结件分会明翠新〕

大 事 记

2014—2015年传动联结件行业大事记

2014年

2月

月内 “泰尔TAIER及图”商标被国家工商行政管理总局商标局、商标评审委员会认定为中国驰名商标。

3月

月内 传动联接件分会组织行业有关技术人员先后走访河北、无锡、太原和上海等地进行调研。重点调研企业的生产现状、产品结构调整、地方政府政策支持、市场销售及电子商务平台建设等情况。

4月

月内 传动联接件分会组织评选了优秀新产品奖，其中特等奖为6MW风机试验台用SWC1280型十字万向联轴器（德阳立达基础件有限公司）。优秀奖为带液压调整器的贯通式联轴器（德阳立达基础件有限公司）。

8月

月内 传动联接件分会在山东威海召开了传动联结件分会常务理事会，与会代表交流了近期国内行业发展状况，并提出新的发展建议。

月内 石家庄凯普特动力传输机械有限责任公司与日本著名链传动及机械传动产品生产厂商和经营第一品牌的椿本链条（简称TC）强强联合，以股权转让方式组建合资公司——“椿凯动力传输机械（石家庄）有限公司（简称TCP）”，主要以钢件传动件产品生产、销售和进出口业务为主。

9月

月内 传动联接件分会相关人员到部分主机行业（包括冶金、船舶、矿山、工程机械、煤矿等）进行需求调研，了解主机行业最新资讯。从调研来看，主机行业形势发展不乐观，一定程度抑制了企业的生产规模，从而间接抑制了零部件企业的需求。

10月

月内 传动联接件分会组织企业参加上海PTC展，业内参展企业10余家，未来将进一步扩大规模和影响力。

12月

月内 中国奥盟网创建，将借助互联网平台为企业提供更优质的服务。零公里服务是中国奥盟网倾力打造的专业服务新模式，旨在通过遍布国内外的线下服务中心为全球“奥盟会员”提供机械产品“最后几公里至零公里”的一站式全方位服务。具体包括：验收、安装、调试、维修、现场确认和调研等。

2015年

1月

月内 传动联结件分会在四川宜宾召开了2014年年会，共有52名会员单位的代表参会。分会秘书长明翠新作了“解读‘工业4.0’”和“新业态下行业发展趋势分析”的报告。会上，上海钢联事业部总经理黄承欣和河南承信齿轮传动有限公司董事长杨勇波分别作了专题报告。会议讨论了“制动器分类”等两项国家标准草案，复审了29项国家和行业标准，审议了SAC/TC109标准体系，举办了行业沙龙。与会代表各抒己见，畅所欲言，结合各企业的实际情况，共谋商机、定夺行业“十三五”发展。

4 月

月内 应欧洲齿轮传动与零部件制造商协会（EUROTRANS）、德国机械制造商联合会（VDMA）的邀请，传动联结件分会秘书长明翠新研究员、泰尔重工股份有限公司副总经理夏清华等一行赴欧洲出席第三届国际动力传动峰会并进行技术交流。赴欧期间访问了德国 SIEMENS 集团的 FLENDER 公司，就风电齿轮及齿轮箱的生产、检验、装配、试验台等关键技术以及德国 WERTH、ZEISS 齿轮及传动部件的精度控制与微观测量技术方面进行了技术交流。同时，参观了瑞士 TIRMOS 交流船体及齿轮测量技术。

7 月

月内 许昌远东传动轴股份有限公司被传动联结件分会评为“专、精、特”企业。

9 月

29 日 为加强传动联结件分会理事长单位、副理事长单位之间的相互沟通，加深对行业上游企业的了解，共同讨论在经济危机的大形势下，企业如何应对危机、迎接挑战，秘书长明翠新、理事长单位安徽泰尔重工股份有限公司副总经理夏清华、副理事长单位中船重工集团 711 所传动中心副总工程师吴凡等先后来到常熟达涅利冶金设备有限公司、无锡创明传动工程有限公司进行调研，实地察看了企业的生产经营情况，了解企业目前遇到的困难，鼓励企业加快转型升级，实现又好又快发展。

月内 浙江亚太机电股份有限公司荣获 2015 装备中国创新先锋榜产品创新奖。

10 月

月内 传动联结件分会组织行业内企业参加上海 PTC 展。通过此次展会，参展商与观众进行了近距离接触，多维度交流，实现了互利共赢。

28—29 日 为了增进传动联结件分会会员单位间的相互沟通与了解，讨论面对经济危机时各企业不同的应对方式，分会秘书处组织会员单位代表先后到上海中船重工集团 711 所、昆山荣星动力传动有限公司、浙江亚太机电股份有限公司进行走访调研，实地察看企业的生产经营情况，倾听企业家的心声，了解企业家的诉求，为企业在困境中更好地发展提供新思路新举措。

12 月

传动联结件分会在湖北恩施召开了 2015 年年会，有 40 名会员单位的代表参会。会议邀请中国机械通用零部件工业协会常务副会长王长明、机械科学研究总院副院长李亚平、泰尔重工股份有限公司董事长邰正彪、上海钢联电子商务股份有限公司事业部总经理黄承欣、河南承信齿轮传动有限公司董事长杨勇波、迈格钠磁动力股份有限公司总经理吴正波分别作了专题报告。会议审查了《制动器分类》等 3 项国家标准送审稿，复审了 49 项国家及行业标准，审议了 2016 年计划制修订的标准。会议举办了题为“企业如何华丽转身”的高峰论坛。企业家们畅所欲言，各抒己见，分享了成功时的喜悦和遭遇困境时的经历。

〔撰稿人：传动联结件分会明翠新〕

法兰类冷镦零件

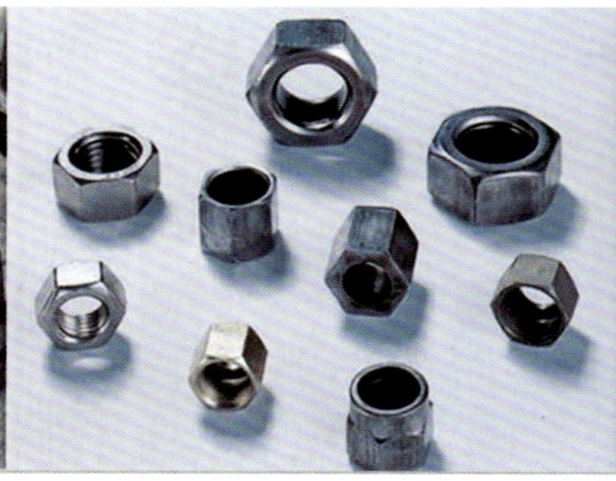
非标螺母

长管类冷镦零件

套筒类冷镦零件

六、国内贸易和旅游业

全市实现社会消费品零售总额 2766.23 亿元，比上年增长 7.0%。按消费类型分，商品零售额 2393.66 亿元，增长 6.2%；餐饮收入 372.57 亿元，增长 12.1%。按经营地分，城镇零售额 2196.25 亿元，增长 6.6%；乡村零售额 569.98 亿元，增长 8.4%。限额以上批发零售单位中，石油及制品类零售额比上年下降 2.9%，汽车类零售额比上年下降 2.8%；粮油食品类零售额比上年增长 11.4%。

全年新设市场主体 15.95 万家，其中，新设企业 4.0 万家，新设个体工商户 11.92 万家。年末在册市场主体 91.44 万家，其中，企业 27.51 万家，个体工商户 62.95 万家。全市拥有各类商品交易市场 304 家，成交额 1419 亿元，年成交额超亿元的市场有 133 家。全年网络零售额 1464.3 亿元，比上年增长 13.4%。全市已创设淘宝镇 52 个，淘宝村 422 个，活跃网络零售网店 53694 万家。

全市居民消费价格指数（CPI）下降 0.3%，其中，消费品价格下降 0.6%，服务项目价格上涨 0.2%。工业生产者出厂价格（PPI）下降 2.1%，工业品购进价格同比下降 5.4%。

表 2　2023 年市区居民消费价格比上年涨跌幅度

指　　标	涨跌幅度（%）	指　　标	涨跌幅度（%）
居民消费价格总指数	-0.3	二、衣着	-1.4
一、食品烟酒	-0.1	三、居住	-2.1
食品	-0.6	四、生活用品及服务	1.0
其中：粮　食	0.5	五、交通和通信	-2.2
鲜　菜	0.3	六、教育文化和娱乐	4.1
畜肉类	-6.7	七、医疗保健	0.6
水产品	0.8	八、其他用品和服务	2.4
烟酒	1.6		

全市共有 5A 级旅游区 3 个，5A 级景区总量并列全省第 1；全市共有 4A 级旅游区 17 个，3A 级旅游区 74 个，2A 级旅游区 14 个；全市共有星级饭店 26 家，客房 5278 间，床位 8147 张；旅行社 202 家，其中，星级品质旅行社 72 家。

七、对外经济

全市进出口总额 2744.5 亿元，同比下降 1.0%。其中，出口 2514.5 亿元，同比下降 0.5%；进口 230.0 亿元，同比下降 6.4%。全市外贸企业出口 741.1 亿元，比上年增长 4.6%；三资企业出口 347.2 亿元，增长 28.1%；生产企业出口 1426.2 亿元，下降 7.8%。在出口总额中，一般贸易出口 2081.1 亿元，比上年下降 0.5%；加工贸易出口 287.6 亿元，增长 13.2%。高新技术非机电产品出口 148.3 亿元，下降 8.9%；机电产品出口 1498.33 亿元，增长 4.0%。对美国出口 385.53 亿元，下降 6.4%；对欧盟出口 505.04 亿元，下降 8.6%；对“一带一路”沿线国家出口 927.87 亿元，累计增长 3.1%。有进出口实绩企业 8550 家，其中有出口实绩企业 8035 家。全市进出口国家和地区为 232 个，其中出口国家和地区为 227 个。

全市新批外商投资项目 103 个，比上年增长 53.7%。合同外资 8.4 亿美元，增长 130.7%；实际利用外资 3.5 亿美元，增长 47.0%。

全市新批 68 家境外投资企业，中方备案额 55081.3 万美元。全市累计备案（核准）境外企业（机构）786 家，备案总额 503012 万美元。

全年服务贸易进出口总额 53.35 亿元，其中出口额 10.60 亿元，前三大出口领域分别为运输服务、其他商业服务和旅游服务。服务外包离岸合同执行额 17029 万美元，比上年增加 3.7%。

全市规模以上工业企业产品产销率为98%；新产品产值2555.61亿元，比上年增长0.6%；新产品产值率为37.8%，比上年提高0.94个百分点。

全市规模以上工业企业实现利税总额621.46亿元，比上年上升7.7%，其中，利润总额443.97亿元，上升9.5%。

全市实现建筑业增加值400.40亿元，比上年增长0.5%。资质以上建筑企业在建房屋建筑施工面积12352.61万平方米，房屋竣工面积3125.87万平方米。

四、固定资产投资和房地产业

全市固定资产投资施工项目4460个，其中本年新开工项目1336个。全年固定资产投资比上年下降7.4%。其中，第一产业投资下降45.9%，第二产业投资增长12.2%，第三产业投资下降14.0%。固定资产投资中，工业性投资比上年增长12.1%，工业企业技术改造投资下降6.7%；公共服务投资下降29.0%；民间投资与去年下降18.0%。

（图4　2023年台州市三次产业固定资产投资占比，略）

重点工程建设取得新突破。甬台温高速至沿海高速温岭联络线、临海熊出没文旅产业园、朱溪水库等重大项目建成投用。杭绍台铁路温岭至玉环段、甬台温高速公路（G15沈阳至海口国家高速公路）改扩建工程临海青岭至温岭大溪岭段、甬台温高速公路（G15沈阳至海口国家高速公路）改扩建工程三门麻岙岭至临海青岭段、天台抽水蓄能电站项目等重大项目顺利推进。台州市域铁路S2线一期工程、荣盛新材料（台州）有限公司台州湾新材料产业园项目一期、玉环晶科高效太阳能电池组件生产基地一期等重大项目开工建设。台州弗迪新能源动力电池项目、浙能临海风光储一体化项目、华海制药科技产业园一期工程等重大项目加快建设即将投产。

全年房地产开发投资比上年下降19.8%。房屋施工面积4597.63万平方米，比上年下降4.9%；房屋竣工面积714.07万平方米，增长33.5%。全年商品房销售面积576.08万平方米，比上年下降24.7%，其中，住宅销售面积456.49万平方米，下降22.5%。

五、交通和邮电业

全年交通运输、仓储和邮政业增加值为159.63亿元，比上年上升13.6%。

全年完成公路货物周转量302.59亿吨公里，旅客周转量8.2亿人公里；完成水运货物周转量1796.78亿吨公里，旅客周转量1945.92万人公里。台州港完成货物吞吐量7380万吨，其中外贸货物吞吐量1245.29万吨；完成集装箱吞吐量68.56万标箱。民航完成旅客吞吐量2017274人次，同比增长117.6%；货邮吞吐量10566.6吨，同比增长27.7%。

全市公路通车总里程13066.3公里，公路密度130.0公里/百平方公里，其中高速公路密度4.98公里/百平方公里。

年末全市汽车保有量达219.47万辆，比上年增加9.0万辆；其中，私人汽车199.73万辆，比上年增加8.01万辆。

全年邮电业务总量1114.77亿元；邮电业务收入113.97亿元。其中，电信业务收入98.39亿元，邮政业务收入15.57亿元。年末国际互联网宽带接入用户322.55万户，比上年增加12.59万户；移动互联网用户859.66万户，比上年增加17.66万户。移动电话用户为979.70万户，城乡固定电话用户为87.90万户。

2023年，全市快递服务企业业务量累计完成14.83亿件，同比上升6.07%；业务收入累计完成73.25亿元，同比下降0.02%。